武蔵野大学
法学研究所叢書
1

SDGs・ESGと
ビジネス法務学

池田眞朗

［編著］

武蔵野大学出版会

はしがき

　武蔵野大学では、2014年4月の法学部創設に続いて、2018年4月に大学院法学研究科ビジネス法務専攻修士課程を開設し、さらに2021年4月からは博士後期課程を開設するに至った。この間2019年度からは、本学が文部科学省の「持続的な産学共同人材育成システム構築事業」において、現社会構想大学院大学を中核拠点校とする「実務家教員COE（Center of Excellence）プロジェクト」にその共同申請校の一校として参加するにあたって、法学研究科（法学研究所）がもっぱらその活動を担うことになった（2022年度からは他学部・他研究科にも展開を試みている）。

　本学では、そもそも法学部創設の段階から、「マジョリティの学生のための、ルール創り教育」を標榜して、新時代の法学部教育を開始した次第であるが、大学院法学研究科開設にあたっても、伝統的な研究者養成の法学研究科ではない、かついわゆる法曹養成のための法務研究科（法科大学院）でもない、第三の道を選択するものとして、ビジネス法務（およびビジネス法務学）の専門家を養成することを目標に、ビジネス法務専攻の法学研究科を立ち上げる選択をしたのである（したがって、その後にミッションとして加わった実務家教員養成のプロジェクトも、大学院レベルでビジネス法務のプロフェッショナル人材の中から、将来大学等に所属する実務家教員を養成するという点では、何ら齟齬がなかったわけである）。

　幸い、スタッフ構成にも恵まれ、「ビジネスマッチング方式」という、対面・遠隔等の講義形態や場合によっては配当時間割までも、教員と院生の合意によって変更できるシステムを導入したこともあり、修士・博士両課程とも社

会人を中心にほぼ順調に毎年の入学者を得るに至っている。

　そのように、教育面では一定の開学実績を得つつある状況において我々が考えたのは、研究面での社会的認知を得ることである。所属教員は、弁護士等の実務家教員も含め、それぞれに論文発表や書籍の出版等、多彩な研究活動をしており、大学紀要としての『武蔵野法学』の年2回の刊行も軌道に乗ってはいるが、スタッフの多くが一堂に会して一定のテーマで成果を示す場が欲しいと考えるに至ったのである。

　それが、この武蔵野大学法学研究所叢書の出版である。本学の法学研究所は、法学部と大学院法学研究科を統括する組織であり、研究所長は、専任教員に加えて非常勤の教員や交流のある外部研究者の寄稿も委嘱できる立場にある。そこで、大学当局から研究強化の予算を得た機会に、原則として毎年、研究科での重点強化分野をテーマにした研究叢書の継続的な出版をすることにしたのである。本書はその記念すべき第1巻となる。

　本研究科は、開設の当初から、金融法務関係、担保法制関係等の重点分野を持っており、かつ最近はSDGs関連や高齢者法学などにも力を入れてきた。その中から今回は、本学全体の重点研究・教育テーマでもあり、法学研究科として2021年に後掲の実行宣言も出しているSDGsを、ことにビジネス法務専攻では重要なつながりを持ってくるESGとともに取り上げて、叢書第1巻のテーマとした次第である。

　執筆者全13名の内訳は、本学専任教員が7名（うち2名は弁護士）、1名が前専任教員、2名が客員教授（弁護士1名、不動産鑑定士1名）、2名が外部ゲスト（2名とも弁護士）という構成になっている。研究者教員6名、実務家教員ないし実務家が計7名、という割合である。おそらくこの、研究者教員と実務家教員（ないし実務家）がほぼ半々というのは、ビジネス法務学を考究するうえで適切な比率なのではないかと思われる。

　本書には、前述の「法学研究科SDGs実行宣言」を掲出する。本書がその趣旨を体現するものになっていることを念じている。

　叢書第1巻の評価は、読者の皆様にゆだねるしかないが、これを機会に、

本学法学研究科が少しでも、SDGs・ESG とビジネス法務学の研究拠点として認知されることがあれば幸いである。

　本書の出版にあたっては、武蔵野大学出版会の斎藤晃様に大変にお世話になった。厚く御礼を申し上げる次第である。

　2023 年 2 月

　　　　　　　　武蔵野大学法学研究所長・同大学院法学研究科長

　　　　　　　　　　　　　　　　池 田 眞 朗

法学研究科SDGs実行宣言

（2021 年 5 月 27 日法学研究科委員会採択）

　武蔵野大学大学院法学研究科は、「ビジネス法務専攻」として設置されていることに鑑みて、「ビジネス法務学」の確立を目指す中で、とくに ESG の研究を通じて SDGs の理念を探究し実現することを宣言する。

　企業対企業、あるいは企業対個人の利害調整の場面を中心に扱うビジネス法務においては、まず企業の ESG（環境・社会・企業統治）が重要な研究課題となる。そしてビジネス法務は、この ESG を通じて、SDGs の 17 の目標全てに関連している。

　とくに、SDGs 目標第 17 の「パートナーシップ」は、現代のビジネスファイナンス・経営の世界では必須の観点であり、重要な達成目標であるが、それ以外のすべての目標も、企業の ESG 投資・ESG 経営を考えることによってつながるものである。ただそこにおいては、各企業の利益を超えた、「リスクシェア」の発想に基づく行動理念が必要と考えられる。

　したがって、法学研究科では、Linking & Thinking のモットーの下に、イノベィティブなビジネス法務学を探究し、その際に常に「ESG を通じた SDGs の実現」を考えたい。その結果として、世界の幸福、個人の幸福を実現するビジネス法務学を確立していくよう、専任・非常勤の教員が一体となって、また研究者教員と実務家教員が協働して、研究・教育に当たることをここに宣言する。

以上

目　次

これからのSDGs・ESGと
ビジネス法務学

池田眞朗

I　はじめに

　私は、2021 年に武蔵野法学に発表した「ビジネス法務学序説—武蔵野大学大学院法学研究科博士後期課程の開設にあたって」[1] の中の、「4　ビジネス法務学形成の第三段階—「理念」の探究」というところで、「ではその「理念」はどのように探究し確立していくべきなのであろうか。研究論文の執筆になぞらえていえば、ここが「本論」の重要なポイントになる。そのひとつの導入点は、SDGs と ESG のビジネス法務学への取り込みにあると考えている」[2] と書いた。本稿は、そのような「ビジネス法務学」（と私が称するもの）の視点を基礎に置いて、SDGs・ESG を分析し、そこからさらに「ビジネス法務学」の本質を探究し、その確立に向かおうとする試みである（そもそも

---

1)　池田眞朗「ビジネス法務学序説——武蔵野大学大学院法学研究科博士後期課程の開設にあたって」武蔵野法学 15 号 402 頁（横書 5 頁）以下。
2)　池田・前掲注 1)395 頁（横書 12 頁）。

想定する研究対象は、旧来の臨床法務や予防法務ではない。なお、実際例の分析にあたっては、私の専門である民法と金融法の分野を中心とする）³⁾。

I　過去は現在を課題づける―始まりは1999年と2000年

本稿執筆時（2022年末）には、わが国でもSDGsについては、教育機関でも広く教えられ、一般市民にもかなり知られるようになっている。一方、ESGについては、新聞や経済誌等では頻繁にその関係記事を目にするが、一般への浸透度はまだもう一歩というところであろうか。しかしビジネス法務学の立場からは、このSDGsとESGの両方を結びつけて論じる必要がある。では、少なくともSDGsは（そしてESGは）なぜこれだけ広く話題になるようになったのか。本稿の主題を語るためには、20世紀最後の時期の国連の試みから述べておく必要があろう。そして、もう一つの主題である「ビジネス法務学」についても、なぜ「学」を付けるのか等を論じてから本論に入ることとしたい。

言うまでもなく、SDGs（持続可能な開発目標：Sustainable Development Goals）とは、2015年9月の国連サミットで加盟国の全会一致で採択された「持続可能な開発のための2030アジェンダ」に記載された、2030年までに持続可能でよりよい世界を目指す国際目標である。17のゴールと169のターゲットから構成され、地球上の「誰一人取り残さない（leave no one behind）」ことを誓っているものであるが、このSDGs自体が、達成されなかった目標の再チャレンジだったことから述べておかなければならない。

国連としては今回のSDGsの世界的な浸透は、大成功といえるかもしれないが、それは、国連において2000年の国際ミレニアム・サミットで打ち出

---

3)　本稿の一部は、筆者が2022年5月12日に大阪弁護士会館での日本ＣＳＲ普及協会近畿支部10周年記念講演会にオンラインで行った基調講演「これからのＳＤＧｓとＥＳＧ——金融法務やビジネス法務学の視点から」に基づいており、記述に一部重複する部分がある。当日の講演記録として、日本ＣＳＲ普及協会近畿支部設立10周年記念誌『10年のあゆみ』（2022年）11頁以下。

した国際ミレニアム宣言と、それまでに主要国際会議やサミットで採択されていた国際開発目標を統合した、MDGs（ミレニアム開発目標：Millennium Development Goals）があったからなのである。なお、当時の国連事務総長は、1997年1月から2006年12月まで、コフィー・アッタ・アナン（Kofi Atta Annan）氏が務めていた[4]。MDGsは、2015年までに達成すべきとされていた世界的目標で、8つのゴール、21のターゲット項目からなるものであり、当時193の全国連加盟国と23の国際機関が、これらの目標を達成することに合意したものであったが、それが達成できなかった部分を中心につくられたのがSDGsに他ならない。

　一方、ESGのほうは、Environment,Social,Governance（環境、社会、統治）という3つの単語を並べただけの標語であるが、これは2006年にやはりアナン国連事務総長が、機関投資家に示したイニシアティブ（行動指針）であるPRI（Principles for Responsible Investment 責任投資原則）の中で、ESGすなわち環境、社会、企業統治の観点を持つことを提唱した、各国の金融業界に共通するガイドラインである。しかしこれにも前身があった。それが国連グローバル・コンパクトである。

　国連グローバル・コンパクト（GC：United Nations Global Compact）とは、1999年の世界経済フォーラムにおいて、当時すでに国連事務総長で

---

4)　アナン氏は第7代の国連事務総長で、国連職員から選出された初めての事務総長である。当時筆者は、1995年から2001年まで、年2回、国連の国際商取引委員会ＵＮＣＩＴＲＡＬの国際契約実務作業部会に日本代表として参加して、国際債権譲渡条約の立案に従事していた。毎年、作業部会の会期に合わせて、初冬のウィーン（ＵＮＣＩＴＲＡＬの本部はウィーンのＵＮＯ Cityにある）と、初夏のニューヨークに2週間ずつの出張を繰り返していたのだが、その何年目かのニューヨーク出張の折、国連本部のメイン会議場前の広い通路スペースに人だかりがしていた。それがアナン事務総長の記者会見が始まるところだったのである。自身の作業部会の休憩時間に通りかかっただけの筆者にも、そこに居合わせた国連職員たちの反応で、このコフィー・アッタ・アナンという人が、職員たちから畏敬の念をもって支持されていることが感じ取れた。その後まもなくノーベル平和賞を受賞するこの人こそ、現代のＳＤＧｓとＥＳＧの生みの親と言ってよい。

あったコフィー・アナンが企業に対して提唱したイニシアチブである。そこでは、企業に対し、人権・労働権・環境・腐敗防止に関する 10 原則を順守し実践するよう要請していた[5]。

したがって、SDGs は 2000 年の MDGs に端を発し、ESG は 1999 年の GC に端を発している。いずれも国連としては、アナン事務総長の時代からの努力の結晶ということができるのである。

なお、ここで触れておくべきもう一つの用語に、CSR がある。これは Corporate Social Responsibility で、まさに「企業の社会的責任」ということで、2010 年頃にはわが国の取引社会でもかなり盛んに論議された用語であるが[6]、現代では SDGs と ESG に取って代わられた観がある。

以上の次第で、ESG は、当初投資家に向けてのガイドラインとして示されたものが、融資を受ける企業側の姿勢を示す基準として一般化されてきているという状況があるが、そもそもが CSR のような明瞭な意義のある言葉ではないものが、そういう使い方をされているということである。その ESG と SDGs の二つが、現代では本質的な意味でどうつながるか、ということが問題になる。

---

5)　たとえば、わが国でもノーリツという会社が、2012 年 12 月、この国連グローバル・コンパクトが定める 4 分野（人権、労働、環境、腐敗防止）10 原則の取り組みに賛同し署名している。

6)　たとえば、2011 年 7 月に、日本ＣＳＲ普及協会近畿支部の第 1 回記念セミナーが開催され（共催が近畿弁護士会連合会、後援が公益社団法人関西経済連合会）、久保井一匡弁護士（元日弁連会長）が「ＣＳＲ（企業の社会的責任）の今日的意義について」という演題で講演をされている。そこで久保井氏は、現代の社会は政府のみでは社会の利害を適正に調整することが困難になっており、企業が社会の一員として適正な責務を果たすことが社会維持のために不可欠であること、また、企業自身にとっても社会の一員としてその責務を果たすことによって社会から受容され支持され、持続可能な経営が可能になることなどを指摘していた（同支部ＨＰ参照）。ちなみにＣＳＲについての最近の言及例としては、野路國夫（コマツ特別顧問）「私の履歴書」日本経済新聞 2022 年 4 月 29 日が、同社によるカンボジアの道路や学校建設の話を含めて記述している。

2　10年で変化した地球環境の「切迫度」

ではなぜ SDGs と ESG はこれだけ広く話題になるようになったのか。やはりそれは、国連の啓蒙活動（勿論それは非常に貴重なことであったが）の浸透などというよりも、最も大事なこととしては、MDGs や GC からの 20 数年、ことにこの 10 年程度で、地球温暖化などが進行し、先進国も開発途上国も、持続可能性を考えることが他人事ではなくなった、というところにあると思われる。SDGs も ESG 投資も、ただの御題目の目標ではなく、やらなければ自分の未来もない、という世界規模の本気度、切迫度が出てきたということが決定的に大きいのではなかろうか（データ的には、悪化してきた地球環境が、徐々に修復不可能となる閾値に近づき、それがようやく各国の人々にも認識されてきたというのが適切かと思われる。実際、国連の専門家は 2020 年の段階で、不可逆的な環境破壊を回避するために残された猶予はあと 10 年しかないと発言している[7]）。

ただこの点について、2022 年末の時点では、日本の取り組み、および国民の意識は、世界の、ことに欧米の先進諸国と比較すると、なお遅れているように思われる。後述するように、ESG 投資の進展とそのまやかしの糾弾のシステム等も、ドイツなどに比べるとかなり未成熟と感じられるのである。

以上が本稿の第 1 の前置きである。ついで第 2 の前置きとしての「ビジネス法務学」に触れたい。

II　ビジネス法務に「学」はあるか

「ビジネス法務に「学」はあるか」というこの項目タイトルは、つまり、

---

7)　2020 年 12 月 3 日に、クリスティアナ・フィゲレス前国連気候変動枠組条約事務局長は、東京大学と韓国の学術振興財団の共催したシンポジウム「東京フォーラム 2020 オンライン」において、「我々が（地球の）未来に影響を行使できるのは、あと 10 年しかない」と述べている。https://www.u-tokyo.ac.jp/focus/ja/features/z0508_00199.html(2022.12.20 最終閲覧)。

「ビジネス法務」ではない（「ビジネス法学」でもない）「ビジネス法務学」を考えようということである[8]。

「ビジネス法学」といえば、ビジネスに関する法について論じる学問ということになってしまう。つまるところそれは民法や会社法、知的財産法等々についての研究を集めたもので、いわゆる企業取引法や金融法についての学問、ということに帰結してしまうわけである。そうではなくて、世にいわゆるビジネス法務というもの、これも厳密な定義はないが、それに関する学問、を論じたいということである。

ただ、この問題設定は、そもそも「ビジネス法務学」というものがこれまで論じられたことがあるのか、というところから検討を始めなければならない。先述のように、「ビジネス法学」であれば、ビジネスに関係する法律について論じていけばよい。一方、「ビジネス法務」とその教育というと、これまではいわゆるハウツー本や取引のノウハウ等を説くものがほとんどというイメージがあろう。

では「ビジネス法務」についてどう学問的に分析しなんらかの学問体系を構築していくのか。こう考えると、そもそも、これまでビジネス法務は「学」という意識を少しでも持って実践されてきたことがあるのか、という根本の問題に逢着するのである。

このあたりのことも、先に掲げた拙稿「ビジネス法務学序説」に課題提示をしておいたのだが、ビジネス法務を「学」として探究することになると、そこでは当然、目先の利潤とか収益とかの指標を超えた、ビジネス法務の理念や、倫理を論じる必要が出てくる。そこに大きな関係を持ってくるのが、

---

8)　筆者は、武蔵野大学において、2014 年の法学部法律学科新設の責任者として、人選やプランニング等を全面的に担当し、「マジョリティの法学部生のための、ルール創り教育」というものを標榜した。さらに 2018 年 4 月からの大学院開設にあたっては、従来の学理的な研究者養成の法学研究科ではなく、法曹養成のための法務研究科（いわゆる法科大学院）でもない、第三の道として、ビジネス法務専攻の法学研究科を開設した。この開設の趣旨・経緯については、池田・前掲注 1)401 頁（横書き 6 頁）参照。

まさに CSR すなわち企業の社会的責任の議論であり、さらに現下の標語でいえば、SDGs と ESG あるいは ESG 投資であるというわけなのである。したがって、ビジネス法務を「学」として捉えるならば、必然的に SDGs と ESG を考察しなければならないという想定が成り立つ（そして後述するように、ビジネス法務学の立場から様々なステークホルダーの利害を考える場合には、SDGs と ESG の両者をリンクさせて考察することが必須となろう）。逆に言えば、そうしないとビジネス法務「学」というものは確立していかず、ビジネス法務はただ目先の収益・効率やトレンドとノウハウに流されていくものになってしまうと思われる。

　ここまでが、本論に入るための序説ということになる。

Ⅲ　ビジネス法務学から見るSDGs・ESG

1　「持続可能性」の把握

（1）SDGsの何番？　はない

　では、以上の問題意識を前提にして、本論に入ろう。本稿は、読者として、法律学の研究者以外に、弁護士をはじめとする法律関係の士業の方々や、企業の経営者、企業法務の専門家の方々を想定するものであり、SDGs とその 17 の目標それ自体の説明は不要かと思われる。ただ、最初の小見出しには「SDGs の何番？　はない」と書いた。この説明から入りたい。

　先述のように、SDGs では、持続可能な世界を実現するための 17 のゴールと 169 のターゲットを設定している。したがって、たとえば大学教育で SDGs を取り込む場合には、各学部学科や大学院の研究科に対して、SDGs の何番に力を入れるのか、などと重点目標を設定させる場合がある。

　しかしながら、我々武蔵野大学のビジネス法務専攻の大学院法学研究科では、開設以来、ことに金融法務に力を入れている[9]。そうすると、これも

---

9)　実際、武蔵野大学大学院法学研究科は、2018 年の開設時から、4 大ないし 5 大法律

昔から言われていることであるが、金融というのは、「取引社会の血液」であり、つまり金融はすべての取引に関係する。したがって、金融は結局SDGs の 17 の開発目標の何番かではなく、全部に関わるのである。その意味で、わが法学研究科のビジネス法務専攻では、問題は SDGs の何番に力を入れるか、というところにはなく、SDGs の根本理念、発想をどう取り入れるかが問題である、ということなのである（ただ、しいて言えば、金融の役割は、後にも触れるように、17 番のパートナーシップというのがそれを表していると思われる）。

(2)キーワードはサステナビリティ

　それでは、SDGs の根本理念、発想の具体的な表れがどこにあるかといえば、持続可能性、Sustainability である。これが我々が考えるべき究極のキーワードになる。既に述べたように、SDGs が国連サミットで採択されたのは、2015 年 9 月であり、その前身の MDGs が採択されたのが 2000 年である。この間に地球の「切迫度」が明らかに上がったことは既に述べた通りなのであるが、そのサステナビリティ、持続可能性の意義に多様なレベルの違いがあり、また様々な立場の人々の間にも様々な意識レベルの違いがある。ビジネス法務の用語で言えば、投資家、大企業、中小企業、消費者、金融機関、地方公共団体等のステークホルダーが、それぞれどのような利害を持ち、サステナビリティをどのように意識しているのかが問題なのである。そのあたりを指摘することから問題提起をしたい。

(3)サステナビリティを考える目線―論点の留保

　したがって、たとえば世界の貧困や飢餓（SDGs の第 1・第 2 目標）とい

　事務所などと呼ばれる弁護士事務所から招聘している客員教授の弁護士の担当で、「金融法特講 1（担保取引・ＡＢＬ）」「金融法特講 2（FinTech）」という二つの科目を置いている（なおすでに 2014 年の法学部創設時から法学部法律学科には「金融法」を置いている）。

う問題に直接アプローチすることも非常に重要なのであるが、ここでは金融法務、ビジネス法務の観点から回り回っての世界のウェルビーイングの実現ということを考えたい。もちろん、その段階で、世界の貧困や飢餓に苦しむ人々に直接向き合っていないことの限界は認識しておかなければならない。

　もっとも、この問題は非常にセンシティブなところがあり、私は、自分の経験から、最も慎むべきは、「支援」という名の「上から目線」であると考えている。それは、私が 2000 年に初めてカンボジアの法教育支援[10] でプノンペンを訪れて以降、同国との交流の中で強く感じたことである[11]。支援する側とされる側の立場は可変的なのであって、一時は法学教育の面でも人的・物的に危機的な状況にあったカンボジアは、今日では既に学術交流のパートナーになりつつある[12]。

　実際、人間の長い歴史の中では、支援する側とされる側の立場の互換性ということまでを意識するべきなのである。そして、常に相手の立場に立って寄り添う姿勢と、共に生きる「共生」という理念を持つことが大切である[13]。そのような論点を留保したうえで、以下に論を進めたい。

---

10)　弁護士を中心とした「日本・カンボジア法律家の会」（別称ＪＪリーグ、木村晋介＝桜木和代共同代表）による、京都大学の中山研一教授（当時）の刑法教科書と、筆者の著書『民法への招待』（税務経理協会）の翻訳・寄贈の活動によるもので、2000 年暮れにプノンペンの王立経済法科大学で第一分冊の贈呈式と記念講演が開催された。周知のように、カンボジアでは 1970 年代後半のクメール・ルージュ（ポル・ポト派）の恐怖政治で最大 200 万人のカンボジア人が殺害されたといわれ、その影響で 1990 年代後半においてもなお法学教育の指導者や教科書が十分でない状況にあった。

11)　たとえば、2000 年に初めてカンボジアの現地の郊外の小学校を訪問した際には、寄付するノートと鉛筆を持参すべきだった、と痛切に感じたものだが、2002 年に訪問した時には、もう、同国は目覚ましい復興を始めており、少なくともプノンペン近郊では、ノートと鉛筆を持っていくのはいささか失礼と感じる状況になっていた。

12)　ごく最近の状況を示すものとして、池田眞朗＜国際講演記録＞「クメール語最新版『民法への招待』の役割と新しい民法学の提言」武蔵野法学 16 号（2022 年 3 月）35 頁以下。

13)　武蔵野大学法学部では、すでに 2017 年に、この趣旨での法学部開設記念シンポジウム「グローバル化と法律学——支援から共生へ」を開催している。このシンポジウムでは、ブラジル・サンパウロ大学からは二宮正人教授（本学客員教授）が参加して講演

(4)サステナビリテイのレベル

　上に述べた地球規模での視点の問題はさておいて、国内規模で考えても、この SDGs と ESG の問題は、大企業目線で考えるか、中小企業目線で考えるかで全く世界が違ってくるということを改めて確認しておきたい。これは SDGs と ESG の問題に限らない。

　私は、2012 年に出した市民向けの小著の中で、「民法は中小企業の金融法」という話を書いておいた[14]。つまり、大学法学部では会社法などで株や社債による資金調達を学ぶのだが、実は世の中の多くの中小企業は、信用力がないため、株や社債では資金調達ができないのである。それで不動産に抵当権を設定しての借り入れや保証に頼ってきて、これが近年では後述する売掛金や在庫動産を担保とする資金調達にも展開されるのであるが、これらはすべて、抵当権も保証も動産債権譲渡担保も、全部民法の範疇なのである。したがって、大企業の資金調達で学ぶ会社法も社債法も金融商品取引法なども、中小企業の資金調達ではほとんど使えず、ひたすら民法ばかり出てくることになる。それゆえ、民法は中小企業の金融法、なのである。

(5)　サステナビリティから見たSDGsとESG投資の関係

　ことほど左様に、持続可能性といっても、大企業における安定的経営の志向と、中小企業における生き残りの志向とでは、「切迫度」が全く異なる。まして、ESG における投資家というのは、より効率的な資金投下先を探して行動しており、どういう企業を支援し生き残らせて利益を上げるか、ということを考えている立場であって、自分たち自身はまず当然に生き残る存在なのである。それゆえ、ESG でも「投資」のほうは、極端に言えば、余った資金をどこに振り向けるべきか、というレベルの話でもあって、SDGs と

　され、カンボジア関係では、上記日本・カンボジアの会のメンバーなどによるパネルディスカッションも実施された（「カンボジア法教育支援──支援から共生へ」武蔵野法学 7 号 53 頁以下参照）。
14)　池田真朗『民法はおもしろい』（講談社現代新書、2012 年）131 頁以下。

セットにして論じるのは適切か、という側面さえあるということに注意しておきたい。

　もちろん、ESG 投資が正しく機能すれば、脱炭素など ESG の取り組みを重視する企業が恩恵を受け、温暖化を防ぐ気候変動対策が進み、結果的に地球規模の環境対策が進展して、SDGs の目標達成に寄与する、という連鎖ができることは否定しない。そして、世界の巨大ファンドが、そこへの「資金の出し手」の意識変化を受けて、SPI（責任投資原則）を順守して、より ESG を重視する企業へ、（企業の規模にかかわらず）投資を振り向ける傾向が示されている[15]のは、好ましいことである。しかし、この「正の連鎖」に便乗するかのようなケースは、批判されなければならない。

(6)　「ESG債」に一言

　たとえば、わが国でも 2020 年前半の段階で急増した ESG 債というものがあるが、それ（2020 年前半の段階ではほとんどがいわゆる「環境債」である）は、SDGs の立場から端的に言うと、富裕な投資家と富裕な大企業の間の資金のやり取りなのである。大企業が環境や社会の問題を解決する事業をすると宣明して、そのために使う資金を投資家から集める。事業目標が達成できなかった場合、環境保全活動を目的とする公益社団法人などに寄付をするというタイプのものはまだよいのだが、日本でもかなり多くは、目標達成ができなかったらその場合投資家への償還利率を上げるというタイプのものである。つまり、大企業が環境改善などの目標をうたって資金を集めて、その目標が達成できなかったら融資者が儲かる。私はこれは志において

---

15)　アメリカの有力投資ファンドブラックストーンは、これまでは上場企業向けが多かったＥＳＧ重視企業への投資を、今後は 2022 年からの 10 年で 1000 億ドル（約 14 兆円）を非上場企業にも投じるという（2022 年 9 月 11 日日本経済新聞ＥＳＧエディター古賀雄大署名記事）。なお同記事では、そういう傾向にともない、排出量開示などに対応できない非上場企業がサプライチェーン（供給網）から外されてしまうリスクも高まっていると指摘されている（サプライチェーンについては本文で後に触れる）。

SDGs になっていないと考えている。もちろん、大企業が高額の資金を使って環境改善等に取り組んでくれるのは大変良い事なのであるが、大企業のESG 債発行は、そもそもその目標をしっかり第三者が認定する必要があり、その結果までフォローして、いわゆる見せかけ ESG をしっかり見つけ出す必要がある。報道によれば、ドイツなどではこういう議論がすでに盛んになっているという。これもいわゆる CSR の最新の課題と言ってよかろう（以上の視点は、わが国で 2022 年度に急増した ESG 債である「移行債（トランジションボンド）[16]」についてもあてはまる）。

（7）　使うべきではない比喩―SDGsとESGの緊張関係

　上記のことをもう少し敷衍しよう。本稿でこのあと扱う金融からの分析に関係することである。ストックホルムにあるレジリエンス研究所は、SDGsの 17 の目標の位置関係を、ウエディングケーキに例えて 3 つの階層に分けた図解をし、その上に 17 番のパートナーシップを載せている[17]。これは一見わかりやすいのだが、これに対して、どの目標を達成するにもやはりそれなりの資金が必要である、という見地から、中心の一番上に置かれた 17番のパートナーシップを金融に置き換えると、資金の流れという点では、ウ

---

16)　国内 ESG 債は、発行が本格化し始めた 2019 年度に比べると 2022 年度は約 4 倍となり、2022 年度の発行額は 1 兆 7000 億円で、社債全体の 4 本に 1 本を占め、特に二酸化炭素 (CO_2) 排出が多い企業が段階的に脱炭素化を進めるための資金に活用する移行債（トランジションボンド）が目立つという（以上日本経済新聞 2022 年 12 月 19 日記事）。ただ、この移行債は、従来の環境債を発行しにくかった高排出企業が発行するケースが多いのである。したがって、これについても、第三者による明確な「監視・評価」が必要であることはいうまでもない。2022 年の世界全体の ESG 債の発行額は 21 年よりも減っており（前掲日本経済新聞記事）、そのことの分析も（移行債の流行が日本固有の現象であるか等も含めて）必要と思われる。

17)　このストックホルム・レジリエンス・センターのウエディングケーキモデルの図解を紹介するものとして、日本総合研究所ＥＳＧリサーチセンター編著『行職員のための地域金融×ＳＤＧs入門』（経済法令研究会、2020 年）3 頁。重ねられた三層の丸いケーキのさらなる上に 17 番のパートナーシップが来る。

エディングケーキよりもシャンパンタワーのほうがよりふさわしい、という
見方もできそうである。

　しかしながら、これらの比喩はいずれも使うべきではないのである。何層
ものウエディングケーキは、やはり富と豊かさの象徴である。シャンパンタ
ワーに至っては、華美と余剰の象徴になる。そのような比喩は、やはり、貧
困をなくし誰ひとり取り残さない、というSDGsの根本の発想に悖るのである。

　そしてこの比喩の話の中に、SDGsとESGの緊張関係があることを指摘
しておかなければならない。確かに、SDGsの17目標を達成するにはそれ
なりの資金が必要である。そして、ESG投資に始まる、上流から下流への
資金投下が、下流まで届ききってSDGsの17目標が初めて達成できる、と
いうのが現実かもしれない。その意味では、SDGsとESGは両立し、かつ
連携する必要があるといえる。しかし、資金を上流から流す、という出発点
に立って上から目線でSDGsを見ること自体が、既にSDGsの根本理念に
反するのである。「金融」を媒介してSDGsを論じる場合には、常にその点
を自戒すべきであろう。

　さらに言えば、人も企業も、利益追求の思惑で行動することは確かなので
あって、先述した見せかけESGの出現は（見せかけSDGsの出現さえも）
避けられないのである。その意味では、ESG行動あるいはSDGs行動の中
における自律（より強い表現でいえば相互監視）も必須となる。

2　ビジネス法務学から見るSDGs・ESGの具体例

（1）サステナビリティから地域活性化、地方創生へ

　上述の自戒のうえに、具体的に地域金融の素材で、ビジネス法務学の観点
から、SDGsとESGを分析する作業をしてみたい。したがってここでは、
論点のブレをなくすために、地域経済のレベルでのSDGsと、企業の行動指
針の意味でのESGと、投資家（企業自身も含む）のESG投資とを対象にし、
かつそれらの要素をしっかり分けて考えたい。

　そうすると、現代の日本でひとつはっきり見えてくるのは、サステナビリ

ティと地域活性化・地方創生の関係である。SDGs と ESG の考え方は、まさにこの観点から分析されなければならないと思われる。日本国内での地域格差を拡大させず、資金の回らないところに回していかなければならない。これは、いささか大袈裟な表現になるが、SDGs でいう、相対的貧困をなくすという課題の思考にもつながるものである。

　では、地域活性化・地方創生はどうしたら実現できるのか。私は、「オンリーワンでナンバーワン」というキーワードを考えている。現代の日本社会は、自由なようで、様々な意味で序列社会となっている。金融業界しかり、大学しかりである。その下位のものが上位のものと同じことをやっていては永遠に追いつけない。そこで、他と違うことをする。発想の転換や、新しい着眼点の発見が必須になる。言葉を変えて言えば、横並びの発想を抜けて、何らかのイノベーションを伴わなければ、地域活性化・地方創生はなかなか実現できないのである。

(2) 金融検査マニュアルの廃止と「創意工夫」

　問題を地域金融の実務にしぼって考えてみたい。金融の世界で言うと、近年の大きな出来事の一つは、2019 年 12 月に、金融庁の金融検査マニュアルが廃止されたことである。もちろん、金融検査マニュアルには、バブル崩壊を受けての業界の適正な発展を指導するという意味はあったのだが (1999年から実施)、近年は、マニュアルによる規制と発展のバランス取りが難しくなってきたところが見受けられた。たとえば私の専門の関係でいえば、動産担保を活用したいのだが、マニュアルで適格担保と認めてもらえないと発展できないという声があり、それがようやく認めてもらえた、などという現象があったのである。

　この金融検査マニュアルが廃止され、今度はキーワードとして「創意工夫」が軸に置かれることになった。金融庁は、各金融機関に対する規制・管理・指導から、各金融機関の自主的改善を求める姿勢に（一部であっても）舵を切ったといえる。そうすると、求められたほうには、これまでのマニュアル

による引き当て・償却の基準から、自分自身のルールを創るために、一定の
レベルのスキルと判断力が必要になる。自己学習能力、自己開発能力の開発
が必須となってきたのである。見方を変えれば、金融庁は、今後は金融機関
もそういう自助努力をして生き残るべき、という姿勢を取ったとも見られる。

　ここで差が出てくる。行動指針がなくなってどうしたらいいかわからない
と思うか、規制がなくなって自由にやれると喜ぶか、という違いである。い
ずれにしても、中小の金融機関まで、自己学習能力、自己開発能力の涵養・
強化が必須となったのである。

(3)ルール創り能力、コミュニケーション能力、 「目利き」能力プラス規範的判断力の涵養

　つまり、各金融機関は、各自で融資基準などのルールを作る必要ができた。
けれども、ことに中小の金融機関では、これがなかなか難しい課題である。
飛躍を恐れずに言えば、この困難さを感じる根源は、大学までの教育にある
と言える。たとえば従来の日本の法学部は、条文解釈を教えるばかりでルー
ルを創れる教育をしていない[18]。ここでは詳細は論じないが、一般論として、
わが国の企業その他の組織体の風土の形成に教育の在り方が関わっているこ
とは意識されてよかろう。

　さて、個別具体的に融資基準を発見・設定していくためには、融資先との
コミュニケーション能力が必要になる。そして情報を引き出し、観察し、判
断する。つまり従来の表現で言えば「目利き能力」なのだが、現代風にいえ
ば問題発見能力、情報処理能力が必要になるわけである。ただ、本当はこれ

---

18)　それで筆者は武蔵野大学法学部では「ルール創り教育」を標榜して実践しているの
　だが、ここでいう「ルール」は、法律や条例などに限定されるものではなく、法学部生
　が卒業して社会人となって入っていく集団（企業、役所等から、町内会やマンションの
　管理組合等まで）において、その構成員のための最適なルールを形成する能力を涵養す
　ることを意図している。さらにいえば、後述のように、企業間でこれまでの取引になか
　った新規契約を創り上げるのもこの「ルール創り」である。

だけでは足りない。

　ここが肝心なところなのだが、問題発見能力、情報処理能力に、規範的判断力なるものが加わらなければいけないのである。つまり、なぜその融資をするべきなのか、わが社の融資基準はこういう理由でこうあるべきなのだ、という、規範的な考察を含んだ判断力の必要性である[19]。そこでは当然、それぞれの融資者・融資主体の、見識とか社会を見る目が問われることになる。そして多くの融資者がそのような観点を持つことが、社会の持続可能性につながるのである。

(4) ABLの再評価—生かす担保論

　そうすると、私の専門分野では、当然に見えてくるものがある。それが

---

19)　元富士通シニアフェローの宮田一雄氏は、日本経済新聞に、「規範的判断力こそ重要」と題した寄稿をしている（日本経済新聞2021年8月3日朝刊）。職務内容を明確にして成果で評価する「ジョブ型雇用」への移行に際しては、大学院教育を通じて高度な専門性を備えた人材を育てることが重要になるという趣旨の論考であるが、内容は、宮田氏が分科会の会長を務めた、2018年10月から2年半にわたる、経団連と大学側で作った産学協議会に置かれた、Society 5.0（超スマート社会）時代の人材育成に関する分科会の検討内容の紹介が中心になっている（ちなみに、「超スマート社会」という、国側のネーミングは全くわかりにくいが、後述する社会情報大学院大学の川山竜二教授は、これを「（競争激化の）知識社会」と呼ぶ。池田眞朗「「コロナを超える」新しい法務キャリアの学び方——ビジネスマッチング実践型「武蔵野大学大学院」の法務人材育成と実務家教員の養成」池田眞朗編著『アイディアレポート　ビジネス法務教育と実務家教員の養成』（武蔵野大学法学研究所、2021年）202頁以下参照）。宮田氏は、協議会の議論に基づいて、学部レベルのリベラルアーツで思考の枠組みを培い、大学院教育で専門性を伸ばすという提言をするのだが、右の協議会が、高度専門人材のためのリベラルアーツとして「幅広い知識と論理的思考力、規範的判断力を身につけること」と定義したと紹介して、「これからは『望ましい社会や企業とは』『公正な社会とは』といった判断を避けて通れない。それには一定のトレーニングが要る」と書き、「複雑な社会課題の解決や共通善に向けた新たな価値づくりのためには、論理的思考力に加え規範的判断力が必要なのだ」と説いている（同氏の立論の詳細は、池田眞朗「ビジネス法務教育と実務家教員の養成——本質的法学教育イノベーションとの連結」池田眞朗編著『実践・展開編　ビジネス法務教育と実務家教員の養成2』（武蔵野大学法学研究所、2022年）8頁以下参照）。

ABL つまり動産債権担保融資の再評価である。ABL（Asset Based Lending, この場合の Asset は流動資産を指す）は、米国では 1990 年代から広く行われていたのであるが、日本では 2005 年に、商工中金が、故・中村廉平法務室長（当時。逝去前は武蔵野大学法学部教授）を中心に、福岡銀行と組んで第 1 号案件を実施したものである。中小企業がもっぱら不動産担保と個人保証で金融機関から融資を受け、それらの担保が尽きると金融機関は場合によっては手のひらを返したように融資をしてくれなくなる[20]。そこで売掛金と在庫に着目し、これを担保にして、かつその中小企業の事業性をトータルに評価して融資をする、これが ABL である（当時中村廉平氏は、「流動資産一体担保型融資」と呼んでいた。これの方が実態を的確に表現していると言えよう）。

　その ABL について私は、2006 年に論文を書いて「生かす担保論」を提唱した[21]。つまり、担保は債権者のための回収手段というだけでなく、債務者つまり被融資者をつぶさずに事業を継続させる「生かす担保」でもあるという主張である。そして私は、この ABL はそういう意味で、世のため人のためになる取引スキームだと考えて、理論的な支援を続けてきた。さらにその後の論文では、この売掛金と在庫というのは、被融資者の企業努力で変動する「生きている担保」であるということも書いた[22]。

　実際、その 2000 年代初めの、日本で ABL の第 1 号案件が出た段階で、アメリカは、売掛金や在庫という流動資産の 20 パーセントを融資に活用していた、というデータがある[23]。当時は、そんなものまで担保に取るのか、

---

20)　いささか図式的な表現だが、たとえばこれが池井戸潤原作のテレビドラマ『半沢直樹』の第 1 クールの設定である。

21)　池田真朗「ＡＢＬ等に見る動産・債権担保の展開と課題——新しい担保概念の認知に向けて」伊藤古稀『担保制度の現代的課題』（日本評論社、2006 年）275 頁以下（池田『債権譲渡の発展と特例法』（債権譲渡の研究第 3 巻）（弘文堂、2010 年）320 頁以下所収）。

22)　池田・前掲注 21)『債権譲渡の発展と特例法』348 頁。

23)　池田・前掲注 21)『債権譲渡の発展と特例法』335 頁、336 頁注 2) 参照。

という風潮もあったが、実際に、売掛金と在庫はどのくらいあるのか、という観点から考えてみよう。これもかつて拙著に掲げたところだが[24]、全企業の保有する売掛金の総計は、全企業の保有する土地の総額に匹敵するかややそれを凌駕するくらいある。また在庫の総額は、土地総額のほぼ半分くらいあるのである。それゆえ、これを利用しない手はない。それが私の専門で言う、将来債権譲渡担保と集合動産譲渡担保の話になるわけである。そしてその両者とも、すべて民法の領域の問題である。それゆえ、「民法は中小企業の金融法」といえるのである。

　ただ、一時順調に伸びた ABL はその後停滞している。その大きな理由は、もともと融資者にとって利ざやの大きくない取引なので、売掛先や在庫の状態を確認したりする手間がかかったり、ことに低金利の時代が続いて、動産担保評価などをアウトソーシングする費用などがかかると、採算上引き合わない、というところにある。

　しかしながら私は、現下の状況において、ABL の再評価を提唱したいと考える。今 ABL をおやりください、というのではなく、ABL の理念を再評価していただきたい、ということである。ABL は、債権者が債務者のことも考えてする取引である。たとえば、地域の優良企業なのだが運転資金が回らない、そういう企業をつぶさずに事業を継続させることによって、地域経済の維持・活性化ができる、それがひいては地方の金融機関の経営維持につながる。ここには、相手と共に生きる「共生」の理念があり、持続可能性の配慮がある。つまり ABL は本来、まっとうに仕事をして良い商品を作っている中小企業が救われるスキームなのである。そのような中小企業を倒産させずに営業を継続させることで、地域経済を安定させ活性化させるという連関を是非考えていただきたいのである。

　そしてこの ABL を継続していくためには、金融機関は、一回的な融資ではなく、融資先と付き合い、情報を収集しながら融資額を増減させたりする。

---

24)　池田・前掲注 14)『民法はおもしろい』140 頁。

つまり一時よく言われたリレーションシップバンキングが必要なのである。それをなるべくコストを抑えて実行するには、自行内にコミュニケーション能力、分析力のある人材を育てる必要がある、というわけである。勿論、企業行動であるから、引き合わなければやらない、ということになるのは当然である。しかし逆に、コストを抑える工夫と将来の付加価値を想定してトータルに考えて引き合う、ということで実施する地域金融機関が一つでも出てくれば、まさに他がやらないオンリーワンで創意工夫してナンバーワンを目指す、ということになる。これからの金融は、真似や追随では生き残れない時代なのである。

　いずれにしても、ABL という取引が、現代の SDGs と ESG の発想に合致するものを持っていることは確かであり、私はそういう意味で ABL の再評価を機会のあるごとに書いているが、最近はそれに対する理解、賛同も頂戴しつつある[25]。いわゆるリレーションシップバンキングは、まさにSDGs17 番のパートナーシップなのである。

（5）事業性評価のシステム化・法制化

　そうすると、ABL は、その企業の活動をトータルに見て担保設定して融資をしていくやり方であるので、企業の事業性評価ということが重要になる[26]。この事業性評価について、法律学者の観点から言えば、その評価をどう可視化・標準化するか、そしてさらに進んで、それをどうルール化つまり法

---

25)　かつては、2011 年開催の金融法学会第 28 回シンポジウム「ＡＢＬの現在・過去・未来──実務と比較法との対話」（報告者代表・中島弘雅慶應義塾大学教授（当時））で、私の「生かす担保論」を取り上げていただいていた（中島「ＡＢＬ担保取引と倒産処理の交錯──ABL の定着と発展のために」金融法務事情 1927 号 72 頁参照）。最近では、官庁の立法資料にも取り上げられ、水野浩児「顧客支援と包括担保法制の牽連性──生かす担保 ABL の考え方の再評価と事業性評価に基づく融資」（『これからの顧客支援・再生実務と包括担保法制』（銀行法務 21・875 号〔2021 年 9 月増刊号〕93 頁以下）などの論考に取り上げていただいている。
26)　事業性評価については、（水野・前掲注 25) 等参照。

制化するか、ということが重要になろう。そしてこれは、2022 年現在、法制審議会担保法制部会で進めている担保法制の見直しや、金融庁が提唱している「事業成長担保権」などの包括的担保法制の議論につながる。包括的担保法制の新しい創設には、具体的な方策についていろいろ議論もあるところだが、企業の活動や力量をトータルに評価して担保の対象とする発想自体は、ABL からつながる考え方で、非常に適切なものと私は考えている。ただそのような法改正・新規立法論議で最も肝要なのは、実務でしっかり使われる、実務に寄り添った立法ができるか、ということであろう。

IV　「行動立法学」の提唱

1　「行動立法学」とは

　その法制化、立法化という点については、私は「行動立法学」というものを提唱している[27]。行動立法学とは、管見の及ぶ限り、法律学界で私が初めて提唱しているもので、具体的には、2017 年の民法債権法改正（2020年 4 月施行）が、現実の問題点の解決よりも学理的な説明の整合性などを重視した面があるということに対する批判から出発している。つまり法の制定や改正は、あくまでも現実の紛争の解決や問題の回避等のために、ひいては人々の幸福のためにするのであって、それぞれのルールは、どういう人々のどういう利益を考えたルールであるかをしっかり考え、こういうルールがないと人はどう困り、またこういうルールを作ると人はどう行動するのか、というシミュレーションをして立法をなすべきと主張するものである。

　この行動立法学の観点からは、立法はその法の対象であり担い手である人または法人を中心にして考えるべきものとなる。したがって、理論的に優れ

---

27)　池田真朗「行動立法学序説──民法改正を検証する新時代の民法学の提唱」法学研究（慶應義塾大学）93 巻 7 号（2020 年）74 頁以下（池田『債権譲渡と民法改正』（弘文堂、2022 年）（債権譲渡の研究第 5 巻）第 29 章 599 頁以下に所収）。

ていても、人々の使い勝手の悪い制度やルールを作ってはいけない。また、この行動立法学でいうと、取引法の世界では、ルールを詳細完璧に作ると、かえって実務ではその取引は行われなくなることもわかっている。これは、私は前掲の「行動立法学序説」にも記述したが、たとえば明治民法制定時の、資金調達のための「買戻し」の規定にも見られ（うまみがなくなって、再売買一方の予約という別のルールを使う）、また昭和50年代の仮登記担保法制定の際にも見られた現象なのである[28)]。

　したがって、立法に携わる者は、条文解釈学に長けた学者だけでは不適切で、取引の実態を良く知る実務家や、実務に通じた研究者によってなされなければならないのである。つまり法律は（ことに民事法は）、えらそうに「守らせる」ものではなく、対象であり担い手である人々の「創意工夫」を後押しするフレキシブルな要素を持ったものにすることが必要であり、「創意工夫」を止めさせるルールにしてはならないのである。

2　規制法と促進法

　そこから、これからの法律は、規制緩和からさらに進んで、取引促進法であるべきという話になる。つまり、法律（ルール）には規制法と促進法があり、促進法的発想が重要であるということをここで述べておきたいのである。

　従来の法律は、ほとんどが規制法であった。しかし、たとえば私が立案から立法まで関与した法律としては、債権譲渡特例法（現在は動産債権譲渡特例法）と電子記録債権法の2つは、立派な取引促進法である[29)]。債権譲渡特例法は取引促進法として大成功の法律と言えるが、資金調達のために多数債権の譲渡をする際の対抗要件の取り方を、民法の定める、確定日付のある証書による通知・承諾から、法務局のコンピューターへのデータの登記とい

---

28)　池田・前掲注27)「行動立法学序説」64頁以下、69頁以下（同・前掲注26)『債権譲渡と民法改正』第29章607頁以下、612頁以下）。

29)　池田・前掲注27)「行動立法学序説」83頁以下（同・前掲注26)『債権譲渡と民法改正』第29章629頁以下）。

うやり方もできるとして、大幅に使い勝手を良くしたものである。まさにI
T化によって、今日でいう DX に大幅に貢献した特例法なのである。

　また電子記録債権法は、手形の紙をなくすということでこれも DX に大幅
に貢献した[30]。勿論、電子記録債権法は、手形代替だけがその機能ではなく、
担保活用にこそ真価が見出せるものなのだが[31]、さらに直近でいうと、電子
記録債権は付帯記録事項として契約書それ自体もすべて記録できるので、い
わゆる電子契約においても、ことに契約書や仕様書を全部添付しなければい
けない建設請負契約の電子契約化などで新たなメリットを生んできている[32]。

　このように、ルールを作って新たな取引形態の発展を支援する「促進法」
が登場してきているのである。この傾向は、先述の、私が提唱する行動立法
学の観点からすれば、法律ことに民事法には、創意工夫を後押しするフレキ
シブルな要素が必要であり、これからの法律は意識的にそういう役割も担わ
なければならない、という主張に合致しており、好ましいものである。

---

30)　全国銀行協会が創設した電子債権記録機関の『でんさいネット』は、まさにその手
　形の電子記録債権への置き換えを図ったもので、2013 年の業務開始以来、普及にいさ
　さか時間がかかっているが、23 年 1 月にはさらなる普及を目指して機能改善を図ると
　報じられている（でんさいネットの経過については、池田眞朗「「でんさいネット」開
　業から 1 年、電子記録債権の現状と展望」月刊金融ジャーナル 55 巻 2 号（2014 年）
　74 頁以下（池田・前掲注 27）『債権譲渡と民法改正』472 頁以下所収）参照）。

　　なお、全銀協では、2022 年 11 月 4 日に、手形等の「電子交換所」の設置・運営を
　開始したが、これは、従来、紙の手形等を交換所に運搬して交換決済を行ってきたもの
　を、その手形をイメージデータ化してそれを送受信することによって交換決済が完結す
　るというもので、紙の手形をなくしたわけでは全くない。私見では過渡的な DX という
　評価であり、政府と全銀協は、2026 年度末までに手形・小切手機能の全面的な電子化
　を（つまり紙の手形・小切手の全面廃止）を目指す計画と発表している。

31)　筆者は従来からこの点を力説している。初期のものとして、池田真朗「電子記録債
　権の普及と展望」月刊金融ジャーナル 52 巻 5 号（2011 年）8 頁以下（同・前掲注 27）
　『債権譲渡と民法改正』450 頁以下所収）、池田真朗「電子記録債権による資金調達の課
　題と展望」金融法務事情 1964 号（2013 年）18 頁以下（同・前掲注 27）『債権譲渡と
　民法改正』455 頁以下所収）。

32)　池田・前掲注 27）『債権譲渡と民法改正』の第 26 章「電子記録債権の活用最前線」（書
　き下ろし収録）509 頁参照。

3　行動立法学と普及学

そしてここに、もう一段、論じておくべき要素がある。それが、新しいルールを創った場合のその「普及」の問題である。私がすでに 2006 年とか 2015 年に専門誌で論じたところだが[33]、「普及学」という学問分野[34]も存在するものの、わが国ではまだあまり大きな広がりを見せていないように思われる。つまり、わが国では、近年いろいろな分野でオンライン化やＩＴ化などが進められているが、その普及度が低いままのものやなかなか進捗しないものが多いのである。最近の例で言えば、マイナンバーカードがその一例で、当事者の加入手続きの中で何が煩瑣で普及を妨げているのか、そもそもその制度に加入することによって各個人にどういうメリットがあるのか、等を分析し検討するのも、行動立法学の重要な仕事と言える[35]。

Ｖ　付論―経済学の方向転換

ここで、経済学の観点からの分析を加えておきたい。東京大学の松島斉教授は、「米経済学者ミルトン・フリードマンは営利と慈善を切り離して、慈善事業は個人の寄付に任せておけばよく、経営者は株主の従業員として株主

---

33)　池田眞朗「債権譲渡登記および動産譲渡登記のオンライン申請――「立法普及学」試論を兼ねて」みんけん 592 号（2006 年）3 頁以下（池田眞朗『債権譲渡の発展と特例法』（債権譲渡の研究第 3 巻）（弘文堂、2010 年）301 頁以下所収）、（同「債権取引の「電子化」とその「普及」の課題――債権譲渡登記と電子記録債権における「普及学」的検証」Law & Technology 68 号（2015 年）19 頁以下参照（同・前掲注 27）『債権譲渡と民法改正』第 24 章 479 頁以下所収）。

34)　普及学についての初期の代表的な文献として、E．M．ロジャーズ（青池慎一＝宇野善康監訳）『イノベーション普及学』（原題は Diffusion of Innovations, 翻訳の対象となったのは 3rd edition,1982 年）である。

35)　池田・前掲注 27）「行動立法学序説」91 頁参照（同・前掲注 27）『債権譲渡と民法改正』639 頁所収）。その他、ここでは詳論しないが、行動立法学では、ハードロー（制定された法律や政令、条例等）とソフトロー（官公庁のガイドラインやそれに基づく業界団体の自主規制ルールなど）の効果の比較の問題も扱う（前掲書同所以下参照）。

の利益を最大化する受託者責任を負うと主張した。それは強い影響力をもたらすとともに、受託者責任は株価最大化だと曲解されることにつながった。大多数の株主が企業の社会活動を支持しても、一部の株主が株価を最大化する別の活動を支持した場合には、司法の場で多数株主による議決権の乱用に当たると判断された」[36]と書き、「営利と慈善は分離できるとするフリードマンの主張は間違っており、外部性を無視している」[37]と続けている。理論経済学の専門家にここまで言い切ってもらえたことは、私としてはまさに我が意を得たりという思いであるのだが[38]、この記述は、今日のビジネス法務学にとっても、貴重な理論的裏付けを提供するものとなろう。

　なお、松島教授は上記のフリードマン批判に続けて、「この問題点を最初に明確に指摘したのは、日本を代表する経済学者である宇沢弘文だ」と書いて、宇沢弘文の主張した「社会的共通資本」（自然資本、社会インフラ、制度資本の総称）概念を活用すべきと説いている。また、「社会的共通資本に関連する活動として注目されるのは、国連による持続可能な開発目標（SDGs）と気候変動枠組条約締結国会議（COP）だ」と、所論を続けている[39]。ここではCOPについては触れる余裕がないが、当時からフリードマンを強く批判していた宇沢は、既に1991年の寄稿から「社会的共通資本」を説いて地球温暖化に警鐘を鳴らし、1994年の著作の中で、大気という自

---

36)　松島斉「温暖化対策に新たな視点　世界共通の炭素価格目標を」（日本経済新聞2022年9月26日朝刊経済教室）。

37)　松島・前注36)。

38)　法学士ではなく経済学士の学位を持つ筆者は、まさに半世紀を少し超える時期になる学部生時代、「費用極小・利潤極大」という近代経済学の基本テーゼを学び、それならばどの企業も公害防止装置をつけたがらないだろうという疑問を持ったことが、民法学へ転身する最大の理由となった。ちなみに筆者が学んだ当時の指定参考書はサムエルソン『経済学』であったが、その後フリードマン学説がいわば一世を風靡したと言ってもよかろう（なおこの議論は、現在の法律学においては、会社法の中での「公益重視型会社」の議論にもつながるが、そこではなおフリードマン型の見解との両論があることは留保しておこう）。

39)　以上いずれも松島・前掲注36)の日本経済新聞記事。

然資本を例に取って、温室効果ガスの排出について、炭素税ないしは環境税などの経済的手段を用いて規制することが望ましいという記述を残している[40]。本稿の冒頭に述べた MDGs の提唱よりも、GC の提唱よりも前の時期である。第 1 回 COP 会議の開催も 1995 年である[41]。宇沢学説は、今日の地球環境状況の中で、先駆者の見解として再評価されるべきものである。

VI　これからのSDGs・ESGとビジネス法務学の展望

1　レインボーカラーの利益

それでは、本稿の小括として、これからの SDGs・ESG とビジネス法務学の方向を展望してみたい。

私が提唱する行動立法学の考え方では、「ルール創り」は、ルール（法律や条例等に限らない広い概念である）を作る側の論理だけでなく、ルールが適用される人々、ルールを使う人々、の側の利益をトータルで考えることが重要であり、それは、SDGs の誰一人取り残さないという考え方とも共通する。ルールが生み出す利益（目的）は地域の活性化さらには債権者・債務者をはじめ、様々な多くのステークホルダーの利益でなくてはならない。それを私は、「レインボーカラーの利益」と呼んでいる[42]。現代では、LGBTQ

---

40) 寄稿は宇沢弘文「地球温暖化を防ぐ」1991 年 1 月 3 日～ 11 日付日本経済新聞「やさしい経済学」（宇沢『経済と人間の旅』（日本経済新聞出版社、2014 年）238 頁以下所収）、著作は宇沢弘文「社会的共通資本の概念」宇沢弘文＝茂木愛一郎編『社会的共通資本──コモンズと都市』（東京大学出版会、1994 年）19 ～ 20 頁参照。

41) なお、ＣＯＰ会議の開催を決めたのは、1992 年のブラジル・リオデジャネイロで開かれた「環境と開発に関する国連会議」（後に地球サミットと呼ばれる）であり、そこで大気中の温室効果ガスの濃度を安定させることを究極の目標とした「国連気候変動枠組条約」が採択されている。宇沢の寄稿はそれよりも早い。

42) この表現は、2022 年 5 月 12 日に、日本ＣＳＲ普及協会近畿支部１０周年記念企画の基調講演「これからのＳＤＧｓとＥＳＧ─金融法務やビジネス法務学の視点から─」の中で用いている。前掲注 3) 記念誌『10 年のあゆみ』23 頁。

の問題などにも共通することであるが、立場の異なる人々の利益を尊重することが重要で、自分だけよければとか、自分だけは損をしない、などというスキームが通用しない時代になったということを、投資家、大企業、中小企業のいずれもが認識しなければいけない時が来ているのである。

　それが、これからのビジネス法務学の基本的な理念、発想であるべきであるということをまず述べておきたい。

2　選別の連鎖

　これからのSDGs・ESGはどう進展するか。これは、ひとつには、SDGs・ESGの活動を何らかの基準とした、投資家による大企業の選別、大企業による中小企業の選別、という、「選別の連鎖」が起こると考えられる。さらに消費者による企業の選別、投資ファンドに出資する出資者によるファンドの選別、という現象も出てこよう[43]。大企業も中小企業も、それに耐えられるように、小手先でない本物の準備をしなければいけない。そこでは、みせかけESG投資を排除する情報開示要求なども問題になろうが、やはり理念や哲学のない追従は見抜かれるようになると思われる。そしてその点の検討・分析にこそ、今後の「ビジネス法務学」が存在意義を持つようになると想定されるのである。

---

43)　加えていえば、投資家に対する内部の構成員の選別（批判）という現象も起こる。その一例が、全米教職員年金保険組合（ＴＩＡＡ）の構成員である教職員によるＴＩＡＡとその資産運用部門であるヌビーンに対する非難である。日本経済新聞2022年10月21日朝刊が紹介する英紙フィナンシャル・タイムズのニューズレター「モラル・マネー」10月19日号によれば、教職員のグループが、ＴＩＡＡの運用資金が化石燃料業界の企業に多く投資されていることを問題視し、自分たちの年金が「グリーンウオッシング（環境対策に取り組んでいるふりをする）行為」に使われていると反発し、19日には、約300人の教育関係者が国連のＰＲＩ（責任投資原則）事務局宛てに、ＴＩＡＡとヌビーンの投資方針を非難する書簡を送ったことが明らかになった。ＴＩＡＡは、本文に前述した、ＥＳＧに配慮する投資を求める国連の「責任投資原則（ＰＲＩ）」に署名している。記事では、ＰＲＩ事務局が調査に入る可能性もあるという。

3　人的資本と人材教育（人的資本への投資）

　これからのSDGs・ESG の進展について、もう一つ言及しておくべきものが、「人的資本」である。大企業もひいては中小企業も、人件費をマイナスの「費用」から、企業の持続可能性に向けた「資産形成投資」と考える時代が来る、そして ESG 投資は、その一部が人的資本基準でなされるべき時代が来る、ということである。さらには、これは東京大学の柳川範之教授が書いておられることだが[44]、これからの人的資本の考え方は、さらに進んで、企業を主語にしてではなく個人を主語にして、一人一人が自分に対する投資をするべき時代になるという提言もなされている。つまり各人の学び直しというものが必須になる。筆者はこれを、後述する Society 5.0 の知識基盤社会の観点からして非常に適切と考えており、これからの SDGs・ESG の進展は、そういう自覚的な自己への投資をする個人によって支えられるはずと考えている。

4　新しい「契約」によるビジネスチャンス

　企業も当然、新しい方向性を模索する時代になる。たとえば、電気自動車の時代を迎え、ガソリンスタンド（石油供給会社）はどうするか。このような問題設定に一つ答える記事が、先日の日本経済新聞に見られた。それは、石油供給会社である ENEOS が、電機メーカーである NEC と連携して、NEC がホームセンターなどに充電器を設置し、その充電施設の運営を ENEOS が引き受けるというものである[45]（具体的な契約形態が業務委託なのか経営権の譲渡なのか等は記事からは明確ではない）。欧米では、石油供給会社が充電サービス会社を買収するなどの報道もあるが、この ENEOS と NEC の例は、

---

44)　柳川範之「人間中心の人的資本投資を」（日本経済新聞 2020 年 3 月 15 日経済教室参照）。

45)　日本経済新聞 2022 年 6 月 6 日夕刊の、「ＥＮＥＯＳ，ＥＶ充電拡充」「ＮＥＣから運営権取得」「4600 基」との記事と、同一事案に関する、6 月 7 日朝刊の「ＥＮＥＯＳ，ＥＶ転換加速」「ＮＥＣから充電網取得」という記事を参照。

双方の企業の体制や業態は変えずに、それぞれの持つ利点やノウハウ等を契約で結びつけて、SDGs に対応しつつ win-win を実現する、新しいビジネスモデルの例として注目される。このような、異業種間の新たな契約の開発は、ビジネス法務のこれからの一つのテーマになると考えられ、それに対して適切な示唆を与えるビジネス法務学の存在が必要となると思われる。

5　サプライチェーン全体での責任―企業間の新しい「連結」へ

　2022 年 11 月 1 日の日本経済新聞で、同紙編集委員の小平龍四郎氏が、「ESG が開く「新連結」時代」というコラム [46] を書いている。それによれば、リコーが 2022 年 3 月に、国内約 30 社の主要サプライヤーを集めた「脱炭素に関する ESG 説明会」を開いたのだという。招かれたのは、資本関係はないものの、リコーの部品や素材の調達に重要な役割を果たす非上場の中堅企業だという。記事では、リコー ESG センター所長の阿部哲嗣氏の「サプライチェーン全体への責任が企業の信頼に直結する時代」というコメントが載せられている。一定規模の大企業においては、自社だけでなく、自社へのサプライチェーンを形成する企業群への SDGs・ESG への目配りが必要であり、それが、企業間の新たな「連結」関係を生むということが、ビジネス法務学における、これからの取引社会の新たな検討要素になると言えよう。

　そしてこのリコーの取り組みは、さらに国際的な温暖化ガス排出開示の問題につながる。日本経済新聞 2022 年 11 月 22 日朝刊記事（企業財務エディター森国司）によれば、気候変動関連の開示基準を策定する国際サステナビリティ基準審議会（ISSB）は、企業に開示を求める温暖化ガス排出の対象を決めた。それによれば、企業は、自社の排出分だけでなく、サプライチェーン（供給網）の排出分も開示を求められることになった [47]。わが国で

---

46)　小平龍四郎「ＥＳＧが開く「新連結」時代」（コラム「一目均衡」）（日本経済新聞 2022 年 11 月 1 日朝刊）。

47)　日本経済新聞 2022 年 11 月 22 日朝刊の、企業財務エディター森国司の署名記事「排

も排出開示基準作りにおいて、近い将来にこの国際開示基準に足並みをそろ
える可能性もあるかと思われる[48]。そうすると、これからは、サプライチ
ェーン下流の企業にもこの開示要請への対応が求められ（そこで前述の選別
の連鎖も新たに生まれる）、その対応を容易にするスタートアップ企業が生
まれ、という、新たなサプライチェーンビジネスが形成されることになろう。

　そして先の小平氏の筆は、さらに「市場の関心が向かうのは脱炭素だけで
はない」として、「サプライチェーンの人権」の問題に及び、小平氏は、「ESG
投資の本質は、企業が環境や社会に押しつけてきた様々な負担を足し戻し、
内部化し、改めて企業を評価することにある」と述べ、「環境対策を政府に
頼り切り、低賃金と劣悪な労働環境を個人に強いることによって、1株利益
を極大化しても持続可能でないことは誰でもわかる」としている。確かにこ
の労働法的ないしは人権的観点も、（これは従来からの CSR の一つのテーマ
でもあるが[49]）ビジネス法務学がこれから新たな角度での検討を加えてい
く必要のある分野であろう。

VII　結びに代えて―ビジネス法務学の確立へ

1　ビジネス法務学の本質
（1）ビジネス法務学の「持続可能性」
以上、本稿は SDGs・EDG をビジネス法務学の視点から分析し、またそ

出開示、供給網分も」「温暖化ガス　国際団体が統一基準」というもので、それによると、
　自社のオフィスや工場などから排出するものを「スコープ1」、自社で使う電気などエ
　ネルギーに由来するものを「スコープ2」として、さらに原材料調達や製品使用時など
　供給網で取引先が排出するものを「スコープ3」として、ここまでの開示を求める、と
　いうものである。
48)　前注47)の記事は、日本でのその方向性を示唆している。
49)　たとえば、菅原絵美＜講演記録＞「企業の『ビジネスと人権』の取り組みと法律専門
　家の役割」前掲注3)日本ＣＳＲ普及協会近畿支部設立10周年記念誌38頁以下参照。

の視点からのビジネス法務学自体のあり方を探求してきた。

　長年ビジネス法務専門誌の編集長を務めてきた経験を持つ石川雅規氏は、武蔵野大学実務家教員養成 COE プロジェクトにおける鼎談の中で、ビジネス法務を教える実務家教員自体に陳腐化の宿命があることを指摘している[50]。つまり、実務家が大学教員になって、現場を離れると、それ以降の実務の進展について情報や経験が得られなくなるという弊害である（これを防ぐためには、たとえば弁護士の場合であれば大学教員との兼務（弁護士業務の継続）が望ましいし[51]、企業人の場合は、大学教員になってからも企業とのかかかわりを維持する、クロスアポイントメント制度[52] の活用などが考えられる）。

　要するに、ノ・ウ・ハ・ウ・や経験を伝えるだけのビジネス法務学は必然的に陳腐化するのである。それではまさに学問としての「持続可能性」がないのである。

　つまり、ビジネス法務はそれ自体が「動くもの、変化進展するもの」なのであり、その動態をどう捉えるかが、「ビジネス法務学」の要諦ということになる。ここにおいて、ビジネス法務学の「教育」も、単なる経験知・実践知の伝達ではありえないということになるのである。

（2）法律学との対比で見るビジネス法務学の本質

　この、「動態をどう捉えるか」が要諦であるという点において、ビジネス

---

50)　石川雅規＝柏木昇＝池田眞朗＜鼎談＞《有識者に聞く実務家教員像とその教育 (1)」池田眞朗編著『アイディアレポート　ビジネス法務教育と実務家教員の養成』（武蔵野大学法学研究所、2021 年）27 頁以下参照。

51)　一例として、金井高志「「ビジネス法務専門教育教授法」における実務家教員による講義―経験並行型実務家教員としての実務家・研究者教員の立場から」池田眞朗編著『実践・展開編　ビジネス法務教育と実務家教員の養成 2』（武蔵野大学法学研究所、2022 年）43 頁以下参照。

52)　問題提起にとどまるが、赤松耕治（聞き手池田眞朗）「ビジネス法務実務家教員の役割と有用性――ＩＴ関係法の場合」池田編著・前掲注 51)『実践・展開編　ビジネス法務教育と実務家教員の養成 2』168 頁以下の対話参照。

法務学は、既存の法律学のいわば対極にあることになろう。出来上がったルールを分析し教授するのがこれまでの法律学であったとすれば、現状分析と将来展望の融合、ルールの創造[53]、を目的とするのがビジネス法務学である。ということは、ビジネス法務学は、法律学の「おまけ」や「亜流」であってはならず、法律学からみればその本質的なイノベーションを図るものということになるべきなのである。

　したがって、これから確立されていくべきビジネス法務学は、ビジネス法務の分野を対象とした、「現状分析と将来展望の融合」、「ルールの創造」、をその主たる目的とする学問、となるべきである。

　ただ、それだけでは、取引社会のトレンドを追うだけの軽薄なものになりかねない。そこに、Society 5.0で求められる「規範的判断力」が加わらなければならないのである。すなわち、動かない理念、倫理、価値基準の追究が必要なのである。そこから、ビジネス法務学は、既存の学問体系でいえば、経営学、経済学、社会学、倫理学、さらには公共政策学等の知見を包摂する形で形成されていかなければならないことになる。つまり、ビジネス法務学は、これまでの法律学が、まさに法律学の枠内のみで、条文解釈論などに偏していたことに対する、アンチテーゼの要素を必然的に含むものなのである。

(3) SDGs・ESGとビジネス法務学の必然的結合

　そこから、ビジネス法務学がSDGs・ESG の研究と必然的に結びつく理由が明らかになる。SDGs・ESG は、出来上がったルールではなく、これからのルールを創る「課題」なのである。したがって、これは既存のルールを教える（これまでの）法律学には向かない（教えられない）ものである。そし

---

53)　ここでいう「ルール」は、法律や条例等に限られるものではない。企業間で新種契
　　約を創設して締結する、などというのもこの「ルール創り」に含まれる。なお、前掲の
　　注 12）で触れた、学部での「ルール創り」教育は、ここで大学院法学研究科ビジネス
　　法務専攻の教育につながるのである。

て、SDGs の目指す、地球規模の持続可能性こそは、年限を限って達成させる目標ではなく、今後の人類が永遠に追究すべき、不変の理念なのである。そこにこそ、SDGs・ESG とビジネス法務学の必然的結合が見出せるのであって、それは、とりもなおさず、ビジネス法務学の、既存の法律学に対する独自性（さらに言うならば優位性）につながる、というのが私の見解である。

2　ビジネス法務学の展望

（1）新しいビジネスチャンスに基づく新しいビジネス法務学

　以下には、具体的な実践論を付け加えよう。私は、先述の「これからのSDGs・ESG の「4　新しいビジネスチャンス」のところで述べた、「電気自動車の時代—ガソリンスタンド（石油供給会社）はどうするか」というテーマで、武蔵野大学大学院法学研究科ビジネス法務専攻修士課程の「ビジネス民法総合」の授業を行ったことがある。ガソリンスタンドを経営する石油供給会社の法務部員であれば、充電器を製作する電機メーカーとどのような契約を結ぶのが良いか、という課題を検討する授業であった[54]。そこでは、SDGs に対応する企業行動として、直接に SDGs に資する製品を製造する、などというだけでなく、SDGs によって業務形態を変えようとする（または、変えざるをえない）企業の方向性を、新しい形態の契約によって実現しようとする試みを検討したのである。

　私の上記の「ビジネス民法総合」では、2018 年の法学研究科開設以来、当初は、2017（平成 29）年に公布された民法（債権関係）改正（2020 年4 月施行）の内容を講じていたが、それはまだ「ビジネス法」の授業であっ

---

54)　実際には、先述の実例は、石油供給会社が自社のガソリンスタンドに充電器を置こうとして、消防法の規制があることから思うように進展できず、そこで充電器メーカーが郊外のスーパーやホームセンターに設置する充電施設の運営権を石油供給会社が譲り受けるという契約を考案したケースである。規制法をどう意識しながら新規の契約形態を模索するかという点で、ビジネス法務学の好個の検討事例といえる。前掲注 45) の日本経済新聞の 2022 年 6 月 6 日夕刊と 6 月 7 日朝刊の記事を参照。

た。最新の法律（あるいはより広い「ルール」）を用いて、社会状況に対応したどのような取引行動を取るか、どのような新規契約を考案するか、というところまで踏み込めないと、「ビジネス法務学」とは言えないのである。

　この観点から、2022 年度の本研究科修士・博士共通科目の「起業ビジネス法務総合」[55]（起業家客員教授等を加えたオムニバス授業）の私の担当回では、単に新しい「製品」や「店舗」づくりによる起業だけではなく、新しい「契約」に基づいた起業もあるということを教えている。そこではまさに、この SDGs（あるいは ESG）に適応した新規契約の創造による起業、が模索されなければならないのである。

（2）Society5.0 のビジネス法務学

　ここで改めて Society 5.0 について述べておこう。現代の社会を論じる際には、Society 5.0（超スマート社会）の話から入る社会学者も多い。これは、2016 年に閣議決定された、「第 5 期科学技術基本計画」に端を発する、わが国が目指すべき社会像といわれるものなのだが、「超スマート社会」という国側のネーミングでは、全く何のことかわからない。

　私の提唱している「行動立法学」からすれば、こういうわかりにくいネーミングをした段階で、すでにこの政策の浸透が疑われるということになるのだが、Society 5.0 というのは、狩猟社会が Society 1.0 で、農耕社会が 2.0、工業社会が 3.0、情報社会が 4.0 で、その次の段階の社会ということである。国の説明では、サイバー空間（仮想空間）とフィジカル空間（現実

---

55)　ここまでの記述から、法学研究科ビジネス法務専攻において「起業」を教える必然性があることが理解されよう。法律知識をイノベイティブに活用して、新しいルール（契約取引などを含む）を創っていくことこそが、起業の本質なのである。なお武蔵野大学大学院法学研究科では、2020 年度から、この科目について（その後他の修士課程の大部分の科目にも対象を拡大）、武蔵野大学法学部法律学科 4 年生が、科目等履修生として受講できる制度を作り、さらに選抜でその受講料相当の奨学金を与える制度を創設している（奨学金の愛称はキャンパスの名をとった ABC 奨学金〔Ariake Business Challengers〕である）。

空間）を高度に融合させた、AI を活用する超スマート社会、というのだが、それは必ずしも、情報社会の 4.0 から 1 段階上げるまでの説得的なイメージにつながるものではなさそうである。

しかしこの Society 5.0 について、社会学者の川山竜二教授（社会構想大学院大学）が興味ある分析をしている。Society 5.0 は、その前の「情報社会」から、さして大きな社会の革命的変化を経ずに登場した「知識社会（知識基盤社会）」であり、この「知識社会」では、必然的に競争が激しくなるというのである。つまり、知識には、境界がない、相続できない、万人に機会がある、上を目指せる、世界が競争相手である、ということで競争が必然的に激化する。そして、知識は陳腐化するので、必然的に生涯学び直しの続く社会になるというのである [56]。

つまり、最近論じられている、社会人の学び直し、あるいはリスキリングなどというものは、個人の志の問題ではなく、現代社会の構造の問題だということになる。そうだとすると、我々は、世の中の動向がどうなろうと、また新型ウイルスの蔓延などの社会状況がどうなろうと、学びを続けるべき状況にあるということになる。この認識は共有されるべきであろう。そういう時代だから、人は学ばなければならず、学び続けなければならない。

したがって、ビジネス法務の世界で言えば、サステナブルな企業であるためには、構成員は学び続けなければいけない。それゆえ、企業が人の学びを支援しなければならないのは必然なのである。そう考えると、先述の人的資本への投資は、いわば企業の社会的責任にもなってくる。その場合、企業が企業内教育でそのニーズを達成しようとすることも不可能ではないが [57]、

---

56) 川山竜二教授の 2020 年武蔵野大学講演より。池田眞朗編著『ビジネス法務教育と実務家教員の養成』（武蔵野大学法学研究所、2021 年）第 7 章 202 頁以下参照。

57) たとえば、損害保険ジャパンは 2020 年 10 月に企業内大学「損保ジャパン大学」を立ち上げ、全社員から公募や抽選で入学させ、どこからでもオンラインで学べるようにしている。デジタル学部とか、総合経営学部、グローバル学部などと名付けているという（日本経済新聞 2022 年 11 月 28 日特集記事）。ただ、もとより正規の大学ではないので、学士号や修士号が取得できるわけではない。

外部の正規の教育機関にそれを委託することも当然増えてくるべきである。数多い大学院法学研究科の中で、ビジネス法務専攻をうたう研究科には、当然その受け皿となる社会的要請があると思われ、またその要請に適切に応える教育内容を提供できなければならない。ビジネス法務学は、そのような意味からも構築・確立される必要があると言えよう。

（3）小括

　以上検討してきたことをまとめると、これからのビジネス法務学の確立に向けては、①様々なステークホルダーの利害を分析し、配慮する視点が不可欠である。②そこでは、SDGs と ESG（または ESG 投資）に対する検討とそれらの取り込みが不可欠である（なお SDGs と ESG 投資などにおける相反する要素は、ビジネス法務学の中で止揚されなければならない）。③動的な状況の中にこそ、ビジネス法務学は存在するので、変化するものと不変であるべきもの（理念、倫理、価値基準など）を共に探究しなければならない。

　もとより、言うは易く行うは難し、であって、以上に列挙したことがらは、なかなか容易に実現できるものではない。しかし我々は、「ビジネス法務学」の「あるべき方向性」を探求しながら、一歩ずつ進化し続けなければならないのである[58]。

　そこで、最後に、現時点で考えられる、ビジネス法務の未来を表すキャッチコピーともいうべきものを挙げておこう。私見ではそれが、「創意工夫を契約でつなぐ」という標語である。この「創意工夫」については、本稿では先に金融庁の方針転換を表す表現として掲げたが、「オンリーワン」を創出

58）　今後は、個々の「ビジネス法務」の定義に対応する「ビジネス法務学」を構築していく必要がある。新規分野の「ビジネス法務」を戦略法務と定義して解説する一例として、長島・大野・常松法律事務所カーボンニュートラル・プラクティスチーム編『カーボンニュートラル法務』（金融財政事情研究会、２０２２年、「カーボンニュートラル法務」の定義は同書３頁）を挙げておこう。なお、筆者自身の「ビジネス法務学」の授業の試行実践例についても、別途活字にしたい。

するための創意工夫は、これからの取引社会の重要な命題となると考えられる。その「創意工夫」を新種の契約でつなぎ合わせていくのがこれからのビジネス法務の要諦である[59]。そして、その「創意工夫」の内容と、それらをつなぐ新種契約との双方に、「持続可能性」や「共生」という言葉に象徴される、理念や哲学を求めていくことが、これからの「ビジネス法務学」のあり方であり、使命ではないかと思うのである。

---

59)　先に本文で述べた、ENEOS と NEC の充電スタンド経営に関する契約はその好個の例である。また、将来のことをいえば、ノーベル賞を受賞した吉野彰氏は、「産業活動に由来する二酸化炭素（CO_2）排出は、政府が温暖化ガス排出実質ゼロを宣言した2050 年でも削減が難しい」と指摘し (吉野氏が部門長を務める産業技術総合研究所のAI による試算)、「削減できない分は、大気中の CO_2 を減らせる直接空気回収（ＤＡＣ）などのネガティブエミッション技術をフル活用することとなり、そうした技術の開発が重要になる」と述べている（日本経済新聞 2022 年 12 月 24 日朝刊が紹介する、同年12 月 23 日開催の「2022 特別講演会」での同氏の発言）。まさにこれも近未来社会の「現実」を見越して発想を転換する「創意工夫」であり、将来的にはそのようなＤＡＣなどの技術の導入ビジネスや、そういう技術を開発する機関への投資ビジネスが問題になるかと思われる。

再生可能エネルギー法の展開とESG

本田 圭

I 再生可能エネルギーとESG

1 日本における再生可能エネルギーの位置づけ

再生可能エネルギーは、政府が2021年10月に策定した第6次エネルギー基本計画においては、以下のとおり位置づけられている。

"再生可能エネルギーは、温室効果ガスを排出しない脱炭素エネルギー源であるとともに、国内で生産可能なことからエネルギー安全保障にも寄与できる有望かつ多様で、重要な国産エネルギー源である。S＋3E [1] を大前提に、再生可能エネルギーの主力電源化を徹底し、再生可能エネルギーに最優先の原則で取り組み、国民負担の抑制と地域との共

---

1) S ＝ Security（安全性）を大前提とし、3つのE ＝ Energy Security（自給率）、Economic Efficiency（経済効率性）および Environment（環境適合）を同時達成するというエネルギー政策の基本方針である。

　生を図りながら最大限の導入を促す。"

　再生可能エネルギーは、上記のとおり、エネルギー自給率向上に寄与するとともに、温室効果ガス削減という意味で環境適合（ESG のうちの E）にも大きく寄与するエネルギーである。現時点で実用化されている主要な電源のうち、最も ESG のコンセプトに適合している電源であるといえる。また、諸外国と比べてもエネルギー自給率が非常に低い日本にとっては（図表 2-1 参照）、再生可能エネルギーの比率を向上させ自給率を高めておくことは、資源国における情勢変化や有事の場合における電力供給能力を高めることに繋がるため、サステナブルな電力供給を確保するという意味でも ESG のコンセプトに資するものといえるであろう。

図表 2-1：エネルギー自給率の比較

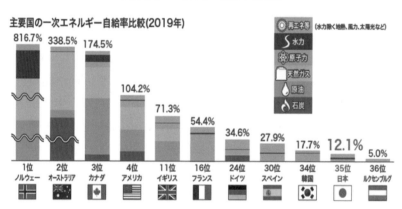

出典：資源エネルギー庁「日本のエネルギー　エネルギーの今を知る 10 の質問」（https://www.enecho.meti.go.jp/about/pamphlet/energy2021/）

　他方で、再生可能エネルギーは、太陽光や風力などに代表されるように、基本的に発電量が日照や風況といった自然条件に左右されるエネルギー源であるため[2]、上記第 6 次エネルギー基本計画において想定されているような主力電源化のためには一定のハードルがある。

　また、伝統的な火力発電等に比べて新しいエネルギー源であるため、再生可能エネルギーの導入を促進して主力電源化を実現するためには一定の促進施策が必要となる。諸外国においても、国や公的機関を経ての助成を受けながら成長してきた分野であるという経緯がある。日本においては、これまで固定価格買取制度（Feed-in Tariff：FIT 制度。図表 2-2 参照）を中心として再生可能エネルギーの導入促進が図られてきたが [3]、FIT 制度は電力の需要家である国民による経済的負担を基礎とする制度で、導入量の増加に伴って国民負担額が増加傾向にあるため（図表 2-3 参照）、第 6 次エネルギー基本計画においても指摘されているとおり、国民負担の抑制も重要な要素であると考えられている。

図表 2-2：FIT 制度の概要

出典：資源エネルギー庁「再生可能エネルギー　固定価格買取制度等ガイドブック 2021 年度版」(https://www.enecho.meti.go.jp/category/saving_and_new/saiene/data/kaitori/2021_fit.pdf)

---

2) 再生可能エネルギーの中でもバイオマス発電については、燃料調達が確保できていれば、石炭火力やガス火力発電や原子力発電と同様に、自然条件に直接左右されない発電が可能となる。また、同じ再生可能エネルギーであっても、水力発電に関しては、渇水時以外は天候に左右されず安定的な電力供給が可能であるため、自然条件に左右される度合いが低い。

3) なお、2022 年 4 月からは、市場価格も踏まえて算出された価格を調達価格とする FIP (Feed-in Premium) 制度が開始されている。FIP 制度については後述する。

図表 2-3：再エネ発電設備導入と再エネ賦課金の推移

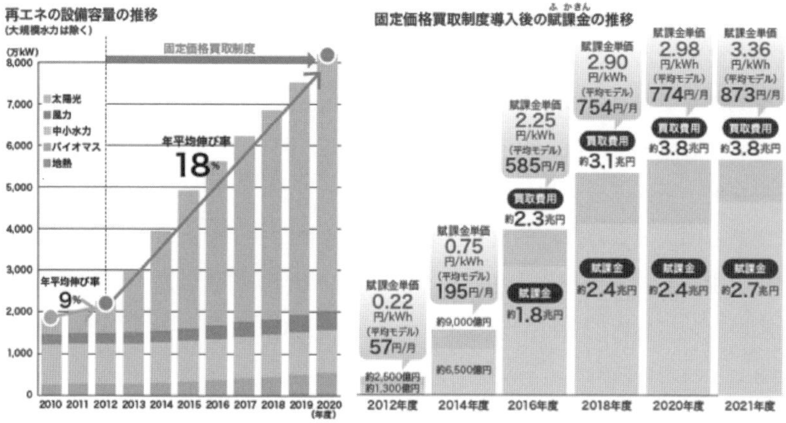

再エネの設備容量の推移
（大規模水力は除く）

固定価格買取制度導入後の賦課金の推移

出典：資源エネルギー庁「日本のエネルギー　エネルギーの今を知る 10 の質問」（https://www.enecho.meti.go.jp/about/pamphlet/energy2021/）

　さらに、FIT 制度等による助成制度を追い風とした急速な再生可能エネルギー発電設備の導入が地域との軋轢を生むこともあるという点についても留意が必要である。たとえば、再生可能エネルギーのうちで最も導入量の多い太陽光発電設備（図表 2-3 参照）については、その開発に伴う近隣地域への影響（例：森林伐採を伴う造成工事による河川の汚濁等）や、景観への影響（例：景勝地付近に設置されることによる影響）が少なからず社会問題となっている状況もある。

　このように、再生可能エネルギーの導入は、温室効果ガス削減や自給率向上に資する点のみを捉えて、当然 ESG のコンセプトに適合するという単純なものでもなく、その導入に伴う副次的な影響も踏まえておく必要があるといえる。以下、法令や制度においてどのように再生可能エネルギー導入が図られているのかを概観しつつ、ESG の観点から再生可能エネルギー及び再生可能エネルギー関連法の展開について解説する。

2　日本法における「再生可能エネルギー」

　再生可能エネルギーは、一般的な定義としては、自然界の資源（例：太陽光、風力、水力）に由来し、利用・消費される以上の速さで自然界において補充されるエネルギー[4] とされているが、法的観点からは「再生可能エネルギー」という用語に絶対的な定義はない状況といえる。日本法においても、「再生可能エネルギー」という用語の意味内容は、規定されている法律によって異なる。そのため、各法令において具体的にどのような定義なのか確認する必要がある。また、再生可能エネルギー発電設備ないし発電所を捉えて「再生可能エネルギー『源』」として定義されているので、厳密には区別が必要となる。

（1）再エネ特措法

　まず、主要な助成制度であるFIT制度（およびFIP制度）を規定している「再生可能エネルギー電気の利用の促進に関する特別措置法」（以下「再エネ特措法」という）においては、その2条3項において以下のとおり定められている。

　　この法律において「再生可能エネルギー源」とは、次に掲げるエネルギー源をいう。
　　　一　太陽光
　　　二　風力[5]
　　　三　水力
　　　四　地熱
　　　五　バイオマス

4）IPCC報告書などにおける定義参照。
5）一般海域における洋上風力事業については、「海洋再生可能エネルギー発電設備の整備に係る海域の利用の促進に関する法律」という特別法がある。

六　前各号に掲げるもののほか、原油、石油ガス、可燃性天然ガス
及び石炭並びにこれらから製造される製品以外のエネルギー源のう
ち、電気のエネルギー源として永続的に利用することができると認
められるものとして政令で定めるもの

本書執筆時点において、上記第6号に基づいて政令で定められているも
のはない。今後、潮力、海流、海温差や太陽熱による発電など、さらに新し
い技術が実用化されて実務が進んできた場合には当該政令で追加がなされる
可能性がある。

(2) エネルギー供給構造高度化法

次に、電気・ガスの供給事業者や石油事業者というエネルギー供給事業者
に対して、再生可能エネルギー源の利用等を促進するために必要な措置を講
じる法律として、「エネルギー供給事業者による非化石エネルギー源の利用
及び化石エネルギー原料の有効な利用の促進に関する法律」(以下「エネル
ギー供給構造高度化法」という) がある。上記の再エネ特措法は、電力利用
者 (国民) 負担を伴う制度であることから再生可能エネルギー源の範囲は限
定されているが、エネルギー供給構造高度化法における再生可能エネルギー
源は、以下のとおり、より広く規定されている。

再生可能エネルギー源
「太陽光、風力その他非化石エネルギー源のうち、エネルギー源として
永続的に利用することができると認められるものとして政令で定めるも
の」(法2条3項)
『政令で定めるもの』(施行令4条)
一　太陽光
二　風力
三　水力

　四　地熱

　五　太陽熱

　六　大気中の熱その他の自然界に存する熱（前二号に掲げるものを
除く）

　七　バイオマス

　さらに、同法においては「非化石エネルギー源」という定義もある。こち
らは再生可能エネルギーではなく、より広く「化石燃料を用いないエネルギ
ー源」を指し、原子力発電はこちらに分類される。

　　非化石エネルギー源
　　「電気、熱又は燃料製品のエネルギー源として利用することができるも
　　ののうち、化石燃料（原油、石油ガス、可燃性天然ガス及び石炭並びに
　　これらから製造される燃料（その製造に伴い副次的に得られるものであ
　　って燃焼の用に供されるものを含む。）であって政令で定めるものをい
　　う。第五項において同じ）以外のもの」（同法2条2項）

　再エネ特措法の適用対象となる電源は、上記のような促進施策の対象とな
るものでもあるため、その範囲は限定的となっている。他方で、エネルギー
供給構造高度化法は、エネルギー供給業者の供給するエネルギーについて、
非化石エネルギー源の利用割合を一定以上とすることを目標づけることなど
によって、非化石エネルギー源の利用を促進させる目的の法令のため、その
対象とするエネルギー源も広くなっているといえる。

3　再生可能エネルギー導入促進とESG

　温室効果ガスの排出削減を達成するという目的からすれば、化石燃料を用
いて発電する電源に代えて再生可能エネルギー電源の導入を進めていくこと
がカーボンニュートラルの達成に資するものであり、基本的にESGのコン

セプトに適合することは論を待たないところである。他方で、本章冒頭においても述べたとおり、基本的に発電量が自然条件に左右される再生可能エネルギーだけでは電力需要に対応する供給ができないため[6]、伝統的な発電形態による電源のボリュームも踏まえて、どの類型の再生可能エネルギーをどの程度導入するのかという点が重要な課題となる（エネルギーミックスの問

図表2-4：エネルギーミックスの概要

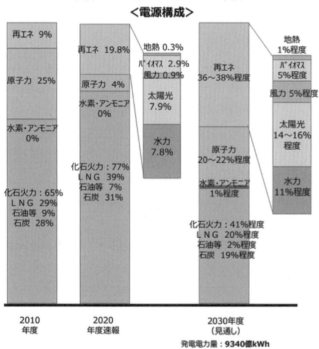

出典：「第1回 再生可能エネルギー発電設備の適正な導入及び管理のあり方に関する検討会」資料（https://www.meti.go.jp/shingikai/energy_environment/saisei_kano_energy/pdf/001_03_00.pdf）

---

6) 大容量の蓄電池が実用化・汎用化されれば、日中に再生可能エネルギー発電設備から発電された電力を蓄電しておいて夜間に当該電力を放電すること等によって再生可能エネルギー源のみによる供給も考えられ得るが、現段階においてはまだその段階には至っていない状況である。

題）。

　この点について、日本政府は、第6次エネルギー基本計画において、2030年度の電源構成における再生可能エネルギーの比率を36〜38パーセントとする目標を発表している。詳細は図表2-4のとおりであるが、2020年度の水準の2倍弱程度とする目標になるため、引き続き導入を促進することが求められる。

　日本における再生可能エネルギーの主な導入促進策としては、既述のとおり、2012年度から導入されているFIT制度が代表的なものであるが、電力需要家である国民の経済的負担の上昇や長期間未稼働の案件の増加[7]などを理由として継続的に改正がされている[8]。そのうち大きな改正として挙げられるのがFIP（Feed-in Premium）制度の導入である。FIP制度は、FIT制度とは異なる市場連動型の制度であり、同制度のもとにおいては、再生可能エネルギー発電事業者は、その発電した電力を卸電力取引市場に供給する。そして、あらかじめ定められた基準価格（FIP価格）から、市場取引により期待される収入に係る価格（参照価格）を控除した金額がプレミアム単価とされ、当該プレミアム単価に電力供給量を乗じた金額が再生可能エネルギー事業者に交付される仕組みである。FIT制度とFIP制度による補助後の収入の違いは以下のとおりである。

---

7) FIT制度においては、開発・建設未了の案件であっても再エネ特措法に基づく認定を取得して、適用される一定の調達価格および調達期間によって売電できる地位が（少なくとも暫定的に）確保される仕組みとなっている。太陽光発電設備については、その主要な設備である太陽光パネルの価格（コスト）が年々減少していったため、早々にパネル発注・建設・運転開始を完了させるインセンティブが失われているような事態も散見された。

8) 再エネ特措法に関する改正経緯については、第一東京弁護士会 環境保全対策委員会編「再生可能エネルギー法務 改訂版」101〜127頁および265〜295頁が詳しいため、詳細についてはそちらを参照されたい。

FIT 制度

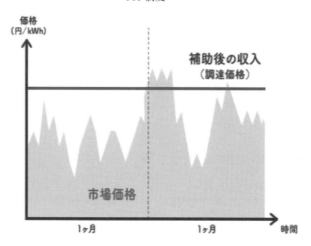

FIP 制度

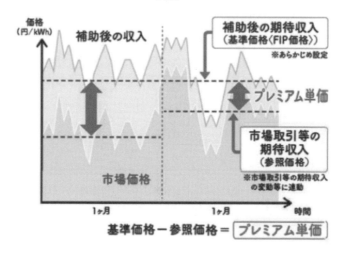

出典：資源エネルギー庁「日本のエネルギー　エネルギーの今を知る 10 の質問」（https://www.enecho.meti.go.jp/about/pamphlet/energy2021/）

　また、政府（資源エネルギー庁）は、そのような新しい制度の枠組みの導入に加え、（ア）長期間未稼働の太陽光案件（一定期間を経ても運転開始に至らない太陽光案件）に係る調達価格を減少させたり、（イ）一定の運転開始期限を導入して当該期限以降の期間を調達期間から控除したり、（ウ）（2022年4月施行の改正では）認定失効の制度を設けたりするなどして、いわば不誠実に運転開始に至らない案件を「退場」させて、速やかな再生可能エネルギー源の導入および国民負担の軽減を図ろうとしている。

　なお、近時、FIT制度の対象とならない太陽光発電設備等から発電される再エネ電力を対象として、特定の電力需要家（企業）との間で長期間の電力供給の合意をする取引である「コーポレートPPA」の取引が非常に多くなっているが、そのような取引に関して適用される補助金制度もある。

図表2-5：再エネ比率の比較

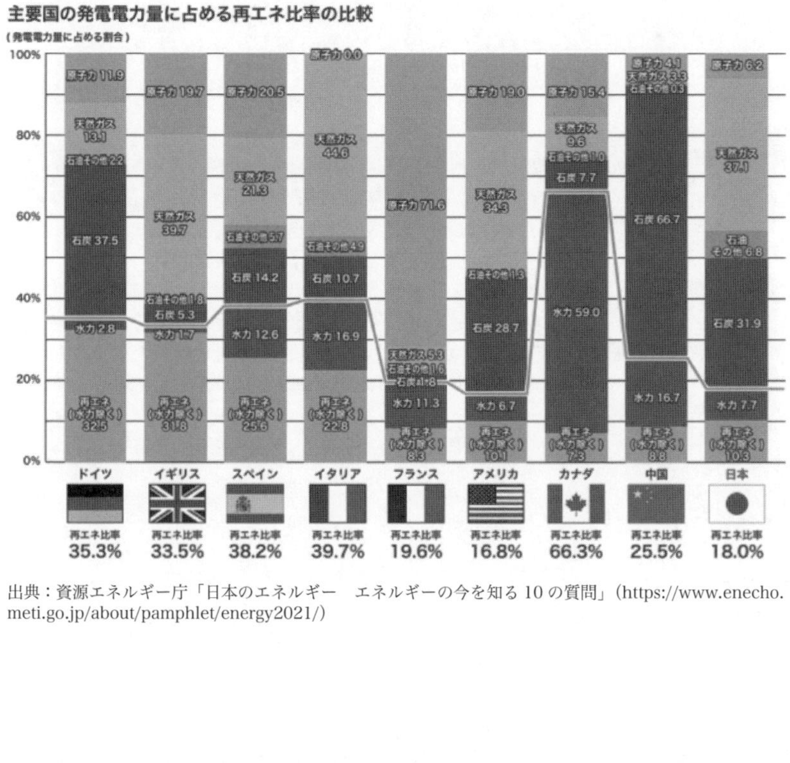

主要国の発電電力量に占める再エネ比率の比較

（発電電力量に占める割合）

	ドイツ	イギリス	スペイン	イタリア	フランス	アメリカ	カナダ	中国	日本
再エネ比率	35.3%	33.5%	38.2%	39.7%	19.6%	16.8%	66.3%	25.5%	18.0%

出典：資源エネルギー庁「日本のエネルギー　エネルギーの今を知る10の質問」（https://www.enecho.meti.go.jp/about/pamphlet/energy2021/）

　以上のような再エネ促進制度や補助金制度を活用していくことによってさらなる導入推進が期待されるところである。図表 2-5（2019 年度時点）のとおり、日本は、主要国に比べると再生可能エネルギーの比率が相対的に低いため、まだまだ導入余地があるといえるであろう。

　他方で、本章冒頭において述べたとおり、再生可能エネルギー発電設備が急速に導入された結果、近隣住民等との間で軋轢が生じる事象も報告されている。温室効果ガスの排出削減を追求した結果、近隣住民に悪影響を与えてしまうのは ESG の観点からも本末転倒であるため、深刻な悪影響が生じないように対策を講じる必要がある。

　この点に関しては、近時、「再生可能エネルギー発電設備の適正な導入及び管理のあり方に関する検討会」が組成されるなどして検討が進められた[9]。同検討会において提出された資料によると、再生可能エネルギー発電設備の

図表 2-6：再エネ導入に伴う懸念点

懸念の種類	内容
コミュニケーション不足（土地開発前）	事業実施に向けた土地開発が開始されたことによって、事業の存在を把握。ごく限られた一部の住民には説明を行ったと事業者は主張するが、開発前の早期のタイミングで適切に地元への説明を行ってもらいたい。
立地場所に関する懸念（土地開発前）	発電設備の設置場所が土砂災害警戒区域や砂防指定地にあったり、森林伐採を伴うものであり、災害が発生するのではないか懸念。
関係法令遵守違反（土地開発・運転開始後）	開発規制法に基づく許可条件に違反した土地開発が行われていたことが発覚。今後、指導等を経て原状回復命令を行う予定。
適切な事業実施への懸念（運転開始後）	柵塀や標識の設置がされておらず、何かあったときに対応してくれるのか不安。敷地内で雑草が伸び放題など管理が適切になされているか懸念。
適切な廃棄への懸念（廃止・廃棄）	地元との適切なコミュニケーション不足など事業者が非常に不誠実な対応。こういった事業者が事業終了後に適切な廃棄処理を行うと思えず心配。

出典：「第 1 回 再生可能エネルギー発電設備の適正な導入及び管理のあり方に関する検討会」資料（https://www.meti.go.jp/shingikai/energy_environment/saisei_kano_energy/pdf/001_03_00.pdf）

9）同検討会は 2022 年 4 月に組成され、同年 10 月には同検討会による提言がなされた。

開発・建設・運営等に関して寄せられている主な懸念等として図表 2-6 のようなものが挙げられている。

　そして、上記検討会による提言を受けた「再生可能エネルギー大量導入・次世代型電力ネットワーク小委員会　再生可能エネルギー長期電源化・地域共生ワーキンググループ」は、2022 年 12 月に中間とりまとめ案を発表した。当該案は、再生可能エネルギー設備の運転開始後及び廃止後における懸念点についての対応案も含むが、最も注目を集めているのは、以下のような、運転開始前までの期間に関する対応策案である。

（1）認定申請に関する手続強化

災害の危険性に直接影響を及ぼし得るような土地開発に関わる以下の許認可については、周辺地域の安全性に特に強く関わり、かつ、一度許認可対象の行為が行われた場合は原状回復が著しく困難であることから、FIT/FIP 認定の申請要件化等の認定手続厳格化を行う。

①　森林法における林地開発許可

②　宅地造成等規制法（盛土規制法）における許可

③　砂防三法（砂防法・地すべり等防止法・急傾斜地法）における許可

（2）FIT/FIP 交付金の留保

FIT/FIP 認定事業者に対して、違反の未然防止・早期解消を促す仕組みとして、認定計画に違反した場合 [10]、FIT/FIP 交付金を留保するための積立命令に基づく積立義務を新たに課すこととし、違反状態の間は、FIT/FIP 交付金の留保を継続することとする。

10）認定計画違反に基づく認定取消し処分は、指導・改善命令等を経て実施されるものの、現行制度においては、違反状況が続いている間であっても必要な手続を経て認定事業者としての地位が失われない以上、FIT/FIP 制度における支援は継続されるため、早期に違反状態が解消されづらいなどという指摘がある。

　今後は、2023年1月10日まで行われていたパブリックコメント手続の結果も踏まえつつ、上記中間とりまとめ案を基本とした対応が進められていくものと思われるが、例えばFIT/FIP交付金留保などは非常に強い対応措置であるため、その適用にあたっては、再生可能エネルギー導入促進を過度に阻害しないように慎重になされるべきであると思われる。すなわち、あからさまな法令違反があって認定計画違反が明白に認定できるようなケースについては特段問題ないものの、実務的にはそのような明白なケースばかりではなく、違反の有無を巡って行政との間で意見の食い違いがあるケースも少なくない（管轄の地方公共団体によって、関連法令等の適用や解釈方法が区々であることも見受けられる）。そのようなケースにおいても交付金留保が認められてしまうのであるとすると、プロジェクトについて多くの投資を行う事業主体や、当該プロジェクトに対する投資家やファイナンスの供与者の予見可能性が害され、適切な再生可能エネルギーの導入促進が図られなくなってしまうともいえるところである。

　この点、上述のとおり、再エネ特措法施行後、当局は、再生可能エネルギーに関連した問題や懸念について、それらが生じる度における個別的な対応を積み重ねてきて対応してきた。再生可能エネルギー業界は、日々新たな問題が生じるといってもよいほどの動きの速い業界であるため致し方ないところはあるものの、そのような対応では上記のとおり関係者の予見可能性を害するし、適正な導入促進も図り難いであろう。そのため、ESGの概念を踏まえて、そもそも「ESGに資する再生可能エネルギー発電プロジェクトとはどういうものなのか」という、より一般的・抽象的な定義づけを検討しておくことも重要であると考えられる。そのような検討を踏まえて原則や基準を定めておくことで、プロジェクト関係者の予見可能性確保にも資すると考えられる。また、そのような定義や外延を定める検討作業にあたっては、現在ヨーロッパ連合（EU）において進められている「タクソノミー」の考え方が参考になると考えられるので次節II.において紹介する。さらに、その

上で、第III節においては、再生可能エネルギーの中で最も導入量が多い太陽光発電プロジェクトとESGについても解説する。

II 「タクソノミー」の考え方と再生可能エネルギー

現在、ESGに関連して、「何がgreenないしenvironmentally sustainableなのか」という議論を世界の中でリードしているのは欧州連合（EU）であり、欧州連合（EU）は、「EUタクソノミー」と呼ばれる統一的な分類システムの構築を進めている。「タクソノミー（taxonomy）」とは、分類や分類学という意味で、企業活動や投資活動に関してEUの定める気候変動・環境保護目標を組み入れた分類システムと説明できる。これは、下記図表2-7に記載のとおり、強制力を持つ法令上の定義や条件というわけではないが、ESG投資・ESG企業活動を行うにあたっての指標となる。

図表2-7：EUタクソノミーの概要

✓ THE TAXONOMY IS:	✗ THE TAXONOMY IS NOT:
• a transparency tool based on a classification system translating the EU's climate and environmental objectives into criteria for specific economic activities for private investment purposes	• a mandatory list of economic activities for investors to invest in • a mandatory requirement for public investment • a mandatory requirement on environmental performance for companies or for financial products
（訳）タクソノミーとは以下のとおりである ・EUの気候および環境目標を、民間投資目的に係る特定の経済活動のための基準に引き直した、透明性のある類型化システムに基づくツール	（訳）タクソノミーは、以下ではない ・投資家が投資するための経済活動に係る義務的なリスト ・公的投資のための義務的な要求事項 ・企業や金融商品の環境パフォーマンスに関する義務的な要求事項

出典：「Factsheet "EU Taxonomy accelerating sustainable investments"」（2022年2月2日）

このEUタクソノミーに関しては、具体的には、2020年6月18日成立のTaxonomy Regulation（以下「タクソノミー規則」という）[11]において

以下のような目的および基準が定められている。

【目的】（タクソノミー規則 9 条）

① Climate change mitigation（気候変動の緩和）

② Climate change adaptation（気候変動への適応）

③ The sustainable use and protection of water and marine resources（サステナブルな水資源・海洋資源の利用および保護）

④ The transition to a circular economy（サーキュラーエコノミーへの移行）

⑤ Pollution prevention and control（汚染防止およびコントロール）

⑥ The protection and restoration of biodiversity and ecosystems（生物多様性およびエコシステム（生態系）の保護と回復）

【基準】（タクソノミー規則 3 条）

(1) 1 つ以上の「環境目的」に貢献すること

(2) 他の環境目的を著しく害さないこと [12]

(3) 環境以外の価値を守ること [13]

(4) スクリーニング基準 [14] を遵守すること

---

11) 正式名称は以下のとおりであり、EU 規則 2020/852 と略称される。

REGULATION (EU) 2020/852 OF THE EUROPEAN PARLIAMENT AND OF THE COUNCIL of 18 June 2020 on the establishment of a framework to facilitate sustainable investment, and amending Regulation (EU) 2019/2088

12) DNSH（= "Do No Significant Harm"）と略される。

13) 最低限のセーフガードとして、OECD 多国籍企業行動指針や、国連の定めるビジネスと人権に関する指導原則などが遵守されていることを意味する（タクソノミー規則 18 条）。

14) EU 委員会委任規則 2021/2139 によってスクリーニング基準が具体化されている。なお、正式名称は、以下のとおりである。

"COMMISSION DELEGATED REGULATION (EU) 2021/2139 of 4 June 2021

　上記目的および基準は、ある企業活動の一側面のみを捉えるのではなく、多角的に捉えて「green」ないし「environmental sustainability」を検討するようになっている。たとえば、温室効果ガス削減プロジェクトでありながら他の環境汚染を生じさせる、または第三者の権利利益を害するようなプロジェクトについては、上記基準（1）を満たすものの、基準（2）及び（3）は満たさないといえることになる。具体的な例を挙げると、風力発電事業のうち洋上風力発電事業については、上記目的③（サステナブルな水資源・海洋資源の利用および保護）に関して、関連するEU指令に遵守していることなどが定められているとともに、上記目的④に関しては、発電設備の耐久性・リサイクル可能性や撤去の容易性などが定められている（EU委員会委任規則2021/2139 – 別紙1第4.3項）。

　さらに、EUは、以上のような目的・基準を定めた上で、environmentally sustainable といえるための基準について議論のある原子力発電プロジェクト及び化石ガス燃料（fossil gaseous fuel）を用いた発電プロジェクト等について、それぞれ以下のような基準を定めている[15]。対象となるプロジェクトの許可が得られた期間が限定されているのは、当該期間経過後の期間については新たな基準が設定される想定であるためと考えられる。

---

supplementing Regulation (EU) 2020/852 of the European Parliament and of the Council by establishing the technical screening criteria for determining the conditions under which an economic activity qualifies as contributing substantially to climate change mitigation or climate change adaptation and for determining whether that economic activity causes no significant harm to any of the other environmental objectives"

15）EU委員会委任規則2022/121（COMMISSION DELEGATED REGULATION (EU) 2022/1214 of 9 March 2022 amending Delegated Regulation (EU) 2021/2139 as regards economic activities in certain energy sectors and Delegated Regulation (EU) 2021/2178 as regards specific public disclosures for those economic activities）参照。

(1) 原子力発電プロジェクト（Annex I – Section 4.27（新規建設）、Section 4.28（既存の修繕等）。なお、2045 年（新規）または 2040 年（既存）までに建設許可が得られているプロジェクト）については以下の基準をいずれも満たすこと。

- 発電プロジェクトのライフサイクル GHG 排出量が、1 キロワット時当たり 100g CO2e 未満であること。
- EU の定める安全規制を遵守していること。
- 2025 年以降は、事故耐性燃料（accident-tolerant fuel）を利用すること。
- 高レベル放射性廃棄物について、2050 年までに操業している最終処分場に係る具体的な書面による計画を有していること。
- その他、タクソノミー目的および基準に沿った多数の厳格な基準。

(2) 化石ガス燃料プロジェクト（Annex I – Section 4.29）については、以下のいずれかの基準を満たすこと。

- 化石ガス燃料による発電プロジェクトのライフサイクル排出量が、1 キロワット時当たり 100g CO2e 未満であること。
- 2030 年までに建設許可を得た施設について、（ア）直接 GHG 排出量が 270g CO2e/kWh 未満（発電量基準）であること、または、年間直接 GHG 排出量が 20 年間平均で 550kg CO2e/kW（当該発電所のキャパシティ基準）を超えないこと、（イ）再生可能エネルギーにて置換できないこと、および、（ウ）その他、タクソノミー目的及び基準に沿った多数の厳格な基準が設定。

　現状、日本においては、EU タクソノミーのように「green」または「environmental sustainability」を具体的に法令において定義づけるという方針は特段とられていない。再生可能エネルギープロジェクトにおいても同

様である。もっとも、ESG 投資の潮流が揺るぎないものとなり、また、いわゆる「グリーンウォッシュ」（＝見せかけのグリーン投資やグリーン商品）の問題を生じさせないようにするためには、EU タクソノミーのように、何が「green」ないし「environmentally sustainable」なのかという基準を定立しておくことが肝要といえる。また、ESG 投資に関連する制限について再生可能エネルギープロジェクトの関係者の予見可能性を保護するためにも、そのような基準の定立（例えば、上記の原子力や化石ガス燃料案件の基準にあるような、対象案件や対象期間に係る一定程度の限定）は重要であるといえよう。再生可能エネルギーの ESG 適合性を保持しつつ、適切に導入促進を図っていくためには、EU タクソノミーの考え方を見習っておく必要もあると思われる。

III　太陽光発電プロジェクトとESG

1　太陽光発電プロジェクトと再生可能エネルギー法の展開

　太陽光発電設備は、再生可能エネルギー発電設備の中で最も導入が進んでいる類型で、日本社会において最も身近な再生可能エネルギー発電設備といえる。再エネ特措法においては、2 条 3 項 1 号において、同法に基づく「再生可能エネルギー源」の 1 つとして位置づけられており、また、太陽光発電設備は「太陽光を電気に変換する設備」（同法施行規則 3 条 1 号）と定義された上で、その出力によって区分がされている。

　政府は、2030 年度において 1,290 〜 1,460 億 kWh（発電量ベース）の太陽光発電設備の導入を目指しているが、2020 年度においては 791 億 kWh の導入がされており、その進捗率は約 58％となっている。太陽光発電設備は、他の再生可能エネルギー発電設備に比べて設置がしやすいといえ、また、技術開発等によって太陽光パネルの価格も下がっており、順調に導入量が増えている（図表 2-8 参照）。再生可能エネルギープロジェクト導入量の適切な増加によって脱炭素への転換が進むため、導入量の増加は ESG の

図表 2-8：再エネの導入推移

	2011年度	2020年度		2030年度エネルギーミックス	
再エネの 電源構成比 発電電力量:億kWh 設備容量:GW	**10.4%** (1,131億kWh)	**19.8%** (1,983億kWh)		**36-38%** (3,360-3,530億kWh)	
太陽光	0.4%	7.9%		14-16%程度	
		61.6GW	791億kWh	104~118GW	1,290~1,460億kWh
風力	0.4%	0.9%		5%程度	
		4.5GW	90億kWh	23.6GW	510億kWh
水力	7.8%	7.8%		11%程度	
		50GW	784億kWh	50.7GW	980億kWh
地熱	0.2%	0.3%		1%程度	
		0.6GW	30億kWh	1.5GW	110億kWh
バイオマス	1.5%	2.9%		5%程度	
		5.0GW	288億kWh	8.0GW	470億kWh

出典：再生可能エネルギー発電設備の適正な導入及び管理のあり方に関する検討会「再生可能エネルギー発電設備の 適正な導入及び管理のあり方に関する検討会 提言」（2022 年 10 月）
(https://www.meti.go.jp/shingikai/energy_environment/saisei_kano_energy/pdf/20221007_1.pdf)

観点からも基本的には望ましいものといえる。

　他方で、再エネ特措法の施行後の急速な太陽光発電プロジェクトの導入増加による副次的な影響も生じている。まず、再エネ特措法に基づく認定数は急速に増加したものの、太陽光パネルの価格低下等の理由で早期の着工・運転開始へのインセンティブが薄れ[16]、未稼働の認定済み案件が多数となるという状況が生じた。前述のとおり、当局は、このような問題に対して運転開始期限を設けるとともに、一定の未稼働太陽光案件については調達価格を下げるなどの措置を講じた。さらに、2022 年度からは、一定の期限を過ぎても運転開始しなければ取得した認定が（自動的に）失効するという認定失効制度も始まっているところである。

---

16) FIT 制度においては、一般に、設備認定／事業計画認定および系統連系に係る接続契約成立の時点において、調達期間中における調達価格が定まり、その後、プロジェクトについて一定の変更が加えられない限りその調達価格は変わらないこととされている。他方、技術進歩によって太陽光パネルの価格は下がっていくところ、なるべく遅い時点で太陽光パネル調達の契約をした方がプロジェクトコストの低減を図れる（＝事業による利益が上がる）という状況が生じたためである。

運転開始しなければ政府の想定するエネルギーミックスも達成できず、また、エネルギーの脱炭素化への転換は進まないため、上記措置は合理的な範囲にとどまるものであれば適切な措置といえるが、再エネ特措法成立・施行時には導入されていなかった措置であるため、不利益を被った事業者が未稼働太陽光案件に対する措置に関して行政訴訟を提起するなどの歪みも生じている。

　また、運転を開始した稼働済み太陽光発電案件についても、太陽光発電設備は、必ずしも近隣住民等にとって両手を挙げて歓迎すべき設備ではないともいえるため、前述のとおり、問題や軋轢が生じる場合がある。その中で最も関心を集めているケースとしては、森林伐採を伴う造成地において設置された太陽光発電所について、当該伐採によって森林が本来有していると考えられる保水力を失って、近隣の河川やその下流に位置する港湾等に汚濁の被害等が生じるケースが挙げられる。森林法等の規制の適用および当該規制に従った措置によって回避されるべき被害であるが、もしそのような被害が生じかつ継続するような場合、かかる太陽光発電設備はもはや ESG の観点から「green」や「environmentally sustainable」であるとはいえないのではないかという疑問も呈され得る。

　さらに、景勝地やその近隣において設置される場合、景観問題を生じさせ、それによって新たな規制がなされる場合もある。大分県由布市では、大規模太陽光発電事業の計画[17] を発端として、「由布市自然環境等と再生可能エネルギー発電設備設置事業との調和に関する条例」が制定された。また、太陽光発電設備について、いわゆる「パネル税」を課す条例を公布する自治体も出てきているところである[18]。さらに、住宅の太陽光発電設備に関するものであるが、太陽光パネルの反射光に関する民事訴訟[19] や、太陽光発電に

---

17) 原告住民側の請求は棄却され、控訴も棄却されたが、事業者を相手方とする民事訴訟（差止訴訟）なども提起された（大分地判平成 28 年 11 月 11 日）。
18) 岡山県美作市による、令和 3 年 12 月 21 日付「美作市事業用発電パネル税条例」。

関する受光利益に関する訴訟が提起された例[20]もある。

このように、太陽光発電設備、特に地面置きの太陽光発電プロジェクトの場合、近隣住民や地方自治体との関係で軋轢を生じさせる可能性を秘めており、ESG 投融資として太陽光発電案件への投融資を実施または検討している当事者としては注意する必要がある。意図的ではなかったとしても、そのようなプロジェクトへの投融資を「グリーン」と称する場合、「グリーンウォッシュ」と糾弾されてしまう可能性も否定できないであろう。

この点、太陽光発電所を設置するのに非常に適した土地（たとえば、森林伐採や造成等を行う必要がなく、また、近隣住民の居住地から離れており、景観問題も生じさせないような土地）であれば上記のような軋轢は生じないものの、限りある国土のうちでそのように設置に適した土地には限界があり、また、そのような土地は既に他者が開発または運営を手掛けていることも多い。そのような事情から、地面置きではなく、大規模な屋根置き太陽光発電事業案件（例：工場や物流施設等の屋上における太陽光発電事業）にもさらに注目が集まっている状況といえる。次項においては、地面置き及び屋根置き太陽光発電事業に関する法的問題点を比較しつつ概観する。

2　太陽光発電設備の設置形態など

太陽光発電設備の設置対象場所としては、大きく、（1）地面と、（2）建物の屋上に分類される[21]。

（1）地面置き太陽光発電事業

まず、地面置きの太陽光発電設備の場合、設置事業者は当該土地の所有権

---

19) 東京高判平成 25 年 3 月 13 日（判時 2199 号 23 頁）。受忍限度を超えていないとして原告の請求は認められなかった。

20) 福岡地判平成 30 年 11 月 15 日（判例集未搭載／裁判所ウェブサイト）など。

21) 海外では道路等に設置する例も見受けられ、日本においてもそのような形態の太陽光発電設備の設置促進が期待されるところである。

を有しているか、または、土地賃借権や地上権等の土地利用権原を有する必要がある。また、当該発電所にて発電された電力を売却するためには、当該地域を管轄する一般送配電事業者の保有する送配電網に接続する必要があり、具体的には一般送配電事業者との間で系統連系に係る接続契約が締結されることになる[22]。

　なお、土地に利用権が設定されて太陽光発電設備が設置されるケースの場合で、当該利用権が土地賃借権または地上権のときは、もし太陽光発電所の設置目的が「建物の所有を目的」（借地借家法2条1号）と認められるのであれば、借地借家法の適用があり、同法に基づく各種の保護が受けられることになる（借地借家法6条、9条、10条など）。もっとも、太陽光発電所は「建物」とは認められないため、借地借家法の適用は基本的にない[23]。そのため、民法における賃貸借ないし地上権の規定が適用されることになる。

　また、太陽光発電設備については、建築基準法に関して国土交通省が以下のような通達を発しており、基本的に建築基準法の適用もない点についても留意が必要である。

　　「土地に自立して設置する太陽光発電設備の取扱い
　　土地に自立して設置する太陽光発電設備については、太陽光発電設備自体のメンテナンスを除いて架台下の空間に人が立ち入らないものであっ

---

22) 系統連系がされることにより、自己の使用電力の脱炭素化を図る需要家（発電場所から離れた場所に位置する企業）との間で長期の電力供給することを合意するオフサイトコーポレートPPAの取引を行うこともできる。太陽光発電所にて発電される電力を含む再エネ電力を対象としたコーポレートPPAの取引案件は近時非常に多くなっているところであるが、電力の需要家によるカーボンニュートラル目標達成およびESGの観点からも非常に意味のある取り組みであり、今後もこの流れが続くことが期待される。
23) 例外的に、発電所の関連設備として建物（例：作業準備や監視用のための建物）が建設されるような場合は、当該建物の敷地の限度において借地借家法の適用の可能性があり得るものの、当該限度を超えて太陽光発電設備の設置部分についてまで適用がされるとは考え難いといえる。

て、かつ、架台下の空間を居住、執務、作業、集会、娯楽、物品の保管
又は格納その他の屋内的用途に供しないものについては、法第2条第1
号に規定する建築物に該当しないものとする。」

　なお、地面置きの太陽光発電所については、発電設備として電気事業法に
基づく規制に服することになり、その出力等に応じて安全規制が課されるこ
とになる点も留意が必要である。

(2) 屋根置き太陽光発電事業

　次に、屋上に設置される太陽光発電設備の場合、地面置きの場合と同様に、
設置事業者は当該建物の所有権を有するか、または、当該建物の屋上部分に
ついて利用権の設定を受ける必要がある。

　前者の建物所有権を保有する場合については、建物所有者が当該建物にお
いて自身が使用する電力の発電のために設置しているケースが多いと考えら
れる。「自家発自家消費」（自家発電・自家消費）と呼ばれる形態である。

　また、近時、幾つかの地方自治体において、一定の規模の建物について屋
上太陽光発電設備を条例で義務付ける動きも出てきている。そのような条例
の是非については議論もあるところであるが、地面置き太陽光案件に適した
土地が限られている状況に鑑みると、屋根置き太陽光案件を増やす施策は
ESG の観点から有益であると思われる。

　他方で、建物所有者以外の第三者である事業者が、建物所有者から屋根部
分について利用権の設定[24]を受けた上で設置または運営する案件も相当に

24）利用権の種類として、賃借権、使用借権、区分地上権が考えられる。使用借権は対抗
　要件具備ができないとともに、利用権の保護が十分ではなく、一般的にはとり得ない利
　用権となる。区分地上権については登記が可能ではあるものの、屋根置き太陽光発電設
　備による屋根部分の利用を的確にカバーすることができないと考えられるため（屋根の
　設置面から、太陽光発電設備の上部側までをカバーするように設定および登記すること
　は難しいと考えられる）、現実的なオプションとは言い難い点がある。そのため、本書

存在する。それらのケースは、大きく、（ア）屋根置き太陽光発電所を設置して FIT 認定を取得した上で電力会社に売電するケースと、（イ）当該利用権設定をした建物所有者に対して売電を行うケースに分けられるといえる。後者の場合で電力需要家が企業であるときは、コーポレート PPA 案件のうち、オンサイトのコーポレート PPA 案件（第三者所有モデル）として分類される。

　上記いずれの場合においても、屋根置き太陽光案件においてまず問題となるのは、屋根部分の利用権に関する対抗要件の具備である。まず、「建物」の一部である屋根部分についてのみ建物賃借権登記をすることが考えられるが、不動産の一部について賃借権設定登記をすることはできないため（土地であれば分筆登記を、建物であれば建物分割ないし建物区分登記をする必要がある。）、屋根部分のみを対象とする賃借権について対抗要件を具備することができない[25]。

　次に、借地借家法 31 条に基づいて引渡を受けることによって対抗要件を具備することも検討の対象になる。しかしながら、同条の「建物」とは、屋根および周壁またはこれらに類するものを有し、土地に定着した建造物であって、その目的とする用途に供しうる状態にあるものである必要があるとされ（大判昭和 10 年 10 月 1 日民集 14-1671、不動産登記規則）、具体的には社会通念上建物とされているかどうかによって判断されるものと解されている。（区分所有建物を除く）建物の一部については、障壁などによって他の部分と区画され、独占的排他的支配が可能な構造・規模を有する必要があるものと考えられている。この点、屋根部分は、障壁などによって他の部分と区画されておらず、また、排他的支配が可能な構造でもないため、借地借

においては屋根賃借権を前提に検討している。

25）屋根置き太陽光事業者に建物全体を一括賃貸した上で、建物所有者ないしテナントに対して屋根部分を除いてリースバックするという手法も考えられ得るが、必要以上の賃借権を太陽光事業者に与えることとなってしまうし、既存テナントから転借になることの承諾を取得する必要もあるので、一般的には想定されない仕組みといえる。

家法 31 条の「建物」とは解されない。

　以上のとおりであるため、屋根置き太陽光発電設備に係る賃借権について対抗要件を具備することは一般的な事案では難しく、別の手法によって屋根賃借権の保護を図ることになる。

　具体的には、賃借権に係る対抗要件具備の主要な目的の 1 つとして、賃借対象物件の所有権移転があった場合に、当該所有権の取得者に対して賃借権を対抗する点が挙げられるが、かかる目的を債権的な合意によって達成しようとするものである。屋根賃貸借契約において、賃貸人たる建物所有者の義務として、賃借人としての太陽光事業者による承諾の取得を規定したり、（賃借対象物件の譲渡の場合において）太陽光事業者に対する優先交渉権の付与を規定したりする手法などが挙げられる。実務的には、承諾まで要求されることを嫌がる建物所有者も多いため、建物売却検討時において屋根置き太陽光事業者に対して優先交渉権を付与する手法がとられることが多いのではないかと思われる。

　他方で、上記のような手法によって建物無断売却のリスクが減少したとしても、建物所有者の経営が急に苦しくなって倒産してしまったような場合、対抗要件を具備していない賃借権については管財人に対抗できなくなってしまうという問題点（破産法 56 条および 53 条等）は残る。このリスクについては、債権的合意をして対応できるものではないため、法的対応方法には限界がある。実務的には、信用度合いの高い建物所有者の保有する屋根に太陽光発電設備を設置する事案が多いものと思われる。

　前述のとおり、太陽光発電所設置に適した土地が限られていることから、屋根置き太陽光発電所に注目が集まっている点を踏まえても、対抗要件具備の点については立法的な手当てをした上で、発電事業者や当該プロジェクトへの融資者が安心して取り組めるように法的な環境整備をする必要が高いといえる。

3　太陽光発電プロジェクトに対する投資とESG

　前述のとおり、太陽光発電プロジェクトは直接的に脱炭素の効果を生じさせるものであるため、基本的にESG投資の対象となるプロジェクト類型であるといえる。もっとも、前述のような他者の利益との関係で軋轢が生じる可能性があること、また、既述のタクソノミーの考え方も踏まえると、太陽光発電プロジェクトに対する投資もすべからく高評価のESG投資となるものではなく、そのポジティブなインパクトの度合い（逆にいえば、ネガティブなインパクトの度合い）がしっかりと検証されるべきといえる。今後は、太陽光発電プロジェクトへの投資に関してより厳しい目が向けられ、また、前述の中間とりまとめ案（第Ⅰ節参照）において打ち出された方向性も踏まえると、太陽光プロジェクトに対するESG投資の純化の方向となってくるものと思われる。そのため、今後の規制動向には引き続き注視が必要であるが、以下では、太陽光発電プロジェクトとESGに関する現状のルールについて解説する。

　まず太陽光発電プロジェクトへの投資案件については、引き続き、前述のFIT認定が取得されている案件が多い状況である。そのようなプロジェクトについては資源エネルギー庁によりガイドラインが策定されており、以下のとおり事業者が考慮すべき事項が幅広に定められているので留意が必要である。

　　　「太陽光発電事業者による土地開発行為は、適切な措置を行わない場合、周辺への雨水や土砂の流出、地すべり等を発生させるおそれがある。このような事象によって、発電設備の破損などによる発電機会の損失にとどまらず、発電設備の修繕費用や、地域住民など周辺に生じた被害への賠償責任が生じることもあり、事業が継続困難となることもある。そのため、土地及び周辺環境の調査・土地の選定に当たっては、土砂災害の防止、土砂流出の防止、水害の防止、水資源の保護、植生の保護、希少野生動植物の個体及び生息・生育環境の保全、周辺の景観との調和などに配慮するとともに、反射光等による地域住民の住環境への影響がな

いように考慮することが必要である。」

　また、太陽光発電プロジェクトについては、2019年の法改正によって一定規模以上の案件については環境影響評価法に基づく環境アセス手続の対象となったが、他方で、環境影響評価法や、地方公共団体が独自に定める環境影響評価条例の対象とならないような案件については、以下のとおり、環境省がガイドラインを定めている。

図表2-9：太陽光発電プロジェクトに関する環境影響評価の概要

区　分	対　象
環境影響評価法	第一種：40MW（4万kW）以上※1の太陽光発電事業 第二種：30MW（3万kW）以上40MW（4万kW）未満※1の太陽光発電事業
地方公共団体の定める 環境影響評価条例	地方公共団体の定める対象要件による
本ガイドライン	環境影響評価法及び環境影響評価条例の対象とならない10kW以上※2の事業用太陽光発電施設 （建築物の屋根、壁面又は屋上に設置するものは除く）※2

※1：規模要件は、系統接続段階の発電出力ベース（交流）。なお、太陽光発電事業特有の環境影響に関するデータが不足していること、面積と出力の関係についても蓄電池の併設が進むなど抜本的な状況の変化が生じる可能性があることから、制度運用状況も踏まえて5年程度で規模要件の見直しの検討を行うことが適当とされています。
※2：10kW未満の施設や、建築物の屋根、壁面又は屋上に設置する施設においても、例えば、反射光について自主的に検討する際に、本ガイドラインに示す影響の検討方法や対策を参考にする、といった形で本ガイドラインを活用することができます。

出典：環境省「太陽光発電の環境配慮ガイドライン」（令和2年3月）

Ⅳ　おわりに

　脱炭素やエネルギー自給率の向上等の要請を踏まえると、再生可能エネルギー発電設備の導入は引き続き進められるべきことは異論のないところであろう。他方で、太陽光発電プロジェクト設置に伴って生じる近隣住民を含めた関係者への悪影響は防止されるべきであり、再生可能エネルギー源が、地域と共生しつつ、長期かつ安定した電源となっていくことが、ESGの観点からは最も望まれるところであるといえよう。

洋上風力発電プロジェクトへの投資とESG

渡邉啓久

Ⅰ はじめに

1 ESG投資の拡大と洋上風力発電プロジェクトへの期待

(1) ESG投資との関係

Global Sustainable Investment Alliance の調査報告書によれば、2020 年の ESG 投資残高は、実に世界全体で約 35 兆米ドル規模に上るとされる。日本の ESG 投資は諸外国に比較して後れを取っていたが、2015 年に年金積立金管理運用独立行政法人（GPIF）が Principles for Responsible Investment（責任投資原則）に署名したのを皮切りに、近時、国内でも ESG 関連の民間投資が急拡大している。

環境（Environment）の分野についていえば、再生可能エネルギーへの投資が大きなテーマの一つである。エネルギー政策基本法に基づいて政府が策定した第 6 次エネルギー基本計画（2021 年 10 月 22 日閣議決定）の中でも、2030 年度の日本の電源構成に占める再生可能エネルギーの比率を 36 ～ 38 ％にまで高めることが見込まれているところであり、今後、再生可能

エネルギー分野への民間投資の大幅な拡大が期待されている。中でも洋上風力発電プロジェクトは、大規模な事業となると投資金額が数千億円単位にも上り、多額の ESG 投資を必要としている分野でもある。

(2) 陸上風力との比較

ところで、風力発電は、風のエネルギーを電気エネルギーに変換する再生可能エネルギーである。太陽光発電と異なり、風さえあれば昼夜を問わず発電することが可能という特性がある。また、風力発電所の大規模化や価格競争等により、発電コストも火力発電所並みに下がっていくことが期待されている。

風力発電所には、大別して、陸地に風力発電設備を設置する陸上風力発電所と、海上に風力発電設備を設置する洋上風力発電所の二つがあるが、現状、日本国内のプロジェクトで先行しているのは陸上風力発電プロジェクトである。しかし、国土の約 7 割が森林である日本の地理的特質上、陸上風力発電所の適地の大半が山間部や海岸部に集中しているため、陸上風力に関しては、発電所の設置に必要となる広大な敷地を確保することが容易でないという問題がある。また、特に山間部での工事では、道路の拡幅工事費、送電線の敷設コストを含めた土木費および施工費用が高額となる傾向にあり、自然公園法上の開発規制、森林法上の保安林規制および林地開発規制などの規制上の観点での障壁も大きい。他方、洋上風力発電所は、海上において開発されるため、大規模化が可能である上に、周囲四方を海洋に囲まれているという日本の地理的利点を存分に活かすことが可能である [1]。将来的な風力発電の導入ポテンシャル（事業性を考慮した導入ポテンシャル）は、陸上風力が

---

1) グリーン成長戦略（後掲注 25 参照）において、洋上風力は重点分野（成長が期待される 14 分野）に指定されているが、陸上風力は対象とされていない。国立研究開発法人新エネルギー・産業技術総合開発機構（以下「NEDO」という）が推進するグリーンイノベーション基金においても「洋上風力発電の低コスト化」が実施対象事業の一つに掲げられているが、陸上風力は対象に含まれていない。

11,829 万 kW 〜 16,259 万 kW であるのに対し、洋上風力は 17,785 万 kW 〜 46,025 万 kW に上るとの試算もある[2]。

（3）官民の導入目標

　第 6 次エネルギー基本計画は、洋上風力に関して、発電所の大量導入や発電コストの低減が可能であるとともに、大規模な事業では部品が数万点、事業規模も数千億に上るため経済波及効果も大きいことから、再エネ主力電源化の「切り札」として推進していくことが必要であるとし、今後の洋上風力発電プロジェクトの展開に大きな期待を寄せている。

　法整備の面でも、2019 年 4 月には、海洋再生可能エネルギー発電設備の整備に係る海域の利用の促進に関する法律（以下「再エネ海域利用法」という）が施行され、一般海域における長期の洋上風力発電プロジェクトの実施が可能となった。

　さらに、洋上風力発電の導入拡大と、これに必要となる関連産業の競争力強化と国内産業集積およびインフラ環境整備等を、官民一体として進め相互の好循環を実現していくことを目的に設立された「洋上風力の産業競争力強化に向けた官民協議会」（以下「官民協議会」という）は、2020 年 12 月 15 日に、「洋上風力産業ビジョン（第 1 次)」を策定・公表した。その中で、政府は、今後年間 100 万 kW 程度の区域指定を 10 年間継続し、2030 年までに 1,000 万 kW、2040 年までに浮体式も含めて 3,000 万 kW 〜 4,500 万 kW の案件を形成する旨の導入目標を設定している[3]。

---

2)　株式会社エックス都市研究所・アジア航測株式会社「令和元年度再生可能エネルギーに関するゾーニング基礎情報等の整備・公開等に関する委託業務報告書」（令和元年度環境省委託業務）巻末資料 2「わが国の再生可能エネルギーの導入ポテンシャル（概要版)」51 頁

3)　また、政府は、市場展開が見込まれるアジア圏での将来的な展開も見据え、2021 年 4 月に官民協議会および NEDO が策定した「洋上風力の産業競争力強化に向けた技術開発ロードマップ」に基づき、競争力強化に向けて必要となる要素技術を特定し、着床

2　洋上風力発電プロジェクトの現状

　世界の洋上風力発電市場は、急成長の一途を辿っている。2021 年末時点において、全世界の洋上風力発電所の総発電容量は 55.9 GW に上るが、そのうち実に 21.1 GW が 2021 年中に系統に接続された案件である [4)]。世界の洋上風力発電所の総発電容量のうち約半数を占めるのが欧州であり、特に英国は 2021 年時点で 2,317 MW まで総発電容量を伸ばしている [5)]。欧州では、既に、洋上風力発電は最も低コストなエネルギー源の一つとなっている。

　日本の現状はこれとは対照的であり、現時点で、欧州におけるような商業規模の本格的な洋上風力発電所はほとんど稼働していない [6)]。実証段階の小規模の洋上風力発電プロジェクトをすべて合わせても、2021 年 12 月末時点で、わずか 51.6 MW（沿岸部からアクセス可能なセミ洋上風力発電所を含む）の発電容量に留まっている [7)]。国が公表した 2021 年度のエネルギー需給実績（速報）によれば、同年度における日本の総発電量（10,327 億 kWh）に対し、再生可能エネルギーの構成比は 20.3 ％にまで拡大したが、風力発電に関しては、陸上風力および洋上風力の双方を足し合わせても、日本の電源構成のうちわずか 0.9 ％（94 億 kWh）程度を占めるに過ぎない [8)]。

　式・浮体式それぞれの国内外の動向、日本の特性や強み等を踏まえた次世代の技術開発に取り組むこととしている。

4)　Global Wind Energy Council「Global Offshore Wind Report 2022」56 頁

5)　Global Wind Energy Council「Global Offshore Wind Report 2022」86 頁

6)　港湾区域における大規模事業である秋田県秋田港・能代港の着床式洋上風力発電プロジェクト（事業者：秋田洋上風力発電株式会社、発電容量：合計約 140MW）は既に風車の据え付けを完了し、そのうち能代港洋上風力発電所に関しては、2022 年 12 月 22 日に商業運転を開始している。また、一般海域における第 1 号案件である長崎県五島市沖の案件（事業者：五島フローティングウィンドファーム合同会社、発電容量：16.8MW）は、2024 年 1 月の商業運転開始を目指し、現在、浮体式洋上風力発電設備の組立および浮体引き起こしが行われている。

7)　一般社団法人日本風力発電協会ウェブサイト（https://jwpa.jp/information/6225/）

8)　資源エネルギー庁「令和 3 年度（2021 年度）エネルギー需給実績（速報）」（参考 4）

太陽光発電の割合が 8.3％（861 億 kWh）であるのと比較しても僅少に留まっている。日本における洋上風力発電プロジェクトは、欧州や国内の他の再エネ源と比較しても、大きな後れを取っていると言わざるを得ない状況にある。

3　産業構造的・技術的な課題

さらに、日本にとっては、洋上風力発電プロジェクトの将来的な展開にとって懸念材料となる産業構造的・技術的な課題も山積している。

（1）国内タービンメーカーの不在

第 6 次エネルギー基本計画において指摘されているとおり、国内の洋上風力関連産業が発展していけば、日本の経済全体に大きな恩恵をもたらしうる。しかし、風力発電設備の主要な部分であるタービン（Wind Turbine Generator: WTG）のメーカーは、三菱重工業がデンマークのヴェスタス社との合弁を 2020 年に解消して以降、もっぱら海外企業に限定されている。関連産業を発展させ経済波及効果を高める観点からは、国内のタービンメーカーの復活と台頭が望まれるところである。

（2）浮体式洋上風力発電の展開に向けた技術的な課題

日本の海域は、遠浅の海が乏しく、陸地からそう離れていない場所でも水深が深い海域が多い。洋上風力発電設備には大別して、着床式（重力型、モノパイル型、ジャケット型など）と浮体式（バージ型、TLP 型、セミサブ型、スパー型など）がある（図表 3-1 参照）。両者は風車の支持構造の相違であり、着床式は風車の支持構造物（基礎）が海底まで達しているものを指すのに対し、浮体式は海面に浮いた支持構造物の上に風車を設置する仕組みをいう。

一般に、着床式は、コスト面から水深 50 ～ 60 メートルよりも浅い海域に適しているとされ、それよりも水深が深くなると浮体式にコスト的な優位性があるといわれる[9]。遠浅の海が少ない日本における今後の国内洋上風力

図表 3-1：洋上風力発電設備の相違（着床式と浮体式）

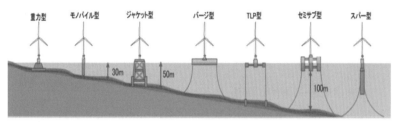

出典：国土交通省港湾局「2050 年カーボンニュートラル実現のための基地港湾のあり方検討会～基地港湾の配置及び規模～」（2022 年 2 月）5 頁

発電プロジェクトの発展を考えると、浮体式洋上風力発電設備の導入は欠かせない。しかし、浮体式洋上風力発電設備は海上に浮いているため、風が風車に与える荷重と波や水の流れが浮体に与える荷重が加わる上に、浮体の上に風車を設置するため、動揺する浮体を制御する技術が必要なほか、浮体に由来する復原力を基礎とするため、様々な技術的課題を克服していかなければならない[10]。技術開発を促進すべく、官民協議会および NEDO は、「洋上風力の産業競争力強化に向けた技術開発ロードマップ」（2021 年 4 月 1 日）を策定・公表している。また、NEDO の下に国が造成した総額 2 兆円規模のグリーンイノベーション基金の研究テーマの一つには「洋上風力発電の低コスト化」が掲げられているが、そこでは、浮体式洋上風力発電設備の研究開発に対する各種支援が予定されている。日本の洋上風力産業を成熟化し、競争力を高めていく観点でも、早期に浮体式洋上風力発電設備の技術の確立と社会実装を実現することが必要となる[11]。

---

9)　国立研究開発法人新エネルギー・産業技術総合開発機構「着床式洋上風力発電導入ガイドブック（最終版）」15 頁

10)　国立研究開発法人新エネルギー・産業技術総合開発機構「浮体式洋上風力発電技術ガイドブック」はじめに

11)　一般海域における最初の洋上風力案件である長崎県五島市沖のプロジェクトは、浮体式の洋上風力発電設備を採用することになっている。

II 国内の法制度（再エネ海域利用法と港湾法）

1　洋上風力発電プロジェクトの根拠法

現行法上、日本の海域において大規模かつ長期間にわたる洋上風力発電プロジェクトを実施するための根拠法としては、大きく分けて、①一般海域（領海および内水のうち、漁港区域、港湾区域、海岸保全区域、低潮線保全区域など個別法の定めがある区域外の海域）を対象とする再エネ海域利用法と②港湾区域を対象とする港湾法の二つが存在する。

再エネ海域利用法および港湾法のいずれも、公募により洋上風力発電事業者を選定し、特定の海域について長期間（最長30年間）の占用を認める点において類似するが、再エネ海域利用法に基づく公募占用手続は国（経済産業大臣および国土交通大臣）が実施主体となるのに対し、港湾法に基づく占用公募制度は、港湾管理者が実施主体となるという点で異なる。図表3-2は、両制度の大まかな比較を示したものである。

以下では、再エネ海域利用法および港湾法に基づくそれぞれの公募制度について、概説していく。

図表 3-2:再エネ海域利用法と港湾法の公募手続の相違等

再エネ海域利用法		港湾法
一般海域	対象海域	港湾区域
公募手続	事業者選定	公募手続
国 （経済産業大臣および国土交通大臣）	公募手続の主体	港湾管理者
最長30年	占用期間	最長30年

2　再エネ海域利用法に基づく洋上風力発電プロジェクト

（1）再エネ海域利用法の制定経緯

再エネ海域利用法は、洋上風力発電の普及拡大に向けて一般海域の海域利

用ルールを整備することを目的に、2019年4月1日に施行された法律である。

　再エネ海域利用法施行前も、一般海域において実証事業等の小規模な国内洋上風力事業は存在した。これらは、国有財産法に基づく都道府県による第1号法定受託事務として、各都道府県の海域管理条例や公共用財産管理規則等に基づく占用許可を得て実施されたものである。しかし、こうした占用許可は、概ね3〜5年間を最長期間とするもので、更新がありうるにせよ長期的な事業を実施するにあたっての予見可能性が低くプロジェクトファイナンス等による長期の資金調達が困難であったこと、漁業者に代表される先行利用者との利害調整に係る枠組みが不十分であったこと、公募手続を前提としないため価格競争を促す制度ではなかったこと等の問題があり、大規模かつ長期間の事業に適しているとは言い難い面があった。

　再エネ海域利用法は、こうした課題に対処すべく、①国による促進区域の指定を前提とする公募による事業者選定制度を導入して海域利用に関する統一的ルールを定め、占用期間も最長30年と民間投資を促すにあたって十分といえる期間とし、②協議会の設置に向けた仕組みや関係省庁との協議の機会を導入することで利害関係者との利益調整の枠組みを透明化するとともに、③公募による事業者選定に際して公募参加者に供給価格を提示されることで価格競争を促進する仕組みを採用している。なお、再エネ海域利用法の施行後も、都道府県条例に従って占用許可を得て洋上風力発電施設を設置することが全面的に否定されているわけではないものの、国が定めた「促進区域指定ガイドライン[12]」上、計画的・継続的に洋上風力発電を促進することの重要性等を理由に、一定規模以上の発電設備が設置可能である区域や今後促進区域として指定される可能性のある区域については、原則、都道府県条例に基づく占用許可により実施するのではなく、再エネ海域利用法に基づき、国と都道府県が連携して進めることが適切としている[13]。

---

12)　経済産業省資源エネルギー庁・国土交通省港湾局「海洋再生可能エネルギー発電設備整備促進区域指定ガイドライン」（令和元年6月策定、令和3年7月改訂）

　なお、再エネ海域利用法が対象とする一般海域を構成する「領海」とは、領海法において、領海の基線（領海法により、原則として、低潮線、直線基線および湾口もしくは湾内または河口に引かれる直線をいうとされる（同法2条））からその外側12海里（22.224 km）の線までの海域と定義される。また、「内水」とは領海の基線の陸地側の水域を指し、どちらも沿岸国の主権が及ぶ水域である。したがって、領海の外側である接続水域、排他的経済水域や公海は、現行法上は一般海域に含まれない。そのため、当面は、比較的陸地に近い海域で洋上風力発電プロジェクトが実施されることが想定される。もっとも、近年、洋上風力発電プロジェクトの排他的経済水域への展開を可能とする制度環境の整備に対するニーズが高まっていることを受け、内閣府の下に「排他的経済水域（EEZ）における洋上風力発電の実施に係る国際法上の諸課題に関する検討会」が設置された。同検討会では、排他的経済水域における洋上風力発電の実施に関する国連海洋法条約との整合性を中心とした検討を行っており、近々、とりまとめが公表される予定である。

(2) 再エネ海域利用法に基づく公募選定手続

　再エネ海域利用法は、政府が定めた基本方針（同法7条）に基づいて経済産業大臣および国土交通大臣が指定した「海洋再生可能エネルギー発電設備整備促進区域（促進区域）」（同法8条）に関し、発電事業を実施する主体を公募により選定することを基本とする。この促進区域の指定があってはじめて、対象となる海域内における公募手続が実施され、事業者が選定されることになる。

---

13)　経済産業省資源エネルギー庁・国土交通省港湾局「海洋再生可能エネルギー発電設備整備促進区域指定ガイドライン」（令和元年6月策定、令和3年7月改訂）18頁

ア　促進区域の指定

(a) 促進区域指定の基準

　促進区域として指定されるためには、①自然的条件の相当性（発電事業の実施について気象、海象その他の自然的条件が適当であり、発電設備を設置すればその出力の量が相当程度に達すると見込まれること）、②区域の規模や状況の十分性（当該区域の規模および状況からみて、当該区域およびその周辺における航路および港湾の利用、保全および管理に支障を及ぼすことなく、発電設備を適切に配置することが可能であると認められること）、③区域外の港湾との一体的利用の可能性（発電設備の設置および維持管理に必要な人員および物資の輸送に関し当該区域と当該区域外の港湾とを一体的に利用することが可能であると認められること）、④系統の適切な確保が見込まれること（発電設備と電気事業者が維持および運用する電線路との電気的な接続が適切に確保されることが見込まれること）、⑤漁業への支障が見込まれないこと（発電事業の実施により、漁業に支障を及ぼさないことが見込まれること）、⑥漁港区域、港湾区域、海岸保全区域、排他的経済水域、低潮線保全区域等と重複しないことという六つの基準に適合する必要がある（同法8条1項各号）。

　実際の運用にあたっては、国が定めている促進区域指定ガイドラインに従うことになる。このうち、上記①〜③の要件は洋上風力発電プロジェクトを実施するための物理的な前提条件であり、ある意味当然必要となる条件ということができる。また、上記⑥は、一般海域と他の区域との境界を隔てる要件に過ぎない。特に検討を要するのは、上記④（系統の適切な確保が見込まれること）および上記⑤（漁業への支障が見込まれないこと）の二つの要件であろう。この点については後述する。

(b) 促進区域指定に至る流れ

　促進区域指定に至る流れは、図表3-3のとおりである。まず、国は、都道府県からの情報提供も受けながら、気象・海象等の自然的条件や漁業関係者

等の利害関係者との調整状況等に関する情報を収集し、第三者委員会の意見
も踏まえて、早期に促進区域に指定できる見込みがある区域を「有望な区域」
と整理する[14]。

　「有望な区域」として選定されるためには、少なくとも、関係漁業団体を
含む協議会において地元関係者との利害調整が可能な程度に地元の受け入れ
態勢が整っており、かつ、促進区域の指定の基準に適合する見込みがあるも
のとして、①促進区域の候補地があること、②利害関係者を特定し、協議会[15]を開始することについて同意を得ていること（協議会の設置が可能であ
ること）および③区域指定の基準に基づき、促進区域に適していることが見

図表3-3：促進区域指定までの流れ

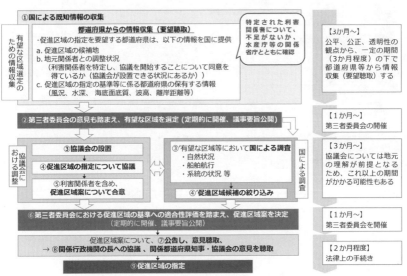

出典：経済産業省資源エネルギー庁・国土交通省港湾局「洋上風力発電の導入促進に向けた取組」6頁を
もとに筆者ら作成

---

14)　さらに、国は、将来的に有望な区域となりうることが期待される区域を「一定の準
　　備段階に進んでいる区域」として整理している。
15)　協議会は、経済産業大臣、国土交通大臣、関係都道府県知事、農林水産大臣、関係

込まれることという要件を満たす必要がある[16]。

　「有望な区域」に指定された海域に関しては、協議会が設置され、促進区域の指定に向けた協議が開始する。促進区域としての指定は、協議会の協議が整った上で、国が実施する気象・海象等の自然的条件の調査が完了した区域を対象に、第三者委員会での審査、パブリックコメント手続、関係行政機関の長との協議、都道府県知事や協議会からの意見聴取等を経て、ようやく完了することになる。

図表3-4：促進区域、有望区域および一定の準備段階に進んでいる区域
（2022年9月30日時点）

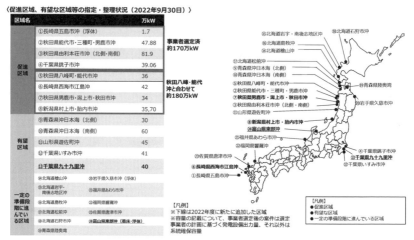

出典：資源エネルギー庁・国交省港湾局『『秋田県八峰町及び能代市沖』、『秋田県男鹿市、潟上市及び秋田市沖』、『新潟県村上市及び胎内市沖』、『長崎県西海市江島沖』に係る公募占用指針（案）について』3頁

市町村長、関係漁業者の組織する団体その他の利害関係者、学識経験者その他の経済産業大臣、国土交通大臣および関係都道府県知事が必要と認める者により構成され、協議会の構成員は、協議会において協議が調った事項を尊重する義務を負う（再エネ海域利用法9条6項）。既存の促進区域に関する公募占用指針では、事業実施に際して事業者が尊重すべき留意事項を記載した「協議会意見のとりまとめ」が添付されている。

16)　経済産業省資源エネルギー庁・国土交通省港湾局「海洋再生可能エネルギー発電設備整備促進区域指定ガイドライン」（令和元年6月策定、令和3年7月改訂）11頁

　現時点における促進区域、有望区域および一定の準備段階に進んでいる区域は、図表3-4のとおりである。促進区域のうち、①長崎県五島市沖、②秋田県能代市、三種町および男鹿市沖、③秋田県由利本荘市沖（北側・南側）ならびに④千葉県銚子市沖の四海域については、既に公募手続が終了し、発電事業者が決定している。

イ　公募手続の実施

　促進区域としての指定がなされた後は、①経済産業大臣および国土交通大臣による公募占用指針の作成・公示（同法13条）、②公募参加事業者による公募占用計画の作成・提出（同法14条）、③経済産業大臣および国土交通大臣による公募占用計画の審査・評価および選定事業者の選定（同法15条）ならびに公募占用計画の認定（同法17条）、④選定事業者による、公募結果を踏まえて定められた調達価格および調達期間に基づく再生可能エネルギー電気の利用の促進に関する特別措置法9条に基づく再生可能エネルギー発電事業計画の認定（FITまたはFIP認定[17]）の申請ならびに認定取得、⑥選定事業者による、認定された公募占用計画に基づく海域占用許可の申請

---

17)　2022年4月施行のエネルギー供給強靱化法による「再生可能エネルギー電気の利用の促進に関する特別措置法」の改正により、Feed-in-Premium（FIP制度）の運用が開始している。これは、従来のFeed-in-Tariff（FIT制度）が再エネ発電設備により生み出された電力を一般送配電事業者が固定額（調達価額）で最長20年間にわたり買い取る制度であったのに対し、FIP制度の下では固定額での買い取りはなくなり、発電事業者の収入は、市場での売電収入およびFIPプレミアム（当初はFIT制度の調達価格と同水準とされる「基準価格」と、前年度年間平均市場価格に一定の加除を行って算定される「参照価格」の差額）の合計額となる。このように、FIP制度の下では、一定期間の固定収入が見通せるFIT制度と異なり、そのままでは、発電事業者が長期間の収益予測を立てることが難しくなる。実務的には、コーポレートPPAの仕組みを導入することにより、実質的に需要家に長期間固定額で買い取ってもらえるようにすることで、将来の収益を固定化することが検討対象となろう。特に、発電事業者がプロジェクトファイナンスを調達するようなケースでは、融資期間から収益の固定化を金融機関から要請されるケースが多くなると思われる。

および国土交通大臣による海域占用許可の付与（同法 19 条）という一連の手続が進むことになる。経済産業省資源エネルギー庁および国土交通省港湾局は、「一般海域における占用公募制度の運用指針」（以下「公募運用指針」という）を策定・公表し、公募手続に関する運用面での詳細を提示している。

　なお、公募占用計画の認定の最長期間は 30 年間とされているが、これは、環境アセスメントに要する期間（約 4 〜 5 年）、洋上風力発電所の建設期間（約 2 〜 3 年）、事業実施期間（FIT 制度下における洋上風力発電に関する調達期間の 20 年間程度）、撤去期間（約 2 年程度）を考慮した期間である。

ウ　公募手続の見直し

　公募参加者から提出された公募占用計画の審査・評価に関して、経済産業大臣および国土交通大臣は、再エネ海域利用法 15 条 1 項に規定する基準に適合している公募占用計画について評価を行い、学識経験者の意見を聴取した上で選定事業者を選定することになる。

　既存の促進区域に関しては、公募占用計画に記載された供給価格を 120 点満点、事業実現性に関する要素を 120 点満点（合計 240 点満点）として採点し、最も高い得点を得た公募占用計画を提出した事業者を選定事業者として選定することになっている。

　ところが、秋田県能代市、三種町および男鹿市沖、秋田県由利本荘市沖ならびに千葉県銚子市沖の三つの海域（2021 年 12 月 24 日に選定事業者の結果が公表された、いわゆる「第一ラウンド」の案件）のすべてについて、供給価格の評点で他の公募参加者に大きな差をつけた三菱商事エナジーソリューションズ株式会社を中心とする企業連合が選定されたことを受け、公募手続における評価手法の変更を求める声が上がった。これを受け、経済産業省および国土交通省は、当時既に公募手続が開始していた秋田県八峰町および能代市沖の公募手続を中断してスケジュールおよび審査基準を見直すと公表し（2022 年 3 月 18 日）、その後、合同会議 [18)] における数か月に及ぶ議論が行われた。最終的には、2022 年 10 月 27 日に、改定版の公募運用指針が

公表され、また、2022年12月に、第二ラウンド（秋田県八峰町および能代市沖、長崎県西海市江島沖、新潟県村上市および胎内市沖、ならびに秋田県男鹿市、潟上市および秋田市沖の四海域）に関する公募占用指針の内容が公表され、2023年6月30日を受付締切日とする公募手続が開始している。

　新たな公募運用指針の下での大きな変更点は、次のとおりである。まず、①供給価格を120点満点、事業実現性に関する要素を120点満点とする従来の配分に変更はないものの、事業実現性点の内訳が変わり、事業計画の迅速性に大きな配点（20点）が割り当てられることとなった。

　また、②従来の供給価格の計算式では、供給価格の点数＝（各公募占用計画に記載された供給価格の最低価格÷当該事業者が提出した公募占用計画に記載された供給価格）×120点という計算方法であったため、特定の公募参加者が大幅に安い供給価格で応札すると、事業実現性点では挽回しがたい程度に、他の事業者の供給価格点に大差を付けてしまう可能性があるという問題点があった。これに対応すべく、事業者が提案する価格が市場価格を十分に下回る価格（＝最高評価点価格）以下の場合、一律120点として評価する形となる（FIP制度が適用される案件では、調達価格等算定委員会の意見を聴取しこれを尊重して、市場価格を十分に下回る水準で「ゼロプレミアム水準」を設定し、ゼロプレミアム水準以下の提案価格については一律に120点が付与される）。

　さらに、③事業者の多様性を確保する観点等から、今後、同一ラウンドにおける落札数の制限が設けられる可能性がある。もっとも、公募運用指針上、落札数の制限の実施は、あくまで国内洋上風力産業の黎明期のみ実施するものとし、さらに、同時に公募する区域数や出力規模を踏まえて公募ごとに適用有無等を検討するとされている。そのため、詳細に関しては、各促進区域

---

18)　総合資源エネルギー調査会省エネルギー・新エネルギー分科会再生可能エネルギー大量導入・次世代電力ネットワーク小委員会洋上風力促進ワーキンググループ 交通政策審議会港湾分科会環境部会洋上風力促進小委員会 合同会議

に適用される個別の公募占用指針の内容を確認する必要がある。なお、第二
ラウンドの案件では、落札数制限（1 GW）[19] が導入される。

3　港湾法に基づく洋上風力発電プロジェクト

（1）港湾区域の特性

　港湾は、もともと様々な産業が立地する空間であり、高い電力需要が見込
まれる区域であることから、送電網などの電気設備が既に充実している場合
が多い。また、洋上風力発電所は建設段階から撤去に至るまで、頻繁に陸地
から発電所まで人や物資を運搬する必要があるが、陸域から距離のある一般
海域と比較して、移動および運搬に要するコストが少なく、既存の港湾イン
フラも活用しやすい。さらには、港湾法に基づいて港湾管理者が港湾の施設
の管理を行うため、海域の管理や関係者との利害調整の仕組みも一定程度整
備されている場所といえる。このような利点を活かし、港湾区域においても、
今後さらなる洋上風力発電プロジェクトの導入が見込まれている。

　港湾法には、従来から、特定人に対して港湾区域内の水域の占用を認める
制度が存在していたが（港湾法 37 条 1 項）、2016 年 7 月施行の改正港湾法
により、洋上風力発電所をはじめとする再生可能エネルギー源の利用その他
の公共の利益の増進を図る上で有効であると認められる施設または工作物に
ついて、公募により占用する者を選定する制度を導入した（同法 37 条の
3)。同制度を活用した国内初の案件として、北九州市は北九州港湾区域にお
ける公募手続を 2016 年 8 月から実施し（選定事業者は、ひびきウインドエ

---

19)　同一ラウンドの複数区域において、同一の公募参加者（なお、会社法上の親子会社
　　関係にあったり、コンソーシアムまたは公募参加する特別目的会社（SPC）の構成員の
　　合計議決権比率が 1/2 超の場合などは、同一性があると判断されることになる）が選定
　　され、当該区域に関する系統容量の合計が一定規模（例：1 GW）を超える場合、当該
　　公募参加者には、①次点の公募参加者との点差が大きな区域を優先し、1 GW となるま
　　で割り当てられ、上記①で優先順位が決まらないときは、設備容量の大きな区域が優先
　　的に割り当てられる、といったルールが予定されている。

ナジー株式会社であり、発電容量は最大 22 万 kW 程度と計画されている）、次いで茨城県は、鹿島港における占用予定者の公募手続を 2017 年 3 月に実施した（選定事業者は、株式会社ウィンド・パワー・エナジーであり、発電容量は約 16 万 kW と計画されている）。

さらに、国内初の商用規模の洋上風力発電事業とされる秋田港および能代港の両港湾区域における洋上風力発電プロジェクト（選定事業者は、秋田洋上風力発電株式会社であり、発電容量は約 140 MW とされる）は、2022 年 12 月現在、計 33 基の風車の据え付けを完了しており、能代港洋上風力発電所については、商業運転を既に開始している。

（2）港湾法上の公募制度の仕組み

港湾区域に関しては、2016 年 7 月に施行された改正港湾法により導入された占用公募制度により、長期間にわたる洋上風力発電プロジェクトの実施を可能にした。その手続の流れは、各港湾管理者が公募占用指針を策定する点を除けば、概ね再エネ海域利用法に基づく手続と変わらない。

具体的には、①港湾管理者が公募占用指針を策定して公表し [20]（同法 37 条の 3）、②公募参加者は公募占用計画を作成して港湾管理者に提出し（同法 37 条の 4）、③港湾管理者は、提出された各公募占用計画を評価し、港湾の機能を損なうことなく公共の利益の増進を図る上で最も適切と認められる公募占用計画の提出者を選定の上（同法 37 条の 5）、当該計画を認定し（同法 37 条の 6）、④事業者は認定された公募占用計画に基づいて水域等の占用許可（同法 37 条の 8）を得て、事業に着手することになる。運用面の詳細に関しては、国土交通省港湾局が「港湾における洋上風力発電の占用公募制度の運用指針 Ver.1」（2016 年 7 月）を公表している。

なお、公募占用計画の認定の有効期間は、当初は最長 20 年間とされてい

---

20)　なお、公募占用指針を定めて公募を実施するか否かは、各港湾管理者が判断することとなる。

たが、令和元年港湾法改正の結果、現在は最長 30 年間（同法 37 条の 3 第
4 項）となっていることから、この点も再エネ海域利用法に基づく占用期間
と同等とされている。

Ⅲ 洋上風力発電所の展開加速に向けた論点

1 系統確保の問題

(1)系統の逼迫問題

　促進区域指定のための基準の一つである、「系統の適切な確保が見込まれ
ること」という基準を満たすためには、①国の要請に基づき、当該促進区域
に設置が見込まれる発電設備の規模について、暫定的な系統容量が一般送配
電事業者により確保されていることと、②事業者が想定される発電事業の規
模につき確保している系統を、促進区域の指定後の占用権の公募のために活
用すること（他の事業者が選定された場合は当該事業者に系統に係る契約を
承継すること）を希望していることのいずれかの視点から確認するとされる
[21]
。

　しかしながら、気象・海象条件に照らして洋上風力の適地とされる地域は、
北海道、東北および九州を中心に存在している。図表 3-5 は洋上風力産業ビ
ジョン（第 1 次）で示された 2030 年および 2040 年の導入目標であるが、
ここでも、洋上風力の適地とされる地方により大きな導入ポテンシャルが見

---

21)　促進区域指定ガイドライン上、事業者が想定される発電事業の規模につき系統を確
　　保している場合としては、①事業者が電力会社との間で接続契約を締結している場合、
　　②事業者が系統接続を確保する蓋然性が高い場合が想定され、後者の②に該当する場合
　　としては、たとえば、当該区域において、事業者等が接続契約申し込みをし、受け付け
　　られることにより、暫定的な系統容量を確保している場合、電源接続案件募集プロセス
　　において、優先系統連系希望者が決定された場合（あるいは、その後、共同負担意思が
　　確認された場合）、日本版コネクト＆マネージ（N-1 電制・ノンファーム型接続）の適
　　用により系統接続を確保できる蓋然性が高い場合が例示されている（同ガイドライン 7
　　〜 8 頁）。

図表3-5：地域別の洋上風力の導入ポテンシャル

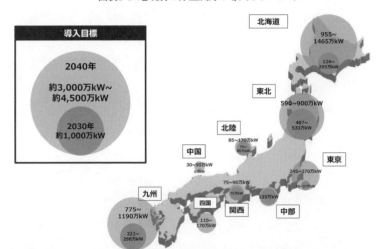

※2030年については、環境アセス手続中（2020年10月末時点・一部環境アセス手続きが完了した計画を含む）の案件を元に作成。
※2040年については、NEDO「着床式洋上ウィンドファーム開発支援事業（洋上風力発電の発電コストに関する検討）報告書」における、LCOE（均等化発電原価）や、専門家によるレビュー、事業者の環境アセス状況等を考慮し、協議会として作成。なお、本マップの作成にあたっては、浮体式のポテンシャルは考慮していない。

出典：洋上風力の産業競争力強化に向けた官民協議会「洋上風力産業ビジョン（第１次）概要」7頁

出されている。

　他方、電力の大規模需要地は、東京、名古屋および大阪といった大都市圏に集中している。電気は貯留することが難しいという特性がある上に、基本的に送電網（系統）を介して運ぶことになる。そのため、せっかく洋上風力発電により大量の電力を生成できたとしても、大規模需要地に電気を運ぶ送電網が整備されていなければ、洋上風力発電プロジェクトを積極的に導入する意義が薄れる。しかし、現状、北海道および本州間、東北および東京間、九州および本州間等の基幹送電線の容量は、十分とは言えない状況である。そのような理由も一因となり、洋上風力発電の導入ポテンシャルの高い北海道においては、いまだ一つも促進区域として指定されたものがなく、有望区域の前段階である「一定の準備段階に進んでいる区域」として、石狩市沖、岩宇・南後志地区沖、島牧沖、檜山沖および松前沖の５区域が名を連ねるだけである。

　政府は、こうした状況を打開するために、既存系統の空き容量を柔軟に活用する「日本版コネクト＆マネージ」[22] の具体化を進めるほか、「広域連系系統のマスタープラン及び系統利用ルールの在り方等に関する検討委員会」を設置し、系統増強に関する検討を続けている。もっとも、基幹系統の増強はいずれ避けては通れない道とはいえ、莫大な費用と時間を要する作業である。洋上風力発電プロジェクトの早期展開を図るという観点からは、系統用蓄電池の活用 [23] や水素をはじめとする他のエネルギー媒体への転換も、並行して導入を進めていくべきものであろう。

(2)系統用蓄電池の活用

　電力供給は、その特性上、需給のバランスを保つことが不可欠である。しかし、風力発電や太陽光発電といった再生可能エネルギーは、自然的条件（日照、風量等）にその発電量が大きく左右されてしまう。そのため、地域によっては、電力の供給が需要に対して過多となり、需給のバランスが崩れる時間帯に出力制御を行って再エネの電力の供給量を下げざるを得ない事態も発生している。送電網に直接接続する大型の系統用蓄電池を活用することができれば、電力の供給量が多くなる時間帯に蓄電を行い、電力の需要量が多くなる時間帯に放電することが可能となり、再エネの更なる導入にも寄与すると想定される。

　もっとも、これまでは系統用蓄電池を設置し運用する事業の法的な位置づ

---

22)　日本版コネクト＆マネージの詳細については、電力広域的運営推進機関のウェブサイト（https://www.occto.or.jp/grid/public/riyoukaikaku.html）における解説が分かり易い。

23)　水素は、それ自体がエネルギー源なのではなく、電気と同様、エネルギーキャリア（媒体）である。水素も電気も、様々なエネルギー源および技術から生成され、多用途かつ多様な場面で利用され、それ自体の利用によって温室効果ガスを排出するものではないという点では共通する。しかしながら、水素は、電気とは異なり、電子のみならず分子により構成される化学エネルギーキャリアであることから、石油、石炭、バイオガスや天然ガスのように、安定的な貯蔵および運搬に適するという特性がある。

けが必ずしも明確ではなかった。系統用蓄電池の設置に関するニーズの高まりを受け、2022年通常国会で成立した「安定的なエネルギー需給構造の確立を図るためのエネルギーの使用の合理化等に関する法律等の一部を改正する法律」による改正後の電気事業法では、系統用蓄電池の更なる導入を進めるべく、系統用蓄電池の位置づけを明確にする観点から、「発電事業」（同法2条1項14号）に経済産業省令で定める要件に該当する一定規模（10MW）以上の蓄電用の電気工作物を用いて、小売電気事業等の用に供するための電気を放電する事業を含めることとした。これにより、一定の系統用蓄電池を用いて電力を放電する事業者に対しては、従来の電気事業法において発電事業者に対して課されてきたのと同様の事業規制（発電事業の届出義務（同法27条の27）、供給計画の届出義務（同法29条1項）、需給逼迫時の供給命令（同法31条）など）が及ぶこととなる。

　洋上風力発電所に蓄電池を併設し、電力供給量が多い日中の電力料金の安い時間帯、あるいは、出力制御が行われ洋上電力が発生する時間帯には蓄電池に充電をし、電力供給量が少なくなる夜間の電力料金が高い時間帯に放電して売電を行うことができれば、電力事業者にとっては収益の増大を見込むことができる。また、風況が悪く発電効率が落ちている時期においても、併設した系統用蓄電池を蓄電所として機能させることができれば、送電網に流れる第三者が発電した電気を電力料金が安い時間帯に貯め、高い時間帯に放電して売却するというビジネスモデルも成り立ちうる。今後、系統用蓄電池と洋上風力発電所を組み合わせた事業にも期待が高まる。

（3）Power-to-Xの可能性

　系統用蓄電池と並び大きな可能性を秘めているのが、「Power-to-X」と呼ばれる技術である。欧州では、貯留できないという電気の特性に対処するため、Power-to-X、すなわち、再生可能エネルギーで生み出された電力を他のエネルギー媒体に転換する技術の導入が活発に議論されている。たとえば、欧州委員会が2020年7月8日に公表した水素戦略（A Hydrogen Strategy

for a climate-neutral Europe）では、Renewable Hydrogen（再生可能エ
ネルギーから生み出される電気を利用し水を電気分解して生成される水素）
の活用が主に念頭に置かれている。これは、欧州の既存の電力系統の下で、
太陽光や風力といった気象条件等に発電量が左右される再生可能エネルギー
を、出力制御等を講じることなく最大限活用していくためには、水素を用い
た大規模かつ長期間のエネルギー貯蔵・利用が必要である、との認識に立脚
している。実際、オランダの NortH2 プロジェクトでは、オランダ沖の洋上
風力発電所で製造される電力をもとに、水電解装置を用いて水（H_2O）を電
気分解することで水素を取り出し、グリーン水素[24]を製造するプロジェク
トが始動している。また、ドイツの北海沖でも AquaVentus（ドイツのグリ
ーン水素検討協議会）が主導する同種のプロジェクトが計画されている。

　日本は、世界に先駆けて国家的な水素戦略（2017 年 12 月）を策定し、
グリーン成長戦略[25]においても水素産業は有望産業として位置づけられて
はいるが、欧米と比較して、洋上風力をはじめとする再生可能エネルギーの
導入およびコスト低減が遅れたために、国内の再生可能エネルギーを用いて
製造するグリーン水素よりも、海外で製造された水素の輸入が水素普及のた

---

24)　水素は多種多様なエネルギー源から製造することが可能である。石油や石炭等の化
　石燃料を高温で水蒸気と反応させることで水素を製造する方法や、苛性ソーダ等の製造
　時や鉄鋼製造の際のコークス精製時に生じた副生ガスを活用して水素（副生水素）を製
　造する方法がある。また、食品廃棄物や下水汚泥等のバイオマスから得られるメタノー
　ルやメタンガスを改質して水素を生成することもでき、さらには、水（H_2O）を電気分
　解することでも生成することができる。一般的に、化石燃料を改質することにより製造
　する水素のうち、製造過程で発生する CO_2 を大気中にそのまま放出するものをグレー
　水素と呼び、CCUS と組み合わせることで CO_2 を回収するものをブルー水素と呼ぶ。
　また、再生可能エネルギーを用いて水を電気分解して作られる水素は、グリーン水素と
　呼ばれる。
25)　グリーン成長戦略は、2020 年 10 月 26 日の菅内閣総理大臣による「2050 年カーボ
　ンニュートラル宣言」を受け、国が可能な限りカーボンニュートラルに向けた具体的な
　見通しを示し、高い目標を掲げて民間企業が挑戦しやすい環境を作ることが必要である
　との認識の下、成長が期待される 14 の産業分野を抽出し、成長目標を示したものである。

めの初期段階における主たるシナリオとされている。ただ、洋上風力発電を積極的に普及していくという観点からも、今後は、欧州のように、水素を活用した Power-to-X の展開に向けた積極的な取り組みが期待されるところである。

2　環境アセスメントの負担軽減

　風力発電プロジェクトの導入を阻む問題の一つに、環境アセスメントの手続負担が挙げられる。風力発電所の設置・運営により、騒音、動植物や鳥類・海洋生態系への影響、景観の悪化等の環境への影響が想定されるため、環境影響評価法上、陸上・洋上を問わず、風力発電所は環境影響評価手続の実施対象事業とされており、一定の小規模な事業を除き、通常、環境影響評価手続が必要となる[26]。

　環境影響評価法に基づく環境影響評価手続（環境アセスメント）の大きな流れは、次頁図表 3-6 のとおりであり、事業者は同手続の各段階で、環境大臣、主務大臣、知事や一般からの意見を踏まえ、必要に応じて事業計画等を見直すことが必要となる。

　なお、環境影響評価法は、61 条において、①第二種事業および対象事業以外の事業に係る環境影響評価その他の手続に関する事項および②第二種事業または対象事業に係る環境影響評価についての当該地方公共団体における手続に関する事項（同法の規定に反しないものに限る。）に関し、地方公共団体が条例で必要な規定を定めることを妨げるものではない、とする。そのため、個別の対象事業を実施するに際しては、関連する条例上の要件や手続にも留意する必要がある。

　従来は、風力発電の環境影響評価手続は少なくとも 4 〜 5 年程度の期間

---

26)　2021 年 10 月施行の環境影響評価法施行令の改正により、第一種事業については 5 万 kW 以上のもの、第二種事業については 3 万 7,500 kW 以上 5 万 kW 未満のものと規模要件が改められている（なお、経過措置については、環境影響評価法施行令の一部を改正する政令（令和 3 年政令 283 号）2 条を参照。）。

図表3-6：環境アセスメント手続の概略

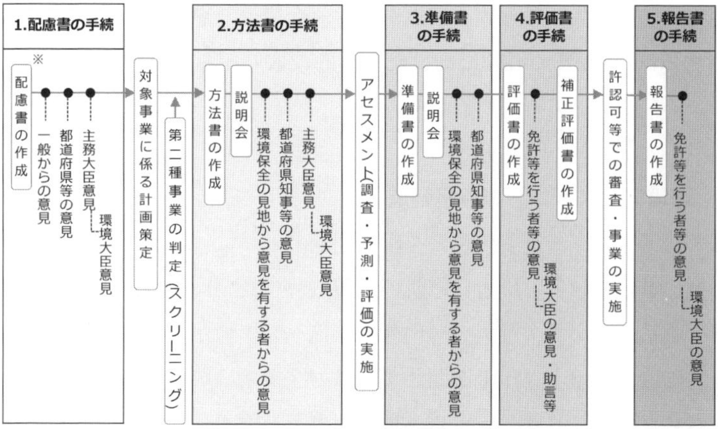

1. 配慮書の手続
- 配慮書の作成 ※
- 一般からの意見
- 都道府県等の意見
- 主務大臣意見
- 環境大臣意見
- 対象事業に係る計画策定
- 第二種事業の判定（スクリーニング）

2. 方法書の手続
- 方法書の作成
- 説明会
- 環境保全の見地から意見を有する者からの意見
- 都道府県知事等の意見
- 主務大臣意見
- 環境大臣意見

3. 準備書の手続
- アセスメント上調査・予測・評価の実施
- 準備書の作成
- 説明会
- 環境保全の見地から意見を有する者からの意見
- 都道府県知事等の意見

4. 評価書の手続
- 評価書の作成
- 免許等を行う者等の意見
- 環境大臣の意見
- 補正評価書の作成
- 免許等を行う者等の意見
- 環境大臣の意見・助言等

5. 報告書の手続
- 許認可等での審査・事業の実施
- 報告書の作成
- 免許等を行う者等の意見
- 環境大臣の意見

※配慮書の手続については、第2種事業では事業者が任意に実施する。

出典：環境省ウェブサイト（http://assess.env.go.jp/1_seido/1-1_guide/2-1.html）をもとに筆者ら作成

と数億円以上の費用を要するともいわれ、事業者に対する負担の重さが課題として指摘されてきた。経済産業省および環境省は、風力発電所の環境アセスメントの円滑な実施のため、技術的な知見等を取りまとめたガイドラインや指針を作成してきた[27]。ただ、それでも、2021年1月時点で手続係属中の風力案件は313件であり、発電所関係の環境影響評価法の係属中案件の

---

27)　「風力発電所のリプレースに係る環境影響評価の合理化に関するガイドライン」（2020年4月）、「環境アセスメント迅速化手法のガイド－前倒環境調査の方法論を中心に」（2018年3月）、「鳥類調査結果を用いた影響予測手法等について（参考）」（2017年9月）、「風力発電施設から発生する騒音に関する指針について」（2017年5月）、「風力発電施設から発生する騒音等測定マニュアル」（2017年5月）、「環境影響評価法における報告書の作成・公表等に関する考え方」（2017年3月）、「洋上風力発電所等に係る環境影響評価の基本的な考え方に関する検討会報告書」（2017年3月）、「環境アセスメント技術ガイド 生物の多様性・自然との触れ合い」（2017年3月）、「環境アセスメント技術ガイド 大気環境・水環境・土壌環境・環境負荷」（2017年3月）、「複数の調査手法を用いた鳥類調査結果について（参考）」（2016年9月）、「海ワシ類の風力発電施設バードストライク防止策の検討・実施の手引き」（2016年6月）など。

図表3-7：日本版セントラル方式のイメージ

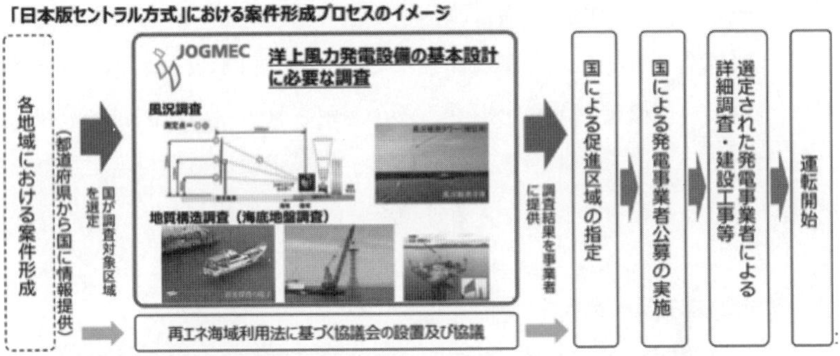

「日本版セントラル方式」における案件形成プロセスのイメージ

出典：資源エネルギー庁・国土交通省「『日本版セントラル方式』における調査対象区域の選定の考え方」
（2022年9月）1頁

ほぼすべてを占める（なお、太陽光発電所に関しては8件、火力発電所に
関しては7件にとどまる。）[28]。

　また、洋上風力に関しては、環境影響評価手続は再エネ海域利用法または
港湾法から独立した手続として進められるため、複数の事業者が同一の海域
または港湾区域において環境影響評価手続を実施することとなり、手続の重
複が常態化しているとの指摘もなされてきた。現在、国の審議会を中心に、
事業者の環境影響評価手続の負担を軽減するための方策として、政府または
政府に準ずる特定の主体が環境影響評価のうち初期段階において事業者が共
通して行う項目の調査等を実施する「日本版セントラル方式」の導入に向け
た検討や実証が進められている[29]。また、「安定的なエネルギー需給構造の
確立を図るためのエネルギーの使用の合理化等に関する法律等の一部を改正
する法律」による独立行政法人石油天然ガス・金属鉱物資源機構法の改正に

---

28)　環境省「環境影響評価の対象となる風力発電所の規模の検討の経緯について」〜風
　　力発電所の環境アセスメント〜」（2021年1月）2頁
29)　経済産業省資源エネルギー庁・国土交通省港湾局「『日本版セントラル方式』の検討
　　に向けた論点について」（2022年1月）を参照。

より、独立行政法人石油天然ガス・金属鉱物資源機構（なお、独立行政法人
エネルギー・金属鉱物資源機構に改称予定）の業務範囲に、洋上風力発電の
ための地質構造調査等の業務が追加された。今後、日本版セントラル方式の
一部について、同機構が業務を担うことが想定される（前頁図表 3-7 参照）。
日本版セントラル方式が本格導入されれば、公募手続において選定される前
の段階における事業者の負担が大きく軽減される可能性がある。

3　基地港湾不足への対応

　日本列島は周囲を海洋に囲まれているため、全国各地に多数の港湾が存在
する。しかし、洋上風力発電プロジェクトの建設や維持管理に適した港湾は、
決して多くない。洋上風力発電所においては、タービンのパーツ（ナセル、
ブレードおよびタワー等）や風車基礎といった極めて長大で重量のあるパー
ツが多数使用され[30]、かつ、現状は海外メーカーからの調達に大きく依存
しなければならない状況である。発電所の建設フェーズにおいては、重量物
運搬船を利用してパーツを陸揚げし、一定期間保管し、洋上作業を効率化す
るための事前組み立て（プレアセンブリー）を行い、船舶へ積み出しをする
という一連の作業を港湾において行う必要が生じる。また、洋上風力発電所
の建設の用途に供される港湾は、水切作業ヤード、保管ヤードだけでなく、
事前組み立てヤード、積み出しヤードといった広大な作業スペースを有して
いることが求められ、重量物に耐えうる地耐力を兼ね備えることも必要とな
る。さらに、洋上において風車およびその基礎の設置を行うに際しては、台
船（プラットフォーム）と昇降用レグを有し、大型クレーンを備えた SEP

---

30)　今後は、個々の発電機と発電所自体の更なる大型化が見込まれる。洋上風力発電プ
　ロジェクトで先行する欧州においては、既に、2020 年に導入されたタービンの出力容
　量は平均 8.2 MW にまで大型化しており、2020 年発注のタービンに関しては 10 MW
　〜 13 MW が主流とされているほか、洋上風力発電所自体の大型化も進んでいる。国内
　案件においても、タービンや洋上風力発電所の大型化に伴い、発電設備を構成するパー
　ツはさらに巨大かつ重量となり、その本数・個数も増えていくことが見込まれる。

船（自己昇降式作業船）を利用するのが一般である。SEP 船は、海底にレグを下ろし、台船を波の影響を受けない高さにまで上昇させることで、海上での風や波による船舶の揺れをなくし、作業精度や効率を高めるものであるが、SEP 船が港湾で作業する際にも、海底にレグを下ろして重量のあるパーツをクレーンで吊り上げることになるため、船舶の接岸スペースの広さはもちろんのこと、岸壁前面水域の海底部分に関しても、一定の水深と地耐力を備える必要がある。

　基地港湾は、洋上風力発電施設の新規開発時だけでなく、発電所の運転開始後に、洋上に設置された風力発電設備のメンテナンスを行う場合や事故など不測の事態に対応するためにも必要となるものであるし、将来的には洋上風力発電設備の撤去の場面でも必要となると考えられる。ただ、今後大規模な洋上風力発電プロジェクトが多数導入されることが想定される一方で、上記のような仕様を備えた港湾は限られていることから、複数の発電事業者間の利用調整を図る必要もある。

　こうした背景から、国が基地港湾を指定[31] した上で、事業者に対し、別途締結される埠頭賃貸借契約に基づいて基地港湾を長期かつ安定的に貸し付ける制度[32] として、港湾法の一部を改正する法律（令和2年2月施行）により、海洋再生可能エネルギー発電設備等拠点港湾（基地港湾）の貸付制度が導入された[33]。現在、①秋田港、②能代港、③鹿島港および④北九州港

---

31)　国土交通大臣による指定の要件・基準については、港湾法2条の4第1項、港湾法施行規則1条の9および1条の10を参照。

32)　国土交通大臣は、基地港湾における港湾施設を、貸し付けを受ける許可事業者および貸し付期間に関し、当該基地港湾の港湾管理者の同意を得て、かつ、財務大臣と協議した上で、許可事業者に対して貸付けを行うことができる（港湾法55条の2第1項～3項）。また、基地港湾の港湾管理者は、当該基地港湾の海洋再生可能エネルギー発電設備等取扱埠頭を構成する行政財産を、許可事業者に対して貸し付けることができる（同条4項）。

33)　また、国土交通省は、海洋再生可能エネルギー発電設備等取扱埠頭賃貸借契約書（案）を公表している。これから洋上風力発電プロジェクトに参画しようとする事業者にとっ

の４港が基地港湾として既に指定されており、既に供用を開始している秋田港を除く３港についての整備が進められている。

　もっとも、発電事業者側からは、既存の４港のみでは洋上風力産業ビジョン（第１次）の導入目標に対応しきれないといった懸念や、基地港湾不足が原因で基地港湾の空き待ちの状態が生じ、洋上風力発電の導入が遅延するおそれがあるといった懸念も示されてきたところである。「2050 年カーボンニュートラル実現のための基地港湾のあり方に関する検討会」は、基地港湾の過度の指定・整備による不要な投資を回避しつつ、洋上風力産業ビジョン（第１次）が示す洋上風力発電の導入目標を達成するために必要な新たな基地港湾の整備を進めていく観点から、2022 年２月に、とりまとめ[34] を公表した。洋上風力産業ビジョン（第１次）に掲げる 2040 年度の導入目標を達成するために必要となる基地港湾の目安として、北海道・東北・北陸エリアでは６～ 10 港（現状は２港）、東京・中部・関西エリアでは３港（現状は１港）、中国・四国・九州エリアで４～６港（現状は１港）が必要となるとの試算もなされている。基地港湾の過度の指定・整備により不要な投資がなされないよう配慮しつつ、基地港湾不足が原因で基地港湾の空き待ちの状態が生じて洋上風力発電の導入が遅延することがないよう、適切な地域に適切な数の基地港湾が配置されることが望まれる。

4　漁業との共生

　再エネ海域利用法では、促進区域指定の要件の一つに、発電事業の実施に

ては、実務的には、占用計画を立案する段階で埠頭貸付契約案を精査し、リスク分析を行っておくことが重要と考えられる。特に、今後同一の基地港湾を多くの事業者が共用する状況に至ることが想定されるから、同埠頭貸付契約案における、基地港湾の他の賃借人（同一の基地港湾を利用する他の発電事業者等）との利用調整に関する規律（特に、同法７条および８条参照）については、十分に注意を払う必要がある。

34)　国土交通省港湾局「2050 年カーボンニュートラル実現のための基地港湾のあり方検討会～基地港湾の配置及び規模～」（2022 年２月）

より漁業に支障を及ぼさないと見込まれることが掲げられている。促進区域指定ガイドライン上も、協議会の構成員たる関係漁業者の了解を得ることが海域占用許可の条件となるとされていることから[35]、関係漁業者の了解を得ることは、洋上風力発電プロジェクトを進めるに際しての不可欠の条件と考えられる[36]。

　日本の漁業制度は、①自由漁業、②許可漁業および③漁業権漁業に大別される。このうち、洋上風力発電所との関係で特に問題になるのは③であるが、漁業権は、都道府県知事の免許を受けて、一定の水面において排他的に特定の漁業を営む権利であり、さらに (i) 共同漁業権、(ii) 区画漁業権および (iii) 定置漁業権に分類されるものの（漁業法 60 条 1 項）、いずれもみなし物権として扱われ、土地に関する民法上の規定が原則として適用される点（同法 77 条 1 項）に特徴がある。その結果、漁業権侵害に対しては、物権的請求権たる妨害排除請求権および妨害予防請求権（具体的には、洋上風力発電施設の工事差止請求等）を行使することが可能となる。その他にも、侵害者に対する不法行為に基づく損害賠償請求であったり、侵害者に対して刑事罰（漁業権侵害罪（同法 195 条））が科せられる可能性もある[37]。傍論ではあるが、

---

35)　経済産業省資源エネルギー庁・国土交通省港湾局「海洋再生可能エネルギー発電設備整備促進区域指定ガイドライン」（令和元年 6 月策定、令和 3 年 7 月改訂）8 頁

36)　関係漁業者や関係海運業者等との協調・共生方法は公募占用計画の記載事項とされ（たとえば、「長崎県五島市沖海洋再生可能エネルギー発電設備整備促進区域公募占用指針」（以下「五島市沖公募占用指針」という。）37 頁）、関係漁業者等との協調・共生方法は評価項目の一つとされる（同 43 頁）。

37)　なお、公募手続の公平性や廉潔性を確保する観点から、公募占用指針上、公募占用指針が公示された日から事業者選定の通知がなされる日までの間、公募による事業者選定手続の公平性、透明性および競争性を阻害する態様による地元関係者への接触は禁止されており、公募の開始から終了までの間に地元関係者への接触を行い、公募による選定手続の公平性、透明性および競争性を阻害した者は、当該プロジェクトに関する参加資格を剥奪される可能性があり、また、将来の一定期間、再エネ海域利用法に基づく公募への参加が認められないこととなる可能性がある（たとえば、五島市沖公募占用指針 62 頁、73 頁参照）。地元関係者には、協議会の構成員たる漁協の組合員も含まれるため、

自由漁業や許可漁業に関しても、漁業操業が妨害される程度いかんによって妨害排除等の請求をなしうる余地を肯定した下級審裁判例（山口地裁岩国支部平成7年10月11日判決判タ916号237頁）がある点にも留意が必要である。

　なお、洋上風力発電施設の建築工事差止に関して、漁協の組合員が、建設工事が実施された場合に漁業に不可逆的な悪影響が生じるなどと主張して漁業法8条1項の漁業行使権に基づく妨害予防請求として建設工事の差し止めを請求した事案(山口地裁下関支部平成30年10月2日判決判例集未搭載)があるが、山口地裁下関支部は漁業行使権の侵害の危険は認められないとしてこれを棄却する判断を示した（なお、控訴審（広島高裁令和元年6月26日判決判例集未搭載）においても原審の判断は維持され、最高裁令和2年7月3日判例集未搭載は上告受理の申立を退けた。）。

5　騒音問題

　風力発電に関しては、建設工事中の騒音[38]のほか、風力タービン運転中の風車のブレード（羽根）の回転に伴って生じる低周波音がもたらす煩わしさ（アノイアンス）が問題になる。低周波音がもたらす健康リスクについては科学的な見地から十分な解明がなされていないのが現状であるが、睡眠影響のリスクが増加する可能性があることが示唆されており[39]、環境省は、2017年5月に、「風力発電施設から発生する騒音に関する指針」を定めて

公募手続中の地元関係者等への接触に関しては注意が必要である。

38)　なお、陸域から一定程度離れた地域に設置される洋上風力発電事業においては、陸上と比較すれば建設工事時の騒音の問題は大きくないのが一般的であろうが、洋上には音を遮蔽する物体が乏しいため、特に着床式のプロジェクトにおいては、SEP船上のクレーンから油圧ハンマーでモノパイルを海底に打刻する際の騒音（打刻音）が問題となることがある。

39)　風力発電施設から発生する騒音等の評価手法に関する検討会「風力発電施設から発生する騒音等への対応について」（2016年11月）23頁

いる。

　一般に、騒音を規制する公法・刑事法のルールとして、騒音規制法や各地
方自治体の騒音規制条例、環境保全条例等 [40)] がある。また、民事の観点か
らは、騒音を発生させた事業者が、被害を受けた近隣住民等からの損害賠償
請求や工事・発電所の運転差止請求を提起されるリスクを生じさせる。

　従来、騒音に関連する私人間の損害賠償請求や差止請求といった民事法の
領域では、判例上、一般に、受忍限度論が採用されていると理解されてきた
（最高裁判所平成 7 年 7 月 7 日判決民集 49 巻 7 号 1870 頁等を参照）。これ
は、侵害行為の態様と侵害の程度、被侵害利益の性質と内容、侵害行為の持
つ公共性ないし公益上の必要性の内容と程度等を比較検討するほか、侵害行
為の開始とその後の継続の経過および状況、その間にとられた被害の防止に
関する措置の有無およびその内容、効果等の事情をも総合考慮し、請求者の
被害が社会生活上受忍限度を超えるか否かを判断するアプローチである。

　事例判断ではあるが、陸上風力に関して騒音被害が問題となった事例とし
て、名古屋地裁豊橋支部平成 27 年 4 月 22 日判決判時 2272 号 96 頁がある。
同判決では、事業者が設置・運転する陸上風力発電施設の付近に居住する原
告が、同施設から発生する騒音によって受忍限度を超える精神的苦痛ないし
生活妨害を被っているとして、事業者を被告として、人格権に基づいて同施
設の運転の差し止めおよび損害賠償を求めた事案であるが、裁判所は、原告
宅に到達する風車騒音が一般的社会生活上受忍すべき限度を超えるものであ
るとはいえないなどとして、その請求を棄却した。

---

40)　環境基本法 16 条 1 項は、「政府は、大気の汚染、水質の汚濁、土壌の汚染及び騒音
　　に係る環境上の条件について、それぞれ、人の健康を保護し、及び生活環境を保全する
　　上で維持されることが望ましい基準を定めるものとする」と規定しており、これを受け、
　　環境省は、「騒音に係る環境基準について」（平成 10 年 9 月 30 日環告 64）を定めている。

6　洋上風力発電施設の撤去（デコミッショニング）に関する論点

　事業者は、促進区域内の海域の占用期間が満了した場合など、促進区域内の海域の占用をしないこととなった場合、洋上風力発電施設を撤去する義務を負う。海洋施設の廃棄については、海洋環境の保護等を目的として 1972 年 12 月にロンドンで採択された「廃棄物その他の物の投棄による海洋汚染の防止に関する条約」（Convention on the Prevention of Marine Pollution by Dumping of Wastes and Other Matter。以下「ロンドン条約」という）およびその内容を強化した「1972 年の廃棄物その他の物の投棄による海洋汚染の防止に関する条約の 1996 年の議定書」（1996 Protocol to the Convention on the Prevention of Marine Pollution by Dumping of Wastes and Other Matter, 1972。以下「96 年議定書」という）によって国際的に規制されている。96 年議定書の下では、廃棄物等の海洋投棄は原則的に禁止され（4.1.1 条）、浚渫物や下水汚泥など附属書 I に列挙される限定された物質のみが、厳格な条件の下で、当局の許可を得た場合に限って海洋投棄することができるとされる。日本は、ロンドン条約および 96 年議定書が定める内容を、主として海上汚染等および海上災害の防止に関する法律（以下「海洋汚染防止法」という）により国内実施している。

　海洋汚染防止法は、海洋施設を海洋に廃棄することを一般的に禁止し、例外的に、環境大臣の許可を受けた場合に限って、海洋施設の海洋廃棄を許容しているが、同法により廃棄が禁止される「海洋施設」は、海域に設けられる工作物（固定施設により当該工作物と陸地との間を人が往来できるものおよびもっぱら陸地から油、有害液体物質または廃棄物の排出または海底下廃棄をするため陸地に接続して設けられるものを除く）であって政令で定めるもの（具体的には、海防法施行令 1 条の 7 の 1 項において、①人を収容することができる構造を有する工作物および②物の処理、輸送または保管の用に供される工作物を指すとされている）をいうため、洋上風力発電施設のうち、着床式洋上風力発電設備、潤滑油の漏洩の可能性がある洋上変電設備および人を収容する構造を有する観測塔等は「海洋施設」に該当すると考えら

れる。

　しかしながら、洋上風力発電設備の撤去には、多大な費用がかかることが想定される。特に着床式洋上風力発電施設に関しては、将来的には風車の大型化が見込まれる中で、海底深くに杭打ちをした基礎部分をすべて撤去するのには大きなコストがかかり、プロジェクトの経済性を悪化させる要因となる懸念がある。こうした問題を受けて、環境省は、2021年9月に、「着床式洋上風力発電施設の廃棄許可に係る考え方」を策定・公表した。また、公募占用指針においても、環境大臣の廃棄の許可を受けることなど海防法を遵守することを条件に、撤去の際にその一部を残置することを前提とした公募占用計画の作成を認めるものとされている[41]。ただし、世界的にみても、洋上風力発電所の撤去事例が本格的に現れるのは数十年先のことであり、現時点で、洋上風力発電設備の一部残置による海洋生態系への影響等の専門的知見が蓄積されているとは言い難い。仮に、撤去時に環境大臣の許可が得られなければ発電事業者が全設備の撤去義務を負うことになる。

　また、現行の海洋汚染防止法には長期的責任の移管に関する規律（残置物から生じる法的責任などを、一定の条件の下に、国や地方公共団体に移転させる規律）はないため、仮に洋上風力発電設備の一部を残置した後に海洋汚染等の問題が発生した場合、少なくとも現行法の下では、汚染者負担の原則に従って、発電事業者がその責任を負うことになると考えられる。そのため、着床式洋上風力発電設備の基礎部分の一部残置を見込んだ公募占用計画を作成する場合であっても、将来海防法上の許可が得られず全撤去をせざるを得ないリスク（コスト）を予め見込んで、事業計画を作成しておく方が無難であろう。

---

41)　海防法に基づいて環境大臣の許可を得て施設の一部を残置する行為は、再エネ海域利用法12条における禁止行為には該当せず、同法10条1項の国土交通大臣の許可を要しない（施設として残置する場合は除く）ものと整理されている（経済産業省・国土交通省「秋田県由利本荘市沖（北側・南側）海洋再生可能エネルギー発電設備整備促進区域公募占用指針」（2020年11月）10頁等を参照）。

7　カボタージュ規制

　洋上風力発電所の建設および運営にあたっては、調査船、アクセス船（Crew Transfer Vessel）、警戒船（Guard Vessel）などの多様な船舶を活用する必要がある。中でも、着床式の洋上風力発電所を建設するには、洋上でのクレーン作業や杭打ち作業に利用される自己昇降式作業台船（SEP船）が必要となるのが通例である。しかしながら、SEP船に関しては、国内企業による建造プロジェクトが複数進行してはいるものの、現状は供給に限りがある。特に、日本船籍のSEP船は極めて少ない。今後、国内の洋上風力発電所の建設が同時並行的に進捗していくことを考えると、将来的にSEP船が十分に供給されるのかは不透明である。

　そのような状況の中で、台湾などの東南アジアや欧州の洋上風力発電プロジェクトに現在投入されている外国船籍のSEP船を、将来日本のプロジェクトに活用することができれば、SEP船の供給を増やすことができる。しかし、外国船籍のSEP船を日本国内の洋上風力発電所の建設および維持に活用することは、船籍を日本に変更する手続[42]を経ない限り、現行法上容易ではない。これは、自国内の貨物または旅客の輸送は自国の管轄権の及ぶ自国籍船に委ねるべきとの国際的な慣行（カボタージュ規制）の壁があるためであり、日本法上は、船舶法において、日本船舶（船舶法1条参照）でなければ、①法律または条約に別段の定めがあるとき、②海難または捕獲を避けんとするときおよび③国土交通大臣の特許を得たときを除き、不開港場

---

[42]　船籍変更が行われた事例としては、秋田港・能代港の港湾区域におけるプロジェクトに活用されたSEP船「Seajacks Zaratan」号の例がある。なお、日本籍に船籍変更をした場合、外国人乗組員を日本籍の船舶に乗船させることができるかという問題がある。洋上風力発電プロジェクトの建設および運営は、先行する欧州での知見に頼らざるを得ない面があるため、ノウハウを有する外国人技術者を招聘する必要性が高い。しかしながら、政府の外国人労働者の受け入れに関する方針などを踏まえ、日本の内航船には外国人船員を受け入れていない（再生可能エネルギー等に関する規制等の総点検タスクフォース「第17回回答と要望」番号8）。仮に今後受け入れる場合には、活動内容に適した在留資格が必要とされる（同）。

に寄港しまたは日本各港の間 [43] で貨物または旅客の運送をすることができない（同法 3 条）とのルールに体現されている。

　このカボタージュ規制により、外国船籍の SEP 船を洋上風力発電所の開発に活用するためには、事実上国の特許を得るしかない。政府は、利用可能な日本船籍の船舶による輸送サービスが存在しない場合などには、審査基準に従って慎重に判断した結果、事例ごとに外国船籍の船舶による国内輸送に対して特許を付与する旨の取り扱いを従来から行っており、現行制度の下でも、外国船籍の SEP 船を活用することは一般的に可能であるという立場をとっている [44]。ただし、この審査基準に関して国土交通省は、一般に、利用可能な日本籍船による輸送サービスが存在しないか（日本籍船への転籍の可能性を含む）、外国船籍の投入が内航輸送事業者に影響を与えないかといったことなどを考慮し、個別の事例ごとに審査する [45] といった程度の基準しか示しておらず、いかなる場合に特許が付与されるかの予見可能性が十分に担保されているとは言い難い。国内洋上風力発電プロジェクトの更なる拡大を見据え、少なくとも、早期に外国船籍を活用することができる具体的な

---

43)　なお、領海等における外国船舶の航行に関する法律（外国船舶航行法）上、荒天、海難その他の危難を避ける場合、人命、他の船舶または航空機を救助する場合、海上衝突予防法その他の法令の規定を遵守する場合その他の国土交通省令で定めるやむを得ない理由がない限り、外国船舶は、日本の領海において、停留等を伴う航行をさせることができないとされている（同法 4 条）ことから、たとえば、外国船籍の SEP 船を用いつつ、台湾や韓国を拠点として、国内の港に立ち寄ることなく洋上風力発電所を建設するという方法も取り得ない。なお、洋上風力発電所の建設に際しては、海底の測量などの事前の調査活動が必要となり、そのために外国船籍の船を用いることも考えられるが、そのためには日本政府の同意が必要であり、同意を得ない調査が行われれば、外国船舶航行法に規定する禁止行為に該当し、同法に基づく取り締まりの対象となる（内閣官房ほか「外国船舶による我が国領海等における海洋調査等の取り扱いに関する所管事業関係者への周知について」(2020 年 4 月)）。しかしながら、同意の基準は明確ではない。

44)　再生可能エネルギー等に関する規制等の総点検タスクフォース「第 17 回回答と要望」番号 8

45)　国土交通省海事局「カボタージュ規制等について」(2021 年 9 月)

基準の策定・公表が望まれるところである。

IV おわりに

　洋上風力発電プロジェクトは、再エネ主力電源化のための切り札であり、今後多額の ESG 投資が流入することが見込まれる分野である。もっとも、2030 年までに 1,000 万 kW、2040 年までに浮体式も含めて 3,000 万 kW 〜 4,500 万 kW の案件を形成するという官民の目標を達成するためには、技術的な観点および規制その他の制度的な側面の双方において、克服すべき課題は山積している。

　しかしながら、天然資源が乏しく、また、国土が狭い上にその約 7 割が森林で占められている日本にとっては、将来、洋上風力が有望なエネルギー源になる可能性は非常に高い。世界有数の海洋大国であるという日本の特性を活かし、積極的に洋上風力発電所の開発が進められるべきであろう。また、昨今問題となっているエネルギー安全保障の観点からも、国産の再生可能エネルギー源の開拓に寄せられる期待は大きくなっているといえる。

　技術面および規制面の障壁を最大限克服することで ESG 投資を喚起し、2050 年カーボンニュートラルの達成に向け、洋上風力発電がますます重要な役割を担うことを期待したい。

バイオマス発電プロジェクトへの投資とESG

藤本祐太郎

I バイオマス発電プロジェクト

バイオマスとは、再生可能な生物由来の有機性資源であり、化石資源を除いたものをいう。具体的には、①一般木材、未利用樹、間伐材、建設廃材等の木質系、②Palm Kernel Shell（PKS、やし殻）、パームトランク（やし幹）、Empty Fruits Bunch（EFB、空果房）、稲わら、もみ殻等の農作物残さ（農作物の収穫時に発生する非収穫部である草本系）、③家畜ふん尿、下水汚泥、食品廃棄物等のメタン発酵系といったものが該当する。

これらのバイオマス資源は、加工[1]の上、燃料として燃焼させることにより、発電、熱、輸送等に利用することができる。バイオマス燃料を燃焼させると CO_2 が発生するが、これは森林等の生態系が持続的に管理されていれば成長過程で大気中から吸収した CO_2 であり、その利用により再び大気

---

1) バイオマス資源を燃料として利用するにあたっては、木質系であれば木質ペレット、チップ、薪等に、メタン発酵系であれば気体燃料や液体燃料に変換する必要がある。

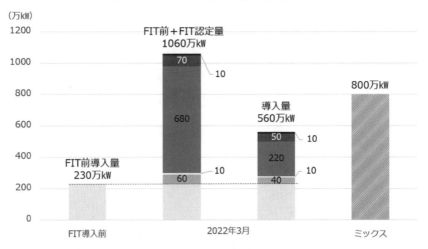

図表4-1：バイオマス発電のFIT認定量・導入量

※失効分（2022年3月時点で確認できているもの）を反映済。
※バイオマス比率考慮済。

出典：「調達価格等算定委員会「国内外の再生可能エネルギーの現状と今年度の調達価格等算定委員会の論点案」（https://www.meti.go.jp/shingikai/santeii/pdf/078_01_00.pdf）18頁」をもとに筆者作成

中にCO_2が放出されたとしても、エネルギーの消費と植物育成のバランスを保つ限り、実質のCO_2がゼロとなるカーボンニュートラルなエネルギー源であって、再生可能エネルギーの一つとして位置づけられている（なお、上記のうちメタン発酵系のものについては、メタン自体が温室効果ガスであるため、燃焼させることによって温室効果ガスの削減が可能となる）。また、化石燃料による火力発電と比して、NOxやSOxの排出も少ないという環境負荷の小ささも特徴である。

　また、再生可能エネルギー発電のなかでは、バイオマス発電は、太陽光発電や風力発電といった自然変動電源と異なり、バイオマス燃料の投入を通じて出力をコントロールすることができることから、安定電源と位置づけられることが大きな特徴である。電力の安定供給のためには、系統全体における電力の需要と供給をバランスさせる必要があるところ、自然変動電源のみで

は当該バランスを行うことができないため、再生可能エネルギーを最大限活用して日本全体での電力のカーボンニュートラルを達成する上では、非常に重要な意味を有する電源であるといえる。[2]

　図表 4-1 に記載のとおり、バイオマス発電は、2020 年度の電源構成における再生可能エネルギー（19.8％）のうち、2.9％を占めており、太陽光（7.9％）および水力（7.8％）に次ぐ割合となっている。また、2022 年 3 月時点の導入量は 560 万 kW であり、2030 年度の導入目標である 800 万 kW に対して約 70％の進捗率となっている。また、バイオマスの導入量のうち大半が木質バイオマスとなっている。

II バイオマス発電所の用地と建物

　バイオマス発電は、太陽光発電や風力発電と比較すれば、発電設備の設置に広大な土地を必要とせず、エネルギー密度（単位面積あたりの発電量）が高いという利点を有する。法務の観点からいえば、バイオマス発電事業では、相当規模の出力を有する場合であったとしても、太陽光発電事業や風力発電事業と異なり、土地利用契約を締結すべき地権者の数は少なくて済むケースが多い。[3]

---

2) また、自然条件に左右されず発電を行うことができることから、バイオマス発電の稼働率は比較的高い。このため、バイオマス発電は、出力抑制の優先給電ルール（送配電系統において電力の需要を供給が上回ることが見込まれる場合に、需給バランス維持のために稼働中の発電所等の出力を抑制または停止させるための条件や順番を定めたルール）において、太陽光発電や風力発電よりも優先して出力抑制を受けることとされているものの、出力抑制等が生じた場合に発電プロジェクト全体に及ぶ収支のインパクトは、太陽光発電や風力発電に比して小さくなることが多い。

3) なお、バイオマス発電所の立地については、日射・風況等の自然条件を考慮する必要がない一方で、バイオマス燃料の輸送ルートや取水・排水ルートを考慮して選定する必要がある。また、送電系統へのアクセスや近隣住民への影響（ばい煙、騒音、振動やバイオマス燃料に由来する匂い等）も考慮する必要がある点は、太陽光発電および風力発

　ただし、バイオマス発電事業においては、太陽光発電や風力発電と異なり、通常、ボイラーやタービン・発電機等の発電設備を設置するための建屋が必要となり、当該建屋は通常は不動産（建物）に該当する。そのため、土地利用権（借地権）について借地借家法10条に基づく対抗要件具備が可能となる一方で、バイオマス発電事業に対する出資ストラクチャーにおいて匿名組合出資が用いられる場合、不動産特定共同事業法の規制等[4]に留意する必要がある。

Ⅲ バイオマス発電と再エネ特措法

　バイオマスの概念は広く、その種類・由来に応じて所要コストや導入量等に違いがあることから、再生可能エネルギー電気の利用の促進に関する特別措置法（以下「再エネ特措法」という）ではバイオマスを以下のとおりに分

電と同様であるが、バイオマス発電の場合には近隣住民への影響を低減するために、近隣住民等と協定等を締結して、バイオマス発電所の稼働時間や出力を制御することを約束するケースもある。

4) 不動産特定共同事業法では、当事者の一方が相手方の行う不動産取引のため出資を行い、相手方がその出資された財産により不動産取引を営み、当該不動産取引から生ずる利益の分配を行うことを約する契約が「不動産特定共同事業契約」に該当するとされ（不動産特定共同事業法2条3項2号）、不動産特定共同事業契約を締結して当該不動産特定共同事業契約に基づき営まれる不動産取引から生ずる収益または利益の分配を行う行為は「不動産特定共同事業」に該当するとされているところ（不動産特定共同事業法2条4項1号）、バイオマス発電事業において匿名組合出資を用いて建屋を取得し、その後セカンダリー取引やプロジェクトファイナンスレンダーの担保権の実行に伴い当該建物が第三者に売却された場合には、これが「不動産取引」（不動産特定共同事業法2条2項）となって、不動産特定共同事業に該当し、不動産特定共同事業法3条の許可を要するのではないかが論点となる。当該許可を不要とする方法の一つとして、建屋を信託銀行・信託会社に信託する方法が用いられることもあるが、発電事業者による用地や建物の利用権原、キャッシュフロー、プロジェクトファイナンスレンダーの担保権の設定、有価証券に該当する信託受益権の取扱いに係る金融商品取引法上の整理等との複雑な調整が必要となる。

図表4-2：再エネ特措法上のバイオマスのFIT調達価格・FIP基準価格・入札上限価格

電源 [調達/ 交付期間]	2012 年度	2013 年度	2014 年度	2015 年度	2016 年度	2017 年度	2018 年度	2019 年度	2020 年度	2021 年度	2022 年度	2023年 度	2024 年度	価格目標
バイオマス 【20年】	24円 （バイオマス液体燃料）					24円 (20,000kW以上) 21円 入札制 24年 (20,000kW未満) 20.6円		入札制 19.6円	入札制 19.6円	入札制 18.5円	入札制 (事前非公表)	入札制		FIT制度 からの 中長期的 な自立化 を目指す
	24円 （一般木材等）					24円 (20,000kW以上) 21円 入札制 (10,000kW以上) 20.6円	入札制 (10,000kW未満)							
								24円(10,000kW未満) ※5						
	32円 （未利用材）					32円(2,000kW以上) ※5								
						40円(2,000kW未満) ※5								
	39円 （メタン発酵バイオガス発電） ※5												35円 ※5	
	その他 （13円(建設資材廃棄物)、17円(一般廃棄物その他バイオマス)）　※5													

※ 5 FITの新規認定には、2022年度から自家消費/地域消費・地域一体型の地域活用要件を適用する。

出典：「調達価格等算定委員会「国内外の再生可能エネルギーの現状と今年度の調達価格等算定委員会の
論点案」（https://www.meti.go.jp/shingikai/santeii/pdf/078_01_00.pdf) 48 頁」をもとに筆者作成

類し、FIT 制度 [5] の調達単価（以下「調達価格」という）および FIP 制度 [6]
の基準単価（以下「基準価格」という）は、これらの区分ごとに異なる単価
を設定している。具体的な単価については、図表4-2 のとおりである。

　①メタン発酵ガス
　②森林における立木竹の伐採または間伐により発生する未利用の木質バイ

---

5)「FIT 制度（Feed-in Tariff 制度）」とは、再生可能エネルギー発電設備を開発しようと
　する発電事業者が再エネ特措法に基づき認定を得た場合、電力会社は、その発電した再
　生可能エネルギー電気を、予め定められた一定の調達価格で一定の調達期間にわたって
　買い取る義務を負う制度をいう。たとえば、2012 年度に FIT 認定を取得した一般木材
　等によるバイオマス発電事業は、原則として、調達期間 20 年にわたって調達価格 24
　円に消費税等相当額を加算した価格で発電した電気を電力会社に売ることができ、市場
　価格の変動にかかわらず固定額の売電収入を得ることができる。
6)「FIP 制度（Feed-in Premium 制度）」とは、再エネ事業者が再エネ電気を市場取引や
　一般の相対取引で販売することを前提に、一定の補助額を交付する制度であり、具体的
　には、FIT 制度の調達価格と同様に一定の「基準価格」を定めた上で、市場取引等によ
　り期待される収入である「参照価格」との差を、「供給促進交付金」（プレミアム）とし
　て、一定の交付期間にわたって再生可能エネルギーの発電事業者に交付する制度をいう。

オマス（輸入されたものを除く）

③一般木質バイオマス・農産物の収穫に伴って生じるバイオマス固体燃料（製材等残材、輸入木材、農作物残さ等）

④農産物の収穫に伴って生じるバイオマス液体燃料

⑤建設資材廃棄物

⑥一般廃棄物・木質バイオマス以外のバイオマス

　バイオマス発電においては、単一区分のバイオマス燃料のみを燃焼する場合（専焼）だけでなく、複数の区分のバイオマス燃料や石炭等の非バイオマス燃料と混合して燃焼する場合（混焼）もある。これらの場合、発電された電力は、各特定区分のバイオマス燃料に由来する部分ごとに切り分けて把握する必要があるため、「バイオマス比率」を管理することとされている。「バイオマス比率」とは、「当該バイオマス発電により得られる電気の量に占めるバイオマスを変換して得られる電気の量の割合（複数の種類のバイオマスを用いる場合にあっては、当該バイオマスごとの割合）」と定義されており（再生可能エネルギー電気の利用の促進に関する特別措置法施行規則（以下「再エネ特措法施行規則」という）4条の2第2項9号）、各バイオマス燃料の発熱量、水分量、使用量等により算出する。バイオマス比率は、毎月1回以上の定期的な算定と帳簿への記録（再エネ特措法施行規則5条1項11号イおよび13条）が必要となるほか、再エネ特措法上の事業計画認定申請の際に記載が求められ、認定時に想定していなかった国民負担が事後的に生じることを避ける観点およびバイオマス事業に係る安定性を求める観点から、一定の変更が生じた場合⁷⁾には、調達価格・基準価格の変更事由になるも

---

7) 具体的には、2019年4月1日以降にFIT制度の特定契約を締結する案件または2022年4月1日以降に新規に認定を取得する案件については、①FIT制度の適用を受ける場合であって認定に係る全体のバイオマス比率をFIT制度による毎月の買取りの上限とされ（上限を超えた分は、非FITの再エネ電気を売電したものとなる）、買取上限を引き上げる場合、または②FIPの適用を受ける場合であって認定に係る全体のバイオマス

のとされている（再生可能エネルギー電気の利用の促進に関する特別措置法
の規定に基づき基準価格等、調達価格等及び解体等積立基準額を定める件（平
成29年経済産業省告示第35号）6条4項2号ニ参照）。

　また、太陽光発電事業を中心とするFIT/FIP制度下における他の再生可
能エネルギー発電事業と同様に、バイオマス発電事業についても、長期未稼
働案件[8]に対する対応が課題とされ、種々の施策が講じられている。具体

比率を毎月のプレミアム交付の上限とされ（上限を超えた分はプレミアム交付はなし）、
交付上限を引き上げる場合は、バイオマス全体について最新の調達価格/基準価格に変
更される。また、認定に係る全体のバイオマス比率を年間で40%以上減少させる場合は、
バイオマス全体について最新の調達価格/基準価格に変更される。

2019年3月31日までにFIT制度の特定契約を締結している案件については、認定に
係る全体のバイオマス比率を年間で増加させる場合、バイオマス全体について最新の調
達価格/基準価格に変更される（FIT制度の適用を受ける場合であって、FIT制度の特
定契約を巻き直し、当該増加前の認定に係る全体のバイオマス比率を毎月のFIT買取上
限として設定する場合は、調達価格は変更されない。また、当該案件がFIPへ移行して
いる場合であって、当該増加前の認定に係る全体のバイオマス比率を毎月のプレミアム
の交付を受ける上限として設定する場合は、基準価格は変更されない）。また、認定に
係る全体のバイオマス比率を年間で40%以上減少させる場合は、バイオマス全体につ
いて最新の調達価格/基準価格に変更される。

また、バイオマスの内訳については、FIT制度の特定契約の締結日にかかわらず、認定
に係る区分ごとのバイオマス比率を年間で+20%以上増加させる場合（非バイオマス
による発電に係る電気も含めた供給電力量全体に占める当該増加分の割合として算定）、
当該区分について最新の調達価格/基準価格に変更される。なお、バイオマスの内訳に
おけるバイオマス比率の減少については、制約はない（資源エネルギー庁「既認定案件
による国民負担の抑制に向けた対応（バイオマス比率の変更への対応）」(https://www.
enecho.meti.go.jp/category/saving_and_new/saiene/kaitori/dl/
announce/20181221.pdf)）

8)「長期未稼働案件」とは、再エネ特措法上の認定を取得しているものの長期間にわたっ
て発電所の運転開始に至っていない案件をいう。①適用される調達価格または基準価格
の適時性が確保できないこと（調達価格および基準価格は、原則として毎年度、当該時
点で見込まれる事業コスト等を勘案して設定されているものの、長期未稼働案件は時間
の経過により実際には事業コストが下がった場合であっても従前の高額の調達価格また
は基準価格を享受できてしまうこと。国民負担の増加に繋がる。）、②再生可能エネルギ

的には、①2017年度以前に認定を受けたバイオマス発電事業については、当該認定から2年以内に発電設備の発注を行う必要があり（いわゆる2年ルール。事業計画策定ガイドライン（バイオマス発電）2章2節2.①）[9]、②また、認定日[10]から4年の運転開始期限内に運転を開始できない場合には、期限を超過した分だけ月単位で調達期間/交付期間が短縮するとされている（事業計画策定ガイドライン（バイオマス発電）2章1節1.⑤）。③さらに、バイオマス発電事業には、2022年4月1日に施行された改正再エネ特措法上の失効制度の適用もあり、一定の例外要件を満たす場合を除き、原則として認定から5年以内に再生可能エネルギー発電事業を開始しない場合には、認定が失効するものとされている（再エネ特措法施行規則13条の21項4号）。

Ⅳ バイオマス発電燃料の調達・利用

1 バイオマス発電燃料の調達・利用に関する留意事項

　バイオマス発電事業においては、バイオマス燃料を燃焼しないことには発電事業を行うことができないため、バイオマス燃料を安定的に調達することが事業の要となっている（太陽光発電や風力発電等の自然変動電源との最も大きな違いの一つである）。具体的には、一定の品位を満たすバイオマス燃料について、必要量を安定的かつ定期的に調達できない場合には、発電事業を行うことができず予定されていた売電収入が得られない可能性がある。また、所定の品位を満たす燃料について、必要量を安定的に調達できる場合で

　一発電事業が行われないにもかかわらず、長期にわたって送電系統の利用枠が押さえられてしまうこと、といった問題点があるとされている。

9) 2018年度以降に認定を受けたバイオマス発電事業についても、当該認定から2年以内に発電設備発注を行うように努めることとされている（事業計画策定ガイドライン（バイオマス発電）2章2節2.①）。

10) 2017年度以前に認定を取得したバイオマス発電事業については、起算日は2020年12月1日とされている。

あっても、サプライヤーとの間の調達契約における調達価格が固定できていない場合で、市場価格が高騰してしまった場合には、事業収益に悪影響を及ぼす可能性がある。

かかる観点から、バイオマス発電事業の実施にあたっては、資源量、サプライチェーン（製造・加工・運搬方法）、他用途との競合可能性を把握し、必要に応じて余剰分を貯留するストックヤードを検討の上、信頼できるバイオマス燃料供給事業者との間でリスク・リターンを整理した長期の燃料供給契約[11]を締結することが志向される。

なお、バイオマス燃料について、再エネ特措法では、燃料となる木質バイオマスについて、国内燃料を用いる方法と海外燃料を輸入する方法の双方が認められている。国内燃料を用いる場合、①地域資源の活用に伴う地域産業活性化や雇用創出等に貢献することができ、②廃棄物を利用する場合には循環型社会の構築に資することができるほか、③為替や海上輸送、輸出国の政情・経済制裁といった国際取引に伴うリスクを直接受けることがないといった点では調達の安定性の利点を有する。他方で、国内燃料の調達は、未だ取引規模の点では大きくなく、地域の慣行等に大きな影響を受けることが少なくないことから、事業化にあたって工夫が必要になることもある点には留意が必要である。

また、個々のバイオマス燃料は、含水率・カロリーが異なり、含水率が異なると燃料の燃焼から得られるカロリーも変動する。木質バイオマス発電ではカロリーの異なる燃料を適切に混焼させてボイラー内の燃焼を安定させることが定格運転の維持に繋がり、稼働と売電量を高めるために重要であることから、このような燃料投入・運転のコントロールが可能である運転業務受託者（O&M業者）のパフォーマンスも重要な要素の一つとなり、適任のO&M業者を事業期間にわたって確保できることがプロジェクトの成否にお

11）具体的には、品質、規格、数量、価格、納期、契約不適合・納期遅延の場合のペナルティ、契約期間といった事項について、検討と作り込みが必要となる。

いて肝要となる。

2　バイオマス発電燃料の持続可能性

（1）木質バイオマス

　発電事業に用いるバイオマス燃料は、原料生産から消費までのライフサイクルにおいて、既存用途への影響を含めて、様々な環境・社会的影響が生じる可能性があることから、これらの影響を十分に配慮した一定の持続可能性基準を満たす範囲のものに限定することが強く求められる [12]。

　かかる観点から、再エネ特措法において、バイオマス発電事業の導入量の大半を占める木質バイオマス燃料のうち、国内材については森林法等に基づく確認が行われる一方 [13]、輸入材については第三者認証を用いることとされている。具体的には、林野庁は 2006 年 2 月に「木材・木材製品の合法性、持続可能性の証明のためのガイドライン」を策定しているところ、当該ガイドラインに沿って FSC 等の森林認証制度について、CoC 認証というサプライチェーンにわたる分別管理を行うこと [14] が求められている（事業計画策

---

12) 再エネ特措法では、国内森林、輸入木質バイオマスおよび農産物の収穫に伴って生じるバイオマスのそれぞれの燃料調達および使用計画において、当該計画が既存用途との関係で与える影響を最小限にするように努めることが認定事業者に求められている（事業計画策定ガイドライン（バイオマス発電）2 章 1 節 3.②(1)、③(1) および④(1)）。

13) 国内材については、調達予定先となる全ての都道府県林政部局（国有林の場合には森林管理局）に対して事前の説明を行い、燃料調達および使用計画の妥当性について指導・助言を受けた場合には、適切な措置を講じることとされている（事業計画策定ガイドライン（バイオマス発電）2 章 1 節 3.②(2)）。

14)「森林認証制度」とは、「独立した第三者機関（認証機関）が一定の基準等に基づき、適切な森林経営や持続可能な森林経営が行われている森林または経営組織などを審査・認証し、それらの森林から生産された木材・木材製品を分別し表示・管理することにより、消費者の選択的な購入を通じて、持続可能な森林経営を支援する取組」をいう。森林認証制度は、①森林管理を認証する「森林管理（FM: Forest Management）認証」と、②認証森林から生産された木材・木材製品が、森林認証を取得していない森林から生産されるものと混じらないように適切な分別管理を行っていることについて、第三者機関

図表4-3：木質バイオマスの各区分に必要となる証明書の連鎖

生育地の由来 / 流通・製造過程の由来				直接燃料に加工		製材等残材	建築資材廃棄物
				間伐	主伐		
国産材	森林以外・林道支障木など						
	森林由来	民有林	その他 経営計画外				
			その他 経営計画				
		国有林	保有林				
			その他				
輸入材							

（証明書*の連鎖があれば間伐材等由来の木質バイオマス、そうでなければ建築資材廃棄物と同等）

（証明書の連鎖があれば一般木質バイオマス、そうでなければ建築資材廃棄物と同等）

（建築資材廃棄物）

*由来が明確で、適切に分別管理が行われていることを証明する書類

出典：一般社団法人日本木質バイオマスエネルギー協会ウェブサイト（https://jwba.or.jp/wp/wp-content/uploads/2022/01/woodybiomass-manifest-guideline-dantai.pdf）をもとに筆者作成

定ガイドライン（バイオマス発電）2章1節3.③）。

　また、木質バイオマスプロジェクトを実施する場合、木質系バイオマスは、前述のとおり、未利用材、一般木材、建設廃材といった生産由来の区分によって再エネ特措法上の調達価格および基準価格が異なっているため、これらの区分に応じた適切な分別管理を確保するという観点から、林野庁は2012年6月に「発電利用に供する木質バイオマスの証明のためのガイドライン」を策定している。当該ガイドラインにおいては、木質バイオマス燃料がある生産由来の区分に該当するためには、当該バイオマスの伐採を行う者または

が木材・木材製品を取り扱う事業者を評価・認証する「CoC（Chain of Custody）認証」で構成される（2016年3月林野庁計画課「森林認証取得ガイド【木材産業者向け】」）。主な森林認証としては、森林管理協議会（Forest Stewardship Council）によるFSC認証がある。

図表4-4：木質バイオマスの証明の仕組み

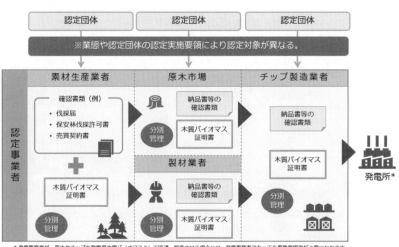

* 発電事業者が、原木やチップを発電用木質バイオマスとして流通・販売させる場合には、発電事業者であっても事業者認定が必要になります。

出典：一般社団法人日本木質バイオマスエネルギー協会ウェブサイト（https://jwba.or.jp/wp/wp-content/uploads/2022/01/woodybiomass-manifest-guideline-dantai.pdf）をもとに筆者作成

加工・流通を行う者において、①由来を示す出発点となる確認書類（由来の明確化）と、②証明書を付して購入した木質バイオマス燃料の分別・管理を徹底し（適切な分別管理）、当該木質バイオマス燃料のみが加工・製造されていることを記載した証明書を、次の流通工程の関係事業者に対して交付することを繰り返すことによって、「連鎖」させる必要があるとされている（図表4-3）。また、当該証明書の発行の仕組みとしては、主として業界団体等による団体認定方式が採用されており、具体的には、森林・林業・木材産業関係団体および発電の燃料として木質バイオマスを供給する事業者の団体等が、自主的行動規範および事業者認定実施要領を策定の上、証明を要する木質バイオマスの供給に取り組む団体等の構成員について、当該団体がその取組が適切である旨の認定等（たとえば、分別管理体制や文書管理体制の審査・認定、実績の報告・公表、立入検査、認定の取消等）を行う仕組み[15]が採用されている（図表4-4）。一般社団法人日本木質バイオマスエネルギー協会によると、令和3年時点で、当該認定を行う団体は141団体、認定事業

者は 5850 事業者存在するものとされている[16]。

（2）農産物の収穫に伴って生じるバイオマス燃料および新規燃料

　FIT 制度の創設の当初から、バイオマス発電事業の導入量の大半は木質バイオマス燃料を用いるものであったが、その後パーム油等の農産物の収穫に伴って生じるバイオマス燃料についても認定量が急増するに至っている。このため、RSPO（Roundtable on Sustainable Palm Oil）認証といった第三者認証によって持続可能性の確認を行うこととするとともに（事業計画策定ガイドライン（バイオマス発電）2 章 1 節 3.④（3））、RSPO 認証以外の認証の活用が可能かの検討を行うため、国は「総合資源エネルギー調査会 省エネルギー・新エネルギー分科会 新エネルギー小委員会バイオマス持続可能性ワーキンググループ」（以下「バイオマス持続可能性 WG」という。）を設置することとした。

　また、FIT/FIP 制度下において、農産物の収穫に伴って生じるバイオマスについては、本書執筆時点（2022 年 12 月 20 日）においては、主産物はパーム油、副産物は PKS およびパームトランクに限られている[17]（事業計画策定ガイドライン（バイオマス発電）2 章 1 節 3.）。もっとも、これらに該当しないバイオマス（たとえば、キャノーラ油、大豆油、落花生油等）についても、FIT/FIP 制度下でバイオマス発電に利用する新規燃料としての活用

15）当該仕組みの団体および認定事業者における実務や情報公開については、一般社団法人日本木質バイオマスエネルギー協会が、「発電利用に供する木質バイオマスの証明のためのガイドライン　運営マニュアル」を策定している。

16）当該団体 141 の内訳は、林業・木材産業の全国団体が 16 団体、県森林組合連合会が42 団体、県木材協同組合連合会等が 49 団体、県素材生産流通協同組合等 13 団体、その他が 21 団体とされている（林野庁令和 4 年 11 月 22 日「木質バイオマス証明ガイドラインについて」）。(https://www.meti.go.jp/shingikai/enecho/shoene_shinene/shin_energy/biomass_sus_wg/pdf/019_03_01.pdf)

17）当該燃料よりも付加価値の高い製品が産出されないものを「主産物」、それ以外を「副産物」という。

図表4-5：第三者認証が満たすべき基準と新たな第三者認証制度の評価

○：基準を満たすもの　―：基準を満たすことが確認できなかったもの

担保すべき事項	評価基準（RSPO2013を元に作成）	適用の必要性	RSPO 2013 パーム油	GGL PKS・バークトラック	ISCC JapanFit PKS・パーム油・バークトラック	ISPO パーム油/PKS・パーム油・バークトラック	MSPO Part2-1 パーム油	Part2-2	Part3-1 パーム油	Part3-2	Part4-1 パーム油/PKS・バークトラック	農林資源協議会の認証制度 PKS
環境：土地利用変化への配慮	農園の開発にあたり、一定時期以降に、原生林又は高い生物多様性保護価値を有する地域に新規植栽されていないこと。	栽培	○			―	―	―	―	―		
	泥炭地を含む操作限界の脆弱な土壌で、限定的作付けが提案された場合は、悪影響を招くことなく土壌を保護するための計画が策定され、実施されるものとすること。	栽培	○			○	―	―	―	―		
温室効果ガスの排出・汚染削減	温室効果ガスの排出や汚染の削減の計画を策定し、その量を最小限度に留めるよう実行していること。	栽培	○	○	○	―	○	○	○	○	○	○
		加工	○	○	○	―					○	○
生物多様性の保全	希少種・絶滅危惧種及び保護価値の高い生息地があれば、その状況を特定し、これらの維持や増加を最大限に確保できるよう に事業を管理すること。	栽培	○	○	○	○	○	○	○	○	○	○
農園等の土地に関する適切な権原・基準による土地使用権の確保	事業者の事業実施に必要な土地使用権を確保していることを証明すること。	栽培	○	○	○	○	○	○	○	○	○	○
		加工	○	○	○	○	○	○	○	○	○	○
社会・労働：児童労働・強制労働の排除	児童労働及び強制労働がないことを証明すること。	栽培	○	○	○	○	○	○	○	○	○	○
		加工	○	○	○	○	○	○	○	○	○	○
業務上の健康安全の確保	労働者の健康と安全を確保すること。	栽培	○	○	○	○	○	○	○	○	○	○
		加工	○	○	○	○	○	○	○	○	○	○
労働者の団結権及び団体交渉権の確保	労働者の団結権・団体交渉権が尊重または確保されること。	栽培	○	○	○	―	○	○	○	○	○	○
		加工	○	○	○	―	○	○	○	○	○	○
ガバナンス：法令遵守（日本国内以外）	原料もしくは燃料を調達する現地国の法規制が遵守されること。	栽培	○	○	○	○	○	○	○	○	○	○
		加工	○	○	○	○	○	○	○	○	○	○
情報公開	取得事業者が関係者に対し適切に情報提供を行うことが担保されること。	栽培	○	○	○	○	○	○	○	○	○	○
		加工	○	○	○	○	○	○	○	○	○	○
認証の更新・取消	認証の更新・取消に係る規定が整備されていること。	全体	○	○	○	○	○	○	○	○	○	○
サプライチェーン上の分別管理の担保	発電事業者が使用する認証燃料がサプライチェーン上において非認証燃料に混合することなく分別管理されていること。	全体	○	○	○	―	○	○	○	○	パーム油：○ PKS等：―	○
認証における第三者性の担保	認証機関の認定プロセス、及び認証付与の最終意思決定にお いて、第三者性を担保すること。	全体	○	○	○	○	○	○	○	○	○	○
	認定機関がISO17011に適合しており、認定機関において ISO17011に適合した認証機関の認定スキームが整備されてい ること。	全体	○	○	○	○	○	○	○	○	○	―

出典：2022年4月バイオマス持続可能性 WG 第二次中間整理

可能性が事業者から提示されており、その採否についてバイオマス持続可能性 WG で検討することとされた。

　バイオマス持続可能性 WG では、農産物の収穫に伴って生じるバイオマス燃料に求める持続可能性の確認について、SDGs の枠組みを参考として、環境、社会・労働、ガバナンスの観点から、第三者認証が満たすべき評価基準を具体的に明確化している（図表 4-5）。また、農産物の収穫に伴って生じるバイオマス燃料については、特に飢餓対策・食料政策の観点からの食料競合が論点になり、①可食のバイオマス種か否か、②燃料用途のバイオマス種の栽培による他の可食バイオマス種の土地利用変化への影響により、食料競合の懸念を判断することが議論されている。

3　バイオマス燃料のライフサイクルGHG

　バイオマス燃料は、発電の燃料として利用するにあたって栽培・加工・輸送等の各工程が必要となり、それぞれにおいて温室効果ガス（GHG）が排出されている。このため、バイオマス燃料の環境への影響を検証するためには、発電時点のカーボンニュートラルのみに着目するのではなく、そのライフサイクルを通じた GHG の排出量の算定および確認を行い、かつ、その削減を促していく必要性が説かれている。

　これを受け、バイオマス持続可能性 WG においては、バイオマス燃料に係るライフサイクル GHG の算定式および基準についての検討を行い、2022 年度以降に新規に認定を取得するバイオマス発電事業およびそれ以前に認定を受けたバイオマス発電事業であって燃料の計画変更の認定を受けるものについては、ライフサイクル GHG を計算の上、$180g\text{-}CO_2/MJ$ 電力（2030 年のエネルギーミックスを想定した火力発電のライフサイクル GHG）を基準として、① 2030 年度までの間は燃料調達ごとに 50％削減を達成すること、② 2030 年度以降に使用する燃料については 70％削減を達成することを要求することとした（FIT/FIP 制度の認定要件とした）。当該結果は、事業計画策定ガイドラインに記載するよう、改定が行われている（図

図表4-6：ライフサイクルGHGの基準の適用スケジュール

		削減率		
		制度開始前	制度開始～2029年度	2030年度以降
FIT認定時期	2021年度まで	なし	自主的取組の情報開示・報告	
	2022年度～制度開始前まで	なし	▲50%	▲70%
	制度開始～2029年度まで	―	▲50%	▲70%
	2030年度以降	―	―	▲70%

※2031年度以降の削減率は、2025年度頃を目途に必要に応じて検討

出典：2022年4月バイオマス持続可能性WG第二次中間整理

表4-6)。また、本書執筆時点（2022年12月20日）において、具体的なライフサイクルGHGの確認手段について、引き続き検討が行われている。

V 焼却灰の処理

　木質バイオマスを燃料として燃焼させた場合、燃焼灰[18]が発生し、これを定期的に除去する必要がある。そして、焼却灰を除去する場合、産業廃棄物として廃棄物の処理及び清掃に関する法律（以下「廃掃法」という）に従って適正に処理および処分する必要があり、事業期間にわたって費用が必要

---

18) 焼却灰は、木質バイオマスをボイラーで燃焼するにあたって、ボイラーの火床に落下し堆積する「燃え殻」である主灰（ボトムアッシュ）と焼却廃ガス中に浮遊し「はいじん」となる飛灰（フライアッシュ）に分けられる。フライアッシュは、サイクロンとよばれる集塵装置やフィルターにより捕集される。

となるため、事業の採算性の検討にあたっても考慮しておく必要がある。近時は、焼却灰をコンクリート・セメント材等への活用を行うことで当該費用を軽減することも実務上行われている。[19) 20)]

　廃掃法では、廃棄物を排出する事業者（以下「排出事業者」という）は、その事業活動に伴って生じた廃棄物を自らの責任において適正に処理しなければならないという「排出事業者責任」が定められている（廃掃法3条1項）。産業廃棄物については、排出事業者はその産業廃棄物を自ら処理しなければならないとされており（廃掃法11条1項）、その運搬・処分を外部業者に委託することは可能であるが、該当する品目の廃掃法の許可を受けた「産業廃棄物収集運搬業者」または「産業廃棄物処分業者」等に対して委託しなければならないとされ、かつ、法令で定める委託基準に従わなければならない

---

19)　木質バイオマスの焼却灰については、肥料としての利用も検討されているが、焼却灰に金属が含まれるケースもあることへの対策が必要となる。

20)　木質バイオマスの焼却灰の有効利用については、「木質ペレット又は木質チップを専焼ボイラーで燃焼させて生じた焼却灰（塗料や薬剤を含む若しくはそのおそれのある廃木材又は当該廃木材を原料として製造したペレット又はチップと混焼して生じた焼却灰を除く）のうち、有効活用が確実で、かつ不要物とは判断されない焼却灰は、産業廃棄物に該当しない」との環境省大臣官房廃棄物・リサイクル対策部産業廃棄物課長による通達が発出されている（「『規制改革実施計画』（平成25年6月14日閣議決定）において平成25年6月中に講ずることとされた措置（バイオマス資源の焼却灰関係）について（通知）」、平成25年6月28日環廃産発第1306282号）。もっとも、廃掃法における廃棄物の該当性は、より詳細には、最高裁判例（最高裁平成11年3月10日決定、刑集53巻3号339頁）のほか、各種の行政通知や裁判例を経て、環境省環境再生・資源循環局廃棄物規制課長の通達である「行政処分の指針について（通知）」（令和3年4月14日環循規発第2104141号）（以下「廃掃法行政処分指針」という）において、①物の性状、②排出の状況、③通常の取扱い形態、④取引価値の有無、⑤占有者の意思といった考慮要素が形成されているが、これらの要素の充足を判断権者である都道府県および政令市に対して実際に説明することは必ずしも容易でないことから、実務上は木質バイオマスの焼却灰は産業廃棄物に該当することを前提としているケースが多いものと思われる（国立研究開発法人新エネルギー・産業技術総合開発機構「バイオマスエネルギー地域自立システムの導入要件・技術指針第6版」351〜356頁）。

とされている（廃掃法 12 条 5 項および 6 項）。当該委託にあたっては、①委託料金その他の所定の事項が記載された委託契約書を作成し（廃棄物の処理及び清掃に関する法律施行令（以下「廃掃法施行令」という）6 条の 2 第 4 号および廃棄物の処理及び清掃に関する法律施行規則（以下「廃掃法施行規則」という）8 条の 4 の 2）、②排出事業者は、産業廃棄物の収集運搬業者、中間処理業者および最終処分業者のそれぞれと二者契約を締結しなければならず[21]、また、③産業廃棄物収集運搬業者および産業廃棄物処分業者は、原則としてその収集、運搬及び処分を再委託することは制限される（廃掃法 14 条 16 項）[22]。また、排出事業者は、委託基準に違反していない場合であっても、委託に際して「適正な対価」を負担していないときには、措置命令の対象になる可能性があるとされている（廃掃法 19 条の 6）[23]。焼却灰

21）なお、排出事業者責任を徹底する観点から、環境省大臣官房廃棄物・リサイクル対策部廃棄物対策課長による通達（「廃棄物処理に関する排出事業者責任の徹底について（通知）」（平成 29 年 3 月 21 日環廃対発第 1703212 号・環廃産発第 1703211 号））において、「排出事業者は、委託する処理業者を自らの責任で決定すべきものであり、また、処理業者との間の委託契約に際して、処理委託の根幹的内容（委託する廃棄物の種類・数量、委託者が受託者に支払う料金、委託契約の有効期間等）は、排出事業者と処理業者の間で決定するものである。排出事業者はこれらの決定を第三者に委ねるべきではない」とされている。

22）排出事業者から書面による承諾を取得し、かつ、一定の条件を満たした場合には、再委託が可能とされている（廃掃法施行令第 6 条の 12 および廃掃法施行規則 10 条の 7）。

23）排出事業者が適正な対価を負担していない場合には、処理業者が適正な処理をできず、不法投棄や不適正処分等が行われる可能性が高くなることから、不適正処分等を行った者に資力がない場合には、適正な対価を負担していない排出事業者についても、支障の除去等の措置を講ずべき旨の措置命令が発令され得るとされている。

「適正な対価」を負担していない場合とは、一般的に行われている方法で処理するために必要となる処理料金からみて著しく低廉な料金で委託すること（実質的に著しく低廉な処理費用を負担している場合を含む）とされ、地域における産業廃棄物の一般的な処理料金の半値程度またはそれを下回るような料金で処理委託を行っている排出事業者については、当該料金に合理性があることを示すことができない場合、適正な対価を負担していないことになるとされている。また、適正な料金については、廃棄物の種類や量、処理方法、地域等によって異なるものの、委託先の選定にあたって、合理的な理由なく、

図表4-7：産業廃棄物のマニフェスト制度の概要

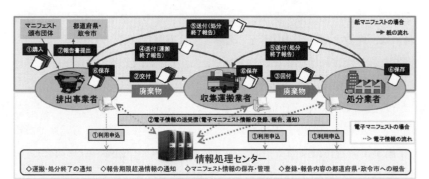

出典：環境省ウェブサイト（https://www.env.go.jp/content/900494971.pdf）

を排出する木質バイオマス発電事業者はこのような「排出事業者」に該当するため、焼却灰の運搬および処分を第三者に委託する場合には、これらの廃掃法のルールに従って行うことが必要である。

　なお、当該委託を行った場合であっても、排出事業者は排出事業者責任を免れるわけではなく、当該産業廃棄物の処理の状況に関する確認を行い、当該産業廃棄物について発生から最終処分が終了するまでの一連の処理の行程における処理が適正に行われるために必要な措置を講ずるように努めなければならない（廃掃法12条7項）。特に、廃掃法では、排出事業者が最終処分までの産業廃棄物の流れを管理して不法投棄を防止するために産業廃棄物管理票制度（マニフェスト制度）が採用されており（廃掃法12条の3）、排出事業者が産業廃棄物の運搬または処分を外部業者に委託する場合には、その委託時に運搬業務の受託者に管理票（マニフェスト）を交付し、各受託者

適正な処理料金か否かを把握するための措置（たとえば、複数の処理業者の見積もりをとること、委託する産業廃棄物と同種の事業系一般廃棄物の市町村での処理料金の確認）等を講じていない場合には、「適正な対価」を負担していない場合に該当する可能性があるとされている（廃掃法行政処分指針第10、後掲「排出事業者責任に基づく措置に係る指導について（通知）」13～14頁）。

に回付の上一定期間内に最終処分の受託者から処理が終了した旨を記載した当該管理票の送付を受けることとさせ、その一連のプロセスに不備がある場合には、運搬または処分の状況を確認し、都道府県知事への報告等の適切な措置を講じなければならないとされている（廃掃法 12 条の 3 第 8 項、廃掃法施行規則 8 条の 29）（図表 4-7）。

　その他、排出事業者責任に基づく必要な措置に係るチェックリストとして、環境省大臣官房廃棄物・リサイクル対策部産業廃棄物課長による通達である「排出事業者責任に基づく措置に係る指導について（通知）」（平成 29 年 6 月 20 日環廃産発第 1706201 号）が発出されており [24]、木質バイオマス発電事業者としては参照が必要となる。

24）廃棄物の排出時、保管時、委託処理時（廃棄物引渡し前、廃棄物引渡し時、廃棄物引渡し後）、処理終了時等のそれぞれにおけるチェック項目が記載されている。

再生可能エネルギー活用推進と
自治体SDGsの法的側面

上代庸平

I　はじめに

　本稿は、「持続可能性（Nachhaltigkeit）」の実現に向けた地方公共団体の位置付け及び役割について、特に再生可能エネルギーの確保手段としての風力発電に関する法規制を素材として、検討を行おうとするものである。

　この「持続可能性」という言葉は、SDGs（持続可能な開発目標）との関連で語られる。SDGs は、近年我が国においても、政府方針に基づき政府や地方公共団体の政策目標として積極的に取り入れられるようになっている[1]。また、それと前後して、地方公共団体の側でも「持続可能性」の実現に向けた動きが見られるところであり、持続可能な開発の推進に関する条例が制定され、その条例に基づく推進組織及び体制の下での SDGs の実現が具体的な政策課題となる例も見られるようになっている[2]。

---

1)「第 2 期『まち・ひと・しごと創生総合戦略』」（2019〔令和元〕年 12 月 20 日閣議決定、2020〔令和 2〕年 12 月 19 日改訂）23 頁、78-80 頁。

　本稿では、このような現状に鑑み、再生可能エネルギーとしての風力発電の活用に取り組む地域としてドイツ及びその北岸に位置するメクレンブルク＝フォアポンメルン州の例を参照しつつ、自治体SDGsの理念と必要性について概観を行った上で、我が国における再生可能エネルギー利用に関する法規制の下での自治体SDGsの実現可能性に関する検討を行う。

II　自治体SDGsの意義と必要性

1　地方自治体にとっての「持続可能性」

　「持続可能性」がいかなる概念であるかについて論じることは、本稿の目的を超えることになるため立ち入らないが、その方向性を指し示しているとされる国連の2030アジェンダでは17の目標（goals）が示されており、その内容は環境的側面、経済的側面、制度的側面、社会的側面など、非常に広範に及んでいることは確かである。その意味で、この「持続可能性」は開かれた概念であるといわざるを得ない。さし当たりここでは、「持続可能な開発」について言及された最初期の報告書である「われらの共通の未来（Our Common Future）」（1987年）に示されている、「将来世代の要求を満たしつつ、かつ同時に現在世代の要求をも満足させられる」[3] 状態を、「持続可能性」が確保できている状態であると定義しておくことにする[4]。

---

2) SDGsに対する地方公共団体の取組みについては高木超『SDGs×自治体実践ガイドブック』（2020年、学芸出版社）152頁以下で詳細に紹介されている。なお、SDGsの条例への取込みの状況については、牧瀬稔「地方自治体におけるSDGsの現状と展望」社会情報研究1巻1号（2020年）31-32頁を参照。

3) World Commission on Environment and Development, "Our Common Future" 1987. S. IX f.

4) ドイツにおいても、持続可能性については法律用語としての統一的な定義はなく、様々な内容充填に対して開かれた概念であるとする理解が一般的である。なお、憲法及び環境法の上では、基本法20a条の自然的生存基盤に関する「将来世代に対する責任」との関連での解釈が試みられることが多い。U. Keilmann/M. Gnädinger/F. Volk, Grüne

　ここに言う将来世代及び現在世代の要求には、多種多様な内容が存在しうるであろうし、その要求の実現には、グローバル・国・地域それぞれのレベルでの様々な取組みが必要になることも、容易に推認しうる[5]。例えば、近年問題になっている気候変動への対応については、炭素排出量の削減に向けた国際的な枠組みの下での取組みがなされていることは周知のことであるが、その取組みを具体的に実現していくためには、各国の環境・産業規制に関する国内法の整備及びそれに基づく炭素排出量の抑制・削減に向けた制度の実施が必要になり、さらにはその法制度の下で、地域レベルにおいても産業構造の転換やエネルギー使用量の調整がなされ、各個人の具体的な生活関係の中にその要求内容が落とし込まれていくことになる。本稿の参照国であるドイツでは、気候変動への対応が社会と地域の持続可能性に直結するという問題意識から、気候変動対策が地方自治体の法的責務として観念されうるかどうかについての議論が盛んに交わされてきた[6]。重層的に構成された統治構造の中で気候変動対策を含めた持続可能性の実現に適した方向性を打ち出していく場合においては、国際的ないし国内的な目標や政策が設定されるだけでは足りず、各地域において、国際的及び国内的に形成された政治的意図及び政策上の意思を考慮に入れつつ、それぞれの地域の特性に応じて異なるターゲットの設定とその達成に向けたムーブメントが生じることが必要不可欠となる。地方自治体は、住民自治を担う近接的な行政主体として、住民の意思を踏まえつつ、このようなターゲッティングとムーブメント誘因を行

Ideen und schwarze Zahlen. in: M. Junkernheinrich/S. Korioth/Th. Lenk/H. Scheller/M. Woisin(Hrsg.), Jahrbuch für öffentliche Finanzen 1-2022, 2022. S.331f.

5) ドイツの連邦州の憲法として初めて「持続可能性」を規定したヘッセン州憲法 26 c 条（2018 年 10 月 28 日改正）では、「国、自治体及び自治体連合は、将来世代の利益を保持するために、その行為において持続可能性の原則を考慮するものとする」と定めており、持続可能性の実現に向けた行為の義務付けの名宛人として国のみならず地方自治体をも挙げている。

6) D. Diemert, Kommunaler Klimaschutz als Pflichtaufgabe? in: Jahrbuch für öffentliche Finanzen 1-2022, S.380f.

うことが期待される。その意味では、地方自治体は、国際的な枠組みとして
の SDGs に直接関与することはないものの、その実現を支え、かつその目標
設定を担保するアクターとして必要不可欠の地位にあり、その意味で、少な
くとも持続可能性の実現に向けた責務を負うのであって、そのために国内法
で定められた気候変動対策に関する地域的事務については、それを実施する
法的義務を負うものと解されることになろう[7]。

2　SDGsのアクターとしての地方自治体

　SDGs の実現に際しては、環境保全や将来世代のための利益の増進などを
政策的に実現していく必要があるが、これらの政策の実現には、現在世代へ
の規制や制限を伴うことも少なくない。産業規制や開発制限、エネルギー消
費の抑制などは、その顕著な例と言える。ドイツにおいては、この政策実現
と制限・規制の調整に関する考え方として、「持続可能性に関する3つの側面」
というモデルが基調となっている。このモデルは、持続可能な開発が有する
経済（Ökonomie）・社会（Soziales）・環境（Ökologie）の要素に着目し、
それらの調和の下で持続可能性の実現のための政治的目標及び行為を形成す
ることを内容とするものであり、ドイツ連邦議会の「人間と環境の保護」調
査委員会が 1998 年に公表した報告書「人間と環境の保護――未来に向けた
持続可能な開発のための目標と枠組み条件」で示された[8]。この報告書では、
3つの側面は対等であるとされ、これらの側面の相互関係の中で、政治的意
思の決定と政策調整を行うべきものとしている。例えば、経済的効用と社会
の利便性の最大化を考えれば、少なくとも現在世代にとっては安定的に確保

---

7) Keilmann/ Gnädinger/Volk, a.a.O.(Anm.4) S.333f. 気候変動対策を含む持続可能性
　の実現については地方自治体の自律的な活動の余地が必要となるため、地方自治体の財
　政の健全性は、持続可能性の前提であると考えられるようになっている。

8) Abschlußbericht der Enquete-Kommission „Schutz des Menschen und der
　Umwelt - Ziele und Rahmenbedingungen einer nachhaltig zukunftsverträglichen
　Entwicklung" BT-Drs. 13/11200 (26.6.1998), S.17f.

しうる化石燃料を使用したエネルギー消費が最適解となるが、これに環境の側面を加えると、将来世代にとって化石燃料が継続的に入手可能であるとは限らないこと、化石燃料は環境と気候変動のリスクをもたらすことが明らかであることから、政治的意思決定としては化石燃料の削減と再生可能エネルギーの確保に向けた行動が必要とされることになる。ただし、あくまでSDGs は社会の発展の方向性を示した目標であると考えられることから、このうちガバナンスを含めた経済の側面については "Primus inter pares（「同輩中の首席」)" とみなす傾向が、特に政策実務の観点においては強く見られる[9]。生活基盤としての経済及び経済システムの運営が安定していることが、環境技術の改善や環境保護意識の喚起といった環境の側面及び社会生活の安定並びに社会諸制度の正常な運用といった社会の側面の前提になるという理解である。

　これらの３つの側面は、相互に矛盾衝突することも起こりうる。そして、この衝突が国民生活に近接したレベルで生じるときには、民主的な政治体制をとる以上、特に地方レベルで政策課題の設定とその実現が深刻な問題に直面することにもなる[10]。例えば、若年人口の減少により、地域に設置されている学校の規模が児童数に合致しなくなった場合において、学校施設の建築コストと学校の運営コストの観点に立てば、学校の統合や校舎の解体縮小によって経済負担の合理化がもたらされるとともに、社会サービスもスリム化され、面積及び児童当たりのエネルギー効率も高めることができると言えるが、学校の統合に伴う衰退のおそれに直面する地域の懸念や、既存校舎の破却による社会経済上の損失の発生や文化基盤の喪失など、一律に割り切ってしまうことのできない問題領域は必然的に存在する。このような場合に、地域や住民のニーズや意思をくみ上げつつ、利害調整を行い政治的意思の再統合をもたらすことのできる主体は、地方自治体をおいて他にないであろう。

9）A. Fieber/M. Eggerl（Hrsg.), Kommunale Nachhaltigkeitsberichte. 2022. S.36.
10）Keilmann/Gnädinger/Volk, a.a.O.(Anm.4) S.336f.

3 つの側面の矛盾衝突は、地域住民の生活関係に近ければ近いほど、その利害に関する問題意識を先鋭化させ、統合的な政策形成を困難にする効果をもたらすことになるが、このような場合において、協議の場を設けて地域の意見を集約し、それぞれの言い分に依拠しながら利害関係を解きほぐして調整し、場合によっては代替的利便を付与し、しかも全体として公平性と公正が確保されるように配慮することは、住民自治に基づいて独立の行政主体としての地位を有する地方自治体の、本来的な任務である [11]。

　SDGs の要素である経済・社会・環境のいずれをも損なうことなく調整し、それを実際の政策として具体化する任務の主体としての地方自治体の機能は重要であり、従って地方自治体は SDGs の枢要な実施主体としての役割を担うことになる。また、近年では、地方自治体の活動が地域における広範な行政サービスを包含しており、政治・制度・財政及び社会の目標と、それを下支えする地域社会のガバナンスに親和性があるという観点から、SDGs と企業的競争原理の導入による効率的なミッションの実現を目指す ESG（Environment-Social-Governance）との関係性を指摘する向きもある [12]。

3　我が国の地方公共団体と自治体SDGs

　自治体 SDGs は、SDGs の枢要な実施主体としての地方自治体の位置付け

11）日本においてもドイツにおいても、地方公共団体による SDGs の推進に当たってはまず協調的・調整的手法が採られる傾向が共通している点は興味深い。SDGs の実現に取り組むドイツの自治体にとって、目標設定及びその実施における意思の一致の確保は、予算の確保と並んで挙げられる課題となっている。Institut für den öffentlichen Sektor (Hrsg.), Kommunale Nachhaltigkeitssteuerung. 2012. S.18ff.

12）この観点について、持続可能性の３側面との関係においては社会及び環境は共通するが、経済の側面とガバナンスの要素には相違がある。ただ、経済の側面が経済システムの運用を含めた広い概念であることからして、企業活動におけるガバナンスが経済活動としての本質を有することを踏まえても、経済の側面はガバナンスの要素を包含すると考えることができると思われる。Vgl. M. Lange, Sustainable Finance: Nachhaltigkeit durch Regulierung? BKR2020, S.224.

を前提として、地域ごとの利害と必要性を反映する形で推進されるが、我が国における自治体 SDGs の取組みは、SDGs に対して環境問題を中心として早くから取り組んできた欧州諸国よりもややテンポが遅かった点があるのは否定できない。それでも、我が国でも SDGs に関する国内の制度整備の進捗とともに、近年では地方公共団体による自治体 SDGs の取組みが顕著になってきている[13]。

　我が国における SDGs の実施に関する基本方針となっているのは、「持続可能な開発目標（SDGs）実施指針」[14]（2016〔平成 28〕年 12 月 22 日、2019〔令和元〕年 12 月 20 日改訂）である。当初の指針では、「持続可能で強靱、そして誰一人取り残さない、経済、社会、環境の統合的向上が実現された未来への先駆者を目指す」[15]ことを SDGs 実施のビジョンとしていた。また、改訂版においてもビジョンとして「SDGs が経済、社会、環境の三側面を含むものであること、及びこれらの相互関連性を意識する」[16]ことが示されており、多層的かつ広範な内容を含む SDGs に対する取組みの方向性が示されている。

13）内閣府地方創生推進事務局「地方創生 SDGs 達成に向けた取組状況（SDGs に関する全国アンケート調査 5 年度比較）」（2022〔令和 4〕年 12 月 5 日公表）によれば、全地方公共団体（1,788）のうち SDGs を「推進している」と回答した自治体の割合は、2018 年度には 4.9% にとどまっていたものの、2022 年度には 71% まで上昇した。ドイツの調査結果では、2011 〜 12 年時点で、SDGs 推進のための基本方針または指針を定めた自治体は 59.3% であるが、この調査結果は 371 自治体を抽出して行われたサンプリング調査であること、また、対象自治体に都市州が含まれている点に注意が必要であると思われる。Vgl. Institut für den öffentlichen Sektor, a.a.O.(Anm.11) S.11.

14）いずれも内閣に設置された SDGs 推進本部によって決定されたもの。「持続可能な開発目標（SDGs）実施方針」（https://www.kantei.go.jp/jp/singi/sdgs/dai2/siryou1.pdf、最終閲覧 2022 年 12 月 19 日）、「持続可能な開発目標（SDGs）実施指針改訂版」（https://www.kantei.go.jp/jp/singi/sdgs/pdf/jisshi_shishin_r011220.pdf、最終閲覧 2022 年 12 月 19 日）。

15）「持続可能な開発目標（SDGs）実施方針」4 頁。

16）「持続可能な開発目標（SDGs）実施指針改訂版」4 頁。

　そして、このような SDGs の構造からして、国レベルのみならず地域レベルにおける取組みが当然必要になる。この点、指針においては地方公共団体の役割について「SDGs を全国的に実施するためには、広く全国の地方自治体及びその地域で活動するステークホルダーによる積極的な取組を推進することが不可欠である」[17] と明記されており、改訂版においては更に続けて「地方自治体における SDGs 達成へ向けた取組は、……地域課題の解決に資するものであり、SDGs を原動力とした地方創生を推進することが期待されている」[18] という一節が加えられている。ここから、我が国においても地方公共団体には SDGs の実施主体としての位置付けが認められていること、そして改訂版においてはそれに加えて、人口減少や地域経済の縮小といった地域が抱える問題に対して自らの決定に基づき取り組む自治体の姿勢が念頭に置かれていることが理解できる。具体的には、各地方公共団体が、総合計画をはじめとする各種計画や戦略、方針の策定・改訂に際して、地域が抱える課題に対応した SDGs の要素を選択して最大限反映するとともに、その推進に当たっては、関係する地域のステークホルダーとの連携強化を含めた体制の構築と実施手段の確保を自ら行うことが期待されていることになろう[19]。

　自治体 SDGs の観点からは、地方公共団体の SDGs の推進主体としての位置付けと、地方の創意・発意に基づく地方活性化施策に支援を行うしくみである地方創生とが結合している点が重要である。地方創生は、2014 年（平成 26）年に制定されたまち・ひと・しごと創生法に基づいて推進される地域活性化のための政策パッケージの総称であり、国の総合戦略に示された方向性の下で、地方公共団体が地方版総合戦略を策定して具体的な地域活性化のための取組みを進め、それについて特区制度による規制緩和や財源の手当等の国の支援が講じられるというしくみである[20]。政府の第 2 期「まち・

ひと・しごと創生総合戦略」(2019〔令和元〕年 12 月 20 日、2020〔令和 2〕年 12 月 21 日改訂)では、第 1 期総合戦略から継続する 4 つの基本目標とともに、新たに 2 つの横断的な目標が設定された。そのうちの「【横断的な目標 2】新しい時代の流れを力にする」には、Society5.0 に基づくデジタル社会像とともに、地方創生 SDGs に基づく持続可能なまちづくりが目標として挙げられ、具体的な施策として、SDGs モデル事例の形成や地方創生 SDGs 金融や ESG 金融の推進、気候変動への適応など、8 項目の個別施策が掲げられている。人口変動やそれに伴う経済構造・産業構造の変化に直面する地域においては、その地域ないしコミュニティそれ自体の存続が危ぶまれているところも多く存在しているのであり、各地域においては、その地域のデザインに当たっての「持続可能性」が正に喫緊の課題となりうる。このような地域の課題解決に向けた地方創生と SDGs の接合について、基本方針では「持続可能なまちづくりや地域活性化に向けて取組を推進するに当たっても、SDGs の理念に沿って進めることにより、政策の全体最適化や地域課題解決の加速化という相乗効果が期待でき、地方創生の取組の一層の充実・深化につなげる」[21] べきものとしており、地域の活性化と持続可能性の維持を一体として推進することを明らかにしている。

　地方公共団体が推進主体となる地方創生 SDGs の具体的方向性としては、経済・社会・環境の 3 つの側面を政治・制度のもとで複合させ、相乗効果と自律的好循環を生み出すモデル事業が形成されることがまず期待される[22]。

---

20) 地方創生の国と地方との関係性に与える影響については、上代庸平「国・地方自治体間関係及び地方自治体内部における権力の分立・コントロール」公法研究 83 号(2022 年)125 頁以下にて若干の検討を行っている。

21)「第 2 期『まち・ひと・しごと創生総合戦略』(2020 改訂版)」35 頁 (https://www.chisou.go.jp/sousei/info/pdf/r02-12-21-senryaku2020.pdf、最終閲覧 2022 年 12 月 19 日)。

22) 地方創生 SDGs の実践例については高木超『まちの未来を描く！自治体の SDGs』(2020 年、学陽書房)74 頁以下を参照。

その過程において経済・社会・環境の３つの側面の矛盾衝突が生じ得ることは、ドイツでも我が国でも違いはないと思われるが、地方公共団体は住民自治に基づき住民意思を十分にくみ上げるとともに、国と対等の関係に立つ団体自治の担い手として、住民を含む多様なステークホルダーを巻き込みながら、「地方創生 SDGs 官民連携プラットフォーム」を活発化することが必要になろう。さらに、ドイツの自治体 SDGs においても、自治体及びステークホルダーの財源面が問題となっているのと同様に、活動能力の持続可能性の確保に当たっては、経済的・財政的な自律性が問題となりうる。この点については、国の手当等に依存し続けることなく、産業シーズ・イノベーションの創出と事業評価手法の構築による金融面の後押しの強化を通じて、経済を基盤とした社会・環境の地域課題に取り組むことができる体制の構築が望まれる。また地方創生は自立した地方が持続可能な形で存立することを目指すものであるから、最終的には自立・分散しつつ近隣地域等と地域資源を補完し支え合う「地域循環共生圏」が創造され、地域循環型社会の中で気候変動や環境問題への対策も推進されることが期待される。

　現在、我が国では、その地域の課題に自律的かつ未来形成的な可能性をもって取り組む地方公共団体を「SDGs 未来都市」として選定し、課題の傾向ごとにモデル事業の構築が試みられているが、我が国における自治体 SDGs が、地方創生と結びついて推進されていることから、SDGs の推進に当たっては遠大な目標に目を奪われるのではなく、都市の現在のあり方と将来像を踏まえた上で、身近なところで課題を捉えてその必要性に対する認識を強めつつ、それを現在世代と将来世代の利益につなげていく取組みが重要になるものと考えられる。その意味では、自治体 SDGs の機能は、従来の施策を正当化し、かつ、当該施策の必要性を強化するとともに、都市の未来像に必要な制度形成を動機付けるところにあると考えることができるだろう[23]。

23）佐俣紀仁・上代庸平・荒木泰貴「地方自治体の法政策を通じた SDGs の実現——岡山県における中山間地域自治体の実地調査報告」武蔵野大学しあわせ研究所紀要４号（2021 年）46 頁以下。

Ⅲ　自治体SDGsとしての再生可能エネルギー促進と法規制

1　自治体SDGsと再生可能エネルギー

上述のように、現在においてはSDGs及び持続可能性は経済・社会・環境に及ぶ広範な領域を持ち、それに対応した法制度と法政策を基礎付ける機能を有するものと理解されるようになっているが、この法原則としての持続可能性及び法政策の基盤としてのSDGsの理解が定着する過程においては、SDGsないし持続可能性といえば、環境法原則として捉えられる向きが強かった[24]。また、SDGsそれ自体も17の目標のうちクリーンエネルギーの推進を目指す第7目標や気候変動対策を内容とする第13目標など半数近くが環境対策に関連するものであることから、我が国におけるSDGsの取組みについては、北九州市の環境未来都市の構築（2011〔平成23〕年）や神奈川県の「かながわプラごみゼロ宣言」（2018〔平成30〕年）など、環境問題に端を発したものが多いのは確かである。ドイツにおいても、元々の「持続可能性」という用語が林学や鉱山学における森林の保続培養に起因する概念用語であったことから[25]、21世紀初頭においては森林の保護や海洋汚染の防止、ゴミの削減やグリーン産業の創出など、環境に重点を置いた取組みが主要な位置を占めていた[26]。従って、我が国においてもドイツにおいても、

---

24) 憲法学における持続可能性の法原則としての可能性について触れた最初期の文献においては、持続可能性は基本法20a条に規定される「自然的生存基盤」の保護との関係で、将来世代に対する配慮及び環境保全のための措置によって生じる現在世代に対する制約の正当化根拠として位置づけられている。D. Murswiek, „Nachhaltigkeit": Probleme der rechtlichen Umsetzung eines umweltpolitischen Leitbildes. Recht und Kultur 2002, S.641ff.

25) 1713年にフライベルク銀山鉱長であったvon Carlowitzが、鉱山における坑木等として伐採した森林を再び培養することで、都市と国土の継続性が保たれると説いたことを発端として、森林及び水源、ひいては国土利用についての持続可能性の概念が発展したという。Fieber/Eggerl, a.a.O.(Anm.9) S.28f.

26) 例えば、早期から持続可能性に関する政策実現への取組みを強めていたヘッセン州が最初に公表した「ヘッセンの持続性戦略（Nachhaltigkeitsstrategie Hessen）」（2009年4月27

石油燃料や炭素排出量の削減につながり、またクリーンエネルギーによる地域経済の促進をもたらす効能をもつ再生可能エネルギーの推進が、地域における持続可能性の実現のための取組みとみなされることはごく自然なことであったと言うことができよう。

　一方で、再生可能エネルギーの推進は、国全体としてのエネルギー政策や電力需給計画に影響を与えるだけでなく、地域において新たな産業を起こす結果をもたらすものであり、さらには土地利用や環境負荷に対する従来の考え方の転換を要するものでもあることから、各地域が野放図にこれを行うことが許される性格のものではないことも事実である。そのため、再生可能エネルギーの推進は、一定の法制度による規制の下で行われる必要があるが、地方自治の保障を享有する地方自治体が自治体SDGsの推進主体としてこれに関わる以上、法制度は自治体SDGsに関する地方自治体の発意やその自律的かつ自立的な活動の余地に対して可能な限り謙抑的にのみ機能するものでなければならず、また同時に、その法制度は地域レベルにおける限りでは解決が困難な制度上の障害に対する適切な対応の根拠となるものでなければならない[27]。

日公表、https://www.hessen-nachhaltig.de/files/content/downloads/ziele_und_indikatoren/nachhaltigkeitsstrategie_hessen_eroeffnungsbilanz_ziele_und_indikatoren_2009.pdf、最終閲覧2022年12月19日）は、再生可能エネルギーや炭素排出量削減など環境の側面に関する事項に重点を置いて数値目標を掲げており、また所管官庁は州環境・地域経済・エネルギー及び消費者保護省になっている。

27) ドイツにおいては、基本法28条2項により、地方自治体は「地域社会の全ての事項」を、法律の範囲内において処理することを保障されているが、この地域社会の事項には、地域におけるエネルギー供給の選択や設計、地域内の土地及び水源利用の適正化など、当該地域限りで決定しうる限りにおけるエネルギー政策が含まれると解される。そのため、これらに関する地域における決定に対しては憲法上の地方自治の保障に基づき、法律による介入の制限と補完性原理による保護が及ぶ。Vgl. Diemert, a.a.O.(Anm.6) S.383f. 我が国においても、地方自治法2条2項が「地域における事務」を地方公共団体の事務と定めているが、実際の再生可能エネルギー推進条例や規制条例の立法状況を見る限りにおいては、再生可能エネルギーを地域の事項とする理解には、我が国とドイツとの間に差は存在しないと考えられる。

　そこで、以下では日独両国における風力発電の適正化に関する規律を内容とする立法例を紹介した上で、それが自治体 SDGs に対していかなる意味を有するものであるかを検討することにしたい。

2　メクレンブルク＝フォアポンメルン州市民・自治体参加法

（1）立法経緯

　再生可能エネルギーの導入と利活用が、いかなる状態において適正でありうるかについては、地域の特性や利害関係、再生可能エネルギーの導入や運用の条件によって区々となる。特に、再生可能エネルギーは地域の産業構造と土地や水域の利用に大きな転換をもたらしうるものであるから、立法者はそのインパクトを適切に測りつつ、各地域の利害を適切に実現するように配慮する責務を負うことになる [28]。

　メクレンブルク＝フォアポンメルン州は、旧東ドイツの領域に属し、バルト海に面する連邦州である。バルト海沿岸地は一定の風量と風向に恵まれ、陸上風力及び洋上風力発電が盛んな地域の１つである [29]。2010 年以降の再生可能エネルギーの推進に伴って、同州では陸上風力及び洋上風力発電施設の設置が増加し、発電量も漸次増加していったが、土地及び海域利用に関する計画権限を有する州においては、その計画の認可に当たっての懸念が生じていた。その懸念とは、第一に、風力発電所立地地域における発電設備による振動・騒音及び低周波音による障害が発生する恐れがあること、第二に、電力自由化による電力市場の自由化に伴って風力発電による地域経済への利

---

28)　H. Scheller/Ch. Raffer, Klimaschutz als kommunale Pflichtaufgabe! in: Jahrbuch für öffentliche Finanzen 1-2022, S.373f.

29)　メクレンブルク＝フォアポンメルン州の風力発電による電力量は、2021 年においては陸上風力 3523.6MW、洋上風力は 48.3MW である。なお、同州リューゲン島北東の海上にあるヴィキンガー洋上風力発電所をはじめとする４つの風力発電所は年間 7514.4MW の発電能力を有するが、領域及び排他的経済水域は連邦の管轄となっているため、同州の統計には計上されていない。Vgl. Bericht des EEG Bund-Länder-Kooperationsausschusses: Berichtsjahr 2022（26.10.2022）S.10.

益循環が適切に形成されていないことであった[30]。特に第二点の懸念については、メクレンブルク＝フォアポンメルン州は人口密度及び経済活動規模の指標において全ドイツ連邦州の中でも最下位に近い位置にあり[31]、地域の経済基盤が脆弱であることから、風力発電所用地が外部資本によって買収されたり、また風力発電施設の設置運営が州の外部の資本によってなされたりする場合には、再生可能エネルギーの促進が州内部の経済循環に寄与しないこととなることが危惧されたことから、地域の持続可能性と州の領域における持続可能な発展を確保するために、法規制が必要であると判断されたものであった[32]。

　州政府は、風力発電所の立地及びそれによる州内の経済循環の確保の必要性に対する判断に基づいて、2015 年 10 月に、州議会に「メクレンブルク＝フォアポンメルンにおける風力発電所への市民及び自治体の参加に関する法律（以下、参加法という。）」の法案を提出した。同法は翌年 5 月 18 日に州議会において成立し、同月 28 日に施行された[33]。

(2)市民・自治体参加法の内容

　参加法は、州内における風力タービンの建設及び運転への参入を、風力エネルギーを利用した電気事業を行うことを目的として特に設立された「プロジェクト企業（Projektgesellschaft）」のみに限定するとともに（3 条 1 項）、この企業が地域における経済循環に寄与することができるように、州法によって認可された主体に対して、当該企業の少なくとも 20% の出資額を割り当てなければならないと定める（4 条 1 項）。この割当ての対象となる州法

---

30) LT-Drs. 6/4568 S. 1f. ,23ff.

31) 連邦統計庁が公表した 2021 年のメクレンブルク＝フォアポンメルン州内 GDP は 494 億 6100 万ユーロで 16 連邦州中 14 位、また人口密度では 69 人 / km² で最下位である。

32) LT-Drs. 6/4568 S.28f.

33) Gesetz über die Beteiligung von Bürgerinnen und Bürgern sowie Gemeinden an Windparks in Mecklenburg-Vorpommern. GVOBl. M-V 2016, 258.

上の被認可主体は、風力発電所から5キロ以内の近距離に居住する者（5条1項）並びに風力発電所の立地自治体及び風力発電所から5キロ以内に領域を有する地方自治体である（5条2項）。なお、自治体が出資する企業については同州自治体構成法に基づく制限が存在するため、プロジェクト企業は同法に基づいて自治体の出資の対象となりうるように定款を定めることが義務付けられる（3条3項）。また、住民による参加を容易にするため、出資の割当てに際しては、その額面は一口（一株）当たり500ユーロ以下に制限される（6条8項）。

　参加法は、このように風力発電事業に対する参入について制限を設けるものではあるが、その目的は、自治体と住民に企業の出資者又はそれに準ずる地位を与えることで、風力発電事業による利益を地域に還元させ、その効果の定着を図るとともに、風力発電事業者が地域に根付いてその事業を専業的に行うこととすることで、地域や住民の意思がその運営に反映されるようにすることにある[34]。そのため、風力発電事業の実施に当たっての資本上又は地域との関係構築の上での支障が生じることは法律の目的からして本末転倒であり、避ける必要があった。この観点から、出資の割当てについては例外規定も設けられており、プロジェクト企業は資本参加の割当てに代えて、立地自治体及び周辺自治体に対して、年毎の発電量及び事業収益に応じた補償賦課金（Ausgleichsabgabe）を支払うことができること（11条1項）、また、近隣住民に対しては利子付き社債等の貯蓄商品（Sparprodukt）を提供することができること（12条1項）が規定されている。これらの代替手段は、事業に対する直接の参加を内容とするものではないが、その提供に際しては、事業に関する正確な情報を提供して、自治体及び住民の意思の意思を確認する必要があるほか（11条2項、12条4項など）、州計画法に基づく立地自治体及び周辺自治体との関係における事業活動の継続に関する自発的な合意を締結することが要請されるようになっているなど、事業主体と地

---

34) LT-Drs. 6/4568 S.2.

域の意思疎通が促進されるしくみになっており、地域と住民の意思の事業への反映という目的が適切に実現されるようになっている。

　(3) 市民・自治体参加法の効果

　我が国の電気事業の現状から見ると、発電事業者の資本や事業について市民や地域の参画を促進するという法規制のあり方は些か奇異に見えないではないが、周辺自治体や近隣住民、そして土地や水域の先行利用者との利害調整の機会を確保するために、資本参加を通じて意思疎通の機会の増進を図るという手法は、欧州の再生可能エネルギー促進においては広く用いられているものである[35]。例えばメクレンブルク＝フォアポンメルン州に隣接し北海とバルト海に面するシュレースヴィヒ＝ホルシュタイン州では、多くの風力発電所が自治体や市民の資本参加とそれに基づく利害調整の下で運営されており、洋上風力発電が盛んに行われている同州北フリースラントにおいては、自治体や住民が経営に関わる市民風力発電所（Bürgerwindpark）の形態で運営されているものが9割を占めるとされる[36]。

　また、この市民参加の形態は、事業活動に対する地域と市民の意思の反映を確保し、利害調整に適するとともに、地域の自律的な経済循環の構築にも資するものである[37]。出資者である住民や自治体は、出資先である風力発

---

35) 上代庸平「洋上風力発電の促進のための制度整備」武蔵野大学しあわせ研究所紀要3号（2020年）67頁では、利害調整の場を設ける手段として、デンマークにおける市民出資比率の確保の義務づけやドイツの再生可能エネルギー法による情報提供手続があることを指摘した。

36) 自治体や市民の出資によって地域密着型の事業を行う企業体は、シュタットベルケ（Stadtwerke）と呼ばれる。エネルギー事業を行うドイツのシュタットベルケについては、山本尚司「ドイツのシュタットベルケから日本は何を学ぶべきか」日本エネルギー経済研究所Webサイト2018年3月26日掲載（http://eneken.ieej.or.jp/data/7847.pdf、最終閲覧2022年12月19日）2頁以下に詳しい。なお、隣州の状況は、メクレンブルク＝フォアポンメルン州でも参加法の提案理由のひとつとなっている。LT-Drs. 6/4568 S.1.

37) 参加法については、参入に際しての条件が厳格に過ぎ、基本法12条1項の職業の自由、

電所の電気を優先的に購入することができるが、地域の自治体や住民が地域において事業活動を行う企業に金銭を支払うと、それが再び企業による投資や人件費・物件費等の支払として地域に還元されることになる。こうして地域の経済循環が形成されていくが、SDGs の観点からは更に、購入される電気は当然ながら再生可能エネルギーによるものであるため、地域の持続可能性の実現のための取組みに繋がるとともに、事業者にとっては電力の買い手が確保されることになるため、電力自由化の下での競争的地位の強化と地域密着性の向上をも期待することができるのであり [38]、この点で地域の特性を活かした持続可能性の確保と経済的発展の実現が両立することになる。

3　再生可能エネルギー海域利用法

（1）法制定の経緯

再生可能エネルギーは、自然界に存在する条件に依存する性質を有するものであるため、気候条件や地理的特性に適した利用を行う必要がある。我が国における再生可能エネルギーの導入ポテンシャルが最も高い再生可能エネルギーは風力発電であるとされ、その推定利用可能量は発電容量換算で陸上風力 2.8 億 kW、洋上風力では 16 億 kW にも及ぶと推算した調査結果が存在する [39]。しかし現状を見れば、我が国における風力発電の累積導入量は、

同 14 条 1 項に基づく財産権、及び同 3 条 1 項の平等原則を侵害するものであるとの憲法異議が連邦憲法裁判所に提起されたが、同裁判所は、プロジェクト企業が補償賦課金の支払を自治体に申し出る場合の事業情報の提供範囲（参加法 10 条 6 項 2 文）が必要以上に広範である点を除くほか、同法は合憲であると判断した（BVerfG Beschluss vom 23. 3. 2022–1 BvR 1187/17=NVwZ 2022, 861.）。判決理由の中で、連邦憲法裁判所は、地域に根差したプロジェクトを通じて「利害関係者の多様性」を強化することは、州における風力エネルギーの拡大を成功させるための不可欠の前提条件と見なしうるとして、この点についての立法目的と規制の合理性を肯定している（NVwZ 2022, 861〔872〕）。

38) BVerfG, NVwZ 2022, 861(873).

39) 環境省「再生可能エネルギー導入ポテンシャル調査（平成 22 年度）」85 頁以下。なお、推定利用可能量（導入ポテンシャル）とは、エネルギー採取可能な土地の面積・気候と

2021（令和 3）年末時点で 458.1 万 kW、うち洋上風力発電は 51,600kW に留まる[40]。

　条件の上では洋上風力発電は再生可能エネルギーの利用の方途として極めて有望であるが、その活用が進まないことについては、技術的要因があるほか、いくつかの制度的要因があると指摘されていた。

　第一に、風力発電は我が国においてはまだ普及の度合いが低く、従って施設当たりの容量が少ないために高コスト体質にならざるを得ないことである。FIT 制度の下における電力の買い取り価格の上では、太陽光が 1kWh 当たり約 11 円であるのに対し、陸上風力は 32 円、洋上風力は 36 円となっており[41]、普及が進んだ太陽光発電よりもコストが多く転嫁されていることが理解できる。しかし、この点は、将来において普及が進めば、コストを下げることが可能になるであろうとの推計がなされており、中長期的には解決に向かうことが期待される。

　第二に、土地利用・海域占用に関する統一的ルールが存在していなかったことである。風力発電は、再生可能エネルギーの中では比較的大規模な設備を必要とする。土地の利用については、都市計画法や建築基準法等に規定される利用規制に基づき、土地所有者との利益調整の下で使用権を得られる法制度が存在するが、特に海域については漁業権や海上交通に関する法規制はあるものの、長期にわたって海域を占用することについての法制度は存在していなかった[42]。

開発条件等の制約を考慮した上で、事業化した場合に採取可能と推測されるエネルギー量であり、理論値であることに留意する必要がある。

40）（一社）日本風力発電協会「2021 年末日本の風力発電の累積導入量：458.1 万 kW、2,574 基」（2022 年 2 月 25 日公表、https://jwpa.jp/information/6225/〔最終閲覧 2022 年 12 月 19 日〕）

41）資源エネルギー庁 Web サイトに掲載の買取価格表（https://www.enecho.meti.go.jp/category/saving_and_new/saiene/kaitori/fit_kakaku.html、最終閲覧 2022 年 12 月 19 日）に基づく。

42）「洋上風力政策について」総合海洋政策本部参与会議（第 62 回）配付資料（2022〔令

　またこの点に関連して、第三に、特に海域の占用については先行利用者や利害関係者との利害調整のしくみが存在していなかったことが挙げられる。陸上風力発電設備については、振動や騒音、低周波による周囲の環境への影響や、設備の高度によっては航空交通への影響が生じうるものの、法律及び条例に基づく環境アセスメント等による影響の緩和と周囲の環境との調和を図る制度が存在するのに対して、洋上風力発電設備については海域の占用に関する制度が存在していない以上、先行利用者である漁業者や海運・航空事業者との利益調整の方式や方法それ自体に関するしくみもなく、そもそも先行利用の実態把握や先行利用者の特定すらも困難であるという問題があった[43]。

(2)再生可能エネルギー海域利用法と自治体SDGs

　洋上風力発電の推進の支障となりうる制度的要因を立法的に解決し、長期にわたる海域占用の法的基礎を整備するとともに、先行利用者と発電事業者との利益調整のしくみを創設することを目的として、再生可能エネルギー海域利用法（平成30年法律89号）が制定された。この法律は、今後における有望な再生可能エネルギーとして期待される洋上風力発電の長期的かつ安定的な実施を可能にすることを目的として制定されたものである。

　再生可能エネルギー海域利用法は、洋上風力発電の推進に有望な海域を促進区域として指定した上で、その促進区域に関して30年間にわたる占用を行う発電事業者を公募によって選定することとし、その選定のプロセスにおいて先行利用者を含めた協議会における利益調整・意思疎通のしくみを提供する構造になっている[44]。特に、選定事業者に対して、長期にわたる特定海域の独占的な占用を初めて認める法律である点が重要である[45]。

　この法律を自治体 SDGs の観点から見ると、洋上風力発電のための海域占用手続が法規化されたことと、その手続における地方公共団体の役割が明確化されたことが、その意義であると理解しうる。

　洋上風力発電の推進を目指す地域においては、まずはこの法律に基づく促進区域の指定を目指すことになる。促進区域の指定に際して、国土交通大臣及び経済産業大臣は、関係都道府県知事の意見を聴取することを要することとされており（8 条 5 項）、また促進区域の指定及び発電事業の実施に関する必要な協議のために組織される協議会の構成員として関係都道府県知事（9 条 2 項 1 号）及び関係市町村長（9 条 2 項 2 号）が含まれるほか、関係都道府県知事は 9 条 2 項 3 号に定める必要と認める構成員を協議会に加えることが認められている。このように、促進区域の指定の段階から、地方公共団体と発電事業者・先行利用者の意思疎通が確保されるしくみになっていることが理解されよう。

　また、促進区域の指定を希望する都道府県については、市町村を含む地域関係者との調整を踏まえた上で、年度ごとに国土交通大臣・経済産業大臣に対して地域に関する情報を提供することができることになっている[46]。また、国土交通大臣・経済産業大臣は、促進区域として指定できる見込みがあるものとして具体的な検討を進めるべき地域として「有望な区域」を選定しうることになっており、この選定に際しても都道府県からの情報提供が前提とされているほか、協議会における地元関係者との利害調整が可能な程度の受入体制の整備を要するとされることから[47]、ここでも地方公共団体の発

45）この法律以前にも、地方公共団体の条例による海域占用制度は存在していた。例えばいち早く海洋再生可能エネルギーの検討に着手した長崎県においては、県海域管理条例に基づく占用制度の活用を検討していた経緯がある。ただ、この条例による占用期間は最長 3 年であり、発電設備の設置や撤去に要する期間を考慮すると、洋上風力発電の推進にとっては現実的ではなかった。

46）「海洋再生可能エネルギー発電設備整備促進区域指定ガイドライン」（2019〔令和元〕年 6 月策定、2021〔令和 3〕年 7 月改訂）https://www.mlit.go.jp/kowan/content/001417221.pdf（最終閲覧 2022 年 12 月 19 日）10-11 頁。

意と地元関係者間の利益調整能力が重視される構造になっているといえる。

　占用事業者の公募及び選定に当たっては、関係都道府県知事及び関係市町村長との調整に関する事項が、審査対象として定められている（13条2項14号、14条2項13号）。運用指針においては、関係都道府県知事及び関係市町村長との調整が地元関係者の理解を得た上での洋上風力発電事業の実施の基本となることが明記されており、理解にズレが生じないように意思疎通を行うことの重要性が明記されている[48]。

　なお、地方公共団体の条例に基づく海域占用制度が設けられている場合においては、洋上風力発電は長期的かつ安定的な海域の占用を前提とする必要があることから、条例ではなく再生可能エネルギー海域利用法に基づき、国と都道府県が連携して進めることとされる[49]。法に基づく占用と条例による占用が重複した場合の効力関係については、判例の一般法理に則り、条例が法律の目的及び効果を阻害するところがないか否かを、具体的に検討して決することになろう[50]。

(3)再生可能エネルギー海域利用法に基づく案件形成の状況

　促進区域は2020年に指定された長崎県五島市沖以来、2022年9月現在で8区域を数え、うち4区域については公募選考に基づき既に事業者が選定されている[51]。

　このうち、長崎県五島市沖については、再生可能エネルギー海域利用法に

47）前注・11-12頁。

48）「一般海域における占用公募制度の運用指針」（2019〔令和元年〕6月策定）https://www.mlit.go.jp/common/001292755.pdf（最終閲覧2022年12月19日）8頁。

49）前掲（注46）18-19頁。

50）徳島市公安条例事件・最大判昭和50年9月10日刑集29巻8号489頁は、「条例が国の法令に違反するかどうかは、両者の対象事項と規定文言を対比するのみでなく、それぞれの趣旨、目的、内容及び効果を比較し、両者の間に矛盾牴触があるかどうかによつてこれを決しなければならない」としている。

51）前掲・（注42）3頁。なお、2022（令和4）年9月30日付で、長崎県西海市江島沖

基づく制度の下で初めて促進区域に指定されたが、この指定は地元地方公共
団体である長崎県及び五島市による積極的な取組みを背景にするものであ
る。多数の島しょとその周辺海域を有する長崎県では、海洋再生可能エネル
ギーの活用を早くから模索していた。2014（平成 26）年には五島市からの
情報提供に基づいて、長崎県は内閣府「海洋再生可能エネルギー実証フィー
ルド」に事業提案を行い、五島市椛島沖の浮体式洋上風力の種別で選定され
ている [52]。この実証事業の下で、椛島沖において浮体式発電施設を設置し、
周辺海域や生活環境への影響調査を実施するとともに、漁業協調型の浮体式
洋上風力発電の確立に向けた実証が行われた。「はえんかぜ」と名付けられ
たこの浮体式風力発電施設は、実証事業の終了後、五島市崎山沖へ移設され、
五島市と事業主体である戸田建設株式会社との共同運営による事業運転が行
われていた。

　この実証事業に前後して、長崎県及び五島市は海洋再生可能エネルギーの
活用に関する検討を継続して方針を策定し、その実現に向けた取組みを継続
していた。長崎県では海域管理条例に基づく海洋再生エネルギーの活用が検
討されており、県の基幹産業でもある造船業との連携や、建設需要・研究者
や企業関係者の往来による経済効果による地域経済への影響までが目されて
いた [53]。また、五島市では実証事業の結果を踏まえて五島市再生可能エネ
ルギー基本構想及び基本計画が策定され、基本計画においては洋上風力発電
の実用化に向けた取組みの方向性が示されるとともに、漁業・地域協調メ
ニューの検討について、市が中心的な役割を担い市民・事業者と一体となって

ほか 3 区域が促進区域に指定された。

52)「海洋再生可能エネルギー実証フィールドの選定結果」(2014〔平成 26〕年 7 月 15 日)
https://www8.cao.go.jp/ocean/policies/energy/h26_testfield.html、最終閲覧 2022
年 12 月 19 日。長崎県からは、同時に五島市久賀島沖及び西海市江島・平島沖におけ
る潮流発電も選定された。

53)「長崎県再生可能エネルギー導入促進ビジョン」(2013〔平成 25〕年) https://www.
pref.nagasaki.jp/shared/uploads/2019/06/1561084236.pdf (最終閲覧 2022 年 12 月
19 日) 11-12 頁。

取り組むことが明記され、「発電事業者、漁業者、関連事業者、地域住民と共に創る Win-Win 方式」を打ち出している[54]。さらに、基本計画には、洋上風力発電の実用化に向けて、周辺産業への地場企業参入の可能性も視野に入れた住民・企業・関連団体のコーディネートを市が中心となって担うことが明記されており、基本構想及び基本計画に示された再生可能エネルギー導入戦略全体に対するトータルサポート体制が標榜されている[55]。

　五島市沖においては占用事業者として認定された五島フローティングウィンドファーム合同会社が、五島市沖に 8 基の浮体式洋上風力発電設備の設置を進め、2024 年の運転開始を目指している。同社の参画企業の代表企業である戸田建設株式会社は実証フィールドの段階から地元地方公共団体や漁業者との関わりを継続的にもってきており、その相互信頼の蓄積の上で、事業が行われることになる。事業が軌道に乗った暁には、地方公共団体を仲立ちとした事業者・利害関係者及び住民との間の関係性の構築と、その関係性がもたらす経済効果の循環によって、地域の持続可能性が実現される過程のモデルとなっていくであろう。

IV　まとめに代えて

　以上の日独の自治体 SDGs に関する現状と、メクレンブルク＝フォアポンメルン州の参加法及び我が国の再生可能エネルギー海域利用法の下における地方自治体の再生可能エネルギー促進に向けた取組みを踏まえて、SDGs の実現に向けた地方自治体の役割論は、以下のようにまとめることができる。

　第一に、SDGs が環境・社会的問題のみならず、政治的・制度的及び経済財政的に対応すべき諸問題を含む重層的かつ広範な内容を有するものであることから、その実現に当たっては政治的決定を形成する権能を有し、制度に

54）「五島市再生可能エネルギー前期基本計画」（2014〔平成 26〕年 8 月）https://www.city.goto.nagasaki.jp/energy/010/010/039_4_2.pdf、（最終閲覧 2022 年 12 月 19 日）12-15 頁。

55）前注・34-37 頁。

基づいて自己の財源によって行動する能力をもつ主体が必要であると考えられる。地域のレベルにおいてこのような条件に当てはまる主体は、地方自治体以外にはあり得ないのである。

第二に、SDGs の複合性に鑑みれば、従来型の縦割り型権限配分・組織に基づくのではなく、必要に応じて適切なステークホルダーを巻き込みつつ、様々な問題領域を包括する課題に対して、柔軟かつ適正な規模と構造をもつ権限主体ないし組織によって取り組む必要性があることになる。地方自治体は団体自治及び住民自治の担い手として、地域に関する事項を自らの事務とすることのできる事項高権及びそのための適切な意思決定及び実施を行いうる組織を構成することのできる組織高権を有しており、また地域ないしステークホルダー間の公共的な利害調整に携わることのできる機能を有していることから、この必要性を満たすことのできる唯一の地域主体であると言える。

第三に、SDGs は国連によって設けられる 17 目標及びグローバル指標（目標の下に国連が設ける 232 の指標）・ローカル指標（国による策定）・サブローカル指標（地方自治体による策定）の重層的な基準設定に基づいてその実現が図られることになっているが、地方自治体は、国内法に基づいて地域におけるサブローカル指標の設定に携わることのできる主体である。またこれらの指標の設定主体は、それぞれ実施手段の検討・獲得とフォローアップ・レビューを行うことになるが、地域における SDGs については、地方自治体が第一義的にその機能を担うことになる。このように、地方自治体は、SDGs の制度的枠組みの下における本来的な実施主体としての位置を占めているのである。

自治体 SDGs の推進主体である地方自治体は、このように地域の課題に対しては枢要かつ広範な機能を担うことになるが、一方では領域的統治団体としての性質も併有しているため、その施策の立案実施に当たっては、法制度的な基盤の上における国や広域自治体との協力関係の構築が必要になることもまた事実である。そのため、場合によっては立法過程への参画も、自治体 SDGs の要素として位置づけられることがあろうし [56)]、また、SDGs を推進

するためには、持続可能な自治体活動を支えるための財源基盤を確保する必要があることから、地方自治体の財政健全性を持続可能性の前提と理解することも可能であろう[57]。

このように、自治体 SDGs の範囲は広がりを見せており、それに応じて、SDGs のアクターとしての地方自治体の役割と活動範囲はさらに拡大していくものと想定されうる。

56）我が国では、「提案募集方式」を通じて、国の立法プロセスへの地方の関与を一定程度認めるしくみが存在する。「提案募集方式」とその結果としての分権一括法による国・地方関係の変化の位相については、上代・前掲（注 20）124 頁。

57）ドイツでは、国家財政及び自治体財政に対する憲法上の起債制限（起債ブレーキ）との関係で、財政の持続可能性を論じることが一般的になりつつある。また自治体規則（我が国では条例に相当する法形式）によって自治体財政における負債の過度の増加に歯止めをかける例もあるが、このような規則は「持続可能性規則（Nachhaltigkeitssatzung）」と 呼 ば れ る。G. Schwarting, Kommunale Nachhaltigkeitssatzungen: Ein weg zu stabilen Kommunalfinanzen? LKRZ 2005, S.404.

気候変動訴訟とESG

古谷英恵

I はじめに

　近時、気候変動に起因する気温の上昇、暴風雨の激化、干ばつの増加等により、人々の生活に大きな影響が生じている。このような気候変動を少しでも緩和し、それに適応することを目的として、世界各地でいわゆる気候変動訴訟が提起されている。

　日本における民事上の気候変動訴訟は、気候変動の原因となる温室効果ガス（以下、「GHG」という）の排出量を削減するために、GHG を大量に排出する石炭火力発電所を相手方として、当該発電所の差止めを求めて提起されてきた。そして、気候変動訴訟に関する研究の主眼は、勝訴することを目的として、差止請求の理論的困難性をいかに克服するかという点にあった。しかしながら、民事上の気候変動訴訟の究極の目的は、企業に対して GHG 排出量削減という行動変容を求めることにあるといえる。

　そこで本稿は、企業を被告とする民事上の気候変動訴訟が企業へのどのような影響を及ぼし、企業に行動変容を求めることができるのかという点を明ら

かにするため、日本における民事上の気候変動訴訟として 2022 年 12 月現
在、唯一確定している仙台パワーステーション差止請求訴訟（以下、「仙台
PS 訴訟」という）を分析対象として、本件が気候変動訴訟という文脈にお
いて有する機能について、気候変動訴訟の戦略と、近時の企業の行動指針と
なりつつある ESG という二つの視角から分析することとする[1]。

　以上のような観点から、本稿は以下のように展開する。第一に、気候変動
訴訟の定義と現状について概説する。第二に、本稿の分析視角である戦略的
気候変動訴訟と ESG の内容を明らかにする。第三に、本稿の分析対象であ
る仙台 PS 訴訟の概略と法解釈学上の位置付けを論ずる。第四に、仙台 PS
訴訟を戦略的気候変動訴訟と ESG の観点から分析する。最後に、気候変動
訴訟が敗訴した場合であっても企業に行動変容を促すことになるのかという
点を考察していくこととする。

II　気候変動訴訟の定義と現状

1　気候変動訴訟とは何か

　気候変動訴訟（climate change litigation）には、複数の定義が設けられ
ている。

　国連環境計画（以下、「UNEP」という）の定義によると、気候変動訴訟
とは、「気候変動に対する緩和、適応、又は気候変動科学に関する法又は事
実を主要な争点とする訴訟」のことをいう[2]。

　また、グランサム気候変動及び環境研究所[3]（以下、「グランサム研究所」

---

1) 気候変動訴訟と ESG 投資との関連について、久保田修平「気候変動時代における企業
　法務と ESG 投資、SDGs―気候変動訴訟の動向も踏まえて」環境法研究 46 号（2021 年）
　33 頁参照。
2) UNEP, *Global Climate Litigation Report 2020 Status Review,* 6.
3) グランサム気候変動及び環境研究所（Grantham Research Institute on Climate
　Change and the Environment）は、2008 年にロンドン・スクール・オブ・エコノミ

という）は、UNEPによる定義よりもやや広く、気候変動訴訟を「司法機関及び準司法機関の面前における、気候変動科学、政策、又は法に関する主要な争点を伴う事件」と定義付けている[4]。コロンビア大学ロースクール気候変動法サビン・センター（以下、「サビン・センター」という）も、気候変動訴訟データベースの作成に当たり、グランサム研究所と同一の基準を設けている[5]。

　本稿では、グランサム研究所の定義に依拠することとする。

2　気候変動訴訟の世界的傾向
（1）訴訟件数

　グランサム研究所の気候変動訴訟に関する2022年報告書によると、2022年5月31日時点で、世界で2002件の気候変動訴訟が係属中である。このうち、1426件はアメリカ合衆国内の裁判所において係属中であり、残りの576件はその他43か国又は15の国際的若しくは地域的な裁判所において係属しているものである[6]。係属中の2002件のうち163件は、2021年5月31日から2022年5月31日の間（以下、「2021年度」という）に新たに提訴された訴訟である（アメリカ合衆国内で100件、それ以外の国や地域で63件）[7]。

クス（LSE）によって設置された研究機関であり、気候変動と環境に関する政策関連の研究と養成を行っている。*See,* https://www.lse.ac.uk/granthaminstitute/about/about-the-institute/ (2022/12/17). インペリアル・カレッジ・ロンドンによって2007年に設置されたグランサム研究所—気候変動と環境（Grantham Institute – Climate Change and Environment）とは別組織であるが、提携関係にある。*See also,* https://www.imperial.ac.uk/grantham/ (2022/12/17).

4) Grantham Research Institute, *Global trends in climate change litigation: 2022 snapshot Policy report,* June 2022, 6.

5) *See,* http://climatecasechart.com/about/ (2022/12/17).

6) *See,* Grantham Research Institute, *supra* note 4 at 9.

7) *See, id.,* at 11.

（2）訴訟当事者

　気候変動訴訟は、多くの場合、行政を被告として提起されている（2021年度に提訴された163件のうち78％）。それに対して、原告に関しては、アメリカ合衆国の内外で傾向が分かれている。アメリカ合衆国外の訴訟のうち90％が、NGO や個人が原告となっている。アメリカ合衆国内では、70％は NGO や個人が原告であり、残り30％は行政、企業、及び業界団体が原告となっている[8]。

　被告となった企業の産業を見てみると、2021年度に企業を被告として提起された30件の気候変動訴訟のうち12件は、石油や天然ガス、石炭といった化石燃料によるエネルギー産業を被告とするものであった。このほか、プラスティック関連産業や食品産業・農業、金融業、運輸業が挙げられる。従来、エネルギー産業が大多数であったことを踏まえれば、被告となる企業の多様化が進んだことが指摘されている[9]。

3　小括

　以上から、企業を被告とする気候変動訴訟は少数となっていること、その中でも化石燃料によるエネルギー産業に属する企業を被告とする訴訟は約半数を占めていることが明らかになった。

　次に、本稿の分析視角である戦略的気候変動訴訟と ESG について、その意義と判断基準を論じていくこととする。

---

8)　*See, ibid.*
9)　*See, id.*, at 12-14.

Ⅲ 戦略的気候変動訴訟―分析視角その1―

1　意義

（1）戦略的訴訟

戦略的気候変動訴訟を論じる前提として、戦略的訴訟の概説をしていきたい。

戦略的訴訟に関して、一義的かつ一般的な定義があるわけではないが、バトロス＝カーン（Batros & Khan）は、以下二つの定義を示している。第一に、原告が請求する直接的な利益や救済手段を超えて、より広範な変容―典型的には政策、社会規範、又は企業行動の変容―を達成するために戦略的な野心（strategic ambition）を伴う訴訟のことをいう。第二に、（判決自体を解決方法や目的とするのではなく）究極的な目標を達成するための大きな努力の一歩とみなして、戦略的に提起された訴訟のことをいう[10]。

上記定義のうちとりわけ第二の戦略的訴訟では、法廷で勝訴することだけが目的ではない。たとえ勝訴することができなかったとしても、証拠開示手続を通じて被告から情報を取得したり、被告が公文書に基づく正式な立場を採用するよう強制したり、裁判所から具体的な事実認定や法的評価を得ることにより、当該訴訟が究極的な目標を達成することに寄与することになる[11]。

社会、経済及び政治に深く根差す問題について政策の変化を達成するために訴訟を戦略的に用いるという考え方は、人権分野において長い歴史を持つ。一説によると、それは、イギリスにおける奴隷貿易廃止運動の中で1700年

---

10) *See*, Ben Batros & Tessa Khan, Thinking Strategically About Climate Litigation (2020), 3 *available at* https://papers.ssrn.com/sol3/papers.cfm?abstract_id=3564313 (2022/12/17).　このほかの定義として、*see also*, Public Law Project, *Guide to Strategic Litigation,* para. 1.1 *available at* https://publiclawproject.org.uk/resources/guide-to-strategic-litigation/ (2022/12/17).

11) *See*, Batros & Khan, *id.*, at 6.

代後半に提起された、一連の反奴隷制度訴訟にまでさかのぼるという[12]。

（2）戦略的気候変動訴訟

　戦略的気候変動訴訟は、気候変動訴訟の文脈における戦略的訴訟ということができる。すなわち、戦略的気候変動訴訟とは、原告の訴訟提起の動機が個々の訴訟当事者の利害関係を超えて、気候政策を促進し、公衆の意識を喚起し、又は行政若しくは産業関係者の行動変容を目指す気候変動訴訟のことをいう[13]。

　グランサム研究所は、戦略的気候変動訴訟を、そこで採用される戦略を基準として下記のように分類している[14]。

2　分類

（1）行政枠組み

　これは、一国の経済・社会全体や地域全体に影響を及ぼすような気候目標や政策の実施又は野心が問われる訴訟枠組みである。これは通常、国家レベルや地域レベルでの目標や計画を強化し、行政の各段階に向けてより野心的な政策決定の基礎を提供することを目的としている。例えば、アージェンダ対オランダ事件（Urgenda Foundation v. State of the Netherlands[15]）や、

12）戦略的訴訟の歴史につき、*see, id.*, at 3-4; Public Law Project, *supra* note 10, at para. 7-8. 一連の反奴隷制度訴訟においてもっとも著名なものが、1772 年のサマセット事件（Somerset v. Stewart）である。反奴隷制度訴訟とサマセット事件に関する邦語文献として、能見善久「奴隷と法と裁判」書斎の窓 673 号（2021 年）10 頁、児島秀樹「英国奴隷貿易廃止の物語」明星大学経済学研究紀要 38 巻 2 号（2007 年）51 頁、同「英国奴隷貿易廃止の物語（その 2）」明星大学経済学研究紀要 39 巻 2 号（2008 年）103 頁参照。

13）*See*, Grantham Research Institute, *supra* note 4, at 15.

14）*See, id.*, at 18-20.

15）Urgenda Foundation v. State of the Netherlands, 2020, English Translation ECLI:NL:HR:2019:2007 *available at* https://uitspraken.rechtspraak.nl/inziendocum

アリ対パキスタン（Ali v. Federation of Pakistan[16]）が挙げられる。

（２）企業枠組み

　これは、企業にコーポレートガバナンスや意思決定において変容を求めることによって GHG の高排出活動を継続することを抑制しようとする訴訟枠組みである。これは企業全体の方針や戦略に焦点を当て、しばしば人権や環境デュー・デリジェンスの基準に依拠している。例えば、エネルギー関連事業を展開する多国籍企業を被告としてオランダで提起されたミリューディフェンジ対ロイヤル・ダッチ・シェル（Milieudefensie et al. v. Royal Dutch Shell plc.[17]）がこの訴訟枠組みに該当する。

---

ent?id=ECLI:NL:HR:2019:2007 (2022/12/17). 環境保護団体アージェンダが、国（オランダ）に対して、2020 年末までに GHG 排出量を 1990 年比で 40%、又は少なくとも 25% 削減するという確認判決及び差止めを求めた事案。一審・二審ともに一審原告の請求を認容し、国に対して 2020 年末までに GHG 排出量を 1990 年比で少なくとも 25% 削減するよう命じた。国が上告。上告棄却。最高裁は、オランダ住民の生命と福祉に深刻な影響を及ぼす危険な気候変動のために、国は欧州人権条約 2 条（生命に対する権利）と同 8 条（私生活及び家族生活の尊重を受ける権利）に基づき、GHG 排出量削減を達成する義務を負うと判示した。本件の邦語評釈として、一原雅子「判批」環境法政策学会誌 24 号（2022 年）19 頁参照。

16）Ali v. Federation of Pakistan et al., 2016, Constitutional Petition No._/I of 2016, English Translation *available at* http://climatecasechart.com/non-us-case/ali-v-federation-of-pakistan-2/ (2022/12/17). シンド（Sindh）州在住の 7 歳の少女ラバブ・アリ（Rabab Ali）が、環境法弁護士である父を訴訟代理人として、国（パキスタン）とシンド州に対して、石炭火力発電の結果として生じる GHG 排出量増加による基本的人権の侵害及びパキスタンの大気と気候に関する公共信託理論の侵害等を理由として、タール（Thar）炭鉱の開発の差止め等を求めて、最高裁判所に直接提訴した事案。2022 年 12 月現在、係属中。

17）Milieudefensie et al. v. Royal Dutch Shell plc., 2021, English Translation ECLI:NL:RBDHA:2021:5339 *available at* https://uitspraken.rechtspraak.nl/inziendocument?id=ECLI:NL:RBDHA:2021:5339 (2022/12/17). 環境保護団体ミリューディフェンジらが、石油メジャーであるシェルに対して、シェルの気候変動に対する寄与がオランダ民法における注意義務に違反し、人権を侵害していることを理由に、パリ協定

（3）気候基準の実施

これは、特定の有害な政策やプロジェクトを阻止することと、政策立案者の間で気候変動への関心を主流にすることという二つの目標を掲げ、行政の意思決定に気候変動に関する基準、問題、又は原則を組み込むことを求める訴訟類型である。これらの訴訟は、気候変動の影響を十分に考慮することなく策定された新しい政策に異議を唱える場合もあれば、既存の気候政策の野心レベルを後退させたり減少させたりする決定に異議を唱える場合もある。

この類型の典型的な訴訟は気候変動の緩和を目的とするものであり、その多くは化石燃料の採取やそれによるエネルギー産出を標的とする。

この類型において、企業のみ、又は行政と企業の双方が被告となる。

（4）財政

これは、気候変動対策と整合性のないプロジェクトに公的資金が流れることに異議を唱えることを目的としている訴訟類型である。この訴訟類型は、上記（3）「気候基準の実施」類型と相当程度重複するが、GHG 排出量の多い活動の資金コストを、たとえ法的に許容されていたとしても経済的に成り立たなくなるレベルにまで引き上げるという、より特定の目的を持つものである。

この類型においては、行政が被告となる。

に基づき 2030 年までに CO_2 排出量を 2019 年比で 45% 削減すること等を求めた事案。請求一部認容、一部棄却。一審は、「不文法に基づき適切な社会的行為とみなされるものに反する行為」を不法行為とする旨規定するオランダ民法典第 6 編 162 条に基づき不文の注意義務を適用して、シェル・グループとシェルが採掘した石油の最終使用者の両方によるすべての活動につき、2030 年までに CO_2 排出量を 2019 年比で少なくとも45% 削減することを命じた。シェル控訴。2022 年 12 月現在、係属中。

（5）適応の失敗

　これは、政策や設備を開発する際に気候変動の影響を考慮に入れなかったことに対して行政やその他の法主体に異議を唱えることを目的とする訴訟類型である。これらの訴訟は主として、公的及び私的な意思決定において、物理的な気候リスクが確実に考慮されるようにすることを目的としている。また、この類型には金融業者が物理的リスクと移行リスク（後述）の両方を管理・開示しなかったことに関する事件も多く、これらは金融業者が低炭素化へ「適応することに失敗した」と理解され得るものである。

　この類型において、企業又は行政が被告となる。

（6）てん補（compensation）

　これは、気候変動による被害に寄与したことを根拠に、気候変動の影響に対するてん補を請求することを目的とする訴訟類型である [18]。これらの訴訟は、被告の売上高利益率に影響を与えることと、評判を悪化させることの両方によって、GHG排出を抑制することを求めるものである。これらはまた、

---

18) *See, e.g.*, Luciano Lliuya v. RWE AG, 2015, 2 O 285, unofficial English Translation *available at* http://climatecasechart.com/non-us-case/lliuya-v-rwe-ag/ (2022/12/17). 本件は、ペルー在住の農民である原告サウル・ルチアーノ・リウヤ（Saúl Luciano Lliuya）が、ドイツ最大の電力会社RWEを相手方として、RWEが故意に相当な量のGHGを排出したことにより気候変動に寄与したため、原告の居住地近くの山岳氷河の融解に一定の責任を負うとして、GHG排出割合に応じてパルカコチャ湖の洪水から原告の財産を保護するために適切な予防的措置を講じること等（抽象的差止請求）のほか、予備的に原告に6,384ユーロ支払うことを求めてドイツの裁判所に提訴した事案。一審は、抽象的差止請求につき不適法としたほか、支払請求に対してドイツ民法1004条（所有権に基づく妨害排除請求及び不作為請求）並びに侵害者の妨害排除義務を所有者が履行した場合に同812条及び818条2項（不当利得に基づく返還義務）により生じる侵害者の返還義務につき一般論を展開した上で、被告のGHG排出による気候変動への寄与は原告の所有権に対する妨害との間で適切かつ相当な因果関係を欠如しているため、被告は侵害者に該当しないと判断した。原告が控訴。2022年12月現在、係属中。

特に森林伐採のような GHG の排出や炭素貯留能力の減少を生じさせる違法行為を罰することを求めるものである。

この類型において、企業又は行政が被告となる。

（7）気候ウォッシング

気候ウォッシングとは、気候と、表面をごまかすという意味の「ホワイトウォッシュ（whitewash）[19]」を組み合わせた造語であり[20]、気候変動への対応を誤解させるような行動や製品のことを指す。この類型の訴訟は、前記のような行動や製品について、行政と行政以外の法主体の両方に法的責任を負わせることを目的とするものである。これらの訴訟は、低炭素社会への移行期において環境保護に貢献しているとして、行政や企業が不正確な「物語（narratives）」を伝えることに異議を唱えるものである。この類型はしばしば上記（6）「てん補」類型と重複するものの、新規の多くの気候変動訴訟は誤った情報キャンペーンが気候変動被害にどの程度寄与してきたかに焦点を当てているという。

この類型では、企業、個人、又は行政が被告となる。

（8）個人的責任

これは、気候リスクの一因となったこと、又は気候リスクを適切に管理しなかったことに対して、特定の個人に法的責任を負わせることによって、公的及び私的な意思決定者に気候問題を優先させるようインセンティブを与えることを目的とする訴訟類型である。この類型には、株主及び年金基金受益者その他によって提起された代表訴訟[21]や刑事事件も含まれる。

19）高橋作太郎編代『リーダーズ英和辞典〔第3版〕』（研究社、2012年）参照。

20）類似する造語として「グリーンウォッシュ」がある（阿由葉真司「気候関連情報開示の世界的潮流」企業会計73巻8号（2021年）71頁参照）。

21）*See, e.g.*, Ewan McGaughey et al. v. Universities Superannuation Scheme Limited et al., 2002, EWHC1233 (Ch). 本件は、イギリスにある大学教職員のための

この類型では、個人が被告となる。

3　戦略的気候変動訴訟の傾向

　戦略的気候変動訴訟は少なくとも 1990 年代中頃には見られたものの、その件数は 2000 年代に入ると増加し始め、2015 年以降に急増している[22]。2015 年は、国連サミットにおいて「持続可能な開発目標（SDGs）」が採択され、かつ、国連気候変動枠組条約第 21 回締約国会議（COP21）においてパリ協定が合意された年である。パリ協定では、GHG 排出量削減により、今世紀末までに世界の平均気温の上昇が工業化前に比べて 2℃を十分に下回り、1.5℃に近づける努力をする長期目標が掲げられている[23]。

　グランサム研究所は、2015 年以降にアメリカ合衆国外で提起された戦略的気候変動訴訟の内訳を分析している[24]。それによると、戦略的気候変動訴訟として 230 件の訴訟が確認され、これらの訴訟は単独又は複数の戦略を組み合わせて提起されているという。そのうち最も多く用いられる戦略が、上記（3）「気候基準の実施」である（117 件）。この戦略が用いられる訴訟では、行政が被告とされているものが最も多いものの、企業に対して直接提訴されることもあれば、行政と企業がともに被告とされるものもある。

私的年金機構の法人受託者である大学退職年金機構の理事に対して、出資者が提訴した代表訴訟である（同機構には原告適格を有する株主はいなかった）。原告は、同機構の運営に関するいくつかの主張と並行して、現在及び過去の理事が化石燃料からの投資撤収について信用できる計画を作成しなかったことは同機構の成功を害しており、かつ害し続けるであろうことから、2006 年会社法 171 条（権限の範囲内の行為をする義務）及び同 172 条（会社の成功を促進する義務）の違反を主張した。一審が代表訴訟提起の許可を拒絶したため、原告が控訴。2022 年 12 月現在、係属中。

22)　*See*, Grantham Research Institute, *supra* note 4, at 16, Figure 1.6.

23)　*See*, https://unfccc.int/process-and-meetings/the-paris-agreement/the-paris-agreement (2022/12/18). 白井さゆり『SDGs ファイナンス』（日経 BP マーケティング、2022 年）13–14 頁参照。

24)　*See*, Grantham Research Institute, *supra* note 4, at 20-22.

4　小括

以上、本稿の第一の分析視角である戦略的気候変動訴訟について、その意義、グランサム研究所によって示された分類及び傾向について概説してきた。これらを前提とすると、戦略的気候変動訴訟という分析視角は、「原告の訴訟提起の動機」に着目することから、原告からどのように気候変動訴訟を分析することができるのかという視点を提供するものといえる。

次に、本稿の第二の分析視角である ESG についてみていきたい。

Ⅳ ESG─分析視角その2─

1　意義と現状

ESG は、ESG「投資」という用語とともに普及した概念である。ESG 投資とは、投資判断の際に、従来から考慮されてきた財務諸表や資本コストなどの財務情報に加えて、環境（Environment）、社会（Social）、企業統治（Governance）に関する企業の情報（ESG 情報）を考慮する投資をいう[25]。ESG 投資家は年金基金や保険会社とそれらの運用委託を受ける資産運用会社が中心となっているのに対して、ESG 投資の対象となる企業は一般的に財務情報等の開示が進んでいる株式市場の上場会社が多いとされている[26]。

ESG 情報等の非財務情報に関する開示のうち、気候変動に関する情報開示は、TCFD 提言に沿った開示が国際的な標準となりつつある[27]。日本においても、2021 年 6 月に改訂された「コーポレートガバナンス・コード[28]」は、東京証券取引所のプライム市場上場企業に対して「TCFD またはそ

---

25)　久保田・前掲注（1）34 頁参照。
26)　白井・前掲注（23）15、17 頁参照。
27)　白井・前掲注（23）92 頁参照。

れと同等の枠組みに基づく開示の質と量の充実を進めるべき」ことを求めている[29]。

そこで以下では、TCFD提言について概説していきたい。

2　TCFD提言の意義と背景

TCFD提言とは、気候関連財務情報開示タスクフォース（The Task Force on Climate-related Financial Disclosures, 略称 TCFD）によって示された、気候関連のリスク及び機会を適切に評価し価格付けするために必要な情報を開示する方法に関する提言のことをいう（以下、「TCFD提言」という）[30]。このような提言が示されるに至った経緯は、以下の通りである。

金融業界では、気候変動は投融資先の企業の事業活動に多大な影響を与える可能性があることから、保有資産に対する気候変動の影響を評価する動きが広まっている。しかしながら、これまで、企業に求める気候変動の影響に関する情報開示の程度は十分ではなく、金融機関は気候関連のリスクと機会を企業の戦略や財務計画と関連付けて理解することが難しい状況であった。そして、このような状況から金融機関の投融資や保険引受の判断が不十分となり、資産価値の大幅な急変が生じた場合等に、金融安定性が損なわれる可能性があるとの懸念があった。そのため、G20財務大臣及び中央銀行総裁は、

---

28) コーポレートガバナンス・コードとは、上場企業の中長期的な企業価値の向上を目指して、2015年から金融庁と東京証券取引所が共同で英国を参考にして公表したものである。これは企業のとるべき行動に関する原則を示したものであり、法的拘束力はないものの、各原則についてコンプライ・オア・エクスプレイン（comply or explain. 従うか、従わずにその理由を説明するか）によって開示を促している。白井・前掲注（23）63–64頁参照。

29) コーポレートガバナンス・コード補充原則 3-1 ③。*See,* https://www.jpx.co.jp/equities/listing/cg/tvdivq0000008jdy-att/nlsgeu000005lnul.pdf (2022/12/18).

30) 気候関連財務情報開示タスクフォース（株式会社グリーン・パシフィック山田和人ほか訳、長村政明監修）『最終報告書　気候関連財務情報開示タスクフォースによる提言』（2017年）（以下、「TCFD提言」という）iii 参照。

金融安定理事会（FSB）に対して、金融機関が気候関連のリスクと機会をどのように考慮できるかについてのレビューを求めた。FSB は、2015 年 9 月に行われたレビューの中で、金融機関が企業の気候関連のリスクと機会を適切に評価できるような情報開示の必要性を明らかとし、これを踏まえて、パリ協定と同時期の 2015 年 12 月に民間主導の TCFD を設置した。TCFD が 2017 年 6 月に公表した最終報告書（TCFD 提言）では、企業が任意で行う気候関連のリスクと機会に関する情報開示の枠組みが示された [31]。

　TCFD 提言は、一般的な財務報告書の中で気候関連財務情報を公開することを求めている。これは、G20 の国や地域の多くでは、債券や株式を発行する企業に対して、その財務報告書において気候関連情報等の重要なリスクを開示する法的義務が課されていることを背景としている。また、一般的な財務報告書の中で公開することにより、株主の関与と気候関連財務情報の広範な利用を促進し、それによって当該情報に基づいた気候関連のリスクと機会に対する投資家の理解をさらに深めるものと期待されるからである [32]。日本では、法定開示を行う財務報告書として有価証券報告書が挙げられる。ESG 情報の開示をめぐる世界的な議論の動向を踏まえ、2022 年 6 月に公表された金融審議会ディスクロージャーワーキング・グループ報告は、有価証券報告書に気候変動対応等の ESG 情報の記載欄を新設することを提言しており、議論が進められている [33]。もっとも、日本の現状では、ESG 情報の

---

31) TCFD コンソーシアム『気候関連財務情報開示に関するガイダンス 3.0 [TCFD ガイダンス 3.0]』(2022 年)（以下、「TCFD ガイダンス 3.0」という）1 頁参照。

32) TCFD 提言・前掲注（30）iv、28 頁参照。

33)「金融審議会ディスクロージャーワーキング・グループ報告－中長期的な企業価値向上につながる資本市場の構築に向けて－」4 頁参照 *available at* https://www.fsa.go.jp/singi/singi_kinyu/tosin/20220613/01.pdf (2022/12/18). 金融審議会「ディスクロージャーワーキング・グループ」（第 2 回）（2022 年 11 月 2 日開催）につき、*see,* https://www.fsa.go.jp/singi/singi_kinyu/disclose_wg/siryou/20221102.html (2022/12/18).

大半は任意開示であり[34]、有価証券報告書以外に統合報告書やサステナビリティレポート等の様々な開示媒体が存在している[35]。

3 TCFD提言の概要

TCFD 提言は、企業が、気候変動の影響と低炭素経済への移行がもたらすリスクと機会の財務的影響を分析し、把握し、開示することを求めている[36]。

TCFD 提言は、組織運営のための中核的要素として、①ガバナンス、②戦略、③リスク管理、④指標と目標という4つを挙げ、各要素の下で開示することが推奨される内容を挙げている[37]。①ガバナンスの下では、気候関連のリスクと機会に係る組織のガバナンスを開示することを求められる。②戦略の下では、気候関連のリスクと機会が組織のビジネス・戦略・財務計画へもたらす現実的及び潜在的な影響を、そのような情報が重要な場合には、開示することを求められる。③リスク管理の下では、気候関連リスクについて、組織がどのように識別・評価・管理しているのかについて開示することを求められる。④指標と目標の下では、気候関連のリスクと機会を評価・管理する際に使用する指標と目標を、そのような情報が重要な場合には、開示することを求められる。

ここで、上記④の下で推奨される開示項目のうち、GHG 排出について言及したい。GHGに関して、オフィスや工場等の組織自らの直接的な排出量（スコープ1）、電気の購入等の間接的な排出量（スコープ2）、及び当てはまる場合は取引先を含むサプライチェーン全体の排出量（スコープ3）と、その

---

34) 上妻京子「気候関連リスクに関する監査・保証の国際的動向」企業会計73巻8号（2021年）79頁参照。

35) TCFD ガイダンス 3.0・前掲注（31）11頁参照。

36) 高村ゆかり「気候変動問題の内在化が企業価値を高める」企業会計72巻1号（2020年）66頁参照。

37) TCFD 提言・前掲注（30）11-12頁参照。

関連リスクについて開示すること[38]、が推奨されている。

　上記4つの中核的要素の下で開示される内容の相互関係は、以下の通りである。前記のように、④指標と目標の下では、気候関連のリスクと機会を評価・管理する際に使用する指標と目標を開示することを求められ、これに基づいて③リスク管理が行われる。③は、気候関連リスクの特定、評価、そして管理に関するプロセスに関する開示を求めるものである。そして、この③の結果として抽出されたリスクの財務インパクトは②戦略において、また組織運営に関するリスク管理の監督と実施体制は①ガバナンスで開示される項目となる[39]。

4　気候関連のリスク

（1）序論

　本稿では、気候変動訴訟の契機となった被告企業の行動と当該訴訟の提起が、当該企業にとってどのようなリスクに識別され得るのかを分析するため、TCFD 提言におけるリスクを指標とすることとしたい。そこで以下では、TCFD 提言が気候関連のリスクをどのように捉えているのかについて、概説していく。

---

38) スコープ（Scope）とは、GHG プロトコル（The Greenhouse Gas Protocol Initiative）の中にあるコーポレート・スタンダード（Corporate Accounting and Reporting Standard）で定義された、GHG 排出に関する組織運営上の境界（バウンダリ）のことをいう。この GHG プロトコルは、WRI（World Resources Institute）と WBCSD（World Business Council for Sustainable Development）が中心となり、企業、NGO、政府機関等が参加して GHG・気候変動に関する国際スタンダードや関連ツールを開発するイニシアティブである。*See,* https://ghgprotocol.org/sites/default/files/standards/ghg-protocol-revised.pdf , 25 (2022/12/18); https://ghgprotocol.org/about-us (2022/12/18). 浜田陽二ほか『企業と投資家を結ぶ ESG・SDGs―企業評価と投資判断の新評価軸』（きんざい、2021 年）88 頁脚注2、白井・前掲注（23）44 頁参照。
39) TCFD ガイダンス 3.0・前掲注（31）28–29 頁参照。

（2）気候関連のリスク[40]

　気候関連リスクは、大きく二つに分けられる。第一に、低炭素経済への移行に関連したリスク（移行リスク（Transition Risks））である。第二に、例えば長期的高温等の気候パターンの変化のような、気候変動の物理的影響に関連したリスク（物理的リスク（Physical Risks））である。

　本稿の課題との関連で特に問題となるのは、移行リスクである。そこで次に、その内容について見ていきたい。

（3）移行リスク

　移行リスクはさらに、a) 政策及び法規制のリスク（Policy and Legal Risks）、b) 技術のリスク（Technology Risk）c) 市場のリスク（Market Risk）、そして d) 評判上のリスク（Reputation Risks）に分かれる。なお、a) ～ d) のリスクは、相互排他的なものではなく、重複し得るものとされている[41]。

　第一に、a) 政策及び法規制のリスクとは、気候変動関連の政策活動や気候変動訴訟の増加に伴うリスクのことをいう。具体的には、GHG 排出の価格付けが進行することや、GHG 排出量の報告義務が強化されること、既存製品・サービスに対する何らかの義務化や規制化、組織による気候変動の影響緩和の失敗による訴訟がa) に該当する。これらにより生じるであろう財務的影響として、コンプライアンス・コストや保険料といった操業コストの増大、政策変更による現有資産の償却・資産価値減損・早期除却、罰金及び裁判の結果によるコスト増大、及び／又は製品・サービスの需要低下が挙げられる。

　第二に、b) 技術のリスクとは、低炭素でエネルギー効率の良い経済システムへの移行を支援するための技術改良や技術革新に伴うリスクのことをい

---

40) TCFD 提言・前掲注（30）4–5、9 頁参照。
41) TCFD 提言・前掲注（30）9 頁脚注 32 参照。

う。具体的には、既存製品・サービスの低炭素オプションへの置換、新技術への投資の失敗や、低炭素技術への移行の先行コストがb）に該当する。これらによって、現有資産の償却及び早期除却、製品・サービスの需要の減少、新技術・代替技術の研究開発（R&D）への先行出費、技術開発への先行設備投資、さらに新たな手法・プロセス採用及び配置の先行出費といった財務的影響が生じ得ることが考えられる。

　第三に、c）市場のリスクとは、気候関連のリスク及び機会が考慮されることにより、特定の商品・製品・サービスの需要と供給に生じる変化のことをいう。具体的には、消費者行動の変化や原材料コストの高騰等がc）に該当する。これらによって生じ得る財務的影響として、消費者の好みの変化による商品・サービスの需要の低下、エネルギーや水の投入価格と廃棄物処理のような生産要件の変化による生産原価の増大、エネルギーコストの突然かつ予期しない変動、収益の構造と収益源の変化による減収、化石燃料の埋蔵量や土地の評価額、証券の評価といった資産価格の改定が挙げられる。

　第四に、d）評判上のリスクとは、低炭素経済への移行に関連した顧客や社会の認識の変化に伴う組織の評判に関するリスクのことをいう。具体的には、消費者の好みの変化や当該セクターへの非難、ステークホルダーの不安増大やマイナスのフィードバック等がd）に該当する。これらによって生じ得る財務的な影響としては、商品・サービスの需要の減少による収入減少、計画認可の遅延やサプライチェーンの障害といった製造能力の減少による収入減少、従業員管理と計画へのマイナスの影響による収入減少、資本の利用可能性の低下が挙げられる。

5　小括

　ここまで、本稿の第二の分析視角であるESGに関連して、TCFD提言について概説してきた。TCFD提言は、「企業の財務情報に対する気候変動の影響」に着目し、気候変動訴訟もその影響の一つであることから、ESGという分析視角として被告企業からどのように気候変動訴訟を分析することが

できるのかという視点を提供するものといえる。

　以下では、本稿の分析対象である仙台 PS 訴訟の概要と本件の法解釈学上の位置付けについて論じていくこととする。

V 仙台PS訴訟―分析対象―

1　日本における気候変動訴訟の現状と本件の位置付け

　サビン・センターによる気候変動訴訟データベース[42]には 2022 年 12 月現在、日本における気候変動訴訟として、行政事件訴訟 2 件、民事訴訟 2 件、その他 1 件[43]が登載されている。

　仙台 PS 訴訟は、上記の民事訴訟のうちの一つであり、気候変動を一つの理由に石炭火力発電所運転の差止めを求めた日本で初めての訴訟とされている[44]。そして、本件は控訴審判決まで下され、気候変動訴訟として最初に確定したものである。

2　原告による訴訟の狙いと問題意識

　本件の一審原告は仙台パワーステーション発電所（以下、「仙台 PS」という）の周辺に居住する X ら 124 名であり、被告は仙台 PS を設置・運転する会社 Y である。

---

42) http://climatecasechart.com/ (2022/12/18).

43) 本件は、日本の銀行がベトナムの石炭火力発電事業に関連して経済協力開発機構（OECD）多国籍企業行動指針に違反していることを理由に、オーストラリア環境 NGO マーケット・フォース（Market Forces）が日本連絡窓口（NCP）に問題提起した事案である。*See*, http://climatecasechart.com/non-us-case/market-forces-v-smbc-mufg-and-mizuho/ (2022/12/19).

44) 長谷川公一「被災地仙台港の石炭火力を差し止める」環境と公害 47 巻 4 号（2018 年）44 頁、明日香壽川ほか「≪座談会≫石炭火力発電所建設問題と日本の気候変動政策―地域の足元から地球規模で考える―」環境と公害 47 巻 4 号（2018 年）59 頁 [明日香壽川発言] 参照。

　本件一審原告団長を務めた長谷川公一は、提訴の狙いを3点挙げている。すなわち、第一に、司法的救済の可能性を探求すること、第二に、「石炭火力発電所についても、原発と同様に『訴訟リスク』があることを企業側や政府に提起し、石炭火力発電所抑制に向けた規制強化を求め」ること、第三に、「仙台港には、四国電力と住友商事による（仮称）仙台高松発電所の建設計画もあ」ることから、「これら後続の建設プロジェクトに対しても、提訴によって、計画撤廃に向けた社会的圧力を強め」ること、である[45]。

　そして、本件提訴に当たり、長谷川は被告会社Yと行政による7つの行動及び態様を問題視していたが、そのうちYに関しては3つを指摘している。すなわち、第一に、環境アセス逃れ、第二に、パリ協定に矛盾し、気候変動対策に逆行していること、第三に、災害便乗型ビジネスである[46]。以下では、これら3つの詳細について、見ていきたい。

　第一に、環境アセス逃れである。国の環境影響評価（以下、「環境アセス」という）[47]の対象となる火力発電所は、出力11.25万kW以上であるところ（環境影響評価法施行令別表第一の五の項）、仙台PSは11.2万kWであり、Yが電気事業法に基づく工事届出書を提出した2015年5月時点では、宮城県及び仙台市の条例による環境アセスの対象にもなっていなかった[48]。長谷川によると、「仙台PS側は、自主アセスを求める私達の再三の要

45）長谷川・前掲注（44）44頁参照。
46）長谷川・前掲注（44）44–46頁参照。
47）国の環境アセスの評価項目につき、「基本的事項」として汚染物質のほかにGHG排出量も挙げられている（環境影響評価法に基づく基本的事項 第二の二（1）及び（4）参照）。
48）宮城県では平成29（2017）年2月に環境影響評価条例施行規則を改正し、仙台市では改正した環境影響評価条例施行規則を平成28（2016）年5月に施行し、出力3万kW以上の火力発電所の設置又は変更の工事の事業を条例の対象とした（宮城県環境影響評価条例施行規則別表第一の四の項、宮城県環境影響評価マニュアル（火力発電所設置事業）追補版「はじめに」*available at* https://www.pref.miyagi.jp/documents/13314/670965.pdf (2022/12/18)、仙台市環境影響評価条例施行規則別表第一の六の項参照）。

求を無視し、また 2017 年 3 月 8 日に実施した住民説明会でも、『自主的な環境アセスメントを実施してほしい』とする要望に対して、『環境アセスメントを実施すると稼働が延期になってしまうことから、実施する予定はありません』と回答した[49]」という。もっとも、Y は、その後、自主的環境アセスを実施した[50]。

第二に、気候変動対策への逆行である。東日本大震災の翌年である 2012 年以降、日本では 50 基の石炭火力発電所が計画され、本件提訴の翌年である 2018 年 4 月時点で、このうち 4 基が計画段階で中止となったことから、日本における石炭火力発電所の新設計画は 46 基あった[51]。長谷川によると、46 基すべてを稼働し、既設の石炭火力発電所も稼働し続けるものとした場合、2030 年度の日本全体の二酸化炭素（CO_2）の総排出量は 11.12 億トンとなるという。そして、これは、パリ協定で合意した日本の削減目標である 2013 年度比 26% 削減を 7000 万トン上回ることになるという。

第三に、災害便乗型ビジネスである。2018 年 4 月時点で新設計画があった 46 基の石炭火力発電所のうち、13 基は東北地方に集中し、このうち 9 基（福島県 6 基、宮城県 3 基）は、東日本大震災による津波の被災地においてであった。長谷川によると、津波被災地に立地されたのは、地価が安く、

---

49) 長谷川・前掲注（44）45 頁参照。

50) 東日本大震災後の発電状況と電力自由化を背景として、11.25 万 kW よりわずかに小規模の石炭火力発電所の建設計画が急増したことを受け、2017 年 3 月に環境省は、「小規模火力発電等の望ましい自主的な環境アセスメント実務集」を公表した（https://www.env.go.jp/press/103770.html (2022/12/18)）。これにより、法律や条例による環境アセスの対象事業以外についても、自主的な環境アセスが行われるようになった（大塚直『環境法 BASIC〔第 3 版〕』（有斐閣、2021 年）133 頁参照）。

51) 明日香・前掲注（44）56 頁 [桃井貴子発言] 参照。NGO/NPO 団体の気候ネットワークによると、2012 年に新設が計画された 50 基のうち、2022 年 11 月 4 日時点で稼働中が 26 基、建設中が 4 基、地元住民の反対や経営環境の変化を踏まえた事業者の判断による計画中止が 20 基となっている。*See*, https://beyond-coal.jp/beyond-coal/wp-content/uploads/2022/11/50-units-data_202211-2.pdf　(2022/12/18).

首都圏に近く、福島原発に対応した大規模な送電網があるからであるという。すなわち、これらは福島原発と同様に、首都圏に売電することが目的であったという。

3　仙台PS訴訟

（1）事案の概要[52]

　本件は、Yが仙台港に建設した石炭火力発電所（仙台 PS）の運転差止めを求めて周辺住民が提起した訴えである。

　石炭火力発電所は、石炭燃焼式ボイラーにより粉砕した石炭を燃焼して高温高圧の蒸気を作り、その蒸気の力でタービンを回して発電機を回転させて発電する。蒸気条件の改善（蒸気圧力及び温度の上昇）によって発電効率が向上し、昭和 40 年代（1965 ～ 74 年）までは亜臨界圧（蒸気圧力が水の臨界圧力 22.1Mpa 未満）という発電技術が主流であり、昭和 50 年代（1975 ～ 84 年）から超臨界圧（蒸気圧力が 22.1Mpa 以上、かつ蒸気温度が 556 ℃未満）という技術が開発され、近年では超々臨界圧（蒸気温度が 556℃以上）という技術が開発され、実用化されている。本件発電所は、亜臨界圧の技術を用いた出力 11.2 万 kW の石炭火力発電所であり、石炭消費量は、1 日当たり約 900 トン（年間約 32 万トン）である。Y は、本件発電所を建設し、平成 29 年（2017 年）7 月 26 日に試運転を開始し、同年 10 月 1 日から営業運転している。

　石炭火力発電所は、発電の際、微小粒子状物質（PM2.5）等の健康に影響を及ぼす有害物質を副産し、その一部は大気中に排出される。本件発電所も、他の石炭火力発電所と同様、その運転により、これらの有害物質を大気中に排出するほか、推計値で年間約 67 万トンの CO_2 を排出する。

　原告 X らは、①発電所から大気中に排出される有害物質により、X らの

52）仙台高判令和 3 年 4 月 27 日判時 2510 号 14 頁以下参照。

呼吸器系、循環器系、免疫系に悪影響を及ぼし、早期死亡リスクを増大させる等、深刻な健康被害が発生し、本件発電所の運転により、Ｘらの生命・身体に重大な侵害が及ぶ危険性が生じ、Ｘらの身体的人格権又はそれに直結する平穏生活権が侵害されること、②排出されるGHGにより促進される地球規模の気候変動によってもＸらの生命、健康及び身体が侵害されること、③排出される有害物質により、近くにある蒲生干潟の生態系に悪影響を及ぼし、生物多様性が損なわれることを主張して、本件発電所の運転差止めを求めた。争点整理の結果、上記①のうち平穏生活権侵害に基づく差止請求の可否のみが争点とされた[53]。

Ｘらは、国際環境保護団体グリーンピースに所属する研究者らが作成した論文（以下、「本件論文」という）を提出し、本件論文に基づき、本件発電所からの大気汚染物質排出は仙台市の近隣で大気汚染物質濃度の上昇をもたらすことが定量的に明らかとなり、本件発電所の稼働によりPM2.5と二酸化窒素への曝露を原因とする早期死亡が約9.7人／年、低出生体重児が約1人／年発生するという結果が生じると主張した。本件論文は、①本件発電所稼働による近隣地域での大気汚染物質濃度の上昇量（大気汚染モデルによる大気汚染物質の拡散シミュレーション）、②大気汚染物質濃度が単位量上昇した場合の死亡率等の上昇量（疫学知見に基づく相対危険）、③曝露人口、以上3つの要素を組み合わせて、本件発電所から排出される大気汚染物質による早期死亡人数等の健康影響を予測するものである。

一審は、本件発電所の運転により排出される大気汚染物質の実測値は、環境基準や大気汚染防止法及び公害防止協定（後述）による排出基準をいずれも下回るものであり、発電所の周辺地域における大気汚染物質の実測値は、運転前と比較しても通常の変動の範囲内で推移していることが認められ、本

---

53) 仙台地判令和2年10月28日判時2467号86頁以下参照。匿名「判批」判タ1479号（2021年）164頁、島村健「判批」新・判例解説Watch28号（2021年）321頁、桑原勇進「判批」環境法研究14号（2022年）177頁参照。

件論文のシミュレーションによる大気汚染及び環境影響の評価の算定式については、本件発電所の運転による環境汚染の現実を正しく反映するものとはいえず、現実の権利侵害を立証するものとしては信用性が十分に認められないとして、少なくとも現時点においては本件発電所の運転による環境汚染の態様や程度が特別顕著なものとは認められないと判断した。その上で、本件発電所の運転により環境を汚染する行為は、環境汚染の態様や程度の面において社会的に容認された行為としての相当性を欠くということはできず、平穏生活権を侵害するものとして違法と認めることはできないと判断して、Xらの請求を棄却した。

　X一名のみが控訴した。本件控訴における争点は、排出される大気汚染物質への曝露による健康影響がもたらすXの生命、身体の被害の危険性が、社会生活上の受忍限度を超えた具体的な危険として人格権の侵害と認められ、本件発電所の運転が違法と評価されるか否かであった。

　本件控訴審判決において認定された事実の概要は、以下の通りである。

① 発電所の建設及び環境対策について（判決理由2（1））

　エネクス電力株式会社及び株式会社関電エネルギーソリューションは、政府が、エネルギー基本計画に基づき、東日本大震災に伴う原子力発電所の事故により、原子力発電所への依存度を可能な限り低減することを基本的な方向性としつつ、原子力発電所の停止に伴って大きく低下したエネルギー自給率を改善し、電力の安定供給が確保される多層化・多様化した需給構造を実現することを重要な課題の一つとして施策を進めていたこと、平成28年（2016年）4月からは、電力システム改革の一環である改正電気事業法の施行に伴い、電気の小売業への参入が全面的に自由化されたことから、共同して首都圏への売電を主たる目的とする石炭火力発電所の開発を進めることとし、そのために仙台港に本件発電所を建設することとして、その建設及び運転の主体となる株式会社として平成26年（2014年）9月11日にYを設立し、本件発電所を建設した。

　本件発電所は、発電効率が比較的劣る旧来の技術である亜臨界圧を用い、出力は、環境影響評価法による環境アセスの対象とならない 11.2 万 kW の発電設備を用いた石炭火力発電所である。本件発電所の運転に際して発生する有害物質のうち大気中に排出されるのは、発生量全体の 1% 以下である。

　本件発電所は、環境アセスの対象とはならないが、Y は、発電所が稼働する前に排煙による大気環境の予測評価を行い、環境基準を下回る結果となるという予測評価結果となった。

② 公害防止協定に基づく排出基準とその遵守状況について
（判決理由 2（2））

　Y は、本件発電所の運転開始に先立ち、平成 28 年（2016 年）3 月に宮城県及び同県の 6 市町村と公害防止協定を締結し、本件発電所から排出される有害物質の排出基準を定めて、この基準を遵守することを約束した。これらの排出基準は、いずれも大気汚染防止法による排出規制の基準より厳しいものであった。

　Y は、大気汚染防止法 16 条及び公害防止協定 14 条に基づき、本件発電所に係る煤煙量及び煤煙濃度等について、毎月測定結果を公表しており、いずれも公害防止協定に定めた排出基準を遵守している。

③ 本件発電所稼働前後の周辺地域の大気汚染状況（判決理由 2（4））

　Y 及び宮城県は石炭を使用した試運転開始前から営業運転開始後において、仙台市は本件発電所の稼働前後において、それぞれ大気環境調査を実施した。その結果、PM2.5 の測定値は環境省が定める環境基準を下回り、また二酸化窒素の測定値は WHO が示す閾値を下回っている。

（2）判旨

控訴棄却。

① 仙台PS運転の違法性判断基準

「個人の生命・身体及びその健康は、人が生存する上で必要不可欠なものであり、各人の人格の本質であるから、個人の権利（人格権）として当然に保障される。

したがって、Yによる本件発電所の運転により、Xの身体的人格権又はそれに直結する平穏生活権が侵害され、又は侵害される具体的な危険がある場合には、人格権に基づいて当該侵害の排除ないし侵害の具体的な危険の予防のために発電所の運転の差止めを請求できる可能性を認めるのが相当である。

もっとも、人格権として保護されるべき法益は生命・身体及び健康ひいては日常の平穏快適な生活というものまで多様であり、これに対する侵害の態様、被害の程度も様々である。また、人格権に基づく侵害差止請求は、私人の社会経済活動を直接規制するものであって、その影響するところが大きい。

そうすると、Xが本件請求の基礎とする身体的人格権ないしこれと直結する平穏生活権に基づく妨害予防請求としての侵害行為の差止請求については、侵害の態様とその程度、被侵害利益の性質とその内容、侵害行為の社会的有用性ないし公共性、被害の防止措置の有無・内容・効果など様々な事情を比較衡量し、その被害が社会生活上受忍すべき限度を超えているといえる場合に限って、当該侵害行為が違法なものとして差止めが認められると解するのが相当である。」

② 大気汚染物質による健康被害の具体的な危険性について

「Xの主張する相対的危険は、あくまで様々な条件を設定したシミュレーションに基づく試算であるにすぎない。他方で、本件発電所は相応の環境対策を講じて建設され（前記2（1））、発電所の運転後に実際排出されている大気汚染物質が公害防止協定に定めた厳しい排出基準をも大幅に下回ってお

り（前記2（2））、周辺地域で測定された大気汚染物質の濃度が環境基準を
大幅に下回るだけでなく、運転後に大きく上昇したといえるほど有意な変化
も示していないこと（前記2（4））などの具体的事実を前提とすれば、
PM2.5には健康被害発生の閾値がないことを前提としたとしても、本件論
文のシミュレーション結果が、発電所周辺地域の住民にとって具体的な健康
被害が生じる危険性があることを裏付けるに足る証明力を有するとまでは評
価できない。」

③ 石炭火力発電所の社会的有用性ないし公共性について

「確かに、ここ数年における地球環境保護のための政策は、政府による
『2050年カーボン・ニュートラル』に代表されるように、地球温暖化を防
ぐ方向で議論が進められており、二酸化炭素を大量に排出する石炭火力発電
所の存在意義を消極的にみる見方も有力に存在する。しかし、現時点での国
のエネルギー政策を前提とする限り、エネルギー資源に乏しいわが国におい
てエネルギー供給に万全を期すという要請は無視することはできず、安定供
給性や経済性に優れた石炭火力発電所における発電は、平成24年度の年間
発電電力量の27.6%を占め、平成27年7月に公表された経済産業省によ
る長期エネルギー需給見通しにおいても、2030年度（令和12年度）の電
源構成として26%程度が見込まれている。現在は、脱炭素社会の実現のため、
政府によって、非効率な石炭火力のフェードアウトや再生エネルギーを活用
したエネルギー供給計画が検討されているところではあるが、このような計
画はいまだ過渡期にあり、エネルギー供給源として相当程度を占める石炭火
力発電所である本件発電所の有用性・公共性が現時点において直ちに否定さ
れるものではない。

本件発電所は、石炭火力発電所としては亜臨界圧という旧来の技術を用い、
または環境アセスメントの基準をわずかに下回る出力を採用してその手続を
経ないなど、低コストで早く建設することを優先した事業計画という面もな
くはない。

　しかし、前記２（１）の通り発電所の建設前に大気環境の予測評価を行い、２（２）のとおり、地元自治体との間で大気汚染防止法の排出基準より厳しい公害防止協定を締結した上で、協定に定める大気汚染物質の排出基準を遵守しているのである。

　発電所の建築計画の経緯や首都圏への売電などの主たる目的、あるいは石炭火力発電所としての地球温暖化を含めた環境への付加の大きさなどの問題を考えたとしても、なお本件発電所は、国民生活のインフラとして相当程度の社会的有用性ないし公共性を有するものと評価するのが相当である。」

④ 結論

　「本件発電所の運転により大気汚染の原因となる有害物質が相当程度排出されることは事実であり、それが拡散によって周辺地域の住民に健康被害をもたらす抽象的な危険があることまでは否定し難いものの、他方で、相応の環境対策を講じ、現実に排出される大気汚染物質は公害防止協定に定めた排出基準も大幅に下回り、周辺地域における PM2.5、二酸化窒素などの有害物質の測定値が営業運転後も環境基準を下回る状態で推移し、発電所の運転により大気汚染状況が悪化したことを具体的に裏付ける事情が認められないことからすれば、本件発電所の運転により控訴人に健康被害が発生する具体的な危険性があるとまでは認められない。

　温室効果ガスの排出による地球規模の気候変動や蒲生干潟の生態系への悪影響という面でも、具体的な危険性までは認められない。

　Ｘが主張する本件発電所の運転による大気汚染物質の排出とその拡散による健康被害については、侵害の態様とその程度、被侵害利益の性質とその内容、侵害行為の社会的有用性ないし公共性、被害の防止措置の有無・内容・効果など様々な事情を比較衡量したとき、社会生活上受忍すべき限度を超えるといえる具体的な健康被害の危険性であるとはいえないから、本件発電所の運転は、Ｘの身体的人格権又はそれと直結する平穏生活権に対する違法な侵害行為であるとはいえない。」

4　法解釈学における本判決の位置付け

（1）法解釈学における本判決の意義

本判決は、大気汚染物質の排出とその拡散による健康被害という身体的人格権又はそれに直結する平穏生活権の侵害を理由とした差止請求に関する、下級審における事例判断である。

（2）従来の身体的人格権又はそれに直結する平穏生活権の侵害に基づく差止請求における違法性判断

① 人格権と平穏生活権

人格権とは、憲法 13 条及び 25 条に基づく、人の生命・身体・自由・名誉・氏名等の人格的利益の総称のことをいう[54]。人格権は、伝統的な見解によると、身体的人格権と精神的人格権に二分される。身体的人格権とは、生命・身体・健康等の身体的側面を保護する人格権のことをいい、精神的人格権とは、精神的な平穏や精神的自由のことをいう[55]。

平穏生活権とは、生命・身体に対する侵害の危険から直接引き起こされる危険感・不安感によって精神的平穏や平穏な生活を侵害されない人格権（身体的人格権に直結した精神的人格権）のことをいう[56]。平穏生活権は、生命・身体に対する侵害の危険が問題とされている点において、被侵害利益という観点からは、絶対権・絶対的利益侵害と同質と考えられている[57]。

---

54) 潮見佳男『不法行為法Ⅰ〔第 2 版〕』（信山社、2009 年）194 頁、高橋和之ほか編代『法律学小辞典〔第 5 版〕』（有斐閣、2016 年）、窪田充見編『新注釈民法 (15) 債権 (8)』（有斐閣、2017 年）319-320 頁 [橋本佳幸]、窪田充見『不法行為法〔第 2 版〕』（有斐閣、2018 年）（以下、「窪田 -2」という）137 頁参照。

55) 淡路剛久「人格権・環境権に基づく差止請求権」判タ 1062 号（2001 年）151 頁参照。

56) 淡路・前掲注（55）154 頁参照。このほか、平穏生活権の意義につき、吉村良一「『平穏生活権』の意義」水野武夫先生古稀記念論文集『行政と国民の権利』（法律文化社、2011 年）232 頁、神戸秀彦「平穏生活権論に寄せて―近時の産業廃棄物処分場差止め判決に関連して―」池田恒夫＝高橋眞編著『現代市民法学と民法典』（日本評論社、2012 年）327 頁参照。

② 公害及び環境被害における差止請求の法的根拠[58]

差止請求について、明文規定は存在していない。そこで、差止請求の法律構成については、伝統的に、権利的構成と不法行為法構成という二つの立場が主張されてきた。

権利的構成とは、排他的支配権を伴う権利の効果として、差止請求を認める立場である。これはさらに、a）所有権等の物権的請求権を根拠とする見解と、b）人格権に基づき物権的請求権に準じて差止請求を認める見解に分かれている。このほか、c）環境利益に対する侵害に基づき差止請求を認める、環境権説も主張されてきた 。

これに対して、d）不法行為法構成とは、差止めを不法行為法の問題として位置付け、民法709条以下で規定された不法行為の成立要件を充足した場合に初めて差止請求が認められると解する立場である 。

さらに、上記二つの立場を統合して、e）権利侵害の場合には権利的構成を採用し、権利侵害に至らない利益の侵害の場合には不法行為法構成を採用する、複合構造説も唱えられている。

上記の見解のうち、裁判例においては、b）が最も有力とされている。

③ 差止めの要件[59]

差止請求では一般に、権利侵害、違法性、及び因果関係が要件として求められている。

権利侵害要件について、大気汚染のような人格権侵害は、保護法益に関す

---

57) 潮見・前掲注（54）251–252頁参照。

58) 大塚直「差止根拠論の新展開について—近時の議論に対する批判的検討」前田庸先生喜寿記念『企業法の変遷』（有斐閣、2009年）47頁、窪田 –2・前掲注（54）455–458頁、大塚直「2　公害・環境被害」窪田充見ほか編著『事件類型別　不法行為法』（弘文堂、2021年）（以下、「大塚 -2」という）119頁参照。

59) 大塚 - 2・前掲注（58）119–122頁参照。

る問題なく要件を充足すると考えられている。また、因果関係要件について、公害・生活妨害事件においては、実質的被害の発生に対する（高度の）蓋然性が要求される傾向にあるが、一定の場合には証明の負担の緩和が図られている。

　以下では、本件で争点とされた違法性要件の判断基準について、見ていきたい。

④ 違法性[60]

　多くの裁判例及び従来の多数説は、法律構成を問わず、加害者と被害者の種々の事情を考慮して加害行為の違法性の有無を判断する受忍限度論を採用している。

　従来の判例では、損害賠償請求訴訟における受忍限度論と差止請求訴訟における受忍限度論とでは、その考慮方法が異なっている。すなわち、国道43号線訴訟上告審判決は、道路の騒音及び大気汚染を理由とした損害賠償に関する受忍限度論において、（ア）侵害行為の態様と侵害の程度、（イ）被侵害利益の性質と内容、（ウ）侵害行為の持つ公共性ないし公益上の必要性の内容と程度、（エ）侵害行為の開始とその後の継続の経過及び状況、その間に採られた被害の防止に関する措置の有無及びその内容、効果等の4点を考慮要素として挙げている[61]。そして、差止めに関する受忍限度論における考慮要素は損害賠償に関するそれとほぼ共通するとした上で、損害賠償と

60）大塚 - 2・前掲注（58）120–122 頁参照。

61）最判平成 7 年 7 月 7 日民集 49 巻 7 号 1870 頁参照。本判決は、大阪空港訴訟事件大法廷判決（最大判昭和 56 年 12 月 16 日民集 35 巻 10 号 1369 頁）の立場を踏襲することを明らかにしている。田中豊「判解」ジュリ 1081 号（1995 年）70 頁、秋山義昭「判批」ジュリ 1081 号（1995 年）102 頁、浅野直人「判批」判タ 892 号（1996 年）97 頁、國井和郎「判批」リマークス 13 号（1996 年）74 頁、潮海一雄「判批」判時 1570 号（1996 年）188 頁、中本敏嗣「判批」判タ 945 号（1997 年）126 頁、本多滝夫「判批」行政法判例百選 II〔第 4 版〕（1999 年）342 頁、大塚直「判批」環境判例百選〔第 3 版〕（2018 年）58 頁参照。

差止めとでは、違法性の判断において各要素の重要性をどの程度のものとして考慮するかには相違があるため、両場合の違法性の有無の判断に差異が生じても不合理であるとはいえないとしている[62]。

そして、最高裁は、同判決において差止請求に関する上記（ウ）の判断において、当該道路が沿道の住民や企業に対してのみならず、地域間交通や産業経済活動に対してかけがえのない多大な便益を提供しているとしており、沿道の住民や企業といった直接的な被害者に対する有益性（彼此相補性）だけではなく、地域社会全体に対する有益性を考慮している。

（3）違法性要件の判断基準に関する本判決の位置付け

本判決は、b）人格権及びその一種である平穏生活権を根拠とする権利的構成において、違法性につき受忍限度論を採用することから、従来の裁判例における判断基準を踏襲している。そして、本判決における受忍限度論の考慮要素は、（ア'）侵害の態様とその程度、（イ'）被侵害利益の性質とその内容、（ウ'）侵害行為の社会的有用性ないし公共性、及び（エ'）被害の防止措置の有無・内容・効果等という4点であったことから、本判決は前記国道43号線訴訟上告審判決に言及してはいないものの、その系譜に連なるものといえる。

その上で、本判決は（ア'）と（ウ'）を中心として判断している。（ア'）に関して、本判決は、本件論文の証明力の不足を理由に侵害の具体的な危険性を否定している。他方で、（ウ'）に関する判断において、本判決は、当時の国のエネルギー政策や長期エネルギー需給見通しにおいて電源構成として石炭火力発電所が占める割合等に言及した上で「本件発電所は、国民生活の

62）最判平成7年7月7日民集49巻7号2599頁参照。本判決は、公の営造物の使用差止めにつき、その実体に踏み込み、違法性の判断基準を示した初めての最高裁判決である。田中・前掲注（61）70頁、神戸秀彦「判批」法時67巻11号（1995年）12頁、村松昭夫「公害と国の責任」法時67巻11号（1995年）25頁、浅野・前掲注（61）97頁、中本・前掲注（61）126頁、大塚・前掲注（61）58頁参照。

インフラとして相当程度の社会的有用性ないし公共性を有するものと評価するのが相当である」と結論付け、本件発電所の直接的な被害者である地域住民に対する有益性ではなく、国全体に対する本件発電所の有益性を考慮し、肯定している。このことから、本判決は、（ウ'）に関しても、差止めに関する前記国道43線訴訟上告審判決の考慮方法を採用しているといえよう。

VI 分析

1　戦略的気候変動訴訟という観点からの分析
（1）原告側の真の狙いと戦略的気候変動訴訟の該当性

前記の通り、Xらは本件訴訟の狙いとして、第一に、司法的救済の可能性を探求すること、第二に、「石炭火力発電所についても、原発と同様に『訴訟リスク』があることを企業側や政府に提起し、石炭火力発電所抑制に向けた規制強化を求め」ること、第三に、石炭火力発電所の「これら後続の建設プロジェクトに対しても、提訴によって、計画撤廃に向けた社会的圧力を強め」ること、という3点を挙げていた。

以上から明らかなように、原告側の真の狙いは、Yの石炭火力発電所の運転によって侵害された権利の司法的救済のみならず、エネルギー産業関係者と行政の行動変容を求め、石炭火力発電所の建設計画撤廃に向けた社会的圧力を強めることであった。

このような狙いを背景として、本件は、大気汚染に関する公害訴訟とGHG排出量削減を目指す気候変動訴訟、そして蒲生干潟の生態系に関する生物多様性保持訴訟という3つの特徴を有する訴訟として提起された。しかしながら、争点整理の結果、大気汚染物質の排出とその拡散による健康被害という身体的人格権又はそれに直結する平穏生活権の侵害を理由とした本件発電所の運転差止めに争点が絞られた。それでは、本件は、この争点整理により、従来通りの公害訴訟に成り下がってしまったのだろうか。

UNEPの定義もサビン・センターの基準も、気候変動訴訟とは訴訟にお

いて気候変動が「主要な争点」であることを求めている。本件は争点整理の
結果として GHG 排出量削減が主要な争点とはならなかったことから、厳密
な意味では気候変動訴訟ではない。しかしながら、本件は GHG 排出量削減
に関する請求が争点整理において裁判所で検討されたことから、(「主要な争
点」ではないにもかかわらず) 同センターの運営するデータベースに登載さ
れている[63]。そのため、本件は一般に、気候変動訴訟の一つとして扱われ
ている。

　さらに、前述の通り、戦略的気候変動訴訟とは、「<u>原告の訴訟提起の動機
が個々の訴訟当事者の利害関係を超えて</u>、気候政策を促進し、公衆の意識を
喚起し、又は<u>行政若しくは産業関係者の行動変容を目指す</u>気候変動訴訟のこ
と」(下線部—筆者) と定義される。したがって、このような定義の下では、
本件は、エネルギー産業関係者と行政の行動変容を求めることを動機として
提訴されたことから、(前記センターが本件を気候変動訴訟として位置付け
たことを前提として) 戦略的気候変動訴訟の一つとして位置付けられること
となる。

(2)戦略的気候変動訴訟の分類と本判決における裁判所の判断

　戦略的気候変動訴訟に関する前記 8 つの分類に基づき本件を分析すると、
以下 3 点を指摘することができる。

　第一に、本件の一審原告団は、提訴にあたり、Y が石炭火力発電所を設置・
運転することは、GHG 排出量削減を目指すパリ協定に矛盾し、気候変動対
策に逆行していることを問題視していた。したがって、本件は、企業を被告
とし、かつ GHG の高排出活動を抑制することを目指すという点において、
(2) 企業枠組み (企業にコーポレートガバナンスや意思決定において変更
を求めることによって GHG の高排出活動を継続することを抑制しようとす

---

63) *See,* http://climatecasechart.com/non-us-case-category/ghg-emissions-reduction/
(2022/12/18).

る訴訟枠組み）に分類されることとなる。この点につき、本判決は傍論で、その理由を明示せずに「温室効果ガスの排出による地球規模の気候変動」による権利侵害の「具体的な危険性までは認められない」と述べ、GHG高排出活動の違法性要件該当性を否定している。

　第二に、上記原告団は、提訴にあたり、Yは国の環境アセスの基準をわずかに下回る出力の本件発電所を設置し、当初、地域住民が要求する環境アセスの実施を拒んだ点を問題視していた。したがって、Yが本件発電所の設置を計画するにあたり、環境アセス逃れを試みたという点において、（5）適応の失敗（政策や設備を開発する際に気候変動の影響を考慮に入れなかったことに対して行政やその他の法主体に異議を唱えることを目的とする訴訟類型）に分類されることになる。この点につき、本判決は、差止請求の違法性要件に関連して、受忍限度論における考慮要素の一つである（ウ'）「侵害行為の社会的有用性ないし公共性」を判断するにあたり、「本件発電所は、石炭火力発電所としては亜臨界圧という旧来の技術を用い、また環境アセスメントの基準をわずかに下回る出力を採用してその手続を経ないなど、低コストで早く建設することを優先した事業計画という面もなくはない」と述べ、環境アセス逃れを上記（ウ'）を否定する要素として位置付けている。もっとも、本判決は、「石炭火力発電所としての地球温暖化を含めた環境への負荷の大きさなどの問題を考えたとしても、なお本件発電所は、国民生活のインフラとして相当程度の社会的有用性ないし公共性を有するものと評価するのが相当である」として、環境アセス逃れというYの行為の悪質性と石炭火力発電所の「国民生活のインフラ」という側面とを比較衡量した結果、後者をより重視して上記（ウ'）を肯定している。

　第三に、上記原告団は、提訴に際して、災害便乗ビジネスである点を問題視していた。したがって、請求内容は差止めであったものの、本件発電所の運転差止によるYの売上利益率に影響を与えることと、Yの上記行動を問題視して訴訟提起することによってYの評判を悪化させることをも、潜在的な目的としていたと評価できることから、（6）てん補（気候変動による

被害に寄与したことを根拠に、気候変動の影響に対するてん補を請求し、被告の売上高利益率に影響を与えることと評判を悪化させることの両方によって、GHG 排出を抑制することを求める訴訟類型）の亜種として分類されることになる。災害便乗ビジネスに関連して、控訴人 X は、受忍限度論における（ウ'）「侵害行為の社会的有用性ないし公共性」を否定する要素として、本件発電所による事業が首都圏への売電を目的とした発電事業の一つにすぎないことを主張していた。それに対して、本判決は、「発電事業は一般的に国民の生活に欠かせないインフラ事業であり、売電先が首都圏であるか否かによって、その重要性が否定されるものではない」と述べ、売電先が首都圏であることは、上記（ウ'）を否定する要素とはならないとしている。

（3）小括―戦略的気候変動訴訟という文脈における本判決の意義

　以上に基づき、とりわけ「戦略的訴訟」という観点から本判決を分析した場合、次のように評価することができる。

　戦略的訴訟に関する二つの定義のうち、第二の定義は、「（判決自体を解決方法や目的とするのではなく）究極的な目標を達成するための大きな努力の一歩とみなして、戦略的に提起された訴訟」というものであった。そして、この定義の下では、たとえ法廷で勝訴することができなかったとしても、証拠開示手続を通じて被告から情報を取得したり、被告が公文書に基づく正式な立場を採用するよう強制したり、裁判所から具体的な事実認定や法的評価を得ることにより、当該訴訟が究極的な目標を達成することに寄与することになると解されていた。

　本判決において、本件発電所の運転差止請求は棄却されたことから、本件一審原告団が掲げていた第一の狙いであるところの司法的救済を獲得することはできなかった。しかしながら、上記原告団が問題視していた Y の行動のうち、環境アセス逃れに関して、本判決は、差止請求の違法性要件該当性を判断する際に考慮される（ウ'）「侵害行為の社会的有用性ないし公共性」を否定する要素と位置付けた。したがって、この点において、本件訴訟は

GHG 高排出活動の抑制という究極的な目標を達成することに寄与したと評価することができ、「戦略的気候変動訴訟」として小さな成功を収めたということができよう。

2　ESGという観点からの分析
（1）本判決で事実認定されたYの行動

本件訴訟を ESG という観点から分析するため、はじめに本判決が認定した事実のうち、大気汚染物質及び GHG の排出に関する Y の行動に着目していきたい。

第一に、Y は、発電効率が比較的劣る旧来の技術である亜臨界圧を用いた石炭火力発電所を設置・運転した（GHG 高排出活動）。

第二に、Y は、環境影響評価法による環境アセス実施基準をわずかに下回る石炭火力発電所を設置・運転した（環境アセス逃れ）。

第三に、Y が設置した本件発電所の環境対策設備により、本件発電所の運転に際して発生する大気汚染物質のうち大気中に排出されるのは、発生量全体の1%以下である（大気汚染の防止措置の実施）。

第四に、Y は、本件発電所が稼働する前に、排煙による大気環境の予測評価を行い、当該予測評価結果は環境基準を下回るものであった（環境アセスの時機に遅れた実施）。

第五に、Y は、本件発電所の運転開始に先立ち、宮城県及び同県の6市町村と公害防止協定を締結し、同協定に定めた排出基準を遵守している（公害防止協定の遵守）。

（2）TCFD提言に基づくYの行動のリスク該当性
① GHG高排出活動

Y の上記行動につき、TCFD 提言に基づいていずれのリスクに識別されるのかを評価するにあたり、留意すべき点がある。TCFD 提言は、前述の通り、2017 年 6 月に公表された。これに対して、Y は、本件発電所を建設するこ

とを目的に 2014 年 9 月に設立された会社であり、その設立はパリ協定より
も約 1 年前であった。したがって、Y の設立及び事業計画は、当初、TCFD
提言に基づくリスクとして識別されるものではなかった。

　しかしながら、その後の気候対策に関する世界的潮流に逆行して事業計画
を維持し、本件発電所を建設・運転したことが、政策変更による財務的影響
を受け得たのみならず、訴訟リスクをはらんだことから、TCFD 提言でいう
ところの移行リスクのうち a) 政策及び法規制のリスクを伴うこととなった。

　また、気候変動訴訟を提起する原告やその背後にいる NGO は、より社会
に与える影響が大きい企業を被告として選び、企業や社会全体の行動変容を
迫ることを目的としている（戦略的気候変動訴訟）。したがって、原告の真
の目的を見誤って、従来通り、ただ勝訴判決を得ることだけを目的に訴訟活
動を行っても、真の紛争解決にはつながらず、企業イメージの悪化による c)
評判上のリスクを自らに与えてしまう可能性すらある[64]。

　さらに、その後の世界的潮流に逆行して石炭火力発電所を稼働し続けるこ
とは、Y のみならず、Y に出資した企業にとっても財務的影響を与えること
となる。TCFD 提言の中核的要素のうち、④指標と目標では、GHG 排出量
につき、スコープ 1~3 まで開示することが推奨されている。GHG プロトコ
ルでは、スコープ 3 につき、組織活動に関する 15 のカテゴリーごとに
GHG 排出量算定の考え方が設けられているが、その中に「投資」というカ
テゴリーがある[65]。このことから、Y に出資した企業は、TCFD 提言に従
った開示の際、スコープ 3 として Y の GHG 排出量を示すこととなる。近時、
欧米を中心に石炭事業からの投資撤収（ダイベストメント）を求める動きも
見られるが[66]、Y に出資する企業も GHG 高排出活動を行っているとして、

64）久保田・前掲注（1）40、49 頁参照。

65）林寿和「機関投資家による利活用が広がる温室効果ガス排出量データ」企業会計73
　　巻 8 号（2021 年）82 頁参照。

66）ダイベストメント（divestment）に加え、ESG 投資家は、株主としての議決権行使や、
　　投資先企業との建設的な「目的を持った対話（エンゲージメント）」を通じて、ESG に

ダイベストメントの対象になり得るといえる。

② 環境アセス逃れと環境アセスの時機に遅れた実施

　環境アセス逃れは環境アセス実施基準を遵守していることから、Y には何ら公法上の違法性はないということができる。そして、このような環境アセス逃れは経営判断の一つといい得るものである。

　しかしながら、公法上の法令遵守が必ずしも私法上の違法性を否定することにはならないといえよう。実際に、本判決において環境アセス逃れは、差止請求における違法性判断の際に受忍限度論で考慮される（ウ'）「侵害行為の社会的有用性ないし公共性」を否定する要素として位置付けられた。したがって、環境アセス逃れは、訴訟リスクを増大させるという点において、a) 政策及び規制のリスクを伴うものといえる。

　また、気候変動訴訟を提起されることにより、Y の環境アセス逃れが周知されることとなった。このような悪質と捉えられる行為が周知されることにより、Y 及び Y に出資する企業に d) 評判上のリスクが生じることとなる。

　もっとも、Y は、後に環境アセスと同一の基準に基づく大気環境予測調査を実施した。その結果、経営判断として行われた環境アセス逃れは、TCFD 提言の観点からいえば、Y の財務状況に悪影響を及ぼすリスクを生じさせただけであったといえよう。

③ 大気汚染防止措置の実施と公害防止協定の遵守

　Y が大気汚染防止措置を実施し、公害防止協定を遵守していることは、大気汚染の防止という観点からは有用である。しかしながら、GHG の大部分を占める CO_2 の排出量削減には直接的に結びつかないことから、TCFD 提言におけるリスクを軽減する要素とはならない。

　関する案件に積極的に働きかける投資戦略も取っている（高村・前掲注（36）66頁、浜田・前掲注（38）28頁参照）。

（3）小括―ESGという文脈における本件訴訟の意義

　以上を踏まえ、とりわけ TCFD 提言の観点において本件訴訟を分析した場合、次のように評価することができる。

　まず、石炭火力発電所の運転という GHG 高排出活動それ自体が、当該活動に従事する企業のみならず、当該企業に出資する企業にとってマイナスの財務的影響を与え得るものといえる。次に、気候変動訴訟は、訴訟提起自体により、いずれの企業が GHG 高排出活動を行っているのか、及びそのような活動に際して環境アセス逃れのような悪質と捉えられる行為を行ったのかを周知し、その結果として、主として d）評判上のリスクを当該企業に生じさせることとなる。さらに、本件訴訟において、環境アセス逃れが違法性判断に際してマイナス要因となり得ることが示されたように、裁判所による事実認定や法的評価を通じて、どのような行為態様が訴訟リスクを発生させ、a）政策及び法規制リスクを増大させるのかを企業に認識させることとなる。

　したがって、本件訴訟は、TCFD 提言の観点からいえば、石炭火力発電所について多くのリスクを伴うものであることを Y のみならずエネルギー産業関係者や行政に周知させることとなり、この点において一審原告団が掲げていた第二の狙いが達成されたといえるであろう。

Ⅶ 考察

　最後に、本稿の課題である「民事上の気候変動訴訟は、たとえ敗訴したとしても、企業に行動変容を促すことになるのか」について、考察していきたい。

　気候変動訴訟が企業に行動変容を促すためには、裁判所による確定判決とその執行というフォーマルな強制手段とは異なる、何らかの強制手段を伴う必要がある。この場合、企業が気候変動訴訟を、企業価値を低減するリスクであることを認識する必要があろう。TCFD 提言の下で、企業は具体的な金額をもって当該リスクを把握することにより、当該リスクを回避するよう行

動変容することとなる。

　以上から、気候変動訴訟は、フォーマルな強制のみならず、ESG 投資のようなインフォーマルな強制手段を備えることにより[67]、戦略的訴訟として機能し、たとえ敗訴したとしても企業に行動変容を促すこととなると結論付けられよう。

Ⅷ　おわりに

　本稿は、戦略的訴訟と ESG という二つの視角から分析することにより、気候変動訴訟がインフォーマルに訴訟外で当事者の行動変容を促し、GHG 排出量の抑制という究極的な目標を達成するように機能する仕組みを明らかにした。

　もっとも、筆者は会計学の知見を持ち合わせていないため、本稿では、TCFD 提言の下で識別された気候関連のリスクがどの程度のインパクトをもって企業の財務状況に影響を与えるものであるのかという評価は行っていない。そして、これは、ESG 投資がインフォーマルな強制手段としてどの程度の強制力を有するのかという評価につながるものである[68]。この点を今後の環境会計学の発展に期して、本稿を終えることとする。

67）訴訟外のインフォーマルな当事者の行動や交渉に着目する研究は、すでに契約法学や法社会学等において多く見られる（契約法における潮流の概要につき、曽野裕夫「商慣習法と任意法規」ジュリ 1155 号（1999 年）85 頁、藤田友敬「規範の私的形成と国家によるエンフォースメント：商慣習・取引慣行を素材として」COE ソフトロー・ディスカッション・ペーパーシリーズ（COESOFTLAW-2006-2）*available at* https://www.j.u-tokyo.ac.jp/coelaw/COESOFTLAW-2006-2.pdf（2022/12/19）参照。ソフトロー研究につき、中山信弘編代＝藤田友敬編『ソフトローの基礎理論』（有斐閣、2008 年）参照）。

68）近時のロシアによるウクライナ侵攻に伴うエネルギー価格の高騰により、石炭火力発電所への投資額が増大しているとの報道もあり、ESG 投資がインフォーマルな強制手段として十分に機能しない可能性も指摘できよう（日本経済新聞 2022 年 10 月 27 日朝刊 3 面参照）。

金融機関に求められる
SDGs・ESGの視点

有吉尚哉

I 総論

　近年、SDGs（Sustainable Development Goals：持続可能な開発目標）という言葉は急速に浸透し、金融機関においてもSDGsの視点を意識して業務に取り組むことが課題となっている。また、ESG投資（非財務情報である環境（Environment）・社会（Social）・ガバナンス（Governance）の要素を考慮して投資運用を行うこと）あるいはサステナブルファイナンスという考え方はグローバルの潮流となっており、金融機関が投融資活動を行うにあたり、「環境（E）」や「社会（S）」などのサステナビリティに関する視点を考慮することが避けられない状況にある [1]。全国銀行協会や日本証券業協

---

1) ESGの要素を考慮することがグローバルな潮流である一方で、ESGに関する具体的な課題は世界共通のことばかりではなく、地域性があるものである。水口剛編著『サステナブルファイナンスの時代—ESG/SDGsと債券市場』（金融財政事情研究会、2019年）211頁 -221頁では、日本における代表的なESG課題として、人口減少・少子高齢化、地方経済の停滞と東京一極集中、経済格差と貧困問題、脱炭素化とエネルギー問題、自

会などの金融機関の業界団体も、2018 年ころから SDGs の推進に向けて積極的に取り組んでいる[2][3]。

　このように、SDGs・ESG の領域が単にビジネス機会となっているというだけでなく、金融機関の業務運営には SDGs・ESG の考慮が不可欠といえる状況となっている。その一方で、金融機関による SDGs・ESG の取組みといっても、その範囲は社内の環境整備から取引先の支援まで幅広く多様なものが含まれる。そして、金融機関は、SDGs・ESG の具体的な取組みとしてどのようなことを実施するか判断するにあたり、これらの取組みをなぜ実施すべきなのか（また、なぜ実施することが許されるのか）、意識して検討を行うことが求められる。

　本稿では、金融機関の中でも主に銀行を念頭に、SDGs・ESG に関わる実務の一助となるべく、金融機関が SDGs・ESG に取り組む意義について、①企業としての SDGs、②公共的な役割として求められる SDGs、③ESG を踏まえた投融資活動という 3 つの視点から整理を試みる。

II 企業としてのSDGs[4]

　近年、企業による SDGs の取組みが進んでおり、銀行などの金融機関も一企業として[5] SDGs に取り組むことが求められている。企業が SDGs に取り

然災害の 5 項目をあげている。

2) 全国銀行協会は、2018 年度以降、毎年、SDGs の主な取組み項目と、全国銀行協会の主な活動状況や会員銀行の SDGs に関する取組み事例等を取りまとめた「全銀協 SDGs レポート」を公表している。

3) 金融市場・金融機関を監督する金融庁においても、2018 年 6 月 11 日に「金融行政と SDGs」を公表し、SDGs の推進に積極的に取り組むことを表明している。「金融行政と SDGs」は、その後の取組み状況を反映して順次更新されている。

4) この観点については、本書所収の粟田口太郎「SDGs/ESG の会社法的基礎——サステナビリティ・ガバナンスのために」も参照。

5) 協同組織金融機関など「企業」にはあたらない金融機関も存在するが、本稿では株式会社形態の銀行を念頭に論じることとする。

組むことについて、例えば、日本経済団体連合会は、企業が遵守、実践する
べき倫理規定として企業行動憲章を定めているが、2017年11月8日付けで、
Society 5.0[6] の実現を通じた SDGs の達成を柱とする企業行動憲章の改定
を実施しており、その際に付記された序文において「会員企業は、持続可能
な社会の実現が企業の発展の基盤であることを認識し、広く社会に有用で新
たな付加価値および雇用の創造、ESG（環境・社会・ガバナンス）に配慮し
た経営の推進により、社会的責任への取り組みを進める。また、自社のみな
らず、グループ企業、サプライチェーンに対しても行動変革を促すとともに、
多様な組織との協働を通じて、Society 5.0 の実現、SDGs の達成に向けて
行動する」と記されていた[7]。また、経済産業省が 2022 年 8 月 31 日付け
で「サステナブルな企業価値創造のための長期経営・長期投資に資する対話
研究会（SX 研究会）」の報告書として公表した「伊藤レポート 3.0（SX 版
伊藤レポート）」2 頁では、「気候変動問題や人権問題をはじめとしたサステ
ナビリティ課題をめぐる状況は、企業活動の持続性に大きな影響を及ぼして
いる」とした上で、「サステナビリティ」への対応は、企業が対処すべきリ

---

6) 企業行動憲章において Society 5.0 とは「IoT や AI、ロボットなどの革新技術を最大
　限活用して人々の暮らしや社会全体を最適化した未来社会」と位置づけられている。

7) 企業行動憲章の序文は 2022 年 12 月 13 日付けで改訂されている。改訂後の序文はサ
　ステナビリティの観点をさらに強調したものとなっており、新型コロナウイルス感染症
　の猛威やロシアによるウクライナ侵略といった危機にも言及した上で、「企業は、人権
　を尊重し、働き方の変革と人への投資を行いつつ、グリーントランスフォーメーション
　やデジタルトランスフォーメーションを通じて社会的課題の解決を目指し、社会や個人
　のウェルビーイングの向上に貢献していく。同時に、多様なステークホルダーとの新た
　な価値の協創によって、持続的な成長を実現することが重要である。さらに、自社のみ
　ならず、グループ企業、サプライチェーンにも行動変革を促すことで、持続可能性と強
　靱性を確保し、世界で起きているさまざまな危機に対応する必要がある」と述べ、「会
　員企業は、持続可能な社会の実現が企業の発展の基盤であることを認識し、「サステイ
　ナブルな資本主義」への転換を加速し、ESG（環境・社会・ガバナンス）を考慮した経
　営の推進によって、より一層、Society 5.0 の実現を通じた SDGs の達成に向けて行動
　する」とまとめている。

スクであることを超えて、長期的かつ持続的な価値創造に向けた経営戦略の根幹をなす要素となりつつある。企業が長期的かつ持続的に成長原資を生み出す力（稼ぐ力）を向上させていくためには、サステナビリティを経営に織り込むことがもはや不可欠であるといっても過言ではない」とし、「サステナビリティ・トランスフォーメーション（SX）」[8] の実現の必要性を強調している。このように、株式会社の業務運営にあたり、環境や社会などのサステナビリティに関する要素を考慮して、SDGs の達成に向けて行動すべきという考え方が浸透してきている。

　ここで、株式会社は「営利」を目的とするものであり、この場合の「営利」とは「対外的経済活動で利益を得て、得た利益を構成員（株主）に分配すること」であると説明されている [9]。そして、株式会社においては、このような営利を目的とすることから、「株主の利益最大化」が、会社を取り巻く関係者の利害調整の原則になる」と解されている [10]。このように株式会社である金融機関には、「株主の利益最大化」の原則が適用されることと、株主の利益と直接的には結び付かないように見える SDGs との関係をどのように捉えるべきか、特に取締役や執行役が SDGs を考慮した業務執行を行うことが善管注意義務・忠実義務の違反とならないか（さらには、SDGs を考慮した業務執行を行わないことが善管注意義務・忠実義務の違反とならないか）が論点となる。

　この点、「株主の利益最大化」の原則は他の利害調整原則を排除してどこまでも貫かれるべき性質のものではないと解されており、一例として「企業の社会的責任」（CSR：Corporate Social Responsibility）や「企業の社会貢献」に関する取締役・執行役の裁量の幅は大きいものと考えられている

---

8) SX とは、「社会のサステナビリティと企業のサステナビリティを「同期化」させていくこと、及びそのために必要な経営・事業変革（トランスフォーメーション）」を指すと説明されている。

9) 江頭憲治郎『株式会社法〔第 8 版〕』（有斐閣、2021 年）22 頁

10) 江頭・前掲注 9・23 頁

11)。さらに、会社法の解釈として、「株主の利益最大化」の原則や、株式会社の取締役は、専ら株主の利益を図る義務を負い、それ以外の者の利益の考慮は株主の利益に資する限度でのみ認められるという株主第一主義の考え方を修正する見解も示されている。例えば、草野耕一『株主の利益に反する経営の適法性と持続可能性—会社が築く豊かで住みよい社会』（有斐閣、2018年）96頁は、「株主の利益最大化」の原則が最善の解ではないとし、これに修正を加えて「経営者は、社会の厚生を増加させるために必要な場合には、その限度において非営利施策を実施することができる」という「厚生最大化原則」の規範を適用すべきことを論じている。また、田中亘「株主第一主義の合理性と限界（下）」法律時報92巻7号（2020年）85頁-86頁は、「特に会社の事業活動がもたらす負の外部性を考慮すると、株主第一主義を貫徹することは適切でなく、何らかの限界の設定、ないし修正をすることが望ましいと考える」と述べた上で、取締役の裁量により犠牲にできる株主利益の限度の数値基準を設けることや、株主総会の承認により株主利益に反する経営をすることができるようにすることを提案している。さらに、神作裕之教授は、「会社というのは決して株主だけのものではないと思います。まさに社会的存在としていろいろなステークホルダー、さらに環境のことも考えて経営者は会社を経営していくものであると考えます。もしこのような規範があるとすると、取締役会でESGとかSDGsについて議論することは、むしろハードローにのっとった行動だと考えます」と述べ、加えて「株主価値イコール企業価値ではなく、ステークホルダーの利益とともに社会全体に与える正と負の価値をすべて合わせた企業価値を最大化するように会社を経営すべきであるというのが取締役の行為規範であると思う」と述べている[12)13)]。

11）江頭・前掲注9・23頁

12）座談会「金融機関はSDGsにどう向き合うか—金融法務の視点から—」金融法務事情2164号（2021年）32頁・36頁-37頁〔神作裕之発言〕。その上で、神作教授は「金融の側も、こういった経営者の行為規範を後押しするという観点から、新しい企業価値の観念を創出しそれを発展させていくことが期待されているのだと思います」と述べて

　以上のとおり、「株主の利益最大化」の原則を前提としても企業の社会的責任という観点を踏まえた業務執行を行うことが直ちに取締役や執行役の善管注意義務・忠実義務の違反となるものではなく、ESG の要素に配慮するなど株主の経済的利益に直結しない SDGs の取組みを行うことも直ちにこれらの義務違反となるものではないと考えられる。さらには、取締役や執行役による業務執行のあり方について社会の厚生や負の外部性といった要素を考慮すべきことを論じる見解もあり、これらの見解からは、むしろ一定の範囲では SDGs を考慮した業務執行を行わないことが取締役や執行役の義務違反を構成することになり得ると考えられる。

　金融機関も、以上のような観点から、職場におけるダイバーシティ・インクルージョンの推進、ワーク・ライフ・バランスを踏まえた働き方改革、低酸素社会・循環型社会の構築の取組みなど、企業として自社内での SDGs を意識した取組みや環境整備を検討し、進めることが求められていると考えられる。

Ⅲ 公共的な役割として求められるSDGs

　前述のとおり銀行も私企業であり、公的な主体というわけではないが、例えば、銀行法 1 条 1 項では「銀行の業務の公共性にかんがみ」という表現

いる（同 37 頁〔神作発言〕）。この指摘は、下記ⅢおよびⅣで論じる視点に通じるものと考えられる。

13）これらの「株主の利益最大化」の原則を修正する考え方が論じられている一方で、久保田安彦「ESG 投資と企業行動」ジュリスト 1566 号（2022 年）80 頁は、コーポレートガバナンスの目的について環境などを含む広い意味でのステークホルダーの利益をより重視すべきであるという考え方に関して、「株主利益最大化主義を修正・変更し、多元的ステークホルダー主義（多様なステークホルダーの利益それ自体の増進を目指すべきという考え方）に接近しようとする動きにつながりやすい」とした上で、「多様な（現在または未来の）ステークホルダーのいずれの利益を考慮すべきか、ステークホルダー間で利益が対立する場合はどうすべきなのかが不明確であるため、経営者の適切な裁量権の行使を確保しにくい」と懸念を示している。

が用いられており¹⁴⁾、一般の事業会社とは異なり銀行には公共的な役割が期待されている面があるといえる¹⁵⁾。そして、そのような役割において、金融機関には、融資などによる金融面での取組みだけではなく、高度な専門性や蓄積した情報を裏付けとしたコンサルティング機能などを発揮して、多様な面で取引先を支援することが求められていると考えられる。特に地域金融機関においては、地域密着型金融の取組みの一環として、中小企業をはじめとした利用者から、経営課題への適切な助言や販路拡大等の経営支援を行うことが期待されており¹⁶⁾、その中にはSDGsの取組みの支援も含まれると考えられる。このような取組みにより、地域経済が活性化することは、その地域で活動する地域金融機関自体の発展にもつながることになると考えられよう¹⁷⁾。

---

14) 銀行の業務の公共性とは、「銀行業務が国民経済・国民生活上、重要な役割を担っており、広く社会一般の利害にかかわる性質を有することを表現したものと解される」と説明されている（池田唯一＝中島淳一監修・佐藤則夫編著『銀行法』（金融財政事情研究会、2017年）15頁）。

15) 銀行が公共性を有するといわれる根拠については、①「銀行業務が複数の、かつ膨大な信用組織で結ばれているため、そのどこかで破綻が起きると連鎖反応により影響が広範に及ぶという点で、その制度ならびに業務運営の適否は、一国の信用秩序の維持、ひいては一国の経済運営に重大な影響があること」、②「銀行の主たる債権者が預金者、つまり一般公衆である」こと、③「銀行の資金供給面における機能が一国の経済活動全体にとって大きな意義を有している」ことがあげられている（小山嘉昭『銀行法精義』（金融財政事情研究会、2018年）53頁）。本稿で述べるSDGsの取組みの支援は、主に③の観点から（特に地域の）経済活動に対する資金供給に留まらない公共的な役割が銀行に期待されていると評価できるのではないかと考えられる。

16) 中小・地域金融機関向けの総合的な監督指針Ⅱ-5-1(1)参照。いわゆる地方創生とSDGsの関係について、柴原多「地方創生とSDGs」事業再生と債権管理172号（2021年）229頁-230頁は、「各地域には有用な資源・人材を擁する地域事業者が存在するのであれば、そのSDGs達成に向けた事業活動を通じた地域課題の解決・経済の活性化がひいては地方創生につながり、ここに地方創生とSDGsが結びつくことになる」とし、「地域金融機関には、このような地方創生SDGsを後押しする金融に取り組むことが期待されている」と述べる。

17) 池田眞朗「今後の金融法務の展望－SDGsとESGの発想を入れて－」銀行法務21

　近年、このような観点からの金融規制の見直しも進められている。例えば、銀行には、業務範囲規制が適用されており、銀行の固有業務である預金の受入れ・貸付けや為替取引のほか一定の範囲の業務しか行うことが認められておらず（銀行法 12 条）、かつ、子会社の保有や他の会社への出資が制限されている（銀行法 16 条の 2 第 1 項、16 条の 4 第 1 項、独占禁止法 11 条 1 項）。もっとも、これらの規制は近年、緩和方向での見直しが続いており、その流れの一環として、2021 年 5 月 19 日に成立した「新型コロナウイルス感染症等の影響による社会経済情勢の変化に対応して金融の機能の強化及び安定の確保を図るための銀行法等の一部を改正する法律」による銀行法の改正では、銀行が保有するノウハウや人材、技術などを活用したデジタル化や地方創生など持続可能な社会の構築への貢献を目的として、銀行本体や銀行の子会社・兄弟会社が行うことのできる業務を追加することなどの見直しが行われている[18]。

　このように、業務に公共性が認められ、かつ、高度な専門性や情報を有する銀行、その中でも特に地域経済の中心となる地域金融機関には、地域経済において SDGs を推進し、持続可能な社会が構築する役割を果たすことが期待されている[19]。コンサルティング業務などを通じてこのような役割を果たすことは、地域金融機関にとってビジネス機会になる一方で、地域金融機関が期待された役割を果たせず地域経済が低迷することは、地域金融機関自身の存続基盤を揺るがすことにつながってしまうものと考えられる。また、

872 号（2021 年）1 頁は「地域金融機関は、残すべき地場産業を支援することによって、地域経済を維持し発展させることが、結局自らの経営維持につながる」と述べる。

18) この銀行法の改正の詳細については荒井伴介＝脇裕司＝杉本陽＝豊永康史「2021 年銀行法等の一部を改正する法律の概要」NBL1201 号（2021 年）26 頁 -30 頁参照。

19) 地域金融機関が地方自治体と協働して SDGs の推進に取り組むこともあり得る。一例として、2019 年 8 月に北陸銀行が富山市との間で「SDGs の推進に関する包括連携協定」を締結し、実施している取組みについて「金融機関は SDGs にどう向き合うか－先進事例にみる SDGs Action －第 2 回北陸銀行」金融法務事情 2191 号（2022 年）62 頁 -63 頁参照。

取引先に対する SDGs の支援が期待されるのは必ずしも地域金融機関に限られるものではなく、主要行などのグローバルに業務を展開する金融機関においては、グローバル水準の SDGs の取組みを取引先に対して推進していくことが期待されよう[20]。

IV ESGを踏まえた投融資活動

　近年、機関投資家が非財務情報である環境・社会・ガバナンスの要素を考慮して投資運用を行う ESG 投資やサステナブルファイナンス[21] は、グローバルの潮流となっている。サステナブルファイナンスの効果については、「個々の経済活動にともなう正や負の外部性を金融資本市場が適正に織り込み、環境や社会課題を考慮した投融資等を行うことで、環境や社会の課題が改善するなど、それらの経済活動が全体として拠って立つ基盤を保持し強化する効果を持つ」と説明されている[22]。

---

20)　脚注 2 で言及した「全銀協 SDGs レポート」では、全国銀行協会の会員銀行の SDGs に関する取組み事例等が紹介されている。

21)　一概に ESG 投資やサステナブルファイナンスといってもその手法には様々なものがある。ESG 投資の主な手法としては、①ネガティブスクリーニング（道徳的・倫理的に望ましくないような対象を投資対象から除く投資手法）、②ポジティブスクリーニング（ESG 評価の高い企業を投資対象に選ぶことによる投資手法）、③ESG インテグレーション（財務分析などの従来の投資分析方法に加えて、ESG などの非財務情報を含めて分析することで、将来のリスクを考慮して積極的に非財務情報を活用していく投資手法）、④ESG 要素を考慮したエンゲージメント・議決権行使（株主として積極的に ESG への考慮を投資先に働きかける投資手法）などがあげられる（湯山智教編著『ESG 投資とパフォーマンス』（金融財政事情研究会、2020 年）4 頁 -6 頁〔湯山智教〕）。このほか、金利などの経済的条件を、事前に設定したサステナビリティ目標の達成度と連動させるサステナビリティ・リンク・ボンドやサステナビリティ・リンク・ローンの利用も広がっている。

22)　後述のサステナブルファイナンス有識者会議が 2021 年 6 月 18 日付けで公表した「サステナブルファイナンス有識者会議報告書－持続可能な社会を支える金融システムの構築」3 頁

　機関投資家による投資活動の文脈だけでなく、銀行の投融資活動において
もその流れは及んでいる。一例として、2019 年 9 月 22 日に国連環境計画・
金融イニシアティブは、責任投資原則（PRI: Principles for Responsible
Investment）[23] の銀行版として、6 項目の原則 [24] から成る責任銀行原則（PRB:
Principles for Responsible Banking）を策定した。責任銀行原則の目的は、
「銀行業務の目標を SDGs、パリ協定 [25] と整合的なものとし、同原則に賛同
した銀行がサステナビリティを確保した将来社会の実現に貢献することで、
投資家、顧客、従業員、社会との信頼を醸成し、企業価値の向上を図ること
にある」と説明されている [26]。本稿の執筆時点において、グローバルでは
316 の金融機関が原則に署名をしており、そのうちの 9 法人は日本の金融
機関 [27] である [28]。

23）責任投資原則は、2006 年にコフィ・アナン国連事務総長の提唱により、国連環境計画・
　　金融イニシアティブおよび国連グローバル・コンパクトが提唱した原則であり、投資家
　　に対して、企業の分析や評価を行う上で長期的な視点を持ち、ESG 情報を考慮した投資
　　行動をとることを求めるものである。

24）① Alignment（整合性）、② Impact & Target Setting（影響と目標設定）、③ Clients
　　& Customers（法人顧客とリテール顧客）、④ Stakeholders（ステークホルダー）、⑤
　　Governance & Culture（ガバナンスと企業文化）、⑥ Transparency & Accountability
　　（透明性と説明責任）の 6 項目とされている。

25）2015 年 11 月 30 日～ 12 月 13 日に開催された国連気候変動枠組条約第 21 回締約国
　　会議（COP21）において世界的な温暖化対策の法的枠組みとして採択されたパリ協定
　　を示す。

26）加藤俊治「「SDGs 経営」に向けた国連責任銀行原則への賛同表明」金融財政事情
　　2019 年 7 月 22 日号 38 頁

27）責任銀行原則に署名を行った日本の金融機関には、メガバンクだけでなく地域金融機
　　関も含まれている。

28）サステナブルファイナンス有識者会議が 2022 年 7 月 13 日付けで公表した「サステ
　　ナブルファイナンス有識者会議第二次報告書－持続可能な新しい社会を切り拓く金融シ
　　ステム」26 頁では、サステナブルファイナンスに関して「間接金融の比率が高く、企
　　業とのリレーションにおいても、諸外国と比べても金融機関が重要な役割を果たしてい
　　るわが国においては、金融機関の機能発揮が重要となる」と指摘し、脱炭素化などの分
　　野において大手・地域金融機関におけるリスク管理・顧客支援などの取組みを進めるこ

　なお、ESG を踏まえた投融資活動により取引先のサステナビリティへの取組みを支援するという発想は、金融機関にとって必ずしも従来の業務運営と異質なものと捉える必要があるわけではないと考えられる。この点について、佐藤正謙「サステナブルファイナンスの潮流－金融の果たすべき役割の再認識－」金融法務事情 2201 号（2023 年）10 頁は、「事業転換・開拓に必要な資金を供給するのと同時に、顧客との対話やモニタリングおよびリスク管理を行うのは、金融業の本来的なビジネスモデルであり、サステナブルファイナンスの概念は、このような金融機関の役割・機能を前提としたものである」と述べている[29]。さらに、ESG を踏まえた投融資活動を行うことは、地方創生や地域密着型金融との関係でも親和性を有する取組みと考えられる。例えば、柴原・前掲注 16・234 頁は、「地域金融機関には、SDGs の推進に優れた取組みをする地域事業者へのファイナンスを通じて地方創生を先導することが期待される」と述べる。地域金融機関には、上記Ⅲで述べたようなコンサルティング業務などを通じた SDGs の支援と併せて、投融資活動に ESG の考慮を取り入れることによって、地域経済における SDGs を推進することが期待されよう。この点、投融資に限らない活動も含むものであるが、地域金融機関による ESG と踏まえた投融資活動の具体例としては、環境省が「事例から学ぶ ESG 地域金融のあり方－ ESG 地域金融の普及に向けて－」（2019 年 3 月）や「ESG 地域金融実践ガイド」（本稿の執筆時点にお

との重要性をまとめている。

29）鈴木仁史「ESG 投融資（サステナブル・ファイナンス）とステークホルダー経営」金融法務事情 2140 号（2020 年）5 頁も、「金融機関が ESG 要素のリスク・オポチュニティ（収益機会）やポジティブ・ネガティブのインパクトを考慮することは、事業性評価融資やリレーションシップ・バンキングと共通する」とし、「このようにして得た目利き力や地域のネットワークを活用することにより、ビジネスにつながる可能性を秘めた ESG 課題や資金需要・機会の積極的な掘り起こしが可能となり、融資の拡大やステークホルダーとの「共通価値の創造」といった好循環も期待される」と述べ、従来から金融機関に求められている事業性評価融資やリレーションシップ・バンキングといった取組みと ESG 要素を考慮することの共通性を指摘する。

いての最新版は 2022 年 3 月公表のバージョン 2.1) を公表している。なお、このような投融資活動は、上記Ⅲで述べたようなコンサルティング業務などを通じた SDGs の推進と併せて取り組むことにより、いっそう効果的な活動となり得るものと考えられる。

　ESG 投資やサステナブルファイナンスに関する政策的な取組みも活発に進められている。そのような取組みの一例として、環境省は 2018 年 1 月に ESG 金融懇談会を設置し、金融市場の主要プレーヤーの役割についての議論を行い、また、金融庁は 2021 年 1 月にサステナブルファイナンス有識者会議を設置し、さらにその下に複数の会議体を設置して [30)]、銀行による融資活動を含むサステナブルファイナンスの促進のための様々な項目の検討を行っている [31)]。

　ここで、環境や社会などのサステナビリティに関する要素は、いずれも正

---

30) 本稿の執筆時点までにサステナブルファイナンス有識者会議の下に設置された会議体としては、ソーシャルボンド検討会議、ESG 評価・データ提供機関等に係る専門分科会、脱炭素等に向けた金融機関等の取組みに関する検討会およびインパクト投資等に関する検討会がある。

31) ESG 投資について明示的に定める法令は存在しないが、「責任ある機関投資家」の諸原則《日本版スチュワードシップ・コード》においては、2014 年の初版から社会や環境に関する言及がなされており、2017 年の改訂により「ESG 要素」という表現が明記され、さらに 2020 年の改訂ではスチュワードシップ責任の定義の中に「ESG 要素」の表現が盛り込まれている。また、東京証券取引所が制定している「コーポレートガバナンス・コード」においても、2015 年に策定された初版から基本原則 2 や 3 などに「ESG 要素」への言及がなされており、2018 年、2021 年の各改訂において、それぞれ記述が拡充されている。このほか、近年、各種 SDGs 債（グリーンボンド、ソーシャルボンド、サステナビリティボンド、サステナビリティ・リンク・ボンド、トランジションボンドなどの SDGs に貢献する金融商品。日本証券業協会のウェブサイト参照）に関して、期待される事項や具体的な対応方法などをまとめたガイドラインが策定されており、国内のものとしては、環境省が 2022 年 7 月に改訂版を公表している「グリーンボンド及びサステナビリティ・リンク・ボンドガイドライン」と「グリーンローン及びサステナビリティ・リンク・ローンガイドライン」、金融庁が 2021 年 10 月に策定した「ソーシャルボンドガイドライン」、金融庁・経済産業省・環境省が 2021 年 5 月に策定した「クライメート・トランジション・ファイナンスに関する基本指針」などが存在する。

当性の認められやすい概念であり、これらに配慮すべきという考え方自体に異論を唱える者は少ないと思われる。しかしながら、株式会社の取締役は会社に対する忠実義務を負い（会社法 355 条）、「そこにいう「会社」の利益とは、窮極的には株主の経済的利益であり、それを最大にすべき義務であると解すべきものであろう」と説明されており [32]、取締役の義務を判定するにあたり上記 II で述べたとおり企業の社会的責任などの要素を考慮することが認められないわけではないと解されるものの、銀行ひいてはその株主の経済的利益を無視して投融資活動を行うことは許されないと考えられる。また、銀行法 1 条は銀行法の目的の一つとして「預金者等 [33] の保護」を掲げており、銀行においては、預金者の保護が特に重視される [34]。このような預金者の保護の観点からも、銀行の健全性を度外視して、サステナビリティに関する要素のみを考慮するような投融資活動を行うことは許されないと考えられる。

　これらの観点を踏まえると、サステナブルファイナンスの要請が高まっているとしても、銀行がサステナビリティに関する要素を考慮して投融資活動を行うにあたっては、なぜ、そのような要素を考慮すべきなのか、その意義や目的を整理・理解した上で、合理性が認められる範囲において取り組むことが必要であろう。この際、ESG 投資によって投資パフォーマンスが向上するか否かについては、必ずしも定まった見解が得られていないことに留意が必要と考えられる [35]。一方で、ESG 投資やサステナブルファイナンスの

---

32) 江頭・前掲注 9・450 頁

33)「預金者等」とは、預金者および定期積金の積金者をいう（銀行法 2 条 5 項）。

34) 銀行法における預金者の保護という観点については、「銀行法は銀行の経営基盤を確立し、銀行の資産内容の健全性を確保し、銀行の健全経営を通じて預金者保護を図るという立法目的に基づいて制定されている」と説明されている（小山・前掲注 15・56 頁）。

35) 湯山編著・前掲注 21・131 頁〔湯山〕は、「総じていえば、ESG（または SRI）投資のパフォーマンスは、株式投資リターンについては、ポジティブとネガティブ（もしくは無相関）の 2 つの相反する結果が示されており、その見方に統一的な見解を見出せていないように思われる。…ESG 投資の良好なパフォーマンスを指摘する研究成果についても、なぜパフォーマンスがよいのか、そのパフォーマンスの要因追求までは示せていない例が多く、さらなる研究の蓄積が望まれる」と指摘している。

考え方が国内においても一般的に広まっている状況を鑑みると、その必要性を検討することもなくこれらの取組みを実施しないことも、金融機関として許容されがたくなってきていると思われる。銀行においては、両者の観点を十分に踏まえて、サステナブルファイナンスをどのように取り組んでいくか、検討・判断が求められているといえる。

V 終わりに

　ここまで述べてきたとおり、銀行などの金融機関に求められる SDGs・ESG への取組みは、①企業としての SDGs、②公共的な役割として求められる SDGs、③ESG を踏まえた投融資活動という 3 つの視点から整理することができると考えられる。そして、株式会社であること、あるいは銀行であることにより、サステナビリティを志向する活動を行うことが無制限に正当化されるものではなく、闇雲に SDGs・ESG に取り組めばよいというわけではない。一方で、金融機関の業務運営にあたり、サステナビリティの要素を考慮しないことも許されなくなってきている。そのため、金融機関には、SDGs・ESG の考え方の重要性を意識しつつ、どのように企業活動に反映させるか、その意義や目的を十分に考慮した上で、SDGs・ESG の取組みを行うことが必要とされている。

SDGs/ESGの会社法的基礎

粟田口 太郎

I はじめに─本稿の目的

　現在、SDGs/ESG 促進の世界的潮流のなかで、「会社は誰のものか」、「会社の主権者は誰か」、「会社は誰の利益のために経営されなければならないか」という根源的な問題が、改めて問い直されている。本稿は、この株式会社に関する古くて新しい問題について、基礎的な考察を図ろうとするものである。

　SDGs/ESG の共通目標である持続可能性（サステナビリティ）に向けられた諸施策は、物的にも人的にも、経済的・時間的・労力的にも、さまざまなコストを伴う。かりに会社が株主のものであり、主権者が株主であり、経営者は株主利益の最大化を法的に義務付けられるものとすれば、SDGs/ESG の実現に向けられた諸施策やそのコストの出捐は、法的に、どのように基礎付けられ、正当化されるであろうか。本稿の主題は、この点にある。

　この問題は、かねてより「株主（ストックホルダー／シェアホルダー）主義」と、従業員・顧客・取引先・地域社会などの「ステークホルダー主義」との尖鋭な二項対立をもって語られることが少なくない。SDGs/ESG は、

株主のみならず、ステークホルダーの利益に関わることに鑑みると、この対立軸は、SDGs/ESG を考える上で根源的な問題と考えられる。

しかし、本稿は、会社法の基礎的な検討に基づき、結論として、これらは必ずしも矛盾しあうものではなく、むしろ、かなりの程度において両立し、補完しあうべき関係にあり、このような発展的な止揚を図ることが、SDGs/ESG の促進のためにも必要かつ有益であるとの考え方に立っている。

本稿は、以上の問題意識から、以下、「II　SDGs/ESG—現状の素描と問題の所在」、「III　株主主義とステークホルダー主義」、「IV　SDGs/ESG と株主利益—取締役の行動準則」、「V　本稿のまとめ」の順序で検討する。

II SDGs/ESG−現状の素描と問題の所在

1　SDGs/ESGの意義

今日、SDGs/ESG の用語に接しない日はないといっても過言ではない。SDGs は Sustainable Development Goals（持続可能な開発目標）、ESG は Environment（環境）・Social（社会）・Governance（企業統治）を考慮した投資家の投資活動や企業の経営・事業活動を意味する。両者の関係については、SDGs は目標であるのに対し、ESG はこれを達成するための手段と位置づけることができる。

SDGs は、2015 年 9 月、国連総会において全加盟国（193 か国）の同意を得て決議されたもので、2030 年に向けた 17 の国際目標と、具体的な169 のターゲットから成る。SDGs は、法的拘束力を伴ったルールではなく、あくまで法的拘束力を伴わない目標ベースのアプローチがとられている[1]。

---

1)　蟹江憲史『SDGs（持続可能な開発目標）』（中央公論新社、2020 年）11 頁・12 頁参照。同書は、SDGs を「目標ベースのガバナンス」、すなわち、詳細な実施ルールは定めず、目標のみを掲げて進めるグローバル・ガバナンス（governance through goals）であるとする。

このように、あえて法的規範とはせず、原則的な行動規範という、より柔軟な構成を採用したことによって、かえって世界的な取組みを推進しやくする効果を生み、その実践に向けた取組みが国際・国内両面で加速している。

　ESG は、これに先立つ 2006 年に、当時のアナン国連事務総長の提唱に基づく国連責任投資原則（PRI、Principles for Responsible Investment）において、投資先の選定・評価要素として掲げられたものである。ESG 要因として PRI において例示列挙されているのは、「環境（E）」として気候変動、資源の枯渇、廃棄物、汚染、森林減少、「社会（S）」として人権、現代奴隷制、児童労働、労働条件、従業員との関係、「企業統治（G）」として贈賄・腐敗、役員報酬、取締役会・理事会の多様性・構成、ロビー活動・政治献金、税務戦略であるが、これらに限られるものではなく、もとより変容しうるものである。

　PRI に署名した投資家は、受託者責任と矛盾しない限りにおいて、財務情報に加えて、非財務情報である ESG の課題を投資分析と意思決定のプロセスに組み込むことが求められる。わが国では、2015 年に日本の GPIF（年金積立金管理運用独立行政法人）が PRI に署名し、2017 年に ESG インデックスによる投資を開始した。わが国においては、これら及び後述のダブルコードを契機として、機関投資家から投資を受ける上場企業の側においても、ESG への取組みが機関投資家に評価されなければ投資を呼び込むことができないとの認識が進み、ESG への取組みの実施と積極的な開示[2] が加速している。

---

2)　金融庁は、2022 年 11 月 7 日に「企業内容等の開示に関する内閣府令」の改正案を公表し、これが 2023 年 1 月 31 日に公布・施行された。2023 年 3 月 31 日以後に終了する事業年度（すなわち、2023 年 3 月期が含まれる）に係る有価証券報告書等におけるサステナビリティ情報開示が義務化されたものである。

2 ソフトローとしてのダブルコード

SDGs/ESG への対応の活発化は、さらに、いわゆるダブルコードによっても、後押しされ、促進されている。これらは、いずれもルース・ベースのアプローチではなく、法的拘束力はないプリンシプル・ベースのアプローチにより、「コンプライ・オア・エクスプレイン」（遵守せよ、さもなくば説明せよ）の手法によるものである。

（1）スチュワードシップ・コード

機関投資家を対象とするスチュワードシップ・コード（2014 年策定、2017 年改訂）は、2020 年の再改訂版において、「機関投資家は、投資先企業やその事業環境等に関する深い理解のほか運用戦略に応じたサステナビリティ（ESG 要素を含む中長期的な持続可能性）の考慮に基づく建設的な「目的をもった対話」（エンゲージメント）などを通じて、当該企業の企業価値の向上やその持続的成長を促すことにより、顧客・受益者の中長期的な投資リターンの拡大を図るべきである」（指針 1 － 1。また、指針 1 － 2 参照）として、従前から存在した「投資先企業の持続的成長」（原則 3、原則 7）の概念に加えて、新たに「サステナビリティ」の標語を、前記のとおり、ESG を含む定義語として追記した。

また、同コードは、「機関投資家は、サステナビリティを巡る課題に関する対話に当たっては、運用戦略と整合的で、中長期的な企業価値の向上や企業の持続的成長に結びつくものとなるよう意識すべきである」（指針 4 － 2）とし、さらに、「機関投資家は、投資先企業の持続的成長に資するよう、投資先企業やその事業環境等に関する深い理解のほか運用戦略に応じたサステナビリティの考慮に基づき、当該企業との対話やスチュワードシップ活動に伴う判断を適切に行うための実力を備えるべきである」（原則 7。また、指針 7 － 1 参照）としている。

（2）コーポレートガバナンス・コード

　他方、わが国の上場会社を対象とするコーポレートガバナンス・コード（2015年策定、2018年改訂）も、2021年に再改訂され、「「持続可能な開発目標」（SDGs）が国連サミットで採択され、気候関連財務情報開示タスクフォース（TCFD）への賛同機関数が増加するなど、中長期的な企業価値の向上に向け、サステナビリティ（ESG要素を含む中長期的な持続可能性）が重要な経営課題であるとの意識が高まっている。こうした中、我が国企業においては、サステナビリティ課題への積極的・能動的な対応を一層進めて行くことが重要である」との考え方を示し、SDGs/ESGを取り込んだ記載を増加させている（補充原則2－3①、2－4①、3－1③、4－2②、4－3④、4－10①ほか参照）。

3　問題の所在と本稿の視点

（1）ハードローとしての「会社法的基礎」の考察の必要性

　ソフトローとしてのダブルコードによる以上の取組みの直接の対象は、機関投資家及び上場会社である。もとより、社会への影響の大きい機関投資家及び上場会社によってSDGs/ESGに向けた取組みがまず推進され、これを通じて、その関係者にも伝播・浸透されてゆくプロセスは重要である。しかし、SDGsの目標は、「誰ひとり取り残さない」（no one will be left behind）というものであり、地球社会における世界市民の全体に向けられたものでもある。そうであれば、客体のみならずSDGsに取り組む主体の面においても、広い対応が必要となる。

　そうすると、SDGsの実現の担い手は、機関投資家及び上場会社のみではありえず、わが国の会社の99％以上を占める非上場会社、さらに国民・市民の一人一人であるといえよう。

　2030年の目標達成のためには、機関投資家及び上場会社に向けられたソフトローによる推進に加えて、非上場会社を含むわが国のすべての会社に適用されるハードロー、すなわち現行の会社法を中心とする実定法においても、

SDGs/ESG に向けた取組みを促進するための法規範を再発見し、その具体的で合理的な法解釈を展開することが必要な時期に来ていると思われる。

（2）検討の順序

　本稿は、そのような試論として、わが国の基本法典であるハードローとしての会社法に関して、上場会社・非上場会社を問わず、株式会社の経営者は、株主の利益と、ステークホルダーの利益とを、いかに調整すべきかという問題について、基礎的な考察を図ろうとするものである。

　この検討の一端として、次項「Ⅲ」において、「会社は誰のものか」、「会社の主権者は誰か」、「会社は誰の利益のために経営されなければならないか」という冒頭の主題を考察した後、次々項「Ⅳ」において、より具体的な問題として、株式会社の取締役が、E（環境）・S（社会）・G（企業統治）に向けた諸施策を実施し、これにコストを投じた結果として、株主の利益を侵害した場合、取締役は善管注意義務の違反が問われるかという問題を考察する。

Ⅲ 株主主義とステークホルダー主義

1　会社は誰のものか

（1）株式本質論・株式会社本質論との関係

　会社は、誰のものであろうか。

　まず、法的に厳密に正確を期すならば、株主が有するのは、株式会社ではなく、株式である。

　すなわち、会社は「物」（民法 85 条、86 条）ではなく、所有権（民法 206 条）の対象ではないから、誰の所有にも帰することはなく、強いていえば、会社自身のものである。株式も「物」ではないから、厳密には、株式にも所有権は成立しないが、株式は株主のものである。このことを、会社法は、「株主の有する株式」、「株式を有する株主」など、所有ではなく「有する」との文言をもって表現している。

　以上はあくまで形式的な法律論であるが、まず最初に確認しておく必要がある。ここから先は、実質的な法律論が含まれてゆく。

　それでは、株式とは何であろうか。

　前述のとおり、株主が有するのは株式であるにとどまり、株式会社それ自体の上に所有権は成立しない。このことを突き詰めれば、株主が有する株式の本質も、所有権（物権）ではなく、債権にすぎないのではないか、との考えが生まれる。かつて現に、このような考え方が、ドイツにもわが国にも存在した。他方、株式会社は法人ではあるものの、その実質を株主の内部的な組合と捉え、株主による共同所有（共有）形態とみて、株式の本質を物権とする考え方も存在した。この株式物権説は、特に原初的な小規模個人会社にはよく当てはまる考え方である。しかし、会社の大規模化、株主の多数分散化が進むと、株主は次第に経営に関心を失い、いきおい経済的配当にのみ関心を抱くに至る。この実態には、むしろ前述した株式債権説のほうが適合する。

　わが国では、かつて、このような経済的・社会学的現象をも背景として、株主の議決権を株主の権利ではなく機関としての権限にとどまるとみたり（田中耕太郎）、参政権類似の公権たる一身専属権としての人格権であるとみて（松田二郎）、議決権の譲渡性・相続性を否定する考え方が有力に唱えられた[3]。

　現在のわが国の判例[4]・通説・実務は、以上の考え方とは異なり、株式の

---

3)　以上の素描は、田中耕太郎「機関の観念」（初出 1918 年）・「我が国に於ける社員権理論」（初出 1927 年）・「獨逸における社員権理論」（初出 1927 年）いずれも同『商法研究第二巻』（岩波書店、1935 年）399 頁以下（特に 438 頁以下）・155 頁以下・265 頁以下、松田二郎『株式会社の基礎理論』（岩波書店、1942 年）45 頁以下、鈴木竹雄「共益権の本質」同『商法研究Ⅲ』（有斐閣、1971 年。初出 1944 年）1 頁以下（松田説に反対）、服部榮三「株式の本質」田中耕太郎編『株式会社法講座 第二巻』（有斐閣、1956 年）369 頁以下（「企業自体の理論」に基づく株式債権説）、北沢正啓「学説百年史」ジュリスト 400 号（1968 年）、奥島孝康「サステナビリティ会社法の展望」『商法の歴史と論理〔倉澤康一郎先生古稀記念〕』（新青出版、2005 年）140 頁ほかに依った。

本質を株主の社員たる地位である「社員権」とみて、利益参加権である自益
権（例：剰余金配当請求権、残余財産分配請求権）と、経営参加権である共
益権（例：議決権、監督是正権）とから成るものとし、両者は密接不可分に
結合して社員権に包含されるものであって、株式が譲渡・相続されると自益
権・共益権を含む社員権の全体が承継されるとの考え方に立っている（社員
権説）。社員権説は、自益権を所有権の収益権能の変形物、共益権を所有権
の支配権能の変形物とする考え方である[5]。

（2）本稿の考察―株主所有者論の根拠と限界

　本稿は、社員権説の立場から、法律論（会社法の解釈）としては、会社の
実質的所有者は株主であると考える。もっとも、これは、株主に、株主総会
を通じた究極的な経営支配権（統治権）、すなわち株主に主権があるという
意味においてであり、株式会社に債権者がある場合に、会社財産のすべてが
株主の実質的所有に属するものと考えることはできない。後述するとおり、
ここには、①「会社自体は誰のものか」と②「会社財産は誰のものか」とい
う2つの区別すべき問題が含まれているからである。以下、これを詳論する。

ア　株主所有者論の根拠―社員権の出資対価性と議決権の支配権性

　株式会社に対する出資者は出資により株主となり、出資した後は責任を負
わず(株主有限責任)、出資された財産の所有権は株主から株式会社に移転し、
出資者は株式会社からその対価として株式を取得する。したがって、出資さ
れた財産の所有者は、法的には、株主ではなく、株式会社自身である[6]。

---

4)　最大判昭和45.7.15民集24巻7号804頁は、有限会社の社員につき共益権（会社解
　散判決請求権）の相続性が争われた事案において、社員権説の採用を明らかにし、共益
　権の相続性を肯定した。

5)　大隅健一郎「いわゆる株主の共益権について」『会社法の諸問題〔松本烝治先生古稀
　記念〕』（有斐閣、1951年）150頁。

6)　川島武宜『新版 所有権法の理論』（岩波書店、1987年）301頁は、「株主は直接には

　しかし、株主は、出資財産の所有権を失う代わりに、株式という株式会社の社員たる地位（社員権）を取得し、これにより、会社の経営支配のための共益権（議決権などの経営参加権）と、会社の収益獲得のための自益権（剰余金配当請求権などの利益参加権）とを獲得する。

　このうち株主の共益権、とくに株主総会における議決権は、株式会社の統治の根幹をなす支配権である。議決権は、株主総会決議における取締役の選任権・解任権、定款の変更権を含め、株式会社の基本的事項の決定権であり、株主による会社の支配権がとくに顕れたものということができる。株式会社制度は、広く資本を集めるために、より多く資本を投じた者により多くの議決権を付与し、このような資本多数決の仕組みを通じて会社支配を可能とする動機付けの構造をとる。この点に照らせば、株主の有する議決権に、目的物の排他的支配権である所有権の本質と同様の実質を見い出すことができるものと考えられる。

　また、出資した株主から譲渡や相続等により株式を取得して株主となった者も、株主たる地位（社員権）を取得し、したがって支配権たる共益権をも承継するから、出資した株主と同様の地位に立つものと考えることができる。

　以上の考察から、株式会社の実質的所有者は、株主であると考える。

　このように、「会社は誰のものか」について、株主の議決権を根拠として株主の実質的所有者性を承認する以上、「会社の主権者は誰か」という問題についても、株主総会において株式会社の基本的事項の決定権（統治権）を有する株主に主権が存するものと考える。以上のとおり、株式会社における「主権」を、国民主権と同様に、権力の正統性の問題と捉える限り、それは株主に存するものと考えられる[7]。

　会社の現実的資本に対し持分をもたず、団体の構成員としての人的関係として間接的にのみこれを所有する」とし、株式をもって、「間接的な資本所有」とみる。

7)　このように「会社自体は誰のものか」について、株式会社の議決権を根拠として、株主の実質的所有者性や主権者性を承認することとなるのは、詰まるところ、株式会社それ自体が法人（社団法人）であることに求められる。自然人について、「誰のものか」

　イ　株主所有者論の射程と限界―「会社は誰のものか」に含まれる2つの問題

　もっとも、株主所有者論を普遍的な命題とすることはできない。

　まず再言すれば、もともと法的に厳密な考察の下では、「株式会社に対する所有権」は成立し得ず、「所有」といっても、あくまでも実質的な考察の下での擬似的所有関係にすぎない。また、株式には議決権のない株式など、支配権たる性質の全部又は一部が制限された種類株式も存するのであり、そのような株主に「所有」や「主権」を観念することはできない。法的倒産手続において、債務超過の株式会社につき株主の議決権が制約を受けることがあるが、この場合も株主支配は大きく動揺する。

　また、本稿は、あくまでも法律論（会社法の解釈論・制度論）として株主の実質的所有者性や主権者性を述べるものであり、後述するところからも示唆されるとおり、必ずしも社会的実態又は経営主義・経営哲学としての従業員主権論や経営者支配論を否認しようとする趣旨に出たものではない。

　さらに重要なことは、「会社は誰のものか」という問題設定には、①「会社自体が誰のものか」という問題と、②「会社財産は誰のものか」という問題の、2つの異なる問題が含まれているのではないかと思われることである。

　以下、これを分説しよう。

（i）　会社自体が誰のものか―共益権の問題

　本稿は、前述したとおり、株主は株式を有するにすぎないから、株式の本質論を介して、社員権論の立場から、とくに株主の共益権（経営参加権）を根拠として、その支配権としての実質に所有権とのアナロジーを看取し、株

を問えば、それはその人自身のものというほかはない。法人も、形式論としては同様に法人自身のものなのであるが、その実質を求めれば、株式会社が組織体としての社団法人である以上、その組織体を統治・支配する権限（＝議決権）を根拠として、株主を実質的所有者・主権者と考えざるを得ないと思われる。

主の実質的所有者性を認めた。これは、「会社自体が（実質的に）誰のものか」
という、前記①の問題に答えるものである。しかし、「会社財産が（実質的に）
誰のものか」という、前記②の問題に答えるものではない。株主は、議決権
をはじめとする共益権を通じて、株式会社それ自体を統治し、支配していて
も、そのことは、株式会社が有する財産をも、すべて実質的に支配したこと
にはならないからである。このことを、次に検討する。

（ⅱ）会社財産が誰のものか─自益権の問題

　「会社財産が誰のものか」について考えると、形式論としては、当該会社
自身のものというほかはないが、問題は実質論である。

　株式会社はもとより動的な存在であり、その財務状態は毎日動くものであ
るが、あえてその静的な状態を、ある日のスクリーンショットで見てみよう。
この静止画像となるのは、貸借対照表（本稿の観点からは、とりわけ実態貸
借対照表が重要）である。貸借対照表から一目瞭然であるとおり、そこに記
載される株式会社の財産（資産の部）は、その元手として、借入れその他の
他人資本（負債の部）と、出資その他の自己資本（純資産の部）から成り立
っている。

　このうち、株主が実質的に「所有」するのは、会社財産のうち自己資本（純
資産の部）だけである。会社財産には、債権者の「取り分」である他人資本
と、株主の「取り分」である自己資本とがあり、債権者に対する弁済可能性
が分配可能額（配当可能利益）の算出により確保されてはじめて、株主は、
自己資本（純資産の部）のなかから、剰余金配当や自社株買いによる利益還
元を受けることができる。また、解散後は債権者への完済後に残余財産が存
在してはじめて、これが株主に分配される（株主の残余権者性[8]）。

---

8)　神田秀樹「株式の不思議」『企業法の変遷〔前田庸先生喜寿記念〕』（有斐閣、2009 年）
　　130 頁は、株主の残余権者性を示す会社法 502 条について、債権者の債権と株主の残
　　余財産分配請求権に法的に優劣を付すものではなく、その履行の順序（条件）を付すも

　したがって、「会社財産が誰のものか」という前記②の問題については、「資産の部」のうち、「負債の部」に相当する分は実質的に債権者のもの、「純資産の部」に相当する分は実質的に株主のもの、と整理されることになる。

　このような本稿の考え方によれば、「会社財産が誰のものか」という問いに対して、株式会社に債権者がいる限り、「すべて株主のもの」と答えることはできない、ということになる。

　以上を要するに、この問題（前記②の問題）は、株主の剰余金配当請求権や残余財産分配請求権、すなわち自益権の問題なのである。

（iii）　小括—「会社は誰のものか」の2つの問題

　以上をまとめると、次のとおりである。

　株主は、株主総会の議決権を通じて会社の支配権を有する実質的所有者であり、かかる統治権を有する株式会社の主権者である。これは前記①の「会社自体は誰のものか」の問題であり、それは共益権の問題である。

　しかし、株式会社の財産については、実質的に債権者の持分と株主の持分とがあり、株式会社の解散時においては、債権者に対する弁済を完了して残余財産が生ずる限りで株主はその分配に与ることができるにすぎないのであるから、株主は、会社財産の全体を実質的に所有する者ではなく、しかも債権者に完済した後の残余権者である。これは前記②の「会社財産は誰のものか」の問題であり、それは自益権の問題である。

　すなわち、株式会社は、決して、株主だけのものではない。

　以上のことを確認して、次に、「会社は誰のために経営されなければならないか」を検討する。

　のとする。また、得津晶「2つの残余権概念の相克」岩原紳作ほか編『会社・金融・法〔上巻〕』（商事法務、2013年）は、「残余権者」概念には会社清算時に妥当する「静的モデル」と企業継続時に妥当する「動的モデル」との2つがあるとする。

2　会社は誰の利益のために経営されなければならないか

（1）問題の所在

　「会社は誰のものか」と、「会社は誰の利益のために経営されなければならないか」は、同一の問題ではない。ここでも、前記①・②の問題が影響する。

　株主の議決権を根拠として「会社は株主のものである」と解した場合（前記①）、一つの解として、株主総会で選任され、株式会社の経営を行う取締役は、株主の利益のために経営しなければならないという帰結が導かれる。しかし、すでに検討したとおり、前記①で「会社自体は株主のものである」と解することと、前記②で「会社財産は債権者と株主のものである」と解することは両立する。そうすると、取締役は、前記①のみならず、前記②、つまり会社財産が実質的に債権者と株主に帰属することを考慮して経営しなければならないとの帰結が導かれる。さらに、会社の社会性・公共性に照らしたとき、株主のみならず、従業員・顧客・取引先・地域社会などのステークホルダーの利益のために経営されなければならない、という解が成り立つ。

　では、この問題を、どのように考えるべきか。この問題は、わが国では、企業の社会的責任、敵対的買収、SDGs/ESGなど、時代のうねりを経て、繰り返し問題とされてきた。ここで、議論の系譜を簡単に辿る（なお、以下、西暦と和暦を混用する箇所がある）。

（2）議論の系譜と現状

　株式会社は、誰の利益のために経営されなければならないか。

　この問題は、世界恐慌発生後、1930年代初頭に、アメリカにおいて、大要、バーリが「専ら会社の利益のため」としたのに対して、ドッドが「株主の利益追求のみを強調するのは望ましくなく、従業員や消費者の利益を考慮することも差し支えない」と応じた論争に端を発するとされる[9]。

---

9)　バーリ・ドッド論争の詳細は、森田章『現代企業の社会的責任』（商事法務研究会、

　わが国では、昭和25年の商法改正により、取締役の忠実義務の規定が立法化され、「取締役ハ法令及定款ノ定並ニ総会ノ決議ヲ遵守シ会社ノ為忠実ニ其職務ヲ遂行スル義務ヲ負フ」(昭和25年改正商法254条ノ2。その後、昭和56年改正により254条ノ3)と規定された。これは昭和25年改正の際、株主総会を万能機関としていた旧法を改め、アメリカ法に倣って取締役会制度を導入したことに伴い、取締役の権限が強化されたことを背景として、既存の取締役の善管注意義務に加えて、取締役の権限の濫用を防止するために新たに規定されたものである。これは現在の会社法355条に引き継がれ、「取締役は、法令及び定款並びに株主総会の決議を遵守し、株式会社のため忠実にその職務を行わなければならない」と定めるのであって、本稿の主題は、この「株式会社のため」を実質的にどう解釈するかの問題でもある。

　わが国では昭和40年代に「企業の社会的責任」(Corporate Social Responsibility、CSR) が叫ばれるに至り、昭和49年商法改正時の衆参両院の附帯決議をも受けて、昭和50年に、企業の社会的責任に関する一般的規定を明文をもって商法に設けるか否かが立法課題とされた。賛否両論が生じたものの、概念の不明確性等から一般的規定の創設に大多数は反対意見であり[10]、成文化に至らなかった。

　この間に高度経済成長を果たしたわが国は、さらにバブル経済の絶頂期を迎える。従業員から経営陣が選任され、株式の持合いの下で経営者支配が進み、従業員は年功序列・終身雇用に守られて生活を確保するという、いわゆる日本型経営が一つの成功モデルともみられ、経営学説からの人本主義経営・従業員主権論もこのころ登場した[11]。

1978年) 12頁以下参照。

10)　稲葉威雄「会社法改正に関する各界の意見—法務省の意見照会に対する回答結果について—」商事法務725号 (1976年) 195頁。

11)　伊丹敬之『人本主義経営』(筑摩書房、1987年)、同「株式会社と従業員「主権」」伊丹敬之ほか編『リーディングス　日本の企業システム　第1巻　企業とは何か』(有斐閣、1993年) 190頁。これに対し、宍戸善一「経営者に対するモニター制度—従業

　しかし、平成初期にバブルの崩壊を迎えると、大規模な企業不祥事が次々
と明るみに出て、株主による監督是正権の強化の観点から、コーポレートガ
バナンスの確立が急務とされた。この際、本稿の冒頭の主題について、株主
主権・株主所有者・株主利益最大化という3点をいずれも明文化する立法
方針が当時の政権与党から提言されたが[12]、成文化に至らなかった。

　このころから、わが国の会社法学説において、アメリカの動向をも受けて、
「株主利益最大化原則」が主張され、現在に至るまで有力な立場となってい
る[13]。「株主利益最大化原則」は、株主は残余権者であるから、残余権者で
ある株主の取り分を大きくするよう経営することが、関係者全員の総価値の
最大化、ひいて社会の富の最大化をもたらし、取締役が株主からの負託に応
える経営のあり方であり、かつ、その過程において債権者の取り分をも確保
することができるとする考え方と纏めることができよう。これを受けて、平
成17年（2005年）に会社法が制定された際、取締役の責務として、株主

員主権論と株式会社法」伊丹敬之ほか編・前掲書218頁・233頁は、制度論・実態論・
規範論を区別し、株式会社法の理念型においては、経営者を選ぶのは株主であること、
経営者は株主の利益のために会社の経営を行うことが求められていることの2点におい
て、制度論として、株主主権の考え方に立っているとする。

12)　「コーポレート・ガバナンスに関する商法等改正試案骨子」（平成9年9月8日自由
　　民主党法務部会 商法に関する小委員会）は、「株式会社は株主のものであって、株式会
　　社の主権者は株主とする」（原則1）、「株式会社は、株主の利益を最大にするように統
　　治されなければならない」（原則1'）との立法案を提言していた（旬刊商事法務1468
　　号（1997年）27頁）。

13)　落合誠一「企業法の目的―株主利益最大化原則の検討」岩村正彦ほか編『企業と法〔岩
　　波講座 現代の法 7〕』（岩波書店、1998年）23頁（法規範・強行法規的原則として株
　　主利益最大化原則を肯定し、経営者はその実現のため経営上の注意義務を負い、忠実義
　　務の「会社」も株主を意味すると解する）、同『会社法要説〔第2版〕』（有斐閣、2016年）
　　48頁、江頭憲治郎『株式会社法〔第8版〕』（有斐閣、2021年）22頁、黒沼悦郎『会
　　社法〔第2版〕』（商事法務、2020年）17頁、田中亘『会社法〔第3版〕』（東京大学出
　　版会、2021年）272頁、久保田安彦「コーポレート・ガバナンスとサステナビリティ」
　　ジュリスト1563号（2021年）39頁、湯原心一「会社と厚生」成蹊大学法学部編『未
　　来法学』（有斐閣、2022年）109頁ほか。

利益最大化の実現寄与に留意する努力義務を定める法務省案が提言されたが[14]、成文化されずに今日に至っている。もっとも、株主利益最大化原則は、その主張者においても必ずしも貫徹されるべき原則とは考えられておらず[15]、反対説もあり[16]、実務家にもさまざまな受け止め方がある[17]。

---

14) 「株式会社の業務の適正を確保する体制に関する法務省令」案においては、取締役が、同省令に規定する事項の決定に際して、「株主の利益の最大化の実現に寄与するものであること」に留意するよう努める責務が定められていた（旬刊商事法務1750号（2005年）70頁）。

15) 落合・前掲論文24頁、江頭・前掲23頁、田中亘・前掲273頁。大杉謙一「会社は誰のものか―株主利益最大化と短期主義批判、会社の社会的責任（CSR）に関する覚書」『商事法の新しい礎石〔落合誠一先生古稀記念〕』（有斐閣、2014年）は、「会社はさまざまなステークホルダーに対する社会的責任を果たすべきである」との見解を「CSR」と呼んだ上で（15頁）、「会社法の原則は株主利益の最大化であるが、これを貫くことが適切でない場合に、CSRがこの原則を補正する原理として機能する」とする（31頁）。

16) 正井章筰「2005年会社法のコーポレート・ガバナンス―基本的論点の検討―」『会社法学の省察〔新山雄三先生古稀記念〕』（中央経済社、2012年）69頁、上村達男『会社法は誰のためにあるのか―人間復興の会社法理』（岩波書店、2021年）5頁・21頁以下・78頁以下・235頁ほか（株主利益最大化原則が自らへの利益還元を迫る株主を支える概念として働く危険性に警鐘を鳴らし、株式会社の目的は定款所定目的の達成にあるとする）。

17) 株主利益最大化原則を支持する実務家の論攷として、岩倉正和「取締役の責任・行動準則について―「株主利益最大化原則」による日本法における「信任義務」構成の試論的覚書」『グローバリゼーションの中の日本法〔西村利郎先生追悼〕』（商事法務、2008年）23頁以下（経営者の恣意的な判断を正当化する隠れ蓑となり得るステークホルダー論を解釈論としては明確に否定し、経営者は株主利益最大化のために行動すべきとする行動準則に照らして、経営者の行動・経営判断を法的に厳しく審査すべきとする）。これに対し、株主利益最大化原則を修正し、又は同原則に慎重を期す実務家の論攷として、三苦裕「企業買収におけるコーポレート・ガバナンスについての一試論―力学的視点からの考察に基づく多元主義的な考え方―」『企業法の理論・下巻〔江頭憲治郎先生還暦記念〕』（商事法務、2007年）105頁（取締役は会社価値の最大化を目指す義務を負うが、「会社価値」をどのように切り分けるか、つまり株主価値にどの程度配分し、従業員その他の各会社関係者にどの程度配分するかは取締役の裁量に委ねられているとする）、草野耕一『株主の利益に反する経営の適法性と持続可能性―会社が築く豊かで住みよい社会』（有斐閣、2018年）1頁・348頁（株主利益最大化原則はその貫徹が外

　21世紀を迎えてまもなく、わが国においても敵対的買収の増加を受けて会社支配権を巡る紛争が急増し、現経営陣が、誰の利益を考えて行動すべきかが正面から問われるに至った。たとえば、平成17年（2005年）3月には、社会の注目を集めた敵対的買収事案において、「取締役は会社の所有者たる株主の信認に基礎を置くものであるから、株主全体の利益の保護という観点から新株予約権の発行を正当化する特段の事情がある場合には、例外的に、経営支配権の維持・確保を主要な目的とする発行も不公正発行に該当しない」との一般論が東京高裁により判示された[18]。

　また、同年5月、企業価値研究会（経済産業省経済産業政策局長の私的研究会）は、「企業買収とは、買収者の提案と現経営陣の経営方針のどちらが株主に支持されるのかという相対的な比較検討の局面であり、企業価値を高める買収提案であれば買収が実現し、企業価値を損ねるものであれば買収が実現しないことが望ましい」として、防衛策の合理性の判断基準を「企業価値」に置き（企業価値基準）、そこにおける「企業価値とは、会社の財産、収益力、安定性、効率性、成長力等株主の利益に資する会社の属性又はその程度をいう」と定義し、「換言すると、会社が生み出す将来の収益の合計のことであり、株主に帰属する株式価値とステークホルダーなどに帰属する価値に分配される」とする報告書を公表した[19]。

部性・独占・契約の不完備性・情報の非対称性などの不都合を発生させるため最善の解ではないとし、社会の厚生の増加のために必要な限度において非営利施策を実施すべしとする「厚生最大化原則」による修正を図る）、中村直人「公開会社法の今後の進展―持続可能な世界の構築のために」『公開会社法と資本市場の法理〔上村達男先生古稀記念〕』（商事法務、2019年）15頁以下・28頁以下（株式会社の営利目的性の明文規定が平成17年改正前商法には存在したが会社法には存在せず営利性は相対化されたことなどを理由に株主利益最大化原則を否定する）。

18)　東京高決平成17.3.23判時1899号56頁（ライブドアによる敵対的買収に対してニッポン放送が取締役会決議に基づき新株予約権発行を行い、ライブドアが不公正発行として差止めを求めた事案。裁判所は結論としては不公正発行であるとし、差止めを認めた）。

　さらに同年6月、経済産業省・法務省は、「企業価値・株主共同の利益の確保又は向上のための買収防衛策に関する指針」を公表し、「株式会社は、従業員、取引先など様々な利害関係人との関係を尊重しながら企業価値を高め、最終的には、株主共同の利益を実現することを目的としている」とし、「買収者が株式を買い集め、多数派株主として自己の利益のみを目的として濫用的な会社運営を行うことは、その株式会社の企業価値を損ない、株主共同の利益を害する」として、「株式会社が、特定の株主による支配権の取得について制限を加えることにより、株主共同の利益を確保し、向上させることを内容とする買収防衛策を導入することは、株式会社の存立目的に照らし適法かつ合理的である」とした[20]。

　また、平成19年（2007年）には、以上の動向を受けて、「特定の株主による経営支配権の取得に伴い，会社の企業価値がき損され，会社の利益ひいては株主の共同の利益が害されることになるか否かについては，最終的には，会社の利益の帰属主体である株主自身により判断されるべきものである」と判示して、株式会社が特定の株主による株式の公開買付けに対抗して当該株主の持株比率を低下させるためにした新株予約権の無償割当てにつき、株主総会特別決議で83.4%の賛成を得て可決されたものであったことを踏まえて適法とする最高裁判例も現れるに至った[21]。以上の動向のなか、裁判例

---

19)　企業価値研究会（神田秀樹座長）『企業価値報告書〜公正な企業社会のルール形成に向けた提案〜』（平成17年5月27日）34頁・83頁。日下部聡「企業社会における公正なルール形成を目指して―企業価値報告書と指針策定の問題意識―」旬刊商事法務1734号（2005年）4頁参照。このような「企業価値」の捉え方は、近年の経済産業省「公正なM&Aの在り方に関する指針―企業価値の向上と株主利益の確保に向けて―」（2019年6月28日）5頁にも承継されている。

20)　旬刊商事法務1733号（2005年）27頁参照。

21)　最二小決平成19.8.7民集61巻5号2215頁（スティールパートナーズによる敵対的買収に対してブルドックソースが取締役会決議及び株主総会特別決議に基づき新株予約権の無償割当てをし、スティールパートナーズが不公正発行として差止めを求めた事案。裁判所は結論としては不公正発行ではないとし、差止めを認めなかった）。

にも、株主利益最大化原則を明言するものがある[22]。

　世界に目を転ずると、アメリカでは、1980年代に敵対的買収への対応の必要性が意識されて、1983年のペンシルバニア州法をはじめ、多くの州の会社法が株主以外の利益の考慮を許容する明文規定（constituency statute）を有している（もっとも、設立準拠法として最重要のデラウェア州会社法はこの規定をもたない）。またアメリカ実業界では、主要企業で構成される「ビジネスラウンドテーブル」（1972年設立）において、1997年以降、株主主義が標榜されていたが、2019年に修正され、「すべてのステークホルダー－顧客、従業員、サプライヤー、地域社会及び株主」の利益に向けた経営にコミットする旨が宣言された。

　イギリスでは、2006年会社法172条（会社成功促進義務）において、取締役は、株主全体の利益のために会社の成功を最も促進させやすい方法と誠実に考える方法により行動する義務を負い、かかる義務の履行の上で、なかでも、①意思決定が長期的にもたらしうる結末、②従業員の利益、③サプライヤーや顧客等とのビジネス関係の育成の必要性、④会社の活動が地域社会や環境に及ぼす影響、⑤高い水準によるビジネス活動によるレピュテーション維持の望ましさ、⑥株主間の公正な行動の必要性、を考慮する義務を負うものとする旨の規定が設けられた。

　わが国では、平成27年（2015年）、コーポレートガバナンス・コードにおいて、「コーポレートガバナンス」を「会社が、株主をはじめ顧客・従業員・地域社会等の立場を踏まえた上で、透明・公正かつ迅速・果断な意思決定を

---

22)　東京高判平成27.10.29判時2285号117頁（シャルレMBO事件）は、「取締役は、委任者である会社に対し、善管注意義務を負っているところ、会社の営利企業たる性格に応じて、かかる義務は株主の利益最大化を図る義務に引き直され、かかる義務に違反する行為により会社に損害を生じさせた場合にはこれを賠償する責任を負う」とし、「ここでいう利益最大化とは会社の業績向上、損失回避等を通じて将来に向かって企業価値の最大化を図る義務のことをいうのであって、（プレミアムも含めた）株式の適正な現在価値を超えて株式の買付価格を吊り上げることまで要求するものではない」とする。

行うための仕組み」と定義した上で、上場会社の株主の権利・平等性の確保と、株主以外のステークホルダーとの適切な協働の必要性を定めている。また、令和3年（2021年）に成立した岸田文雄内閣は、ステークホルダーの利益をも重視した「新しい資本主義」を標榜している[23]。

以上によれば、近年の国内外の明瞭な動向として、株主主義の修正とステークホルダー主義への傾斜を看取することができる。

では、この問題について、会社法の観点から、どのように考えるべきであろうか。

（3）本稿の考察―「債権者＝ステークホルダー」論

ア　債権者帰属価値と株主帰属価値

前述したとおり、本稿の考え方によれば、株式会社の財産には、実質的に債権者に帰属する価値と、株主に帰属する価値とがある（前記②の問題）。法は、株主に対する剰余金の配当や株主からの自己株式取得を通じて株式会社が株主に利益を還元することを承認しているが、株主の残余権者性に照らして、かかる利益の還元は、分配可能額（かつての用語では配当可能利益）の存在を前提とする。

換言すれば、債権者への弁済可能性（これを主題との関係で、便宜上、以下、「債権者利益」と呼ぶことがある）を確保しない限り、株主への利益還元を図ることはできない。株主への利益還元は、債権者利益を確保した先にある問題であるところ、経営陣は、株主総会で選任される以上、株主の期待に応えるべき立場にあるから、その利益還元をも図る必要がある。

このように考えると、経営者は、「債権者利益を確保した上で、株主利益

---

23) つとに、岸田文雄『岸田ビジョン』（講談社、2020年）34頁以下は、その「新しい資本主義に向けて」の項目において、「日本型資本主義の復活」を目指すとし、渋沢栄一の合本主義を引いて、株主利益の追求にとどまらず、公共を含んだ幅広い関係者への利益還元と幸福を追求する資本主義のあり方、「よりヒトを重視した、人間中心の資本主義」を目指すとしていた。

の維持・増進を図る」べき立場にあるものと考えられる。

　特に株式会社が債務超過に陥った場合には、債権者損失の拡大を食い止め、可能なかぎり債権者利益を確保することが求められるに至る以上、株式会社は、平時から、まずもって（特に回復不能な深刻な）債務超過に陥ることのないように経営されるべきものと考えられる[24]。

　　　イ　「債権者＝ステークホルダー」論

　それでは、債権者とは、具体的に誰であるか。ここに債権者とは、ステークホルダーと重なる存在であることに注意が必要である。

　株式会社は物的資本と人的資本から成る。株式会社の最小単位は、「株主1名、取締役1名、監査役0名、資本金1円」というものであるが、このような最小単位の株式会社であっても、設立当初から、資本金という物的資本と、取締役という人的資本とを備えている。事業規模をより大きくしようとすれば、物的資本と人的資本の増大が必要となる。このため、必要に応じて、出資や借入れを増やし（物的資本）、経営陣と従業員を充実させる（人的資本）。物的資本の一部はカネからモノに変わり、あるいは現物出資（モノによる出資）により、ここに「ヒト・モノ・カネ」の経営の三要素が満たされる。

　かかる株式会社の成立と発展の過程は、無数の債権債務関係の積み重ねに

---

24)　株主利益最大化原則説においては、同原則は、債務超過の解消が見込まれず倒産必至の状況にあっては例外的に妥当しなくなると説かれる（落合・前掲会社法要説58頁）。これに対して、本稿は、原則・例外の関係とは捉えず、むしろ、「株式会社においては、資産超過であれ債務超過であれ、平時であれ危機時であれ、債権者利益確保の要請が、株主利益維持・増進の要請に先行する（前者の確保が後者の前提となる）」と端的に捉えることが理論的に一貫するのではないかと考える。いったん債務超過に至っても、合理的な経営判断のもとで深刻でないものであれば、これを克服して資産超過を回復し、もって債権者利益を確保した上で株主利益の維持・増進を図ろうとすることは、もとより否定されるものではない。他方、深刻な債務超過にあっては、債権者利益の確保という先行すべき前提に重大な危機が生じているのであるから、その確保に目処がつかない限り、株主利益の維持・増進の要請は働かないこととなる。

よる。株式会社は本店所在地にて設立登記を果たすと、何らの契約関係なく
して均等割（法人住民税）をはじめとする租税法律関係に入り、その他もろ
もろの公租公課債務を負担する。また、契約に基づく債権債務関係としても、
従業員との労働契約に基づき賃金債務を、賃貸人との賃貸借契約に基づき賃
料債務を、仕入先との売買契約に基づき代金債務を、顧客・消費者との売買
契約・役務提供契約に基づきその給付債務を、金融機関との金銭消費貸借契
約に基づき借入債務を、それぞれ負担する。

　このように考えると、株式会社によるこれらの債務負担の相手方、すなわ
ち債権者は、ステークホルダーと総称される人々、すなわち従業員、顧客、
取引先などと実質的に重なり合うことがわかる。ステークホルダーのうち地
域社会（コミュニティ）は、地域住民とも地方公共団体とも考えられるが、
これらは株式会社に土地や建物を貸す賃貸人であったり、商品を購入したり
サービスを受ける顧客・消費者であったり、株式会社に勤務する従業員であ
ったり、公租公課を課す地方公共団体であろうから、やはり、大多数は、債
権者と重なる。さらに、株式会社は、製品事故や公害等を生じないよう経営
されるべきところ、故意又は過失により第三者に違法に損害を加えた場合に
は不法行為による損害賠償責任を負担し、また法定の要件を満たせば製造物
責任（Product Liability、PL）を負担するのであり、顧客・消費者や地域住
民・地方公共団体は、この意味においても債権者（不法行為債権者・PL債
権者）となり得る存在（潜在的債権者）である。

　以上のように考えると、株式会社にとっての債権者は、ステークホルダー
そのものであるといってよい[25]。

　したがって、債権者の利益を確保した上で株主利益の維持・増進を図ると

---

25)　筆者は、このような考え方を、随筆風の小稿で述べたことがある。拙稿「会社は株
　　主だけのものか？　従業員・顧客・地域社会など「債権者」による支配」（副題：コー
　　ポレートガバナンスと企業危機―株主支配と債権者支配とのあいだ）https://webronza.
　　asahi.com/judiciary/articles/2718040600001.html（朝日新聞Digital「論座」法と経
　　済のジャーナル・企業法務の窓辺、2018年4月9日掲載）。

いう命題は、実質的には、とりもなおさず、ステークホルダーの利益を確保
した上で株主利益の維持・増進を図るという命題を意味することとなる。

　以上に照らせば、株式会社の経営は、ステークホルダーの利益を確保した
上で（＝SDGs/ESGのために負担した債務の支払を含め、債権者に対する
本旨弁済を確保し、また不法行為債務等の偶発債務についてはこれを生じさ
せないよう注意を払った上で）、株主利益の維持・増進を図ることを意味す
るから、このように経営される限りにおいては、ステークホルダーと株主と
の共存共栄が果たされるはずである。

　以上のように考えると、「債権者＝ステークホルダー」[26) の利益を確保し
た上で、株主の利益を図るという命題を首肯することができる。

　企業価値の捉え方にはさまざまな立場があるが、「債権者＝ステークホル
ダー」に帰属する価値と、株主に帰属する価値との総和・総体としての会社
財産を企業価値と捉えるならば、株式会社は、このような意味での企業価値
の維持・増進を目指して経営されるべきものと考えられる。

　また、取締役が善管注意義務・忠実義務を負う相手方は、このような「債
権者＝ステークホルダー」利益と株主利益とが総合的に帰属する仕組みとし
ての「株式会社」（会社法330条・355条）そのものと解すべきである。そ
れが文言に即した解釈としても妥当であり、これを株主のみを指すものと解
釈することは適切でないものと考える。

ウ　小括

　以上をまとめると、株式会社は、「債権者＝ステークホルダー」の利益を
まず確保した上で [27)、株主の利益の維持・増進を図るべく経営されなけれ

---

26)　本稿における「債権者＝ステークホルダー」との表現は、本文に述べた意味におい
　て債権者とステークホルダーとが重なり合うことを意味する。
27)　したがって、株式会社が債務超過である場合には、「株主の利益を図る大前提として、
　債権者の利益が確保されていること」という命題が崩れていることから、取締役会設置
　会社は、取締役会決議を経て、株式会社の破産手続開始・再生手続開始・更生手続開始

ばならない、ということになる。換言すれば、これらの総和としての会社財産（企業価値）の維持・増進を目指すべきである、ということになろう。

　もっとも、SDGs/ESG 施策のためのコストを抑え、株主利益を図ろうとすることは、ステークホルダーの利益を害する結果とならないであろうか。また、SDGs/ESG 施策のためのコストを投ずることは、通例、契約上の債務の増加を伴うこととなるが、これは、株主利益を害する結果とならないであろうか。

　次項では、これらの問題を検討する。

Ⅳ　SDGs/ESGと株主利益－取締役の行動準則

1　問題の所在－「債権者＝ステークホルダー利益」vs「株主利益」の対立

　前述したとおり、「債権者＝ステークホルダー」の利益を確保した上で、株主の利益の維持・増進を図ることは、基本的には正しい命題であると考える。

　しかし、SDGs/ESG を見据え、両者が対立する場面はないか、それをどのように解決すべきか、取締役はどのように行動すればよいか、がここでの

　の申立てをすることが許容され（再生・更生の場合には債務超過のおそれで足りる）、また、破産手続開始申立てについては、取締役単独での申立ても許容される。かつては商法上、取締役に株式会社が債務超過の場合において破産手続開始申立義務が課されていたが、これは昭和 13 年商法改正により削除された。学説上、株式会社が債務超過又はそれに近い状態である場合には、取締役がイチかバチかの投機的経営を行うことは、残余請求権者でありかつ有限責任である株主の利益を最大化する方策ではあるが、会社債権者の損害を拡大する蓋然性が高いので、取締役の任務懈怠となり、第三者（会社債権者）に対する責任を生じさせる（取締役に再建可能性・倒産処理等を検討すべき義務が善管注意義務として課されている）と解する見解がある（江頭・前掲株式会社法 24 頁・536 頁）。また、東京高判令和 3.11.18 金判 1643 号 6 頁は、自主再建ができなければ倒産の現実的危険性のあった債務超過の株式会社の取締役の責任が問われた事案において、取締役は「自主再建することを優先すべきであって、これに反してまで株主の利益を最大化するよう配慮し、行動すべき義務はない」と判示した。

課題である。

　これを、順に、検討していく。

2　「債権者＝ステークホルダー」利益を犠牲にした株主利益の最大化

　まず、ことに「株主利益最大化」を強調してゆくと、債権者利益と株主利益とが衝突する場面において、債権者利益を最小化し、株主利益を最大化するというベクトルが働くのではないか、が問題となる。

　すなわち、株式会社は、いったん債務を負担した以上は、これを履行する義務を負うわけであるから、そもそも、SDGs/ESG にとって客観的に必要な債務であっても、その負担をできる限り避けようとするインセンティブが働くことがある。また、いったん債務を負担したとしても、債権者に対しては高々、その給付義務を履行し、かつ将来の給付を確保すれば足りるのであるから、債権者利益はこのような最低限を確保（その意味で最小化）して、あとはひたすら株主利益を最大化すべく経営すべきである、との命題を肯定する道を開くこととならないか、である。「株主利益最大化」との表現は、「原則」にとどまるものであっても、このおそれを内包していないとはいえない。これが一人歩きすれば、「債権者＝ステークホルダー」利益を最小化して株主利益の最大化を図り、これにより一時的にせよ株価を高めることにより、短期志向株主（株式を買った後に短期で売り抜けようとする株主）の投資効率の最大化や、経営陣の業績連動報酬の最大化に有利となる結論を生むおそれもないとはいえない。

　このように、株主利益最大化の反面において、「債権者＝ステークホルダー」利益の最小化が帰結されかねないという問題がある。もとより、コストを合理的に削減して株主利益を維持・増進することは肯定されるが、たとえばSDGs/ESG のために客観的に必要とされるコストを不当に削減してまで株主利益の最大化を図ることについては、これにどのような歯止めが考えられるかが問題となる。この点は、次のように考えることができよう。

（ⅰ）法令遵守義務

第1に、株式会社の取締役は法令遵守義務を負うから（会社法355条）、「法令を遵守するか否か」について取締役の裁量は許容されず、したがって、「法令を遵守しないこととした」という経営判断も許容されないのが原則である。SDGsの目標やESG要素は、すでに、環境諸法、労働諸法をはじめ、わが国実定法上のさまざまな法令、すなわちハードローにより、単なる訓示規定にとどまらない強行法規として制定されている。このような場合、取締役はこのような法令に違反することはできず、これを通じて、SDGs/ESGの保護法益が実現されることとなる。

すなわち、取締役の法令遵守義務を通じて、その保護法益（SDGs/ESGの客体となるステークホルダーの利益を含む）が確保されることになる。

（ⅱ）リスク管理体制構築義務

第2に、大会社である取締役会設置会社においては、「取締役の職務の執行が法令及び定款に適合することを確保するための体制」その他、業務の適正を確保するために必要な体制の整備義務があり（リスク管理体制構築義務。会社法362条5項、会社法施行規則100条）、大会社以外の株式会社においても、これを構築しないことにつき善管注意義務・忠実義務の違反となる場合があることから、これらによっても、SDGs/ESGの保護法益が確保されうる[28]。

---

28) 神作裕之「ソフトローの「企業の社会的責任（CSR）」論への拡張？」中山信弘編代『市場取引とソフトロー』（有斐閣、2009年）206頁参照（会社の存立に重大な影響を与え得る性質の当該企業に固有の「社会的責任」については内部統制体制・リスク管理体制を通じて組織的に対応する必要があるとする）。また、山田泰弘＝Janis Sarra＝中東正文「日本における気候変動に関する取締役の義務」（Commonwealth Climate and Law Institute, 2021年）1頁は、株式会社の取締役は、気候変動リスクを考慮すべき義務があり、気候ガバナンスに係る内部統制及びリスク管理システムを確立する義務があるとする。

(ⅲ)「株主の利益」の解釈

　第3に、「株主の利益」とは、わが国の会社法・会社更生法を貫く「企業維持の原則」に照らして、株主の短期的利益ではなく、中・長期的利益を想定すべきものである。これは、ここでの課題が、広く地球環境・国際社会のみならず、自社自身の中・長期的な持続可能性（サステナビリティ）に向けた株式会社の経営であることとも整合する考え方である。また、「株主の利益」として、個々の株主それぞれの具体的な利益と考えることはできず、前述した最高裁判例も述べるとおり、「株主の共同の利益」と考える必要がある[29]。取締役は、このように中・長期的な観点から株主の共同の利益を考慮すべきものと考えられる。短期的な株主利益（特に株主還元額）の最大化を目的として、SDGs/ESG のために中・長期的に客観的に必要とされるコストを最小化することの適否は、取締役の善管注意義務に係る経営判断原則の問題に帰着するが、そこでの取締役の裁量的判断は、中・長期的な観点に基づく株主の共同の利益（中・長期的な株式会社の維持・存続の要請を含む）からの合理的な制約を受けることがあるものと考えられる。

3　株主利益を犠牲にした「債権者＝ステークホルダー利益」の最大化

　これは前記2とは逆の問題であり、法令が遵守され、リスク管理体制が構築された後の、その先にある問題である。SDGs/ESG の要請は、法令遵守・リスク管理体制構築によって、確保される部分もあるが、SDGs/ESG に向けて必要・有益とされる取組みは、きわめて領域が広く、法令（ハードロー）のみならず、広範囲にわたる日進月歩のガイドライン（ソフトロー）の拡大状況をも背景として、その範疇が相当程度、拡がってきている。また、そもそも、たとえば地球規模の環境保護などは、具体的なステークホルダーとな

---

29)　より本格的な検討のためには、株主の属性を踏まえた株主間の利益対立をも考察しなければならないが、本稿では立ち入らない。

る主体を特定することも困難であるが、それでも、そのような地球環境保護のための SDGs/ESG に向けた施策を講ずる必要は生ずる。それでは、このように、SDGs/ESG のために、法令遵守・リスク管理体制構築の範疇で捉えきれないコストを投ずることは、株主利益の維持・増進の要請と抵触し、取締役は、それ以上の行動が許されなくなるであろうか。また、それにより、取締役は、責任を負うことがあるであろうか。株主利益最大化原則が説かれる背景には、ステークホルダーの利益をも考えて経営すると、その曖昧性のために、経営者の恣意的な支出を許容しかねず、株主利益を害するとの懸念があることにも配慮する必要がある[30]。本稿は、この問題について、法的には、次の３つのバッファーが許容されており、以下に示される範囲において、取締役はかかる経営や行動が許容されるものと考えられる。

（ⅰ）SDGs/ESG施策が株主利益の維持・増進に資する場合

　第１に、SDGs/ESG 施策が株主の利益と合致するとき、及び、たとえ合致しない場合であっても、合致すると信じたことにつき経営判断原則に照らして著しく不合理な点がないときは、取締役に善管注意義務・忠実義務の違反はないものと考えられる。前述したとおり、上場会社においては、PRI 及びダブルコードの下で、機関投資家が ESG の観点を重視して投資し、また、上場会社サイドにおいても、これを受けた経営を実践し、また投資家のために必要な開示を励行するのであるから、通例は、その実施及び開示が、企業価値・株主の長期的利益及びこれを反映した株価の維持・向上につながるものと考えられる[31]。また、SDGs/ESG の課題は株式会社それぞれにおいて

---

30)　もっとも、取締役会による監督が適切に機能する限り、過度に心配する必要はないとも考えられ（有吉尚哉ほか座談会「金融機関は SDGs にどう向き合うか」金融法務事情2164号（2021年）32頁〔神作裕之発言〕）、また、本文で述べるとおり、株主利益や株主意思との合致が認められる限り、この懸念は解消されるものと考えられる。

31)　田中亘「株主主権下のサステナブル経営」加藤晃＝野村資本市場研究所サステナブルファイナンス3.0研究会編著『新キャピタリズム時代の企業と金融資本市場『変革』』

異なり、また施策にも複数以上の選択肢があり得るところ、多様な価値観の
もとでは、こうした SDGs/ESG 施策の相互が抵触することもあり得るが、
このような場合も、取締役の行動は、経営判断原則によって支えられる。ま
た、上場・非上場を問わず、SDGs/ESG の観点から現在の業態のまま事業
を継続することが適切でない場合、事業転換をも考慮する必要が生じるとこ
ろ、これにより持続可能性のある業態への転換のコストを生じたとしても、
それが株主共同の中・長期的利益に合致する可能性をも踏まえれば、これに
係る経営判断には広い裁量が認められる。

（ⅱ）SDGs/ESG施策が株主意思と合致する場合

　第２に、SDGs/ESG のための債務の負担も、これにより不利益を受けう
る株主の意思と合致すれば、そのような決定は支持される。会社の所有と経
営が実質的に一致している企業はもちろん、これが実質的に分離している場
合においても、株主との対話又は例外的であろうが株主総会決議[32]を通じ
て支配株主（特に特別多数株主）の支持を受けて対応した場合には、それが
後日、取締役の責任を招来することは考え難い[33]。

　（金融財政事情研究会、2022 年）71 頁は、特に上場会社においてサステナブル経営が
　株主の利益となる理由として、企業の経営政策が株価に反映すること、株主を含む多く
　の現代人は自分の経済的利益だけを考えて意思決定をするわけではないこと、の２点を
　挙げる。

32)　田中亘「株主第一主義の合理性と限界（下）」法律時報 92 巻 7 号（2020 年）86 頁は、
　会社法の原則としては会社の利益の 10％を、取締役の裁量により犠牲とすることがで
　きる株主の利益の限度とするが、十分な情報開示の下に株主総会決議の承認を得れば、
　その水準を超えて会社外の者の利益を図ってもよいとする考え方を提案する。もっとも、
　本稿の考え方によれば、10％を超えたとしても取締役の経営判断原則は依然として働く
　ものであり、10％を超えた場合にも株主総会決議の承認が取締役の責任を否定するため
　に必要な前提条件となるわけではないものと考えられる。

33)　債務超過の株式会社においては、株主の実質的な持分が失われ、債権者利益の確保（債
　権者損害の拡大防止）の要請が顕在化するから、株主意思よりも債権者意思が重要な問
　題となる。しかし、ここでも、不利益を受ける債権者意思の確認により正当化される場

（iii）SDGs/ESG施策コストが合理的範囲内である場合

　第3に、判例（八幡製鉄政治献金事件、最大判昭和45.6.24民集24巻6号625頁）は、「取締役が会社を代表して政治資金の寄附をなすにあたつては、その会社の規模、経営実績その他社会的経済的地位および寄附の相手方など諸般の事情を考慮して、合理的な範囲内において、その金額等を決すべきであり、右の範囲を越え、不相応な寄附をなすがごときは取締役の忠実義務に違反する」が、八幡製鉄の資本金その他、当時における純利益、株主配当金等の額を考慮にいれても、合理的な範囲を越えたものとすることはでき

　合がある。たとえば、債務超過の株式会社の事業再生におけるスポンサー選定に際して、候補者が拠出する代金額の重視を原則としつつも、従業員の雇用確保や地域社会への影響などのステークホルダーの利益への配慮の観点から、最高額を提示した候補者を選定せず、次順位の候補者を選定することが許容される場合がある。これは、スポンサー選定過程の債権者への情報開示に加えて、当該スポンサーを前提とする計画案（清算価値保障原則の充足が前提となる）について、法的倒産手続においては債権者の多数決及び裁判所の許可により、また、私的整理手続においては対象債権者の全行同意（ただし、多数決原理の導入に向けた立法論が進行している）により、その正当性が付与されていると考えられる。また、破産手続においては、計画案は存在せず、よってこれに対する債権者の多数決も存しないが、たとえば、破産管財人が、一般債権者に対する配当財団の犠牲のもとで、土壌汚染施設の無害化や産業廃棄物の適正処理など、環境対策コストを財団債権として支出することが必要となる場合がある（伊藤眞「破産管財人の職務再考－破産清算による社会正義の実現を求めて」判例タイムズ1183号（2005年）39頁参照）。これは、債務超過の破産会社の破産手続において、破産管財人が、前述した「潜在的債権者」（潜在的な不法行為債権者）である地域社会（地方公共団体・地域住民）の不法行為債権の顕在化を防止するために、あえて共益費用としての財団債権（又は破産管財人の行為に基づく財団債権）を破産財団から拠出することが適法とされる一例である。この正当性の根拠は、①当該財団債権の負担に係る破産債権者への情報開示と裁判所の許可、②「債権者その他の利害関係人の利害及び債務者と債権者との間の権利関係を適切に調整し、もって債務者の財産等の適正かつ公平な清算を図る」という破産法1条の目的規定、さらに究極的には、③後述する「公共の福祉」適合原則を定める民法1条1項の規定（「公共の福祉」との関係において破産債権者の回収額増大の要請が劣後すべき場合がある）に求められるものと解される。

ないとしている。

　この判例は、政治献金としての寄附に関する事案であり、株式会社の営業の自由や所属する者の政治的思想良心の自由にも関わりうる問題であって、本稿の主題とする SDGs/ESG とは径庭がある。しかし、同判例は、政治資金の寄附のほか、「災害救援資金の寄附、地域社会への財産上の奉仕、各種福祉事業への資金面での協力」をも例示して、これらについて営利法人たる株式会社の権利能力の範囲内とし、合理的な範囲を越えない限り許容する旨の判示をしている。

　現代における SDGs/ESG の促進の必要性に照らすと、これに向けた施策の実施に係る取締役の裁量の範囲は、それ自体が法令による規制（規正）の対象とされている政治献金よりも、広範な裁量が許容されているものとみることができる。

4　民事私法の指導原理とSDGs/ESG

　以上の考察から、SDGs/ESG に向けた施策と株主利益との対立に基づいて、取締役が責任を負うことは通例は考え難いが[34]、ここで本稿は、この問題を考える上での基本的な視点として、民事私法を貫く指導原理としての「公共の福祉」適合原則（民法 1 条 1 項）と、「個人の尊厳」・「両性の本質的平等」尊重原則（民法 2 条）の重要性に言及しておきたい（商法 1 条 2 項参照）。

　たとえば、気候変動リスクの対処のための脱炭素化をはじめとする地球環

---

34)　企業の社会的責任（CSR）の文脈において、「取締役等による「企業の社会的責任」への配慮が、原則として経営判断の問題であり、善管注意義務・忠実義務違反を生じないことは、一般的に認められている」との理解（江頭憲治郎編『会社法コンメンタール 1』（商事法務、2008 年）88 頁〔江頭憲治郎〕）も、SDGs/ESG に関わる問題に応用することが可能であろう。また、神田秀樹＝久保田安彦「対談　サステナビリティを深く理解する」旬刊商事法務 2302 号（2022 年）21 頁〔神田秀樹発言〕参照（「日本の会社法の下でも、ある程度の範囲であればサステナビリティ活動をすることは当然にできるわけで、それによって取締役が法的な責任を負うとか、逆にやらなかったことによって責任を負うということはまずないと思います」とする）。

境保護の要請は「公共の利益」適合原則と密接に関連し、また、「ビジネスと人権」に代表される人権保護の要請は「個人の尊厳」・「両性の本質的平等」尊重原則と密接に関連する。

　したがって、民法1条1項及び2条は、SDGs/ESGを考察する上での実定法上の指導原理として位置づけられるべきものと考えられる。

　民法1条1項は「私権は、公共の福祉に適合しなければならない」と定めるところ、この「私権」には民法上の財産権はもとより、社員権も含まれると解されている。また、民法2条は「この法律は、個人の尊厳と両性の本質的平等を旨として、解釈しなければならない」と定めている。

　これらの規定は、日本国憲法に基づく新たな憲法的価値を、戦後まもなく大幅に改正された民法の親族編・相続編のみならず、財産編にも及ぼすために新たに設けられたものである。このうち、特に民法1条1項については、その抽象的文言からかえって公益優先の危惧を呼び、立法過程から議論が多く、学説上も慎重を期す見解が少なくない。しかし、本来の趣旨は、日本国憲法と同様に、自由権に係る自由国家的公共の福祉と、社会権に係る社会国家的公共の福祉とを実現する趣旨に立ったものと理解される。また、「われらとわれらの子孫のために」確定された日本国憲法は、その前文において国際協調主義を強調しているのであり、国連総会で全加盟国の同意により決議されたSDGsの要請を、前述のとおり日本国憲法の趣旨を受けた「公共の福祉」適合原則に読み込むことは、十分に可能なものであると考える。

　SDGs/ESGにより保護される利益のうち、もとより、すでに環境基本法など、憲法及び民法1条1項の趣旨を体現した法律があるときはそれによればよいが、そうでないものは民法1条1項に、また人権保護及びジェンダーの平等は民法2条に、実定法上の根拠を求め、少なくとも、その趣旨を勘案・参酌して検討することが許容されるものと解される。

　もとよりSDGs/ESGの要請が株主利益と対立する場合に、前者がつねに一方的・必然的に優先するものではなく、「公共の福祉」適合原則といっても、あくまで両者の調整原理にとどまる。しかし、SDGs/ESGとの関係において、

株主利益との調整を考える際に、その指導原理として民法1条1項・2条を再発見・再確認する試みは、なされてよいのではないか。

　以上から、民事私法の指導原理である民法1条1項・2条の趣旨を勘案・参酌して、SDGs/ESG に向けられた取締役の行動が保護される場合があるものと考えられる。

V　本稿のまとめ

　本稿で述べた概要を、以下に要約する。

①主権者（統治権者）としての株主が、株式会社の実質的な「所有」者である。

②しかし、株主によって統治される株式会社の財産は、実質的には、債権者の持分と、株主の持分とに大別されるのであり、両者の関係においては、債権者が優先し、株主は残余権者としての地位にある。したがって、株式会社は、株主だけのものではない[35]。

③そうである以上、株主総会で選任され、株式会社との委任関係に基づいて株式会社の経営を行う取締役も、まず債権者に対する弁済を確保する必要がある。

④そこにいう債権者とは、ステークホルダー（従業員・顧客・取引先・地域社会）と重なる存在である。

⑤したがって、取締役は、「債権者＝ステークホルダー」の利益をまず確

---

35)　有吉ほか・前掲座談会32頁〔神作裕之発言〕は、「会社というのは決して株主だけのものではないと思います。まさに社会的存在としていろいろなステークホルダー、さらには環境のことも考えて経営者は会社を経営していくものであると考えます。もしこのような規範があるのだとすると、取締役会でESGとかSDGsについて議論することは、むしろハードローにのっとった行動だと考えます」とする。本稿も、本文に述べた検討から、同様の理解に立っている。

保した上で、株主利益の維持・増進を図る必要がある。換言すれば、これら双方の利益の総和としての会社財産（企業価値）の維持・増進を目指すべきである。

⑥ SDGs/ESG の利益は、法令による保護法益と重なる場合、取締役の法令遵守義務の履行により、保護される。また、リスク管理体制の具備によっても保護される。もとより、善管注意義務・忠実義務に基づく取締役の経営判断によっても保護される。

⑦ SDGs/ESG に配慮して対策コストを支出することは、株主利益・株主意思と合致すればもちろん許容され、また、たとえ株主利益を侵害することがあったとしても、合理的な範囲内で許容される。

⑧ SDGs/ESG をめぐる以上の解釈論にあたっては、民事私法の指導原理としての民法 1 条 1 項・2 条の趣旨が参酌されるべきである。

SDGs/ESG は、私たち及び未来の市民の、2030 年及びそれ以降の将来に向けての急務である。本稿は、その「会社法的基礎」のささやかな考察にとどまる。むしろ問題は、その先の実務的・実践的な展開にこそあるが、本稿をそのための私的な一里塚としたい。

株式会社における営利性と
公益重視型会社

金尾悠香

I はじめに

令和 3 年 10 月 15 日閣議決定により「新しい資本主義実現会議」（以下、「実現会議」という）が設置された。実現会議は、「民間による公的役割」と称して、資本主義が抱える格差の拡大、孤独・孤立化、環境保護・気候変動問題の深刻化、経済社会の持続可能性の喪失などの社会的課題を解決する主体として、あるいは、医療・介護・教育等のこれまで官が担ってきたサービスでも多様なニーズにきめ細かく対応するための主体的な関与の担い手として、既存企業や主体の多様化への期待を示している[1]。

---

1) 令和 4 年 6 月 7 日閣議決定「新しい資本主義のグランドデザイン及び実行計画〜人・技術・スタートアップへの投資の実現〜」（以下、「グランドデザイン」という）（https://www.cas.go.jp/jp/seisaku/atarashii_sihonsyugi/pdf/ap2022.pdf、最終閲覧日 2022 年 12 月 18 日）25 頁、新しい資本主義実現会議第 6 回（令和 4 年 4 月 28 日）、新しい資本主義実現本部事務局、資料 2「論点案」（https://www.cas.go.jp/jp/seisaku/atarashii_sihonsyugi/kaigi/dai6/shiryou2.pdf、最終閲覧日 2022 年 12 月 18 日）2 頁参照。

　株式会社についてみれば、従前から、その社会的役割については、判例でも言及され[2)]、慈善的活動の色彩の強い会社の社会的責任論（CSR）として展開されてきた。例えば、株式会社が政党に対して政治献金の寄附をして取締役の会社に対する忠実義務違反による損害賠償責任がとわれた事案（最判昭和 45 年 6 月 24 日・前掲注（2））では、最高裁は、会社を「国家、地方公共団体、地域社会その他の構成単位たる社会的実在」と位置付けたうえで、「会社に、社会通念上、期待ないし要請されるものであるかぎり、その期待ないし要請にこたえることは、会社の当然になしうるところである」「その社会的役割を果たすために相当な程度の出捐をすることは、社会通念上、会社としてむしろ当然のこと」と判示した[3) 4)]。

　また、近時は、2015 年国連総会における「持続可能な開発目標（SDGs）」の採択以降、企業にサステナビリティ経営をもとめる世界的潮流が、国内にも徐々に波及している[5)]。2020-2021 年のスチュワードシップ・コード及

---

2)　最判昭和 45 年 6 月 24 日民集 24 巻 6 号 625 頁（第一審東京地判昭和 38 年 4 月 5 日下民集 14 巻 4 号 657 頁、第二審東京高判昭和 40 年 1 月 31 日民集 24 巻 6 号 701 頁）、大阪地判平成 13 年 7 月 18 日金融商事判例 1145 号 36 頁（但し、相互会社）、最判平成 18 年 11 月 14 日資料版商事法務 274 号 192 頁（第一審福井地判平成 15 年 2 月 12 日判タ 1158 号 251 頁、第二審名古屋高裁金沢支判平成 18 年 1 月 11 日判時 1937 号 143 頁）等。

3)　同事案における松田二郎裁判官意見および大隅健一郎裁判官意見も、構成や基準は異なるが、会社が社会的要請をうけ一定の社会的役割を担う場面を認める点では多数意見と共通する。

4)　しかし、第一審「社会的義務行為」および第二審「社会に対する有用な行為」への該当性の結論に相違がみられるように、本事案が社会的有用性、企業の社会的役割といった観点の価値論争になったことへの疑問批判は多い（味村治「株式会社の政治献金に関する判決」金融法務事情 432 号 19 頁（1966 年）、倉澤康一郎『会社判例の基礎』11 頁（日本評論社、1988 年）、宮島司・杉本花織「判批」ビジネス法務 12 巻 4 号 131 頁以下（2012 年）等参照）。

5)　2020 年 6 月国内初とみられる気候変動問題と投資戦略に関する株主提案提出（日本経済新聞 2020 年 4 月 14 日朝刊 15 頁、同 2020 年 6 月 27 日朝刊 3 頁、同 2020 年 7 月 1 日朝刊 9 頁、日経産業新聞 2020 年 8 月 4 日 7 頁等参照）、2020 年 9 月経済産業省「持

びコーポレートガバナンス・コードの各改訂では、上場会社と投資家に対して、SDGs をはじめ、ESG、気候関連財務情報開示タスクフォース TCFD への対応をもとめることが明記された。例えば、コーポレートガバナンス・コードは、2021 年 6 月改訂にあたって、株主以外のステークホルダーとの適切な協働に関連して、サステナビリティ（ESG 要素を含む中長期的な持続可能性）が重要な経営課題であるとの意識が高まっていることを指摘して、企業にはかかるサステナビリティ課題への積極的・能動的対応を一層進めていくことが重要と記述するし（基本原則 2）、これを受けて、情報開示や取締役会の責務として「サステナビリティを巡る取り組みについての基本的な方針」を策定すべきと求めるなどしている（補充原則 4-2 ②）。

　しかしながら、会社が「公的役割」を担うべき存在かは、担えたとしても、その方法・限度・制度設計の在り方とも相まって、未だ議論の途上にあるように見受けられる。実現会議でも、会社法上の会社、特に株式会社による社会的課題の解決については、経団連が推進する Society 5.0 for SDGs に基づいて企業経営に SDGs を組み込み、事業を通じた社会的課題の解決への貢献強化と増加が紹介されたものの [6)]、会議開催の当初から株式会社形態による社会的課題解決の実施には難点も指摘されている。例えば、従来の株式会社は株主利益の追求を大前提とすること、株主第一主義の基本的な合理性と安易な「脱・株主第一主義」への警鐘などである [7)]。そして、実現会議が令

続的な企業価値の向上と人的資本に関する研究会」「人材版伊藤レポート」公表（2022年 5 月改訂）、2022 年 9 月経済産業省「責任あるサプライチェーン等における人権尊重のためのガイドライン」公表等。

6）新しい資本主義実現会議第 6 回（令和 4 年 4 月 28 日）十倉雅和委員提出資料・資料 8「民間による公益活動の促進に向けて」(https://www.cas.go.jp/jp/seisaku/atarashii_sihonsyugi/kaigi/dai6/shiryou8.pdf、最終閲覧日 2022 年 12 月 18 日)。

7）新しい資本主義実現会議第 1 回（令和 3 年 10 月 15 日）資料 3「新しい資本主義の実現に向けて（論点）」(https://www.cas.go.jp/jp/seisaku/atarashii_sihonsyugi/kaigi/dai1/shiryou3.pdf、最終閲覧日 2022 年 12 月 19 日）5 頁参照、「グランドデザイン」・前掲注（1）25 頁等参照。

和4年6月7日に公開したグランドデザインは、社会的課題の解決に取り組む民間主体の中心的存在として、株式会社などの既存の会社形態よりも新たな法人形態の創設を念頭におき、これにあわせて既存の公益目的の財団・社団等の法人形態の改革を検討しているようである[8]。新たな法整備への参考制度としては、欧米のベネフィットコーポレーションがあげられている。米国におけるベネフィットコーポレーションは、所謂 B Corp 認証に牽引されて制定された the Model Benefit Corporation Legislation（以下、「モデル法」という）[9]に準じた各州法により成立規制される会社である。各州法で名称・利用対象会社・透明性の確保手段等に差異があるものの、定款自体にベネフィットコーポレーションであることを明記し、取締役ないしメンバーにすべての利害関係者へのインパクトを考慮することがもとめられる形態の会社であることなどの基本設計は共通する[10]。実現会議では、特に、米国のベネフィットコーポレーション法制定、導入設立数、投資状況が参照されている[11][12]。

---

8)「グランドデザイン」・前掲注（1）25頁。

9) FREDERICK H. ALEXANDER, BENEFIT CORPORATION LAW AND GOVERNANCE: PURSUING PROFIT WITH PURPOSE, 163- (CA, Berrett-Koehler Publishers, 2017). グランドデザインでも、「モデル法タイプ」「デラウェア州タイプ」の分類表記がみられる（「グランドデザイン」・前掲注（1）41頁）。

10) Mark J. Loewenstein, *Benefit Corporation Law,* 85 UNIVERSITY OF CINCINNATI LAW REVIEW 381-(2017); J. Haskell Murray, *Social Enterprise Innovation: Delaware's Public Benefit Corporation Law,* 14 HARVARD BUSINESS LAW REVIEW 345-(2014); Felicia R. Resor, *Benefit Corporation Legislation,* 12 WYOMING LAW REVIEW 91- (2012).

11) 令和4年6月7日閣議決定「新しい資本主義のグランドデザイン及び実行計画　基礎資料」(https://www.cas.go.jp/jp/seisaku/atarashii_sihonsyugi/pdf/ap2022.pdf、最終閲覧日 2022年12月18日) 41-43頁。

参考制度として、第6回会議時点では各国制度（米英仏独）が紹介されていたが（実現会議第6回（令和4年4月28日）、新しい資本主義実現本部事務局、資料1「基礎資料」(https://www.cas.go.jp/jp/seisaku/atarashii_sihonsyugi/kaigi/dai6/shiryou1.pdf、　最終閲覧日 2022年12月19日)21頁）、グランドデザインでは米国のみ記載となっている。

　本稿は、株式会社形態による社会的課題解決や社会的役割の可能性（あるいは限度）を考える起点として、会社の営利性の議論を改めて概観することを目的とする。検討にあたっては、まず平成17年改正前商法（以下、便宜上、「旧商法」という）から会社法への規定変化にもとづき営利性の捉え方の変化の有無を確認したうえで、実現会議が参照している米国ベネフィットコーポレーション制度を概括して、従来型株式会社の営利性とベネフィットコーポレーションのような公益性を取り込む会社の在り方との関係を検討するものとする。

II　平成17年改正前商法52条と営利性

　現行会社法は会社に法人格を付与するが（3条）、法人格付与の対象である会社がいかなる実体を備えた社会的存在であるべきか、その実質的定義を規定していない（最判昭和44年2月27日民集23巻2号511頁等参照）。これに対して、平成17年改正前は、旧52条が、会社とは「商行為ヲ為スヲ業トスル目的ヲ以テ設立シタル社団」（同条1項）であり、また、「営利ヲ目的トスル社団ニシテ本編ノ規定ニ依リ設立シタルモノハ商行為ヲ為スヲ業トセザルモ之ヲ会社ト看做ス」（同条2項）とする旨を規定しており、同規定を根拠に、株式会社の目的には営利性が必要と解されてきた。その導入経緯とあわせ、営利性の内容については現行法に至るまで見解がわかれているため、順次確認する。

1　導入と営利性

　旧52条は、まず1項が明治32年商法制定時に創設され（明治32年商法42条）、その後の明治44年改正で同条2項が追加された。明治32年の

12）B Corp 認証については、藤田祥子「わが国における ESG 投資と上場会社の B Corp
　　認証取得」経営絵経理研究 120 号 51 頁以下参照。

1項制定当初の趣旨は、単に、商行為を業とする本来的な会社（商事会社）と商行為以外の事業を業とする会社（民事会社）の二種が存在することを示す限りのものであった[13]。これに対して、明治44年改正では、平成16年改正前民法35条が「営利ヲ目的トスル社団ハ商事会社設立ノ条件ニ従ヒ之ヲ法人ト為スコトヲ得」（同条1項）と規定し、さらに「前項ノ社団法人ニハ総テ商事会社ニ関スル規定ヲ準用ス」（同条2項）を規定していたことに伴って、商法でも改めてかかる商事会社以外の営利社団に商法を適用し、その適用範囲を明確化する目的で旧52条2項が追加導入され、旧52条は全体として商法が適用される社団法人を明確にする役割を担うことになった[14]。同条1項のみであれば株式会社の定義及び商法適用範囲の基準は事業の「商行為」性という列挙事項で判断され得たのに対して、2項追加の「商行為」を事業としない民事会社の商法準用により、その基準は「商行為」性から「営利」性の重視へと変化し、起草時から危惧されたとおり[15]、民商法適用（準用）の基準の統一が営利性重視と会社の実質定義における営利性の不明確な複雑さの発端となっている。

　また、旧52条1項は同2項と異なり商事会社の目的として直接的には営利性を規定していない。このため、2項追加により会社一般に営利性をもとめるとしても、同条1項文言のうちいずれが商事会社の営利性の根拠となるかにも争いがある。第一には、旧52条1項文言のうち「業とする」を根拠に営利性をもとめる見解がある[16]。この見解は、「業とする」を「営業と

---

13)　『商法修正案理由書』39-40頁（博文館、明治31年）参照。

14)　『改正商法理由』105頁以下（法律新聞社、明治44年）参照。

15)　梅謙次郎は、民商法適用基準が不明確になることを理由に2項導入に否定的であったことが指摘される（来住野究「法人の営利性」倉澤康一郎先生古稀記念『商法の歴史と論理』213頁以下（新青出版、2005年）参照）。

16)　柳川勝二『改正商法 (明治44年) 正解』（大正5年、信山社・平成14年・日本立法資料全集別巻226復刻版）、島本英夫『新版会社法要綱』3-4頁（昭和38年、有斐閣）、津田利治『会社法以前』30-31頁（昭和45年、慶應義塾大学出版会・平成15年）、同『会社法の大意（上）』25頁、高鳥正夫『新版会社法』6-7頁（平成3年、慶應通信）、宮

する」という意味、すなわち一貫した営利の意思（利益を得る意思 [17]・営利目的）をもって同種類の行為を機会があれば計画的反復的に行うことと読むことで、営利性の根拠とする。その理由には、商法中の他の箇所の「業とする」との統一的解釈や、基本的商行為に営利意思が要求されていない行為が含まれるところ（501 条 1 号後段、2 号後段、3 号、4 号）、「業とする」に営利意思を含ませることで他の規定（（例えば 4 条 2 項）と平仄をあわせられることがあげられる [18]。これに対して、絶対的商行為も営業的商行為も基本的商行為はすべて行為自体に営利意思を含むことに加え、さらに「業とする」の中に営利の意思を含むとすると、商人概念に二重に営利意思をもとめることになり不自然であることを指摘して、「業とする」は文理解釈により反復継続することのみをさし、営利性は行為の対象たる「商行為」にもとづくとする見解もある [19]。

　旧 52 条は、1 項制定当初は（商事）会社の要素として「商行為」の有無を基軸としていたのに対して、2 項追加により商法適用対象を民事会社にも拡張するにあたり、会社の要素として 1 項がもとめた「商行為」性は弱まり、1 項文言のうち「業とする」あるいは「商行為」の文言のいずれから営利目的を導くにしても、商行為性に代わって商法を適用する各種会社に共通する要素の一つとして営利意思を含む営利性が強調されていくことになったことがみてとれる。

2　旧52条における営利性と利益分配

　さらに、旧 52 条が会社の目的に営利性をもとめるとしても、その意義、すなわち、会社が利益を獲得するだけでなく、その獲得した利益を社員へ分配

島司『会社法概説〔第 3 版補正 2 版〕』2・6-7 頁（2004 年、弘文堂）等参照。
17）岡野敬次郎『会社法講義案』3 頁（中央大学、大正 10 年）参照。
18）津田・前掲注 (16)26 頁以下参照。
19）杉田貴洋「商人概念における営利性」法学研究 85 巻 1 号 1 頁以下・13 頁（2012 年）。

することまで含むと解するか否かについては、見解が対立する[20]。

　通説的見解は、会社の営利性とは、会社が対外的活動から利益を獲得して、かつ、その事業から得た利益を社員に分配することをいい、その分配は利益配当または残余財産分配の形をとると説明する[21]。同見解の基礎となった文献[22]によれば、その理由には、①平成16年改正前民法35条1項の法文における営利意思の主体は社団であるが、営利社団の究竟の目的はその利益を社員に分配するか公益事業に供することにあり、社団自身の営利はその手段にすぎない。そして、法人は公益法人と営利法人との二種であることを前提に、営利社団には公益事業を目的とするものが認められない以上、営利社団における営利性とは会社にみられるように構成員への分配が要件となること、②公益法人と営利法人との比較において、両者は設立方法や主務官庁による監督の度合いが違うことから、営利法人が営利事業で得た所得によって公益事業を行おうとすれば、その濫用のおそれがあること、さらに具体的規定にも③民法上の公益法人には社員の権利が分配・残余財産分配請求権等がないのに対して、会社には分配規定が備わっていることなどがあげられる。そのほか、反対見解からの批判も踏まえ、④団体構成員に利益分配があるか否かでは、団体と構成員との関係と利害状況が異なる以上、団体構成員に利益分配をする団体とそうでない団体とを同一の法規制の下に置くことは適切でなく、それぞれに適した別個の法規整の下に置くことが妥当であること[23]、なども営利性の意義に構成員への利益分配までもとめる理由にあげる。

　これに対して、営利目的は会社自身にあれば足り、会社の営利性の内容と

20）見解対立詳細は、安井威興「会社の営利性について」修道法学1巻2号191頁以下（1978年）、来住野究「法人の営利性」・前掲注(15)205頁以下参照。

21）大隅健一郎＝今井宏『会社法論　上巻〔第3版〕』18頁（有斐閣、1991年）、鈴木竹雄＝竹内昭夫『会社法〔第三版〕』14頁（有斐閣、1994年）、北沢正啓『会社法〔第六版〕』12頁（青林書院、2001年）等参照。

22）松本烝治「営利法人ノ観念」法学協会雑誌28巻3号16-17頁（1910年）参照。

23）落合誠一「会社の営利性について」江頭憲治郎還暦記念『企業法の理論（上巻）』22頁以下（商事法務、2007年）参照。

しては、構成員への利益分配は不要とする反対見解がある[24]。同見解は、上記通説的見解に対して、①法人が利益獲得を目的として活動するか否かと、獲得した利益を何に使用するかとは、別次元であるのにも関わらず、営利性と私益性とに混同がみられること[25]、②平成16年改正前民法34条も「公益ニ関スル社団又ハ財団ニシテ営利ヲ目的トセサルモノ」という表現で、公益と非営利とは異なる段階と捉えて二重の要件としていることに倣えば、旧35条も公益私益を問わず営利社団に法人格を付与することを規定した条文とするのが素直な読み方であるとして、通説的見解のように旧35条の「営利」に「私益」「構成員の私益」と読み込むのはきわめて特殊技術的になってしまっていること、③会社の利益配当・残余財産の分配の規定存在の有無から会社の性質としての営利性を導くのは循環論法であること、を批判する。また、④上記通説的見解②における営利法人が営利事業であげた利益を公益事業に使う場合に主務官庁の監督のある公益法人とは異なり濫用のおそれが多いとする主張に対しては、かかる濫用弊害防止には主務官庁の許可・監督と商法の規制とのどちらが適しているかという問題であることを指摘したうえで、主務官庁による許可主義よりも、準則主義でかつ運営に関する強行規定を多く置き、公益に名を借りた法人内部の不正、それに伴う出資者と利害関係ある第三者の弊害を防止するためには商法による干渉の方が適切であるとして、営利を目的とする社団を公益法人の法規整に従わせることの実質的理由を否定する[26]。さらに、⑤社員の営利意思はその結集の動機にすぎないことも主張される[27]。

　両見解を比べると、その相違の出発点は、法人の分類の捉え方の違いから

---

24) 倉澤康一郎「営利社団法人の意義」法学研究44巻3号207頁以下（1971年）、津田・前掲注(16)37頁、髙鳥・前掲注(16)7頁、宮島・前掲注(16)7頁等参照。

25) 倉澤・前掲注(24) ほか、加藤修「民主主義社会における株式会社の営利性と公益性」法学研究77巻12号335頁（2004年）参照。

26) 倉澤・前掲注(24)。

27) 宮島・前掲注(16)7頁。

生じている。通説的見解が公益と営利との二対立構造としたのに対して、反対見解は公益かつ営利、公益かつ非営利、私益かつ営利、私益かつ非営利の四種が存在しうることを前提とする。通説的見解のリーディング文献の発表時期が早いこともあるが、通説的見解について、営利・私益法人（会社）と非営利・公益法人（公益法人）とを区別しさえすればよかった時代には二項対立的把握の分かりやすさがあったといえるかもしれないと評価もされつつ、平成16年改正前民法34・35条の法文の構造を踏まえながら、第一段階で法人の目的である利益獲得の有無概念である「営利・非営利」、その後の第二段階に獲得利益の使途「公益・私益」という二つの段階基準を明確化精緻化した点について、反対説への支持は多い[28]。また、通説的見解は、公益の対義を営利としたうえで、会社の営利性を、本来は別個の基準であるはずの私益、しかも法人自体の私益ではなく構成員の私益と読み替えて解釈してしまったことにより、かえって会社が事業により得た利益を公益事業へ活用支出することを困難にしてしまっている[29]。さらに、配当の全部を社員に与えない旨を社員間で合意している社団が合理的・効率的な経営に適している会社制度を利用することを排除してしまっている[30]。

　一方で、両見解に共通点もみられる。すなわち、両者ともに、公益事業に対する監督の必要性を説くことは共通する。ただ、その役割をどの分野の法規整に担わせるのが相応しいと考えるかが異なる。

---

28) 山本爲三郎「株式会社とは何か」『新会社法の基本問題』6頁（慶應義塾大学出版会、2006年）のほか、例えば、能見善久「公益的団体における公益性と非営利性」ジュリスト1105号53頁以下（1997年）、前田重行「株式会社法における会社の営利性とその機能」前田庸喜寿記念『企業法の変遷』406頁（有斐閣、2009年）。

29) 反対見解からは、本来であれば、定款規定によって、あるいは、社員総会なり株主総会決議に基づいて、社会福祉事業に全部寄附してもいっこうに差し支えないと解される（加藤・前掲注(25)342頁）。

30) 加藤・前掲注(25)336頁、山本・前掲注(28)6頁等。

3　小括

　旧52条各項導入以来、会社の実質的定義において重視される要素が商行為から営利性へと変化するなか、営利性の内容における利益分配の要否が法人分類の在り方とあわさって争われてきた。加えて、現在に至るまで、法人類型はさらに多様化している。平成14年の「構造改革特区制度」導入による会社形態による公益事業参入への規制緩和、平成13年制定の中間法人法（平成13年6月15日法律第49号、平成18年廃止）、平成18年民法改正・公益法人制度改革による「一般社団法人及び一般財団法人に関する法律」（一般法人法）の制定などを経て [31]、法人の類型は、反対見解からの指摘のように、営利・非営利、公益・私益（加えて、社団・財団 [32]）の組み合わせにより存在し得ることを前提に、政策的判断によって法人の存在形式が拡張されることが示されてきたといえる [33]。現在、実現会議が採用している、社会的課題解決を推進する主体を無理に既存企業形態にとどめず、新たな法人類型を創設して、各法人に適合した各法規整を検討するという方向性は、旧52条のもとで錯綜してきた法人類型の基準の混乱及び営利性の獲得と使途の峻別を無にしないものとしては評価できる。

　また、これらの議論からすれば（更にこれらの議論が現行法のもとでも同様であるとすれば）、実現会議がめざす公益事業への支出は、少なくとも株式会社においては、会社が獲得した利益の使途として、公益事業にどの範囲

---

31)　加藤修「株式会社の参入拡大と遵法・統治・説明責任の実践」法学研究84巻12号 321頁以下（2011年）、川口恭弘「医療法人と株式会社」同志社法学60巻7号869頁以下（2009年）等参照。

32)　法典質疑会『法典質疑録〔合本第9巻〕第四一号〜第四四号』42号189頁（日本立法資料全集別巻579、信山社、2009年）では、営利を目的とする財団法人も理論的にあり得るが、立法上の規定が欠缺しているために成立できないにすぎないことが指摘される。また、法典質疑会・前掲注(30)41号144頁では、財団法人のなかに社員組織、社団法人のなかに制限を設けた財産を独立存在させることを可能とする余地が指摘されている。

33)　江頭憲治郎編『会社法コンメンタール1』〔江頭憲治郎〕86頁（商事法務、2008年）。

で誰の権限で如何なる要件で許容されるかが重要となることが示唆される。通説的見解にたてば、公益事業への支出が許されるとしても、会社の営利性とは構成員への利益分配を目的とするのだから、これを侵害してはならない要請は、反対見解よりも高く、使途の限度と決定要件が一層問題となる。そして、いずれの見解に立っても、反対見解が指摘してきたとおり、営利事業で獲得した利益を公益目的に利用する場合、第三者との関係では営利的取引の相手方はあくまでも社団自身であり、公益に名をかりた会社財産流出の防止、会社財産の充実・維持の確保が必須となる[34]。

Ⅲ 会社法における会社の営利性

現行法制定にあたり、会社の営利性に関連する規定については、旧52条削除、5条新設、109条2項新設などの改正がなされた。

1　会社の目的—旧52条削除・5条新設—

会社法は、旧52条を削除したうえで、会社がその事業としてする行為およびその事業のためにする行為が商行為となる旨を新設した（5条）。旧52条削除の理由は、第一に、旧52条が商事会社と民事会社の双方を商法の適用対象としていたことにより、「商行為」を業とするか否かで区別する規律は必要がないこと、第二に、「会社法上、会社の株主・社員には、利益配当請求権・残余財産分配請求権が認められていることは明らかであり、会社が対外的活動を通じて上げた利益を社員に分配することを意味する「営利を目的とする」という用語を用いて会社の性格づけをする必要がないこと」があげられた[35]。これに加えて、商法第三編の商行為に関する規律を会社に適用するために5条が新設された。そして、立案担当者によれば、会社がそ

---

34) 倉澤・前掲注(24)。
35) 相澤哲編著『一問一答 新・会社法〔改訂版〕』23-24頁（商事法務、2009年）。

の事業としてする行為及びその事業のための行為に制限はないと解説される[36]。

　旧 52 条削除により会社の定義規定が不存在になった事実と 5 条による会社の事業に商行為性を一層もとめない文言を重視すれば、会社は事業内容に制限なく、かつ、非営利目的で設立可能なようにも読める。もし、旧商法下と同様、会社自体に営利目的を有させるならば、5 条の趣旨を忖度して、会社が行う行為は、原則として、商法の商行為に関する規定の適用をうけ、会社が自己の名をもって商行為（5 条）をなすことから商人となり（商 4 条 1 項）、商人の事業として営利性を帯びるという理解のほか[37]、5 条の「事業」という文言に営利目的を読み込んだり、会社の性質上当然と考えること[38]が必要になろう。

2　会社法における営利性と利益分配

　さらに、会社法は、会社のあげた利益の使途・分配に関連して、株式会社では株主に剰余金の配当および残余財産の分配を受ける権利を全く与えない定款規定を無効とすることを明確に規定した（105 条 2 項）。剰余金配当請求権、又は、残余財産分配請求権のいずれか一方の権利が完全に与えられない株式であっても、少なくとも他方の権利が与えられるのであれば、そのような定款の定めと株式の存在が許容され、同規定は少なくとも利益分配に関するいずれか一方の権利を株主に保障している[39]。また、105 条 2 項が会

36）相澤哲編著『立案担当者による新・会社法の解説』〔相澤哲・岩崎友彦〕「会社法総則・株式会社の設立」別冊商事法務 295 号 13 頁（商事法務、平成 18 年）、相澤哲編著『一問一答 新・会社法〔改訂版〕』・前掲注 (35)23-24 頁。

37）宮島司『新会社法エッセンス〔第 4 版補正版〕』7 頁（弘文堂、2015 年）。

38）相澤『一問一答 新・会社法〔改訂版〕』・前掲注 (35)23-24 頁は、会社法が構成員への利益分配規定を有することもあわせ、会社の営利性は規定なくしても性質上当然と捉えているようである。

39）神作裕之「一般社団法人と会社―営利性と非営利性―」ジュリスト 1328 号 37 頁（2007 年）、但し、同教授は、純粋に非経済的目的だけを追求するために会社形態を用いるこ

社社団に関する問題についてまで改正する意図を有したわけではないこと[40]、会社の行為は商行為になることについての明文規定（5条）があること[41]なども理由に、このような株主権利の規定を根拠に、会社法は旧52条のもとでの営利性に関する通説的見解にたったと解されることが多い[42]。

　しかし、一方で、上記株主の権利に対する例外規定は多い。すなわち、会社法109条2項は、公開会社でない株式会社において、剰余金配当請求権と残余財産分配請求権を含む105条1項各号に掲げる権利に関する事項について、株主ごとに異なる取扱いを行う旨を定款で定めることができる（109条2項）。また、持分会社についても、会社法は利益配当を社員が請求できることを規定するのみで、利益分配は必須ではないし（621条1項）、利益配当を請求する方法その他の利益の配当に関する事項を定款で定めることができるが、定款への制限となる105条2項のような規定はない（621条2項）[43]。さらに、原則的な利益分配についても、立案担当者自らが、残余財産分配請求権さえ確保していれば、完全無配当株式の発行を是認している[44]。これらを理由として、会社法のもとでは、旧商法における営利性に比して、会社法のもとでは、社員への利益分配について少なくともその内容が変容あるいは大幅に緩和されたものになっている旨の指摘も認められる[45]。

とはできないとされる。そのうえで、経済的目的の追求が部分的に含まれている以上は、会社形態を用いて公益の追求を可能として、定款において、対外的企業活動から得た剰余金を所定の非営利団体に寄付をするといった定めを置くことも、株主の残余財産分配請求権が否定されていない限り可能とされる（同「会社法総則・疑似外国会社」ジュリスト1295号138頁以下（2005年）参照）。

40）山下友信「新会社法の意義」法学教室304号7頁（2006年）。

41）前田・前掲注(28)418頁、落合・前掲注(23)23頁以下参照。

42）相澤哲編著『立案担当者による新・会社法の解説』〔相澤哲・岩崎友彦〕「株式（総則・株主名簿・株式の譲渡等）」22頁（商事法務、平成18年）参照。

43）なお、残余財産分配請求権は、定款に定めがないときは、その割合は各社員の出資の価額に応じて定められる（666条）。

44）相澤哲編著『立案担当者による新・会社法の解説』〔相澤哲・岩崎友彦〕・前掲注（42）22頁。学説から、江頭憲治郎＝門口正人編『会社法大系（1）』〔豊田祐子〕76頁参照。

3　小括

　会社法のもとでの会社の実体的定義の消滅、会社事業の商行為性の創出方法の変化、会社における利益分配の要否の変化からすれば、少なくとも、旧52条のもとでの通説的見解でいう株主の固有権としての利益分配の要素は弱まっているし、むしろ反対見解が従来にまして自然なように評価され得る[46]。

　もっとも、会社法が会社の利益使途に介入しないことを明らかにした会社形態は、公開会社でない株式会社および持分会社であり、小規模で社員変動に制限が課せられるタイプの会社である（2条5号、585条1項参照）。このような閉鎖的かつ人的要素の強い会社で、定款という形で同意が得られているのであれば、利益の使途に会社ごとの一層の自由[47]を認めてもよいという判断が推測される。一方で、このような社員全体ないし定款自体で明確に許諾を得られていない利益分配（剰余金の配当）について、公益事業を含めた何を使途として、誰の権限で如何なる要件と範囲のもとで活用できるかという点に集約されることは、改正前商法のもとでの議論が未だ残されたままと評価できる[48]。

IV 株式会社の営利性と公益性─米国ベネフィットコーポレーション制度の参照─

　このような状況のもと、実現会議は米国ベネフィットコーポレーション制度を参照して、株式会社およびその他の新たな法人形態による社会的課題解

---

45)　前田・前掲注（28）421頁、神作・前掲注(39)ジュリスト38頁。
46)　前田・前掲注（28）。
47)　例えば、109条2項の場合であれば、原始定款に定めておくか、定款変更で設立後に定めるときは総株主の半数以上、総株主の議決権の四分の三に当たる多数をもって行う特殊決議を要することになる（309条4項）。
48)　江頭・前掲注（33）87頁参照。

決の主体を検討しているため、その枠組みと導入検討状況を概観するととも
に、その株式会社の営利性への影響を考える [49]。

　米国のベネフィットコーポレーションは、インパクト投資・トリプルボト
ムライン・サステナブルビジネスといったソーシャルビジネスの潮流のニー
ズに応えるべく、各州法に基づいて設立される新しい会社形態である [50]。
ペンシルベニア州非営利団体 B Lab が B Corp 認証という自主的認証を用い
てサステナブルビジネス促進を先駆し、モデル法の成立を先導した。2010
年 4 月メリーランド州でベネフィットコーポレーション法が初めて州法と
して制定されて以降、この 10 年で各州法の制定が急拡大している [51] [52]。

　各州法はモデル法に倣っているが、前述のとおり各州法に相違があり、特
に non-Model Legislation としてデラウェア州法・コロラド州法・テネシー
州法などが指摘されている [53]。以下では、原型のモデル法とデラウェア州
法に言及する。

49）米国ベネフィットコーポレーションに関する先行研究として、畠田公明『社会的営利
　　会社の立法とガバナンス』（中央経済社、2022 年）、澤口実・中尾匡利「上場ベネフィ
　　ットコーポレーションの増加と日本法への示唆」商事法務 2310 号 4 頁以下（2022 年）
　　等。

50）J. Haskell Murray, *supra* note10.

51）2022 年 12 月時点で 40 州およびコロンビア特別区を確認できる（但し、適用対象会
　　社の区分により数字が異なる。例えば残り 10 州のうちミシガン州は L3C の制定法は有
　　する）。

52）Justin Blount & Patricia Nunley, *Social Enterprise, Corporate Objectives, and the
　　Corporate Governance Narrative*, 52 American Business Law Journal 201-216
　　(2015).

53）Dennis O'Reilly & Luciana-Hagedorn, *Benefit Corporations: An Introduction*,
　　Bloomberg law Corporate Law & Accountability Report, 26 CARE 2-7-2018,
　　available at https://www.goodwinlaw.com/-/media/files/news-and-events/press-
　　releases/bloomberg-law-benefit-corporations-an-introduction.pdf ; Mark J.
　　Loewenstein, *supra* note10. モデル法成立過程の特殊性から生じた問題点も指摘され
　　る。

1　特徴と会社法規定

ベネフィットコーポレーション（以下、「BC」という）は、営利会社の実体を維持しながら、社会志向目的の追求を容易にすることを意図した会社である[54]。BC の目的は、株主利益を最大化させるよりも、株主のみならずすべてのステークホルダーにとって利益を最大化させる責任・社会的役割を果たす点にある[55]。ただ、BC はあくまでも通常の営利会社形態をとるため、BC 法に規定がない場合は通常の会社法が適用されることが想定されている点には注意を要する（§101（b）（c））。そして、BC 法が備える規定内容は、BC の特徴に即して、①会社の目的（purpose）（第一要素）、②取締役の責務（accountability）（第二要素）、③透明性の確保（transparency）（第三要素）の三つにわけられる。

2　目的

まず、BC は、その目的として、通常の営利会社の目的に加えて、一般公共的利益（general public benefit）を有さなければならない（モデル法§201（a））。一般公共的利益とは、会社事業と運営の全体として社会と環境への重要かつ積極的な影響をさし、第三者基準による報告を考慮して評価されるべきものである（同§102）。

また、BC は、一般公共的利益に加えて、任意で、特定公共的利益（specific public benefit）を追加することも可能である（同§201（b））。特定公共的利益（specific public benefit）は 7 種が列挙される。すなわち、①低所得・未充足な個人や社会に対する救済のための財物役務の提供、②個人・社会に対する通常の労働力確保以上の経済的機会の提供、③環境保護、④福祉的健康の増進、⑤文化・高等学識の促進、⑥社会ないし環境へ便益を図る資本流

---

54) Gil Lan, *Benefit Corporation Legislation; Version 1.0 - A Breakthrough in Stakeholder Rights*, 27 Journal Of Law, Business & Ethics 1-8(2021).

55) J. Haskell Murray, *supra* note10; Frederick H. Alexander, supra note9 at 164.

入増加、⑦その他の社会や環境に対する何等かの特定利益の授与である（同§§102, 201（b））。

　モデル法は、これらの一般公共的利益と特定公共的利益の創出がBCにおける最優先利益であることを確認している（同§201（c））。

　　これに対して、デラウェア州法は、モデル法より緩和された規定を多く有するが[56]、会社の目的に関する規定はモデル法より厳格である。モデル法が特定公共的利益の選択を任意としているのに対して（モデル法§201（b））、デラウェア州は特定公共利益のいずれかを必ず選択しなければならない（Del. Code Ann. tit. 8, §362（a））。その理由は、取締役および投資家に会社の目的について開示をして、ある程度の統制を働かせる意図と説明される[57]。特に、BCの取締役は、株主の金銭的利益、会社の行為から影響を受ける者の最善の利益、および、定款記載の特定公共的利益ないし公共的利益の均衡を図りながら業務を執行しなければならない義務を負う（Del. Code Ann. tit. 8, §365（a））。これによって、社会的課題の解決といった曖昧さを、目的の特定あるいは限定という形で軽減する必要性を示しているものといえる。

　なお、BCの株主ないし社員に対する利益分配について各BC法に規定はなく、通常の会社法が適用されることが想定される。

3　取締役の責任

　上記のような第一要素であるBCの目的をうけて、モデル法では、BCの取締役・執行役等は、以下の利害関係者の作為不作為の影響を考慮することが義務付けられる（§301（a）（1））。すなわち、考慮すべきものには、株主、従業員、会社の目的たる一般的公共的利益あるいは特定公共的利益の受益者としての顧客、BC・子会社・サプライヤーの営業所の所在地を含む地域社会、

---

56) 後述、ＢＣ第三の要素であるベネフィット報告書 (Del. Code Ann. tit. 8, §§362(a)。
57) J. Haskell Murray, *supra* note10, at 371 footnote 153.

地域的・地球規模の環境、BC の短期的および長期的利益、各目的を達成する BC の能力、の 7 つがあげられる。本規定は、取締役・執行役等に、株主以外の利害関係者の利益を図ることを義務付け、取締役が会社の財務的価値を最大化しなければならないという株主利益最大化原則 Dodge v. Ford[58] や eBay Domestic Holdings, Inc. v. Newmark[59] をＢＣにおいては廃したものと評価されている[60]。但し、取締役の責任について、モデル法は、経営判断の原則を強調しながらも（§301（e））、公共的利益や特定公共的利益を追求あるいは創出することができなかったとしても個人的な金銭的損害賠償責任は免責する旨を規定している（§301（c））。さらに、一般公共的利益ないし特定公共的利益の受益者と取締役との間には何らの義務もないことも規定される（§301（d））。

4　透明性の確保

最後に、モデル法は、BC に、第三者基準に則って、社会的および環境的影響に関する 1 年毎の年次報告（以下、「ベネフィット報告」という）を作成することをもとめ（§401 以下）、その透明性を確保するシステムを構築している。報告書の記載事項としては、一般公共的利益および特定公共的利益の追求方法、創出範囲、阻害環境、第三者基準採用の手続き、第三者基準採用の根拠（§401）などをあげる。BC の目的達成の程度やその方法を開示し、株主及び市場が経営者の職責や成果をチェックするツールと評価されている[61]。

　ベネフィット報告について、モデル法が第三者基準に則って実施されるこ

---

58) Dodge v. Ford Motor Co., 170 N.W. 668(Mich. 1919).

59) eBay Domestic Holdings, Inc. v. Newmark, 16 A.3d 1(Del. Ch. 2010).

60) Frederick H. Alexander, *supra* note9, at 179.

61) 高岡伸之、デ・ザイサ・アヌラ「ベネフィット・コーポレーションの制度設計思想とそのサステナビリティ・マネジメントへの影響」日本経営倫理学会誌 24 号 76 頁（2017年）。

とが必須でその提出も 1 年毎に課されるのに対して（§§102, 401 (a)）、
デラウェア州法は第三者基準に則って実施されることは任意でかつ提出も 2
年毎で足りるなど緩和している（Del. Code Ann. tit. 8, §362 (a)。これら
ベネフィット報告が提出できなかった場合について、BC 会社の資格剥奪や
罰金などの制裁を規定に有している州はほぼなく、報告書が会社の目的たる
公共利益の促進を図れているかには疑義が呈され、その内容の適正性と提出
による BC 目的の促進などの効果の確保が問題とされている[62]。

5　BC制度と株式会社の営利性

　このような米国 BC 制度があるところ、実現会議は BC 制度を参照しなが
ら新たな法人形態の導入を検討しており、その新たな法人形態の導入自体に
は賛同傾向のようである[63]。しかし、実現会議の状況を外部から窺い知る
ことは困難があるため公開資料をみるかぎりにはなるが、BC 制度の検討状
況は未だ慎重な議論を経て方向性を決する必要があるように見受けられる。

　まず、実現会議は、BC 法の内容について、①定款への ＢＣ である旨の記載、
②取締役の義務として株主のみならず公共の利益の遂行を考慮すべきことを
規定すること（株式会社と異なり、義務化）、③株式会社からの移行方法（株
主の 2/3 以上の賛成）、④「剰余金の分配（配当）についての制限は課され
ていない。すなわち、配当は可能」、⑤税制優遇がないこと、に注目して整
理している（以下、「整理項目①〜⑤」という）[64]。

　これらの内容は、先に紹介した米国 BC 制度の原則的な三要素とは趣きを
異にする。すなわち、前掲の BC 第一要素の BC の目的（purpose）は、BC

---

62) J. Haskell Murray, *Enforcing Benefit Corporation Reporting*, 23 THE TENNESSEE
JOURNAL OF BUSINESS LAW 505(2022).

63) 新しい資本主義実現会議第 6 回（令和 4 年 4 月 28 日）議事要旨（https://www.cas.
go.jp/jp/seisaku/atarashii_sihonsyugi/kaigi/dai6/gijiyousi.pdf、最終閲覧日 2022 年 12 月
18 日）3、5、6、8、9、11、13 頁等。

64)「グランドデザイン」・前掲注（1）41 頁参照。

の実体を示す根本であるにもかかわらず、その設定方法は言及されていない。また、BC 第二要素の取締役の責務の特徴については、実現会議の整理項目②でも言及されている。しかし、米国法において BC 取締役への公共的利益の考慮の義務化は、取締役の裁量と経営判断を尊重することを強調して、さらには取締役にはステークホルダーに対する直接の義務がない旨の確認規定を設置することで、取締役の責任追及対象を原則としてあくまでも株主に対するもののみを念頭におき、BC のステークホルダーに対する責任を限定する配慮と引き換えに可能となった側面があるところ、この点について実現会議では言及がない。第一要素の BC の目的の内容や特定方法が定まっておらず、ひいては取締役の責務範囲の特定が困難であること、会社法 429 条は取締役の任務懈怠に対して第三者が損害を被った場合にはその損害賠償責任を追及できることに対する実現会議の立法的態度の不明確さがあり、今後、取締役責任の範囲の明確化・立法手当の検討は必至と考える。さらに、BC 第三要素のベネフィット報告についても、上記第一要素の目的と第二要素の取締役の責任範囲の在り方とあいまって、たとえ一般ステークホルダーに対する責任が軽減されたとしても、実質的にベネフィット報告が公益性推進の透明性を確保する最終的役割を担うはずのものであるのにもかかわらず、現時点で実現会議の整理項目には言及がない。米国法でもベネフィット報告については提出方法・内容にかかわる第三者基準の立て方・不提出の際の効果・罰則などデラウェア州法にみられるように問題は多いものの、グリーンウォッシュ防止などにそのベネフィット報告は重視されており [65]、BC 法の根幹として検討は要するであろう。

　このような米国 BC 制度の拡大とわが国における本稿冒頭に掲げた「実現会議」のグランドデザインによる米国 BC 制度の参照による公益事業のような社会的課題解決のための新法人創出は、これまでの会社の営利性の議論や

---

65) Mark Blodgett et al., *Benefit Corporation Governance: A Decade of Debating Best Practices*, 17 NEW YORK UNIVERSITY JOURNAL OF LAW & BUSINESS 237(2021).

在り方に影響を与えるだろうか。少なくとも、株式会社による公益事業の実施について問題の再認識と一定の示唆を得られるようにみえる。すなわち、第一に BC 制度が従来型営利会社を基礎としている点からは、旧 52 条削除により非営利目的の株式会社（例えば出資集約をして公益事業にすべてを支出するような会社）の成否が問題にされていたところ、いかに公益事業を目的に含めようとも、会社の本質は営利行為を行うことにあることを再認させられる。また、第二に、株式会社が公益事業へ支出するにしても、その関与方法、支出限度の設計は上記 2・3 で確認してきたとおり、残された問題である。グランドデザイン整理項目①③が定款記載や株主の一定数の同意をもって公益事業を含む使途を正当化できるかを意識している点は、従来と問題意識を共有する。そのうえで、グランドデザイン整理項目②④は、事業全体に対する公益事業の占める度合い、支出に関する決定権限分配、これに違反した場合の取締役の責任範囲の重要性を示している。特に、従来の社会的責任論にあっては、本来的に会社の目的自体は経済政策に服するわけではないとしたうえで [66]、各会社における利益の使途についての自由な意思と選択を確保する意味では、その決定権限、取締役の義務と責任範囲について一層の検討の必要性を示し、特に株主以外のステークホルダーへの義務責任には慎重にならざるを得ないことが確認できる [67]。その他、第三に、既に株式会社法および各コードで示されている従来会社の情報開示・透明性の確保は、グランドデザインで言及はされていないものの BC 法の枠組みでもとめられるベネフィット報告と共通の趣旨であり、利益の使途に対する是正監督を含め、その基礎となる情報の透明性確保の重要さを示すものと考える。

66）新山雄三「株式会社法と企業の社会的責任論」法律時報 46 巻 9 号 38 頁等参照。

67）実現会議においても、優先順位の重要性が指摘される（第 6 回議事要旨・前掲注（63）13 頁・柳川委員発言参照）。

V　むすびにかえて

　実現会議は、会社設立の目的は一つとは限らず複数化・多様化していること、「社会的課題と経済的成長の二兎を追いたい起業家が増えている」との指摘をする[68]。サステナブルな社会のために社会的課題の解決をめざすとき、どのような主体制度と手段をとるかは、各人の自由選択に委ねられる。会社は選択肢のうちの一つなのかもしれない。

　しかし、株式会社をみれば、旧52条のもとでの議論から示されるとおり、会社はその本質的な目的である利益獲得という営利性をもって定義づけられてきており、社会的課題解決という利益使途の問題とは本来的に異なる基準と方向性で打ち立てられた法人である。一方で、会社法制定を経て、会社の営利性の意義とその使途の可能性には多少の変化もみられた。会社の実質定義としての営利性は削除され、営利意思の所在を考えれば、営利性の意義における通説的見解に対する反対見解のように、獲得した利益については公益事業も含めて使途が会社自身の自由に認められる余地が内在している。ただ、その限度と方法は会社の本質的な法人の在り方により議論が残る。会社という一主体内部でのその使途の正当化要件についての議論を整えることが、結果として、公益事業を推進するために適した主体の精査につながる。また、旧52条のもとでの営利性の議論時から指摘されるとおり、いかなる法人や主体制度をとろうとも、利益の使途において「社会的課題解決」という公益性に名をかりた不当行為を防止する対策の重要性は変わらない。米国BC制度を参考に新たな法人形態を創出するとしても、その名称や導入事実よりも、その新主体が社会で責任ある適切な活動ができる制度設計を期すことが重要と考える。

　本稿は、従来の株式会社における営利性の議論を辿り、また米国BC制度

---

68)「グランドデザイン」・前掲注（1）25頁。

の概略を追うにとどまるが、株式会社における社会的責任論とそれに対する批判を踏まえて、社会の一主体としての組織内部における利益使途の正当化要件および組織外部に対する会社と機関の責任への影響、最終的な会社の営利性の在り方についての検討は、別稿による今後の課題としたい。

ESGと不動産鑑定評価

杉浦綾子 [1]

I はじめに

近年、脱炭素という環境配慮への関心が高まる中で、不動産ビジネスにおいても、ESG、SDGs は高い関心を集めている。ESG 関連の投資額も急速に伸びてきており、この ESG、SDGs という言葉は、今や重要なキーワードになりつつある。

また、不動産投資市場が先行して、ESG 不動産関連の価格形成要因に注目しているため、ESG 認証を取得することは、国際的な不動産投資市場へのエントリー要件ともなっている。そのため、評価対象セクションとしての差別化や区別化も、変容を伴いながらも確実にその歩を進めており、今後、国際的な不動産投資市場を中心に、ますます価格へのプレゼンスを高めていく可能性がある。

このような ESG 不動産に関する価格形成要因を、数値として具体的に不

1) 不動産鑑定士、（公社）日本不動産鑑定士協会連合会副会長、調査研究委員長

動産鑑定評価に反映させるためには、まだまだマーケットエビデンスが不足しているものの、ここ数年のコロナ禍で混乱するマーケット下においても、グリーンプレミアムとして ESG 認証を取得することの優位性や、ブラウンディスカウント、つまり認証を取得しないリスクに関する共通認識の形成は進んでおり、私たち不動産鑑定士もその動向には注視している。

　本稿では、投資、資金調達、会計制度等の不動産ビジネスやその周辺領域における ESG の影響を考察した上で、ESG 不動産[2] に対する鑑定評価等の取り組み状況についてご紹介していきたいと思う。

II ESGとは

　ESG とは環境（Environment）、社会（Social）、ガバナンス（Governance）の頭文字を表したものであり、2006 年に国連より公表された PRI（Principles for Responsible Investment: 責任投資原則）において示された考え方である。専ら欧米諸国において積極的に取り組まれてきたが、日本における取組が前進したのは、2015 年国連サミットにおいて SDGs（Sustainable Development Goal：持続可能な開発目標）のための 2030 アジェンダを全会一致で採択したことが主要な契機となっている。

　2015 年の国連サミットにおいて採択された SDGs は、2030 年までに目指す国際目標として位置づけられている。

　このように SDGs も ESG も、国連の議論から生まれた概念であるが、一般には、SDGs が国連や各国政府が取り組むべき目標と解されているのに対し、ESG は民間企業や投資家が取り組むべき課題として捉えられている。

　表 10-1 では ESG に関する事象を時系列でまとめているので参照されたい。

2）ESG 要素に配慮した不動産

表10-1：ESG等関連事象

年	事象
1972	国連人間環境会議（ストックホルム）開催
1992	国連環境開発会議（地球サミット）開催　リオ宣言 国連環境計画・金融イニシアティブ（UNEP FI）創設
1997	京都議定書締結
2000	国連グローバルコンパクト（1999年開催世界経済フォーラムでのアナン事務総長の提唱）
2006	責任投資原則（PRI）公表
2007	責任不動産投資（RPI）[3]策定 「10か条の責任不動産投資戦略」[4]策定
2008	（リーマンショックによる金融危機）
2009	GRESB（Global Real Estate Sustainability Benchmark）創設
2012	UNEP FI「持続可能な保険原則（PSI）策定、公表
2014	日本版スチュワードシップ・コード策定 RE100（Renewable Energy 100）策定 ICMA[5]「グリーンボンド原則」策定

3）責任不動産投資（RPI）とは不動産投資戦略の枠組みの中でESGを考慮すること。

4）10か条の責任不動産投資戦略

①省エネルギー（省エネルギーのための設備改良、グリーン発電及びグリーン電力購入、エネルギー効率の高い建物等）

②環境保護（節水、固形廃棄物のリサイクル、生息地保護等）

③自発的認証制度（グリーンビルディング認証、認証を受けた持続可能な木材による仕上げ等）

④歩行に適した都市整備（公共交通指向型都市開発、歩行に適したコミュニティ、複合用途開発等）

⑤都市再生と不動産の利用変化への柔軟性（未利用地開発、柔軟に変更可能なインテリア、汚染土壌地の再開発等）

⑥安全衛生（敷地内の保安、自然災害の防止策、救急対応の備え等）

⑦労働者福祉（構内託児所、広場、室内環境のクオリティー、バリアフリーデザイン等）

⑧企業市民（法規の遵守、持続可能性の開示と報告、社外取締役の任命、国連責任投資原則のような任意規約の採択、ステークホルダーとの関わり等）

⑨社会的公正性とコミュニティ開発（低所得者向け住宅供給、コミュニティの雇用研修プログラム、公正な労働慣行等）

⑩地域市民としての活動（質の高いデザイン、近隣への影響の極小化、地域に配慮した建設プロセス、コミュニティ福祉、歴史的な場所の保護、不当な影響の排除等）

5）International Capital Market Association：国際資本市場協会

2015	日本版コーポレートガバナンスコード策定
2015	SDGs（持続可能な開発）のための 2030 アジェンダを採択 PRI「21 世紀の受託者責任」報告書公表 年金積立金管理運用独立行政法人（GPIF）が PRI に署名 パリ協定締結
2017	UNEP FI が「ポジティブ・インパクト金融原則」策定 環境省が「グリーンボンドガイドライン」策定（2020 年改定） 年金積立金管理運用独立行政法人（GPIF）が投資家向け「スチュワードシップ活動原則」策定及び全ての資産で ESG を考慮した投資を促進するよう投資運用原則改正 ICMA「ソーシャルボンド原則」、 　　　　　「サステナビリティボンドガイドライン」策定 TCFD（気候関連財務情報開示タスクフォース）最終報告書を公表
2018	欧州委員会による「サスティナブルファイナンスに関するアクションプラン」公表（E U Taxonomy に発展） 金融審議会「ディスクロージャーワーキング・グループ報告 - 資本市場における好循環の実現に向けて -」公表 UNEP FI「ポジティブ・インパクト不動産投資フレームワーク」公表 ACMF[6]「ソーシャルボンド基準」公表
2019	持続可能な保険原則（PSI）「保険引き受けに関するガイドライン案」公表 金融審議会「記述情報の開示に関する原則」「記述情報の開示の好事例集」公表 責任銀行原則（PRB）を UNEP FI が提唱 国際金融公社世界金融グループ（IFC）が「インパクト投資の投資原則」公表 EU Taxonomy（分類法）公表
2020	TCFD サミット開催
2021	COP26（第 26 回国連気候変動枠組条約締約国会議）開催 金融庁「ソーシャルボンドガイドライン」公表 金融庁・経済産業省・環境省「クラスメート・トランジション・ファイナンスに関する基本指針」公表
2022	COP27（第 27 回国連気候変動枠組条約締約国会議）開催 シャルムエルシェイクの実行計画（COP27 合意文書） 「損失と被害」に対応する基金を創設し、特に脆弱な途上国を支援

III　ESGと投資

1　ESG投資の現状

　ESG 投資に関する統計を集計している国際団体である GSIA（Global Sustainable Investment Alliance）によると、表 10-2 の ESG 投資総額にあるとおり、2016 年から 2018 年までの 2 年間で、世界全体の ESG 投資額は 34% 増加し、30 兆 6,830 億米ドルとなっている。

---

6) ASEAN Capital Markets Forum：ASEAN 資本市場フォーラム

表10- 2 ESG投資総額(2016年-2018年)

Region	2016	2018
Europe	$ 12,040	$ 14,075
United States	$ 8,723	$ 11,995
Japan	$ 474	$ 2,180
Canada	$ 1,086	$ 1,699
Australia/New Zealand	$ 516	$ 734
TOTAL	**$ 22,890**	**$ 30,683**

Note: Asset values are expressed in billions of US dollars. All 2016 assets are converted to US dollars at the exchange rates as of year-end 2015. All 2018 assets are converted to US dollars at the exchange rates at the time of reporting.

出典：GSIA 2018 Global Sustainable Investment Review

　次に、表10-3の地域別のESG投資割合をみると、日本におけるESG投資割合も急速に伸びていることが観察できる。2014年時はアジア全体に包

表10-3 地域別のESG投資割合(2016年-2018年)

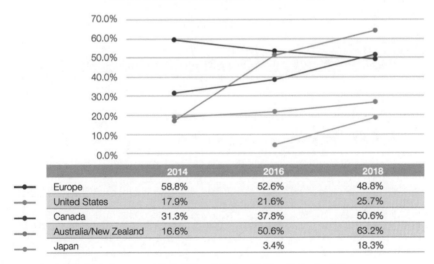

	2014	2016	2018
Europe	58.8%	52.6%	48.8%
United States	17.9%	21.6%	25.7%
Canada	31.3%	37.8%	50.6%
Australia/New Zealand	16.6%	50.6%	63.2%
Japan		3.4%	18.3%

Note: In 2014, data for Japan was combined with the rest of Asia, so this information is not available.

出典：GSIA 2018 Global Sustainable Investment Review

括されていたため個別データはないが、2016 年は 3.4% の上昇であったの
に対し、2018 年の調査では、18.3% にまで上昇した。表 10-2 に記載され
ている投資総額でも 4,740 億米ドルから 2 兆 1,800 億米ドルに増えている。
　原因の 1 つとしては、2015 年に年金積立金管理運用独立行政法人（GPIF）

表10- 4　ESG投資の 7 つの手法

①ネガティブスクリーニング（Negative/exclusionary screening）
武器、ギャンブル、たばこ、アルコール、原子力発電、ポルノなど、倫理的でないと定義される特定の業界に属する企業を投資先から除外する戦略。 　1920 年代に米国のキリスト教系財団から始まった最も歴史の古い手法。今では欧州でも広く普及している。
②ポジティブスクリーニング（Positive/best-in-class screening）
1990 年代に欧州で始まった手法。同種の業界の中で ESG 関連の評価が最も高い企業に投資する戦略。ESG への配慮が高い企業は中長期的に業績が高くなるという発想に基づく。ポジティブスクリーニングをすると、投資ユニバース（投資先企業リスト）が非常に小さくなる（一説では 30% から 70% 小さくなる）とも言われている。
③規範に基づくスクリーニング（Norms-based screening）
2000 年代に北欧で始まった比較的新しい手法。ESG 分野での国際基準に照らし合わせ、その基準をクリアしていない企業を投資先リストから除外する手法。ポジティブスクリーニングに比べ投資ユニバースを大きくすることができると評価する専門家もいる。
④ＥＳＧインテグレーション型（ＥＳＧ integration）
最も広く普及しつつある手法。投資先選定の過程で、従来考慮してきた財務情報だけでなく非財務情報も含めて分析をする戦略。特に年金基金など長期投資性向の強い資金を運用するファンドなどが、将来の事業リスクや競争力などを図る上で積極的に ESG 関連の非財務情報を活用し、市場平均よりも大きなリターンを目指すために用いられることが多い。
⑤サステナビリティテーマ投資型（Sustainability-themed investing）
サステナビリティを全面に謳ったファンドへの投資。サステナビリティ関連企業やプロジェクト（特に再生可能エネルギー、持続可能な農業等）に対する投資が有名。太陽光発電事業への投資ファンド、グリーンボンドなどもこのカテゴリーに属する。
⑥インパクト投資型（Impact/community investing）
社会・環境に貢献する技術やサービスを提供する企業に対して行う投資。比較的小規模の非上場企業への投資が多いため、このタイプのファンドの運用はベンチャーキャピタルが行っていることも多い。最近では個人投資家から資金提供を募ることも増えてきた。インパクト投資の中で、社会的弱者や支援の手が行き届いていないコミュニティに対するものは、コミュニティ投資と呼ばれる。
⑦エンゲージメント・議決権行使型（Corporate engagement and shareholder action）
株主として企業に対して ESG に関する案件に積極的に働きかける投資手法。株主総会での議決権行使、日常的な経営者へのエンゲージメント、情報開示要求などを通じて投資先企業に対して ESG への配慮を迫る。近年は、気候変動関連や役員報酬（SAY ON PAY）に対して声を上げることが多い。このタイプの手法をとる株主は「アクティビスト」「物言う株主」とも呼ばれる。

出典：「不動産鑑定評価における ESG 配慮に係る評価に関する検討業務」令和 3 年 3 月
国土交通省不動産・建設経済局に基づく

がPRIに署名し、2017年からESG投資を開始したことが考えられる（表1　ESG等関連事象参照）。

　他の地域をみてみると、米国、カナダ、オーストラリア・ニュージーランドでもESG投資割合が増加しており、中でも、カナダ、オーストラリア・ニュージーランドでは5割を超えている。欧州は、割合はやや下がったものの、投資総額としては2016年の12兆400億米ドルから2018年は14兆750億米ドルに増えている。

　GSIAは、ESG投資の手法を表10-4の7つのカテゴリーに分類している。①～⑥が投資ポートフォリオを作るためのESG投資戦略であり、最後の⑦「エンゲージメント・議決権行使型」は、投資前後の投資候補先企業へのエンゲージメントや議決権行使を積極的に行う、いわゆる「アクティビスト（物言う株主）」型の戦略であるといわれている。7つの戦略は組み合わせて用いられることも多く、特に①～⑥と⑦エンゲージメント・議決権行使型は組み合わせて用いられることが多い。

　さて、この7つの手法別の投資額について表10-5をみてみると、①ネガティブスクリーニングが最も多く、次いで④ESGインテグレーションそして組み合わせで行われることの多い⑦エンゲージメント・議決権行使型とな

表10-5　ESG投資の手法別投資額

FIGURE 5: SUSTAINABLE INVESTING ASSETS BY STRATEGY AND REGION 2018

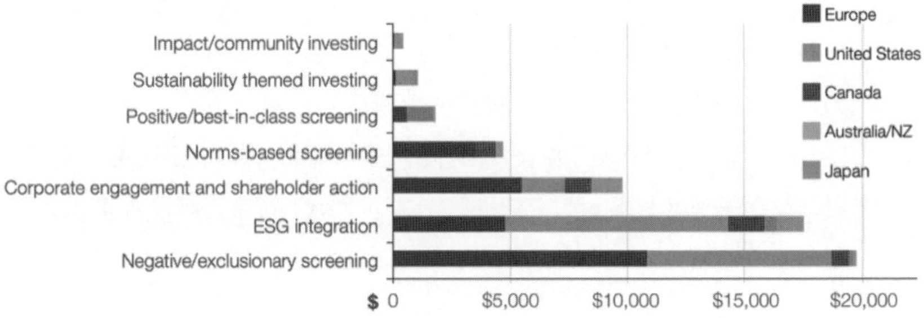

Note: Asset values are expressed in billions of US dollars.

出典：GSIA 2018 Global Sustainable Investment Review

っている。

2　ESG投資の課題と今後の動向

　ESG投資が、それ以外の投資と比較して優位な投資であるということは、必ずしも立証されてはいない。

　ESG要因と株式リターンとの間にプラスの関係があると指摘する研究も少なくないが、株式リターンに影響を与えるESG要因の抽出は難しく、相関関係についても見せかけの因果関係であるとの指摘もある。ESGの取組が優れているから株式パフォーマンスが良いのか、それとも業績が好調で株式パフォーマンスが良いのかの識別は困難である。

　一方で、ESG投資が一般的に長期投資であることから、株価下落局面においても売却されにくく、リスク耐性は認められるとの指摘もあり、その評価については、未だ明確な判断はなされていない状況にある。

　ただし、最近では、わが国においてもESGの取組が財務や株価に与える効果を数値で投資家に示そうとする企業も増えてきている。例をあげると次のとおりである。

◎温暖化ガスの排出量、産業廃棄物や水の使用量の削減といった取組は、2017年〜20年度までの4年平均のROIC[7]を約1ポイント押し上げる効果があったという（日立製作所）。

◎約550店の営業店で「家族・知人に会社への入社を勧めるか」との問いを基にスコアを算出。スコアが高かった上位25％の営業店は、スコアの低い下位25％に比べ、予算目標を達成した割合が約2割高かったという。将来は、このような会社の経営方針や職場への満足度を示す「従業員エンゲージメント」等を活用し、スコアが1％改善したら売り上げがどのくらい増えるのかを数値で示すことを目指す（SOMPO HD）。

---

7) Return On Invested Capital：投下資本利益率

◎約 270 の ESG の指標がそれぞれ何年後の PBR[8] と連動するかを調べた
　ところ、多くの項目が企業価値と関係することがわかった。例えば、
　CO_2 排出量が 1 ％減少すると 8 年後の PBR が 1 ％上昇するという関係
　があったという（日清食品 HD）。

◎従業員一人当たりの年間平均研修時間を 1 ％増やすと、その年の PBR
　が 0.54％向上することを示した（JR 東日本）。

　（──以上、2022 年 12 月 11 日付け日本経済新聞朝刊より）

　また、ESG とリターンの両立を目指すものとして、過去の実績に依存し
た ESG 評価ばかりを重視するのではなく、業績改善に先行する「ESG（事象）
評価の改善」に注目する動きもみられる。

IV ESGと資金調達

　資金調達の場面でも、ESG、SDGs に関連したグリーンファイナンス[9] が
注目を集めている。グリーンファイナンスの効用として、現時点において、
金利の優位性等は観察されないものの、金融機関の ESG 対応として、融資
枠の優先確保等の状況は見受けられる。各グリーンファイナンスの詳細につ
いては、次のとおりである。

1　グリーンボンド

　グリーンボンドとは、国内外のグリーンプロジェクトに要する資金を調達
するために発行する債券をいう。

---

8) Price Book-value Ratio：株価純資産倍率
9) グリーンファイナンスにはグリーンボンドやソーシャルボンド、サステナビリティボ
　ンド等がある。また、グリーンボンド、ソーシャルボンド、サステナビリティボンドを
　総称して「ESG 債」ともいう。

表10-6 国内企業等におけるグリーンボンド発行実績(2022年12月5日時点)

・外貨建て発行分については、1米ドル＝110円、1ユーロ＝135円、1豪ドル＝90円にて円換算
・各発行体ホームページ等をもとに環境省作成
・本データベースは原則として発行体・金融機関等が申告したラベリングに基づいて集計を行っており、環境省によるスクリーニングは実施していない。
　出典：環境省

　2014年10月、日本政策投資銀行（DBJ）が初のグリーンボンドを起債したが、その後順調に規模を広げ、2022年12月には発行総額が1兆9,284億円に達している。

　ただし、グリーンボンドの定義は曖昧なものが多く、実際には環境改善効果がない、あるいは調達資金が適正に環境事業に充当されていないにもかかわらずグリーンボンドと称する債券もある。このようなものはグリーンウォッシング（気候変動対策に熱心なふりをする）と批判されるが、我が国では、環境省が2017年、「グリーンボンドガイドライン」を策定し、グリーンウォッシュ債券が市場に出回ることを防いでいる。

2　ソーシャルボンド

　ソーシャルボンドとは、社会的課題に取り組むプロジェクト（ソーシャルプロジェクト）の資金調達のために発行される債券をいう。

　ソーシャルボンドは、定められた基準等にしたがって発行されるが、国際

表10-7 国内企業等におけるSDGs債発行実績（2022年9月）

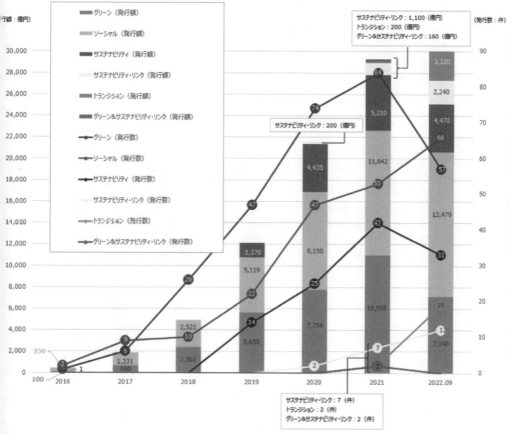

日本国内で公募されたＳＤＧｓ債の発行額・発行件数の推移

出典：日本証券業協会

的な基準等には、ICMA が策定した「ソーシャルボンド原則」、ACMF が策定した「ソーシャルボンド基準」が、国内では、金融庁が策定した「ソーシャルボンドガイドライン」や、金融庁・経済産業省・環境省が策定した「クラスメート・トランジション・ファイナンスに関する基本指針」等がある。

　こちらも順調にその発行総額を伸ばしており、表 10-7 を見ると、2022

年9月時点で1兆3,479億円となっている。

3 サステナビリティボンド

　サステナビリティボンドとは、資金使途を環境・社会の持続可能性に貢献する事業に限定した債券をいう。「サステナビリティ債」ともいわれ、グリーンボンドとソーシャルボンドの両者の特色を併せ持つ債券であり、2013年頃、世界で初めて起債された。当初、政府系金融機関や地方自治体等の公共機関が発行していたが、その後、商業銀行や事業会社でも発行されるようになった。

　2015年10月、日本政策投資銀行（DBJ）が日本初のサステナビリティボンドを起債している。

　ICMAは、2017年「サステナビリティボンド・ガイドライン」を公表し

表10-8 国内企業等によるサステナビリティボンドの発行実績(2022年12月5日時点)

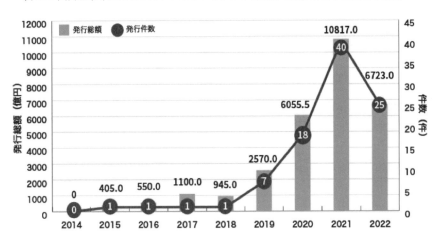

・外貨建て発行分については、1米ドル＝110円、1ユーロ＝135円、1豪ドル＝90円にて円換算
・各発行体ホームページ等をもとに環境省作成
・本データベースは原則として発行体・金融機関等が申告したラベリングに基づいて集計を行っており、
　環境省によるスクリーニングは実施していない。
　出典：環境省

ている。

　表10-8を見ると、グリーンボンドと異なり、発行額の減少傾向がみられる。これが一時的な現象であるのか、あるいはグリーンボンド等他のESG債に比べ、選好性の観点から劣後してしまったためなのかについては、今後の動向を注視していく必要があろう。

V　ESGと会計制度

　現在のところ、伝統的な会計や監査の基準においては、ESGに関して明示された特段のルールは存在しない。

　したがって、費用・収益の計上や表示については、一般的な基準に従うことになる。ESG事象が会計処理の対象となるのは、キャッシュフローを伴う場合に限られるため、多くのESG事象は、規制や訴訟といった法的要因や突発的な事故・災害等が起こらない限り会計処理されることはない。つまり、現行のルール下では、多くのESG事象が報告外となり、潜在的なリスクとなっている状況ともいえる。

　一方で、1990年代の環境報告以降、非財務情報開示が拡大しており、ESG事象も、この非財務情報として積極的に開示すべきではないかとの動きもある。

　公認会計士協会企業情報開示・ガバナンス検討特別委員会は、「近年、企業におけるESG等の非財務情報の開示の重要性が高まり、自主開示のみならず、我が国における開示制度の中心にある有価証券報告書においても、コーポレートガバナンス等に関する記述情報の開示の充実を図る施策が進められている」とし、課題の抽出と対応に関する提案文書「企業情報開示に関する有用性と信頼性の向上に向けた論点の検討（中間報告）」及び「企業情報開示に関する有用性と信頼性の向上に向けた論点の検討 - 開示とガバナンスの実現に向けて -」をそれぞれ2020年9月、2021年6月に公表した。これらの報告書によると、現在の主な非財務関連開示フレームワーク及び基準

表10-9 主な非財務情報関連開示フレームワーク及び基準等の一覧

発行主体	フレームワーク及び基準等の名称	報告主題
IASB (国際会計基準審議会)	マネジメント・コメンタリー実務記述書	マネジメント・コメンタリー開示
IIRC (国際総合報告評議会)	国際統合報告フレームワーク	統合報告書 (企業の短・中・長期の価値創造能力)
SASB (サステナビリティ会計基準審議会)	サステナビリティ会計基準	SECへの提出書類に含める業種別のKPI
CDSB (気候開示基準審議会)	気候変動報告フレームワーク	気候変動報告
TCFD (気候関連財務情報開示タスクフォース)	TCFD最終報告書(TCFD提言)	気候関連財務情報開示
GRI (グローバル・リポーティング・イニシアティブ)	GRI基準 GRI持続可能性報告ガイドライン	持続可能性報告書

出典:「企業情報開示に関する有用性と信頼性の向上に向けた論点の検討 - 開示とガバナンスの実現に向けて -」2021年6月4日 企業情報開示・がバンス検討小委員会

等の一覧は表10-9のとおりである。多くの日本企業は統合報告書の作成等にあたって、これらを参照している。

　しかし、このように非財務情報に関する多くの基準等が存在し、報告主題等についての相互整合性が十分に確保されていない状況は、年次報告書の作成者の混乱を招くとの指摘も根強い。

VI ESGと不動産ビジネス

1 不動産ビジネスにおけるESG関連認証制度

　不動産ビジネスにおけるESG関連認証制度は、環境(Environment)、社会(Social)、ガバナンス(Governance)関連項目についての認証であり、ESGごとの認証を例示すれば表10-10のとおりである。

　現在は、これらの認証を取得していること自体、つまり、内容の詳細について分析を行うことなく、認証取得の有無がESGへの取組の判断基準とされている傾向がある。

表10-10 ESG関連認証制度

E (Environment)	1 総合環境性能評価・認証制度	
	① CASBEE 不動産、CASBEE 建築等	日本
	② DBJ Green Building 認証	日本
	③ LEED	アメリカ
	④ BREEM	イギリス（欧州）
	⑤ BOMA360	アメリカ
	2 不動産会社・ファンド向け認証制度	
	① GRESB	全世界
	3 省エネルギー関連の認証制度	
	① BELS（建築物省エネルギー性能表示）	日本
	② Energy Star	アメリカ
S (Society)	① Well Building Standard	アメリカ
	② CASBEE　ウェルネスオフィス	日本
G (Governance)	① ISO9000（品質）	全世界
	② ISO14000（環境リスク）	全世界
	③ ISO41001（ファシリティマネジメント）	全世界

2　不動産ビジネスにおけるESG関連規制

図10-1 にあるとおり、近年、わが国の不動産ビジネス、とりわけオフィスビル投資の分野において、ますます ESG 対応が求められるようになってきている。

図10-1　わが国における不動産に対するESG関連規制の現在と今後の動向

不動産に対する日本国内の ESG 関連（環境）規制（現在）
・建物環境省エネ法（2015 年）により、延床面積 2,000㎡以上のオフィスビル等は省エネ基準への適合を建築確認の要件にしている ・2021 年 4 月以降、改正建築物省エネ法により、上記延床面積の基準が 300㎡以上となり、中規模オフィスビル等も対象に追加

不動産に対する日本国内の ESG 関連（環境）規制・エネルギー基本計画（今後）
・建築物省エネ法や省エネ法の改正を通じた規制措置強化と支援措置の組み合わせにより、省エネ基準適合義務の対象外である小規模のオフィスビル等の省エネ基準への適合を 2025 年度までに義務化 ・2030 年度以降新築される建築物について、ZEB（Net Zero Energy Building）基準水準の省エネルギー性能確保を目指す

出典「不動産マーケットリサーチ VOL.203」三菱 UFJ 信託銀行に基づく

このような中、不動産デベロッパー等、オフィスビル運営に関するプロフェッショナルなプレイヤー達は、先を見越した先行投資を始めている。

例えば、省エネ対策や創エネ・蓄エネ施策への取組をはじめ、コジェネレーションシステム（熱電の併給システム）による街区単位での高効率のエネルギー供給や、再生可能エネルギーの安定調達に向けてグリーン発電設備を自前で保有する等、規模の経済やその優越的地位を生かした、より効果的な取り組みを進めている。

また、投資家等からのESG対応への要請を背景に、テナントのエネルギー使用状況等についても、大手デベロッパーとテナントが一体となってオフィスビルのESG対応を進めていこうとしている。

ESGの取組においては、初期投資額、省エネや創エネ・蓄エネへ配慮した運営、再生エネルギーの継続的な確保、ESG認証取得や情報発信等が課題となっているため、「不動産業を本業としない企業や個人」にとっては、今後必要とされるESG対応の負担が、「所有から賃借への移行」を促す要因となる可能性がある。

Ⅶ ESGと不動産鑑定評価

1　不動産鑑定評価におけるESGの影響

不動産鑑定評価の手順にしたがって、ESG事象が不動産鑑定評価に影響を与える可能性のある部分について整理する。

図10-2に掲げた手順にしたがって、影響を受ける可能性のある部分を列挙すると次のとおりである。

(1) 手順1　鑑定評価の基本的事項の確定（対象不動産の確定）及び手順4 対象不動産の確認

ESG、SDGs関連の建築資材、設備等が対象不動産に含まれるかど

図10- 2 不動産鑑定評価の手順

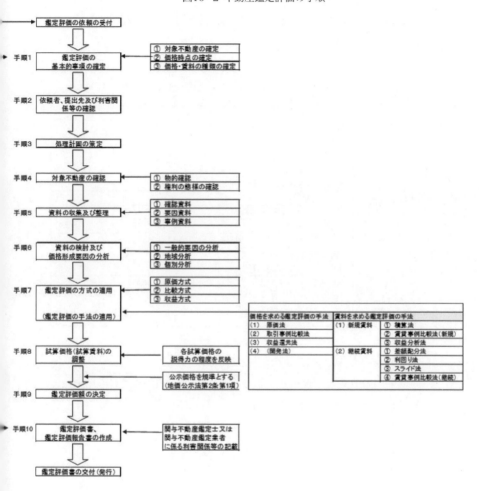

うかを確認することになる。

(2) 手順5 資料の収集及び整理（資料の収集）

依頼者に ESG 認証等の取得の有無について聴取する。ESG データの範囲は広範にわたるため、現時点において網羅的に収集することは困難である。まずは可能な範囲で資料の収集に努めることになる。

(3) 手順 6 価格形成要因の分析

　　不動産ビジネスにおける ESG 要因に該当すると考えられるものには表 10-11 のようなものがある。

表10-11 不動産ビジネスにおけるESG要因

E (Environment)	①省エネルギー性能の向上
	②再生可能エネルギーの使用等
	③資源循環
	④有害物質の有無
	⑤生物多様性と生態系の保全と回復
S (Society)	①健康、快適性、安全性等ビルの性能
	②災害対応
	③地域社会・経済への寄与
	④超高齢化対応
G (Governance)	①個別不動産への取組の基礎としてのガバナンス
	②個別所有物件のガバナンス
	1）利益相反関係の確認
	2）外部データによる費用対効率性の検証体制 　（主にビルメンテナンス）
	3）ライフサイクルマネジメント

　　これらの ESG 要因を、不動産鑑定評価基準で定める既存の価格形成要因の分類と関連付けて整理すると表 10-12 のようになる。

(4) 手順 7 鑑定評価の手法の適用

　　前記（3）で整理した価格形成要因を鑑定評価手法に反映させることになる。

　　一般には、建物及びその敷地の場合、原価法と収益還元法を適用するため、これらの手法を整理すると表 10-13 のとおりである。

　　原価法への反映では、例えば、再調達原価査定時に省エネ関連機器等の設備投資部分、維持管理コスト等を反映させる。また、ESG 不動産であることの競争力の優位性等が観察できる場合にはこれを反映させる。

表10-12 価格形成要因とESG要因

1．一般的要因	自然的要因	気象の状態、地球温暖化、災害リスクの増減等
	社会的要因	情報化の進展、生活様式の状態（安全性、快適性、利便性等）、働き方改革等（オフィスやマンション等の設備や共用部分に求められる水準に影響）
	経済的要因	投資環境（年金、保険会社等機関投資家、ファンド、個人）、ファイナンス環境（金融機関、社債等）、保険事業者、格付け機関、評価機関、企業会計制度、企業活動（技術革新及び産業構造の状態）、省エネ建物の需要の増減等
	行政的要因	防災等に関する規制、不動産に関する税制（エコ減税、危険地域における住宅減税不適用等）
2．地域要因 （宅地地域）		●スマートシティ、SDGs未来都市、SDGsモデル都市等の指定、自治体の動き ●水害、がけ崩れ、活断層等、災害発生の可能性、地盤、土壌汚染等、建物の安全性を考慮した立地選好 ●地域社会、経済への寄与（廃棄物発生の予防、再生資源の利用促進等） ●生物多様性や生態系の保全と回復への貢献、取り組み等 ●省エネ産業誘致等行政上の助成 ●土壌汚染規制の程度等
3．個別的要因 （宅地地域）		1）土地に関する個別的要因
		●災害リスクへの対応状況（水害、がけ崩れ、地盤の状態） ●土壌汚染、地下埋設物、産業廃棄物
		2）建物に関する個別的要因
		●省エネルギー性能 ●再生可能エネルギーの使用の状況 ●外部データによる費用効率性の検証体制等 ●健康、快適性等の状態（空間・内装、音、光、熱・空気、リフレッシュ、運動） ●耐震性、耐火性等建物の性能 ●利便性の状態（移動空間・コミュニケーション、情報通信） ●有害物質の使用の有無及びその状態 ●コロナ対応（換気性等の感染症対応）等
		3）建物及びその敷地に関する個別的要因
		●修繕計画、管理計画の良否として、ビルメンテナンス（BM）、コンストラクションマネジメント（CM）、リーシングマネジメント（LM）を内容とするプロパティマネジメント（広義）やファシリティマネジメント（自用の場合はワークプレイスマネジメントを含む）におけるESG配慮があげられる。 ●BCP対策の状況（計画の有無、訓練等） ●透明性、コンプライアンス、内部統制の確保、情報開示体制（非財務情報の開示）等の個別不動産のガバナンス ●AM対PM、PM対（BM,CM,LM）等、利益相反の防止体制 ●効率化のための管理体制（品質に応じた管理コストの適正化、効率化） ●認証制度ISO41001（ファシリティマネジメント）の取得状況等

出典：「不動産鑑定評価におけるESG配慮に係る評価に関する検討業務」令和3年3月
国土交通省不動産・建設経済局に基づく

表10-13 原価法と収益還元法

手法	手法の概要
原価法	「再調達原価」-「減価修正額」＝「積算価格」 ①価格時点における対象不動産の再調達原価を求め、 ②この再調達原価について減価修正を行って、 ③対象不動産の試算価格（積算価格）を求める。
収益還元法	対象不動産が将来生み出すであろうと期待される純収益の現在価値、すなわち対象不動産の試算価格（収益価格）を求める。 投資不動産評価において最も重要視される手法である。 収益還元法の手法には、次のとおり、直接還元法と DCF 法がある。 ●直接還元法 P：求める不動産の収益価格 a：一期間の純収益 R：還元利回り（キャップレート）　　$P = \dfrac{a}{R}$ ●DCF 法　$P = \displaystyle\sum_{k=1}^{n} \dfrac{ak}{(1+Y)^k} + \dfrac{P_R}{(1+Y)^n}$ P：求める不動産の収益価格 ak：毎期の純収益 Y：割引率 n：保有期間（売却を想定しない場合には分析期間） P_R：復帰価格 保有期間満了時における対象不動産の価格 　　　次の式により求められる。 $P_R = \dfrac{a_{n+1}}{R_T}$ a_{n+1}：n+1 期の純収益 R_T：最終還元利回り

　収益還元法への反映では、純収益（賃料収入や管理コスト）や還元利回り等への影響を反映させることになるが、いずれも市場におけるエビデンスが必要となる。

2　ESG要因が不動産の価値に与える影響

　ESG 要因は不動産投資市場が先行して注目している要因であるため、投資市場において中心的な手法となっている収益還元法に着目して ESG 要因が不動産の価値に与える影響を考察する。

　投資用不動産評価における収益還元法での ESG 要因の影響は、主として

賃料と還元利回り（キャップレート）に具体的に表れる。

(1)賃料に与える影響

　これまで ESG 要因が不動産の賃料に与える影響について定量分析したものには表 10-14 のようなものがある。

表10-14 先行研究における定量分析(ESG要因と賃料)

分析者	分析結果
スマートウェルネスオフィス研究委員会	CASBEE と賃料の相関分析 「CASBEE ビル（CASBEE の認証取得あるいは地方自治体への届出を行っているビル）は非 CASBEE ビルに比べて賃料が坪当たり約 564 円（賃料比 3.64％）高い」、「CASBEE スコア 1 点あたり、賃料が坪当たり約 264 円（賃料比 1.7％）高い」、「CASBEE スコア 1 点あたり、賃料が坪当たり約 79 円（賃料比約 0.46％）高い」との結果が報告されている。
SDGs スマートウェルネスオフィス委員会	ウェルネスオフィスの便益検討部会 CASBEE ウェルネスオフィスと賃料（2020 年）の関係として「CASBEE-WO スコア 1 点が 234 円 / 坪に相当する」との知見が得られたと報告されている。
日本不動産研究所	J-REIT 保有物件のオフィスを対象に、DBJ Green Building 認証と賃料の相関関係を調べた調査によれば、2015 年は相関がみられなかった。2016 年は 11.4％高い（10％有意水準）、2017 年は 11.9％高い（5％有意水準）、2018 年は 12.2％高い（1％有意水準）、2019 年は 6.9％高い（1 ％有意水準）、2020 年は 5.9％高い（4 つ星〜 5 つ星群について）結果が報告されている。
ザイマックス不動産総合研究所	2013 年 1 月〜 2014 年 12 月の賃料サンプルが得られるビルについて分析 「立地、規模、築年などの影響を取り除いても、環境認証を（CASBEE、DBJ Green Building の認証）を 1 つでも取得しているビルは、取得していないビルに比べ、約 4.4％賃料が高いこと（95％信頼区間は＋ 2.1％〜＋ 6.6％）が確認された」と報告されている。

出典：「不動産鑑定評価における ESG 配慮に係る評価に関する検討業務」令和 3 年 3 月
国土交通省不動産・建設経済局に基づく

(2)還元利回り(キャップレート)に与える影響

　これまで ESG 要因が還元利回り（キャップレート）に与える影響について定量分析したものには表 10-15 のようなものがある。

　これらの先行研究は、実際のデータに基づく有用なものであるが、いずれも 2008 年のリーマンショック後の比較的堅調に推移してきた不動産マーケ

表10-15 先行研究における定量分析(ESG要因と還元利回り(キャップレート))

分析者	分析結果
日本不動産研究所	J-REIT 保有物件のオフィスを対象とした DBJ Green Building 認証とキャップレートの相関分析によれば、2019 年は 7.5bp 低い、2020 年は 11.5bp 低いという結果が報告されている。
国土交通省	「不動産鑑定評価における ESG 配慮に係る評価に関する検討業務」令和 3 年 3 月 CASBEE 不動産認証がキャップレートに与える影響について分析している。 「CASBEE 不動産認証の効果は、t 値から有意とされるものの、キャップレートへの影響効果は 2.4% 以下程度という小さな値であるが、例えば、キャップレートが 5.0% である場合、CASBEE 不動産認証の取得によってキャップレートは、12bp 低下し、4.88% となる。

出典:「不動産鑑定評価における ESG 配慮に係る評価に関する検討業務」令和 3 年 3 月
国土交通省不動産・建設経済局に基づく

ットの中での分析であり、これらの賃料上昇及び還元利回り(キャップレート)低下への効果が本当に ESG 要因のみによるものであったかどうかについては、疑問も残る。

　今後、ダウンサイド場面においても ESG 不動産の優位性が観察できるか、ESG 不動産の価格維持に寄与する ESG 要因は、既存の価格形成要因と差別化及び区別化が可能な要因であるか等が注目すべき論点となるのではないだろうか。

3　ESG不動産鑑定評価における不動産鑑定士の役割
(1)不動産ビジネス周辺におけるESG事象の取り扱い

　これまで考察してきた不動産ビジネス周辺における ESG 事象の取り扱いについて整理すると次のようになる。

① 投資の場面におけるESG事象の取り扱い

　ESG 要因と株式リターンとの間にプラスの関係があると指摘する研究も少なくないが、株式リターンに影響を与える ESG 要因の抽出は難しく、相関関係についても「見せかけの因果関係」であるとの指摘もある。

　ただし、最近では、ESG の取組が財務や株価に与える効果を数値で投資

家に示そうとする企業も増え始め、また、過去の実績に依存したESG評価で投資先を判断するのではなく、ESGとリターンの両立を目指すものとして、業績の改善に先行する「ESG評価の改善」が期待できる投資先を選別する動き等もみられる。

② 資金調達の場面におけるESG事象の取り扱い

グリーンボンド等の定義が曖昧であるが故に、実際には環境改善効果がない、あるいは調達資金が適正に環境事業に充当されていないにもかかわらず、グリーンボンドと称する。いわゆるグリーンウォッシング（気候変動対策に熱心なふりをする）等の排除が課題の1つとなっている。

近年、このようなグリーンウォッシングを排除するための、各機関による基準が定められている。

いずれも現時点において、金利の優位性等は観察されないものの、金融機関のESG対応として融資枠の優先確保等の状況は見受けられる。

③ 会計（財務諸表）の場面におけるESG事象の取り扱い

ESG事象が会計処理の対象となるのは、キャッシュフローを伴う場合に限られるため、多くのESG事象は報告外となり、潜在的なリスクとなっている。ただし、財務諸表等に数値として反映させることはできないが、最近では非財務情報として開示すべきではないかとの動きがある。

④ 不動産ビジネス一般におけるESG事象の取り扱い

現時点においては、ESGに対する取組内容による選別というよりは、公表されているESG関連認証の取得の有無が、ESGへの取組に対するメルクマールとされている。一方で、ESG関連規制等の強化により、ESGリテラシーの低い市場参加者の退場を促す動きもある。

(2) ESG不動産鑑定評価おける不動産鑑定士の役割

　不動産鑑定評価における ESG 事象の取り扱いについては、日本のみならず、世界各国においても検討され、それぞれの評価基準や実務指針、ガイダンスノート等に反映され始めている（別添資料「海外基準等（サステナビリティ及びＥＳＧ関連）概要一覧表不動産鑑定評価」ご参照）。わが国においても、国土交通省による平成31年度[10]、令和3年度[11] の報告書及び（公社）日本不動産鑑定士協会連合会の研究報告[12] 等によって、注意喚起が行われている。

　不動産鑑定士は、市場を反映し、取引事例等のエビデンスに基づいて評価を行うことを生業としており、根拠もなく、自らをブラックボックス化して不動産市場をリードすることは許されていない。したがって、このような仕組みの中では、何よりも評価の前提となるデータによるエビデンスを把握することが求められる。

　（公社）日本不動産鑑定士協会連合会では、十数年前、ESG 不動産が「環境不動産」として注目されはじめた頃から、ESG 不動産とそれ以外の不動産について、定量的あるいは定性的な調査を積み重ねているところだが、いずれも価格に対しプラスの効果を与えているのではないか、との端緒はつかんでいるものの、個別不動産の評価において具体的に反映できるような根拠を把握するまでには至っていない。

　これは、投資、資金調達、会計、不動産ビジネス等の各分野において、真の ESG 効果を模索している状況と同じである。

　しかし、ESG 不動産を先行してカテゴライズし、積極的な投資を行おうとしている不動産投資家へのアンケート調査では、「今はまだ ESG 不動産の

10)「不動産鑑定評価における環境性、快適性、健康性の評価に関する検討業務」

11)「不動産鑑定評価における ESG 配慮に係る評価に関する検討業務」

12)「ESG 不動産投資の不動産の鑑定評価への反映〜オフィスビルの健康性・快適性、利便性、安全性の評価〜」

経済的優位性は観察されないが、10年後には優位になっていると予想する」との回答が少なくなく、将来に対する期待が高まっていることも事実である。

図10- 3 ESG不動産に対する投資家の期待

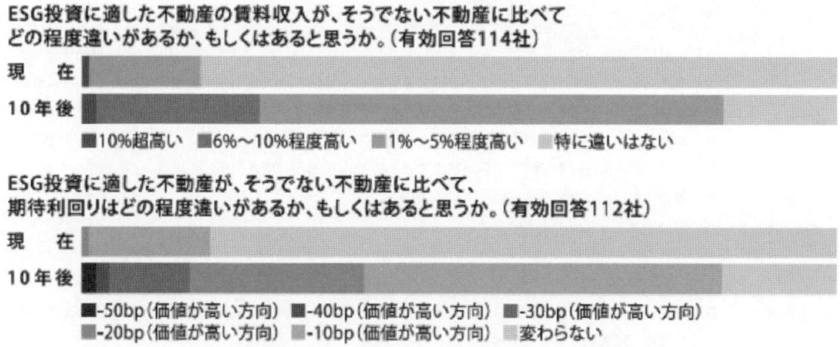

**ESG投資に適した不動産の賃料収入が、そうでない不動産に比べて
どの程度違いがあるか、もしくはあると思うか。(有効回答114社)**

現　在

10 年後

■10%超高い　■6%〜10%程度高い　■1%〜5%程度高い　　特に違いはない

**ESG投資に適した不動産が、そうでない不動産に比べて、
期待利回りはどの程度違いがあるか、もしくはあると思うか。(有効回答112社)**

現　在

10 年後

■-50bp(価値が高い方向)　■-40bp(価値が高い方向)　■-30bp(価値が高い方向)
■-20bp(価値が高い方向)　■-10bp(価値が高い方向)　　変わらない

出典：(一財) 日本不動産研究所「第44回不動産投資家調査（2021年4月）」

　(公社) 日本不動産鑑定士協会連合会では、今後も、調査を積み重ねながら、評価対象不動産の種類、立地条件、市場参加者の分布、加えて、設備の入替等を含む維持管理コスト等について、中長期にわたる観点から調査を続けていく予定だ。

　また、ESGに関する世の中の規制や認証の種類、投資家や金融機関の考え方、ESGを巡る国際情勢、不動産価格に影響を与えるメカニズム等、ESGに関するリテラシーを高めるべく、積極的に調査やeラーニングによる研修も行っている。

　マーケットエビデンスを得るのに時間がかかるのであれば、会計（財務諸表）において、近年その重要性に注目が集まっている非財務情報のように、ESG関連事項を鑑定評価書の中にわかりやすく明示することで「その不動産は、果たして、年金ファンドや大手投資機関等が参加する国際的な不動産投資市場の舞台にエントリーする可能性があるのか」という、鑑定評価書の読み手の価値判断に寄与することができるのではないだろうか。

海外基準等（サステナビリティ及びＥＳＧ関連）概要一覧表

項　　目	RICS ガイダンスノート 「商業用不動産の評価と戦略的アドバイスにおけるサステナビリティと ESG」（2022 年改定）	欧州評価基準（第 9 版、2020 年改定） 第 1 章第 6 節（EVS 6 「評価とエネルギー効率」） および第 3 章「評価とサステナビリティ」）
目的と範囲	主に商業用不動産（投資不動産）を対象とし、評価人が不動産に関して評価する場合のほか、投資家に対して戦略的なアドバイスを行う際の指針を提供。ガイダンスノートは、評価人の業務において参考となるベストプラクティスの推奨事項や方法論を提供するもので準拠義務はないが、懲戒等の手続における評価人の業務の適切さなどを判断する際の参考とされる。	EU における温室効果ガス排出削減目標を達成するための加盟国による建築規制の導入で生じる市場価値への影響を考慮するうえでの指針を提供。さらに、不動産の評価に関連して評価人が知っておくべき「サステナビリティ」に関する基本的な知識を整理している。
評価において求める価値	評価において求める価値は、一般的には市場価値または公正価値（国際的な会計基準等に関連）であるが、依頼目的によっては投資価値（特定の投資家または特定の投資基準を前提として把握される価値）が求められる場合がある。	将来の建築規制に準拠するための建物改修コストを織り込んだ市場価値。 なお、不動産の環境問題を検討するためには「自然資本」の概念が用いられてきたが、それを含んだ評価額は「市場価値」や「公正価値」ではなく、「投資価値」を表していると理解すべきである。
価格形成要因の把握・分析	評価人はサステナビリティおよび ESG に関する問題について十分な情報を収集し、それに基づいて各種の判断を行う必要がある。対象不動産および比較可能な不動産に関する情報は、依頼者から提供されるものだけでなく、その他の情報源から得られるものを含む。 サステナビリティおよび ESG に関して、一般的に考慮すべき事項は次のとおりである。 ・カーボン排出量、エネルギー効率 ・環境対応のための投資額（資本的支出） ・環境リスク ・社会性、ウエルビーイング ・環境認証等のベンチマーキング ・財政上・法令上の規制及び助成措置	評価人は LTRS（各国が欧州委員会に提出する長期建物修繕戦略）に記載された将来の規制強化リスクを理解しなければならない。 サステナビリティに関する基準や認証等は、エネルギー等に関する情報を要約したものであるので、評価人はそれらについて適切に理解し、結果を解釈したうえで評価において考慮すべきである。

別添資料

米国鑑定財団・鑑定実務委員会　実務指針９ 「グリーン及びハイパフォーマンス物件の評価：商業・住宅用等機関投資家向け不動産」（2018年3月）	シンガポール評価基準及び実務指針（2015年改定） LV 1.7 グリーンビルの評価
グリーンビルの環境不動産を評価する際における実務上の留意点を示したもの。評価人は、この実務指針の推奨事項を考慮する必要がある。また、本実務指針は、技術的な参考資料、法律上の要求事項、教育的な情報源等を含むことにより、環境不動産の評価に際し必要な調査や分析のためのリソースとして構成されている。	グリーンまたは持続可能な建物を評価する際に評価人を支援するもの。このガイドは、建物がグリーン認定を受けた場合に価値の向上が生じる可能性のある要因を評価人が判断するのに役立つ。
グリーンビルの市場価値を算出するための手順や方法論は、ほとんどの場合、従来の建物に使用するものと同じである。しかし、鑑定評価のプロセスにおけるグリーンビルの検討は、より複雑な要素を含んでおり、より高度な理解とトレーニングが必要となる。	（明確な記載はないが、「グリーンビルの特徴の性質と程度が、不動産の価値を高める可能性があると考えられている。本ガイドは、グリーンビルの特徴やデザインの性質や程度を考慮して、価値向上分の評価を支援するものである」とされていることから。市場価値を求めることが想定されているものと思われる。）
グリーンビルを評価する場合、評価人の分析は、対象となる不動産の市場データに裏付けられたものでなければならない。	評価人は、開発物件に導入される一般的な環境配慮機能やデザイン、およびそれらのコストの影響を把握しておくべきである。環境に配慮した建物は、環境に配慮していない建物よりも高い価値を持つ可能性があるため、評価人はその影響を認識する必要がある。長期的に、すべての建物がグリーン認定を受けるようになれば、価値の違いはグリーン機能やデザインの程度に起因するようになるだろう。

収益還元法の適用	DCF 法はキャッシュフロー（収益と費用）を明示的に考慮することができるため、サステナビリティや ESG に関する要因を評価に反映させることができる。この場合、次のような観点からの考慮が重要である。 ・賃料の上昇（将来的な影響を含む） ・環境面での建物の陳腐化による減価 ・需要者の要求水準に満たない不動産にかかるリスクプレミアム ・将来における価格等への影響（最終還元利回りや売買に要する期間） 直接還元法ではこのような考慮が難しいが、DCF 法の検証手段として利用することは可能である。	評価人は、建築規制への適合義務によって将来時点において改修の必要性が生じるならば、それに伴うコストは市場価値に影響を与えることを考慮しなければならない。 DCF 法は、このような運用コストや改装コストのプロファイルの違いを比較できる方法である。
取引事例比較法の適用	対象不動産と要因比較が可能な類似の不動産の取引価格等の情報の入手が可能な場合には、取引事例比較法は有用である。ただし、取引事例について、サステナビリティや ESG に関連する要因を把握することは難しいことが多いため、利用した情報に基づいて比準価格の有効性（指標性）を適切に判断する必要がある。	サステナビリティ関連する要因が特定され、評価されれば、それらの要因は他の特定の要因と同様に価格評価において考慮することができる。これは新しい評価方法を必要とするものではなく、従うべき評価基準に基づいて適切かつ実務的に評価を行うものである。
原価法の適用	（記載なし）	（同上）
試算価格の調整	（特に記載はないが、収益価格（DCF 法）を基準として判断することが想定されていると思われる。）	（記載なし）
鑑定評価書における記載	サステナビリティおよび ESG にかかる要因について、評価上どのように考慮したのかを示す必要がある。対象不動産がサステナビリティや ESG に関する基準等をどの程度満たしており、それが価値に影響を与えている可能性について、十分な情報に基づいて見解を示すことが求められる。	報告書においてサステナビリティについてどの程度言及すべきかについては、状況に応じて判断する必要がある。これは、サステナビリティの問題が価値にどの程度関連しているかを反映している部分と、依頼者の関心事を反映している部分がある。

リスク調整後の純利益が増加するかどうかを判断することは、グリーンビル戦略の価値への影響を評価する上で最も重要な検討事項となり得る。純利益に基づく価値は、収入、空室率、経費、およびリスクに影響する。インカム・アプローチは、多くの場合、グリーン戦略の価値への影響を最も詳細に分析することができ、そのため、最も適切な評価手法となることが多い。	対象不動産の賃貸に係る情報がある場合には、収益還元法による評価を行うことができる。適正な純利益は、環境に配慮した機能やデザインを取り入れたり、設置することで得られる可能性のある利益を考慮して推定する必要がある。これは、賃料の増加や運営費の削減という形で考慮できる。収益還元の方法としては、現行の賃料に一定の倍率を乗じる直接還元法（賃料倍率法）や、グリーン機能の予想耐用年数を考慮した適切な期間の割引キャッシュフローを用いた方法（DCF法）がある。
ほとんどの市場ではグリーンビルの普及率が低く、取引件数も比較的少ないことから、入手できるデータが限られていることが多い。データが限られているため、従来型の建物とグリーンビルとの比較等において、適切な比較調整をすることが困難なことがある。	取引事例比較法は、グリーンビルの売買事例がある場合に適用される。この方法では、売却された類似のグリーンビルを比較し、比較対象となる不動産との間の差異を調整する。この方法は、より多くの環境に配慮した建物が建設され、開発が行われることに伴って、ますます重要になってくるであろう。
原価法は、市場価値の算出としてではなく、投資目的でプロジェクトの実現可能性を評価するためのツールとして活用するのが最適かもしれない。原価法では市場価値の正確な判定結果が得られない可能性がある。	原価法の適用によって、グリーン機能に起因する不動産値の金額を知ることができる。基本的に、グリーンビルと非グリーンビルの違いは、組み込まれたグリーン機能による「付加価値」にあり、これが価値向上の目安となる。原価法は、特にグリーン機能の価値を評価する必要がある場合に有効である。
試算価格の調整が市場のエビデンスによって裏付けられていない場合は注意が必要である。市場調査によって、試算価格が信頼できないことが明らかになる場合もある。	（記載なし）
グリーンビルの評価報告書作成プロセスでは、不動産の属性を詳細に記述すること、付録に第三者の報告書や文書をより多く含めること、試算価値の調整や結論を裏付けるために実施した追加作業についても記述することが求められている。	（記載なし）

出典：国土交通省「各国における不動産鑑定評価基準に類する基準の調査を通じた、不動産市場の変化に対応した鑑定評価手法の検討業務」令和４年３月

　投資市場では、「従業員エンゲージメント等の活用」といった、視点を変えた ESG 効用の計測が模索されている。

　不動産投資市場、不動産鑑定評価においても、これらの視点を変えた調査分析にも取り組めるよう、ESG 関連認証制度の内容をはじめとする不動産関連事項の一元的なデータプラットホームやデータウェアハウス構築等の市場環境整備を望みたい。

　「統一した基準で評価する仕組みがないということが、不動産投資への ESG 概念導入の障害となっている」といわれることも少なくない。「理念はわかるものの、不動産投資においてどのような効果をもたらすのか、確たる証拠をもって把握するに至っていない」という声も聞かれる。

　そのような中、ある共通ルールのもと不動産鑑定評価がその仕組みの一つとして機能するようになれば、この分野の投資が一層進むきっかけとなり、真の ESG 効果を伴う排出ガス削減、脱炭素等の進捗にもつながっていくのではないかとの想いを胸に、これからも ESG 不動産への関心を持ち続けていきたい。

SDGsと法の相互作用
——海洋プラスチック問題および
深海底の鉱物資源開発とゴール14の
関係を素材に

佐俣紀仁

I はじめに

　2015年9月25日、国連総会は「持続可能な発展のための2030アジェンダ（以下、2030アジェンダ）」決議を採択し、その中で、「持続可能な開発目標（以下、SDGs）」を設定した。SDGsでは、地球環境や貧困、平和といった広範な事項を17のゴール（goals）、169のターゲット（targets）として掲げ、それらを2030年までに達成すべきことが宣言されている。

　こうして国際社会の総意として採択されたSDGsであるが、それ自体には法的な拘束力はなく、そこに定められたことを達成する法的な義務はない。従来、国際社会が共通目標に取り組む際には、意思決定、紛争解決等に関する法的な取り決め（典型的には、国際法上の条約）を作るということがなされてきた。このような取り決めも、SDGsそれ自体については存在していない。むしろ、法によって縛ることなしに、関連アクターの自主的な取り組みに具体的な実現方法を委ねているということにこそ、SDGsの価値が見出されることがある。

　それでは、SDGs の達成には法が介在する余地はなく、そこでは、法には
なんらの役割を果たすことが期待されていないのだろうか。それとも、
SDGs の中で、法、あるいは法学が果たしうる役割はあるのか。また SDGs は、
法の中でいかに機能するのか。これらが本稿の問題意識である。

　本稿では、主としてゴール 14 に注目して、SDGs と法、特に国際法との
相互関係を検討する。まず、II において、SDGs の実現のために法がいかな
る役割を果たすものと理解されているのかを、SDGs の具体的な内容を手が
かりに概観する。ここでは、SDGs を「目標ベースのガバナンス」と位置付
ける見解を取り上げる。続いて、III において、SDGs 自体が、SDGs 実現の
ための前提かつ手段として法を位置付けていることを示す。続いて、IV、V
において、ゴール 14 および関連するターゲット等に目を向け、具体的な問
題領域との関係で SDGs の影響を考える。この際、海洋プラスチックゴミの
規制と、新海底における鉱物資源開発の規制という二つの例を検討する。

II 目標ベースのガバナンスとしてのSDGs──法との関係性について

　SDGs には法的拘束力がない。そこで示された目標やターゲットを達成で
きない場合にも、法が想定する違反への対応（例えば、法的な責任や義務の
発生）が直ちに発動されることはない [1]。目標とターゲットのみが書かれた
SDGs を達成するために、関係するアクターには創意工夫し、自由な発想を
最大限活用することが期待されている。

　このような自由度の高さは、SDGs の最大の特徴とも言われることがある。

1）国際法においては、「国の全ての国際違法行為は、当該国の国際責任を伴う」（国家責
　任条文 1 条）。ここでの国際違法行為は、国際法上当該国に帰属し、かつ、当該国の国
　際義務の違反を構成する行為である（同 2 条）。この意味での国際責任は、原状回復、
　損害賠償、陳謝といった法的な効果を伴う（同 34 条以下）。しかし、SDGs は、国家に
　国際法上の義務を設定するものでない。このため、SDGs に定められた内容に違反する
　ことは、「義務の違反」を構成せず、従って、責任を発生させないことになる。

つまり、SDGs は、「詳細な実施ルールは定めず、目標のみを掲げて進める グローバル・ガバナンス」、あるいは「目標ベースのガバナンス」である、という理解である[2]。

　では、「詳細な実施ルール」を欠く SDGs の達成は、いかにして確保されることになっているのか。このような目標ベースのガバナンスにおいては、進捗状況を計測し、評価し、利害関係者にフィードバックするという一連の過程（プロセス）を通じて目標を達成することになる。SDGs の場合、国連の「ハイレベル政治フォーラム（High Level Political Forum, HLPF）」を通じ、達成状況の定期的な評価が行われる。これらの目標・ターゲットの進捗状況を測定するためには、「指標（indicator）」が重要になる。2016 年 3 月には国連統計委員会で SDGs について 232 の「指標（indicator）」が合意された。各国は、指標に基づいて SDGs の進捗状況をとりまとめ、HLPF に報告する。HLPF は、報告された情報を定期的に評価する。HLPF の作業を受けて、国連は評価結果を公表する（年刊の「持続可能な開発報告書（The Sustainable Development Goals Report: SDGR）」、4 年ごとの「グローバルな持続可能な開発報告書（Global Sustainable Development Report：GSDR）」）。SDGs 達成は法的な義務ではないため、進捗状況に関するこれらの評価結果を踏まえどう対応するかは、国家をはじめとする関連アクターに委ねられている。

　こうした「目標ベースのガバナンス」としての SDGs の特徴に目を向ける議論では、SDGs が法とは切り離された点にこそ新規性があると論じられてきた[3]。あるいは、法によって縛ることなしに、関連アクターの自主的な取

---

2) 蟹江憲史『SDGs（持続可能な開発目標）』（岩波書店 2020 年）9-12 頁、小川裕子「目標による統治は可能か」『国連研究』（日本国際連合学会 2021 年）22 号、51-78 頁。都留康子「SDGs は海洋政策に何を求めているのか」『日本海洋政策学会誌』（日本海洋政策学会 2020 年）10 号、4-15 頁、

3) 例えば、Frank Biermann, Norichika Kanie, and Rakhyun E. Kim, "Global Governance by Goal-setting: The Novel Approach of the UN Sustainable Development Goals," Current

り組みに具体的な実現方法を委ねているということが、SDGs の特徴である、とも言われる。

　しかし、SDGs が拘束的な文書ではないとしても、SDGs を法と無関係なものと理解することは適切ではないように思われる [4]。特に、国際法について言えば、SDGs は、既存の国際法との関係を強く意識した文書である。以下、Ⅲでは、SDGs の具体的な記述内容を検討することとしたい。

Ⅲ SDGsの前提としての法、手段としての法

　SDGs の内容を仔細に検討すると、そこには、法に関する記述が多数存在していることが明らかになる。これらからは、SDGs を「法と切り離」して理解することには、むしろ SDGs の理念を損なう危険性があるように思われる。

　第 1 に、確かに SDGs 自体は法ではないが、SDGs を実現する際には、そもそも既存の法との整合性を保つことが不可欠である。SDGs では、そこに掲げられたゴールが「国際法のもとでの権利と義務に整合する形で実施され

Opinion in Environmental Sustainability, Vol. 26 (2017), p. 26 では SDGs は "a novel type of global governance where goal-setting features as a ley governance strategy….largely detached from the international legal system" と評価されている。また、蟹江による単著でも、条約やその下位規則などのルールの総体として出来上がる「国際レジーム」を「ルールによるガバナンス」と整理し、それに対置されるものとして「目標によるガバナンス」たる SDGs の特徴を説明している。蟹江『前掲書（注 2）』10-11 頁。

4) Scott は、SDGs 自体が現段階では法ではないとしても、「国家および他のステークホルダーの行動に影響を及ぼし、かつ、変化させることを目的として制定されているという意味で、それらには規範としての効果が明らかに意図されている」と指摘する。See, Karen N. Scott, "SDG 14: Conserve and Sustainably Use the Oceans, Seas and Marine Resources for Sustainable Development", in Jonas Ebbesson and Ellen Hey (eds.), The Cambridge Handbook of the Sustainable Development Gals and International Law (Cambridge University Press, 2022), p. 363. また、ソフトローとしての SDGs について、内記香子「ソフトローの意義」『法学教室』491 号（2021 年）25–29 頁参照。

る」（2030 アジェンダ para. 18）ことになっているためである。換言すれば、今日有効な国際法の下で諸国が有する権利や義務は、SDGs を達成する際の大前提となっている[5]。

　ただし、前段落で述べたこととの関係では、SDGs と国際法が異なる性質と射程をもつことにも留意する必要がある。SDGs は、国際社会におけるさまざまなステークホルダー全てを名宛人とする[6]。この点、主に、国家、国際組織を名宛人として、国際人権法、国際刑事法等の限られた文脈において私人を直接規律する国際法と、SDGs との間には、相違がある。SDGs は国家という単位を超えた人類全体に関わる目標を掲げながらも、今ある国際法——伝統的には国家間の関係を規律する法——を出発点とし、それとの矛盾を回避しようとする。こうしたある種の「保守性」の背景には、SDGs が国連の総会——国家間国際組織の、全加盟国が投票権をもつ機関——というフォーラムで採択された文書であることが影響しているものと考えられる[7]。

　第 2 に、国際法は、SDGs 達成の手段としても重要な役割を果たす。特に海洋に関する問題について、この役割は顕著である。SDGs のターゲット14.C は海洋に関する「国際法を実施することにより、海洋および海洋資源の保存および持続可能な利用を強化する」ことを掲げる。さらに、SDGs の指標に示されるターゲットの進捗状況は、関連する国際法や条約等がいかに

---

5) 坂元は、SDGs を法が下支えする構造と指摘する。坂元茂樹「持続可能な開発目標（SDGs）が目指す世界」『ジュリスト』（有斐閣 2022 年）1566 号、15 頁。

6) 国連海洋会議（United Nations Ocean Conference）のホームページには、多様なステークホルダーによる、SDGs 実現のための自主的なコミットメントが登録・公開されている。2022 年 11 月末日の段階で、海洋に関するゴール 14 に関わるコミットメントが 2081 件あり、そのうち、NGOs、市民社会組織（CSOs）、民間セクター、慈善団体、およびそのほかの関連アクターによりなされたコミットメントは 784 件である。国家、国連諸機関、そのほかの国際組織によるコミットメントは 292 件にとどまる。https://sdgs.un.org/partnerships/action-networks/ocean-commitments

7) すべての国連加盟国が参加し、一国が一票を有する国連総会というフォーラムでは、数の観点からは発展途上国グループが有利である。

遵守されているかを検討する上でも有用な指針となりうる[8]。つまり、国際法の実施と SDGs の達成は、相互に密接に関わっているのである。

このように、SDGs には、その基礎に国際法がある。さらに、今ある国際法を実施することが SDGs の目標やターゲットの達成につながる。「目標ベースのガバナンス」として SDGs を捉える立場が注目するように、確かに SDGs は方法を制約はしていない。ただし、具体的な方法を考えるにあたり今ある法、特に国際法を無視することはできない。また、SDGs 自体が、ゴールやターゲットとの関係で法を活用することを想定している。国際法以外でも、SDGs には、「法制度」の構築そのものを目的としている、あるいは法制度によってのみ達成可能なゴールやターゲットも含んでいる[9]。SDGs の実施方法は関連アクターに任されるとはいえ、社会において安定的、永続的な実施を可能にするという観点からは、その他のゴールやターゲットについても、中長期的には法の活用が必要になることもあるだろう。

IV SDGsが促す新たな法の形成——海洋プラスチックゴミ問題を例に

さらに、SDGs を実現するために、新たな法が形づくられてきている、あるいは今ある法が変容を迫られていることも注目される。SDGs は、IIIで述べたように、法に基礎づけられているという側面を有すると同時に、今ある法の内容自体を変化させる契機にもなっているのである。以下では、SDGs を出発点として法が発展しつつある分野として、海洋プラスチックごみを取

---

8) 武井良修「持続可能な開発目標と海洋問題——国際法の観点から」『法学研究』94 巻 1 号（2021 年）302 頁。

9)「ゴール 16：平和と公正を全ての人に」のターゲット 16.3 は「国家及び国際的なレベルでの法の支配を促進し、全ての人々に司法への平等なアクセスを提供する」と定める。ここでの平和と公正は、社会における安定した司法制度の構築と不可分である。また、「ゴール 5：ジェンダー平等を実現しよう」を達成するために、仮に同性婚の導入が不可欠であるという立場をとるのであれば、関連する法制度の改正は不可欠となろう。

り上げる。

　プラスチックによる海洋汚染の地球規模での広がりは、今日、深刻な課題
として捉えられている。海洋に流れ込んだプラスチックごみが、海洋環境だ
けではなく、食物連鎖を通じて、海洋生物や海洋生態系、さらに人の健康に
も重大な影響を及ぼしうる可能性が認識されているためである。

　海洋プラスチックを含む海洋ごみ問題は、SDGs の目標 14（海洋・海洋
資源の保全と持続的な利用）の冒頭のターゲット「14.1」で取り上げられ、
「2025 年までに、海洋ごみや富栄養化を含む、特に陸上活動による汚染など、
あらゆる種類の海洋汚染を防止し、大幅に削減する」ことが目指されている。
また、廃棄物管理との関係では、ターゲット「11.6」（廃棄物の管理等によ
る環境上の悪影響の軽減）、「12.4」（廃棄物等の大気、水、土壌への放出の
削減）と「12.5」（廃棄物の発生の削減）等も海洋プラスチックごみ問題に
関わる。

　これらの SDGs の目標やターゲットは、法にも影響を与えている。具体的
には、国際社会全体（グローバル）、アジア、欧州等の個別地域（リージョ
ナル）双方のレベルで、今ある法が変化しつつある。

1　国際法平面での動き

　国際社会全体での法形成の例としては、国連環境計画の国連環境総会
（UNEA）の動向が注目される。2017 年に開催された国連環境計画の第 3
回国連環境総会（UNEA3）では、マイクロプラスチックを含む海洋プラス
チックごみ対策の現状把握や新たな法的拘束力ある文書の採択も含めた今後
の対策オプションの検討を目的とする専門家会合の設置が決定された[10]。
また、2019 年にはバーゼル条約の附属書が改正された（2021 年 1 月 1 日
発効）ことにより、同条約によって規制対象とされるごみ（輸出に際して相

10）本田悠介「国連環境総会における海洋プラスチックごみに関する新たな条約策定の動
　き」『環境管理』Vol. 58 No. 3（2022 年 3 月）19-23 頁参照。

手国の同意が必要となる）の中に、「プラスチックごみ」が含まれることが明確になった[11]。さらに、リージョナルな動向としては、ASEANにおける「ASEAN海洋ごみに関する行動枠組」の策定と、そこでの海洋ごみに関連する条約制定に向けた実現可能性調査への言及等、活発な動きが見られる[12]。

2　日本国内でのSDGsの影響──プラごみ問題の「上流」の規律

　海洋プラスチックゴミ問題を改善し、解決するためには、「ゴミ」の発生抑制・回収・リサイクル・適正処理に加えて、プラスチック製品の素材選択・設計・製造といった上流問題で対応することが重要である[13]。例えば、プラスチックを用いたパッケージ製品は、我々の日常生活の至る所に存在しており、これらの製品に由来するゴミは、プラスチックゴミ総排出量の46%を占める。しかし、プラスチック製品が日常生活の至る所に存在している以上、ゴミの発生を抑制することには限界がある。特に海洋プラスチックゴミに固有の問題として、回収してリサイクルあるいは適正に処理する、ということが困難なことが挙げられる。一度海洋に流失したプラスチックは、とりわけそれがマイクロプラスチックと呼ばれる微小なプラスチックの欠片になり海中に拡散してしまえば、もはや回収する手立てすらなくなるためである。

　国際法についていえば、海洋プラスチックゴミに対応するためのルールは発展の途上にある。確かに、ゴミが海洋に流れ出さないようにするための規制として、海洋投棄[14]や航行中の船からの廃棄物の排出規制[15]等の限定的

11）鶴田順・瀬田真「特集『海洋ごみの国際規範』について」『環境管理』Vol. 58 No. 3（2022年3月）10-14頁参照。

12）瀬田真「EU・ASEAN・UNEP地域海プログラムにおける海洋ごみ対策──地域的アクターによる規範形成」『環境管理』Vol. 58 No. 3（2022年3月）24-27頁参照。

13）鶴田順「海のプラスチックごみ問題」『国際問題』No.693（2020年）、28-37頁参照。

14）岡松暁子「ロンドン条約・議定書による海洋ごみ問題への対応──遵守グループの役割を中心に」『環境管理』Vol. 58 No. 3（2022年3月）32-34頁参照。

な局面で適用される具体的なルールは存在する。しかし、陸上にあるプラスチックの海洋への流出を防止するための規制は、国際法にはごく一般的な規定しかなく、実質的には各国の国内法によって規律されている。さらに、より根本的な問題として、プラスチック製品の素材選択・設計・製造について国際法の規制は基本的には及ばず、これらの問題は諸国の政策的な判断に委ねられてきた。上流問題に関する規制は、それぞれの国家の中での経済・社会活動そのものに関わるために国家の利害が複雑に交錯し、国際的な共通ルールが形成され難いためである。

したがって、いわゆる上流問題に対応するためには、現時点においては、国内の法制度の発展に期待するほかない。

この点、日本では、SDGs採択を契機に、上流問題に関する法制度が発展し、プラスチック関連施策に実質的な変化をもたらしている。

2018年6月に開催されたG7シャルルポワ・サミット（カナダ）で各国首脳は、「海洋プラスチック憲章」を採択した。これは、2030年に向けて先進国各国で海洋プラスチック問題に取り組んでいくための大枠を定めるものであり、SDGsの達成と軌を一にする。

しかし日本は、この憲章の全体的な方向性には支持を与えつつも、「使用削減の実現にあたっては、市民生活や産業への影響を慎重に調査・検討する必要がある」（中川雅治環境大臣発言、環境省ホームページ「2018年6月12日大臣会見」より）ことを理由として参加を見送った。この判断は、プラスチックごみ排出国としての責任を果たしていないとの批判を国内外から招いた。この批判を受けて日本は、2019年のG20大阪サミットに合わせて、海洋プラスチック憲章をほぼ踏襲した「プラスチック資源循環戦略」を策定することとなった。

同戦略では、①資源循環、②海洋プラ対策、③国際展開、④基盤整備の4つの柱が据えられ、これらの戦略における目指すべき方向性として「2030

---

15) 中村秀之『環境管理』Vol. 58 No. 3（2022年3月）35-38頁参照。

年までにワンウェイプラスチック（いわゆる使い捨てプラスチック）を累積25％排出抑制」等の目標値が明示されている。

　これを受けて政府は、発生抑制のための具体的政策を進めてきた。2020年7月1日以降のレジ袋有料化義務化は記憶に新しい。さらに、政府は「プラスチックに係る資源循環の促進等に関する法律案」を2021年（令和3年）3月9日に閣議決定し、同日、第204回国家に提出した。同法案は、同年6月4日に参議院本会議で全会一致にて可決、成立し、6月11日に公布されている「プラスチックに係る資源循環の促進等に関する法律」（以下、プラ循環促進法）[16]。2022年4月に施行されたプラ循環促進法の意義は、プラスチックという素材のライフサイクルに着目して、①設計・製造段階で環境配慮設計を促す点、②販売・提供段階でワンウェイプラスチックの使用合理化を促す点、③容器包装リサイクル法の対象外のプラスチック（製品、非容器包装、事業系）も広く対象とする点にある[17]。海洋プラスチック問題ゴミとの関係では、同法は、プラスチック製品の上流から下流までを対象とした法的枠組を提供する[18]。

---

16) 同法の意義と課題については、筑紫圭一「法律問題としてのプラスチック」『ジュリスト』1566号（2022年）59頁、大塚直「プラスチックに係る資源循環の促進等に関する法律についての考察」、『Law and Technology』No. 92（2021年）30頁。

17) 中野かおり「サーキュラーエコノミーへの移行に向けて──プラスチックに係る資源循環の促進等に関する法律案──」『立法と調査』434号（2021年）25-26頁参照。

18) また、新たなプラスチック関連法政策の実効性との関係では、SDGs採択に呼応した自主的な取り組みが、法制度の規律対象となる民間企業の側でも進んでいることが注目される。日本では、業種を超えた幅広い関係者の連携を強めイノベーションを加速するための官民連携のプラットフォームとして「クリーン・オーシャン・マテリアル・アライアンス（Japan Clean Ocean Material Alliance, CLOMA）が2018年に設立された。CLOMAは「日本の企業の多様で先進的な取り組みを集約し、海洋プラスチックごみ問題の解決に挑むものであり、国連のSDGsにおける企業の役割を果たし、またESG推進による企業価値向上にも貢献する」ことを目指す。柳田康一「CLOMAアクションプランの目指すところ」『環境管理』Vol. 56, No.7（2020年）18頁参照。2020年5月に制定されたCLOMAアクションプランは、SDGs、大阪ブルーオーシャンビジョン、

　プラ循環促進法が社会にいかなる変化をもたらすか、確定的な評価は尚早であろう。だが、変化は徐々に生じているように思われる。例えば、前段落でいう①設計・製造段階での環境配慮設計に関する具体的な工夫として、海洋生分解性プラスチックを挙げることができる。海洋生分解性プラスチックは、海に溶ける性質をもつために、海洋にゴミとして漂い続ける危険性を抑えることができる。日本国内では、企業主導で、海洋生分解性プラスチックを使用した漁具等の開発が進んでいる[19]。企業活動に対する消費者や投資家の選別の目は厳しくなり採用が拡大していることも、かかる取り組みを後押ししているものと考えられよう。これらに呼応する形で、産業技術総合研究所を中心とした「海洋生分解性プラスチック標準化コンソーシアム」も2021年に発足した[20]。SDGsも、プラ循環促進法も、一定の枠内で関係アクターが自由な発想と工夫を最大限発揮することを求めている[21]。SDGsが掲げる大きな目標を、国際法、国内法により方向づけ、奨励し、その枠内で人々、企業、自治体、政府等が創意工夫を凝らしている様が、海洋プラスチック問題への対応では見られるのである。

およびおよび日本のプラスチック資源循環戦略への貢献も視野に入れている。このアクションプランもまた、2030年で容器包装リサイクル100%を全体の目標として掲げるなど、「理想像からのバックキャスト」による目標を設定している。同上、20頁。

19）例えば。日本経済新聞2022年12月9日朝刊「海洋生分解性プラスチック──クレハなど漁具用開発」参照。

20）「海洋生分解性プラスチック標準化コンソーシアム」at, https://mp.cons.aist.go.jp (accessed on 17 December 2022)

21）同法は、環境配慮型設計への切り替えを生産者に費用負担を強いる方式ではなく、国が認定製品を買い取る方式を採る（同法7条-10条）等、いわゆる「促進型」の手法を重視する。企業の自主性を重視するこの法制度は、SDGsの基本的な発想と親和的である。なぜなら、SDGsは、目標を達成する際に国家以外のアクターの自主的で柔軟な取り組みを尊重するからである。「国内外におけるプラスチック使用製品の廃棄物をめぐる環境の変化に対応」することを目的の一つにするプラ資源循環促進法は、成立の背景においてSDGsの影響を受けているのみならず、その内容においても、SDGsにならい、法の規律対象となる者の自由とその知識を尊重し、かつ活用しているのである。

V SDGsがもたらす法の枠内での変化——深海底の鉱物資源開発を例に

続いて、ゴール 14 に関わり、かつ SDGs と法との関係を考える上で興味深い事例として、深海底の鉱物資源開発に関する透明性を取り上げる[22]。

1 深海底制度における環境保護
——国際海底機構(ISA)の法律技術委員会(LTC)の役割と課題

(1)国際法における深海底の位置——「人類の共同の財産」とISA

深海底とは、国際法においては、沿岸国に属する国際法上の大陸棚の外縁を超える部分の海底を指す[23]。「海の憲法」とも呼ばれる、1982 年に採択された国連海洋法条約は、深海底に、「人類の共同の財産」としての特別な法的地位を与えた[24]。この結果、深海底およびその資源に対する主権およ

---

22) この問題は、SDGs のゴール 16、ゴール 17 にも関わるが、さらに、国際組織という国家を構成員とする団体において非国家主体の関与をどこまで認めるか、という理論上も重要な論点にも関わる。国際組織における意思決定の透明性を改善する際の課題について WHO の緊急委員会を素材にした研究として、拙稿「世界保健機関(WHO)の権限とアカウンタビリティ——国際保健規則(IHR)緊急委員会の透明性改革の課題」『国際法外交雑誌』120 巻 1・2 号（2021 年 10 月）87-97 頁参照。

23) 国連海洋法条約 133 ～ 155 条参照。国連海洋法条約において、大陸棚は、沿岸国の領海を超えてその領土の自然の延長の及ぶ大陸縁辺部（コンチネンタル・マージン）の外側の限界までの海底およびその地下（ただし、領海の幅を測る基線から 350 海里または 2500 メートル等深線から 100 海里を超えることはできない）、もしくはその外側の限界線が 200 海里以内で終わっている場合には、200 海里までの海底区域を指す（国連海洋法条約 76 条 1-7 項）。また、沿岸国は、大陸縁辺部が 200 海里を超えて広がっている場合には、その限界に関する条約を、国連海洋法条約附属書 II により設置される大陸棚限界委員会に提出し、この委員会によって行われる勧告に基づき、大陸棚の限界を画定する（同条 8 項）。この意味での法的な意味での深海底は、沿岸国の主権的権利（sovereign rights）や管轄権（jurisdiction）が及ぶ大陸棚との対比において、「国家管轄権の外にある区域」（Areas beyond National Jurisdiction, ABNJ）と呼ばれる。海の ABNJ は、深海底と、公海（High Seas）である。

24) 国連海洋法条約 136 条。

び専有は禁止され[25)]、それらの資源に関する全ての権利は人類全体に属し、深海底における活動は、人類全体の利益のために実施されなければならない[26)]。この目的のために、深海底の資源開発を規律する国際組織として国際海底機構（International Seabed Authority, ISA）が設立され、深海底における活動から生じた金銭的およびその他の経済的な利益を衡平に配分することが定められた[27)]。

深海底には、有用な金属元素を含む鉱物資源が豊富に賦存する。20世紀半ば以降、こうした海底の鉱物資源の持つ経済的価値は、国際社会の大きな関心の対象であると同時に、対立の原因であり続けてきた。国連海洋法条約の深海底制度自体がこのような種々の利害対立と、その妥協から生まれた産物である[28)]。

国連海洋法条約は、深海底鉱物資源の探査（exploration）および開発（exploitation）はISAの管理の下に行われるものとした。ここでの開発とは、「深海底の多金属団塊を商業的に採掘し、そこから鉱物を抽出することをいい、金属の精算、販売を目的とした採掘、製錬および輸送システムの建造ならびにその運転を含む」[29)]。他方で、探査とは、開発の前段階であり、排他

---

25) 同上、137条1項。

26) 同上、137条2項。

27) 同上、137条2項、140条、156条以下。諸国は、深海底をもっぱら平和的な目的でのみ利用しなければならず、全ての活動は国連海洋法条約XI部に合致する形で進めることが求められる。同142条および134条を参照。

28) 特に、鉱物資源開発活動を規律するISAの機能や役割、その構成等については、先進国と途上国が鋭く対立した。国連海洋法条約第XI部の条文自体は、かなり途上国に有利な制度を想定していたために、アメリカをはじめとする先進諸国がこの条約制度から当初距離を置く原因となる。結果的に、第XI部を実質的に修正する国連海洋法条約第XI部実施協定が採択されたことにより、国連海洋法条約自体に先進諸国が批准して、1994年同条約は発効を迎えた。

29) Regulations on Prospecting and Exploration for Polymetallic Nodules in the Area, ISBA/19/C/17, Part 1, (a) " 'Exploitation' means the recovery for commercial purposes of polymetallic nodules in the Area and the extraction of minerals

的権利をもって鉱床の調査・評価及および精錬・輸送システムの試験を行うこと、環境上、技術上、経済上、商業上その他の適当な要因について考慮すべき研究を行うことを指す[30]。後述する通り、探査については必要な法的な枠組みが構築されており、実際に ISA と企業との間で探査契約が締結されている。しかし、開発については、その実現のためのルール作りが今まさに進展している最中である。

　技術の進歩に伴い、深海底資源の商業的な採掘も現実的になりつつある。さらに、いわゆるレアメタルやレアアース等の需要は、それが純粋に経済的に価値をもつのみならず、近年では、気候変動に対応するために必要な低炭素技術の実現に必要であるという観点からも、急速に高まりを見せている。これらの理由から、深海底の鉱物資源が改めて関心を集めている。

　しかし問題は、深海底の生態系およびそれを含む海洋環境について未知の問題が多く残されていることである。深海底の鉱物を開発することで、海洋環境にいかなる影響が及ぶか、特に不可逆的なダメージが生じる危険性が払拭されていない。この観点から、深海底の鉱物資源開発そのものが、海洋環境保護と逆行するという批判すらある[31]。ISA は、深海底の鉱物資源開発と、

---

therefrom, including the construction and operation of mining, processing and transportation systems, for the production and marketing of metals"

30) Ibid., (b), "'Exploration' means the searching for deposits of polymetallic nodules in the Area with exclusive rights, the analysis of such deposits, the use and testing of recovery systems and equipment, processing facilities and transportation systems and the carrying out of studies of the environmental, technical, economic, commercial and other appropriate factors that must be taken into account in exploitation".

31) 例えば、2022 年 11 月、フランス大統領エマニュエル・マクロンは、気候変動枠組条約の第 27 回締約国会議 COP27 で、深海底の鉱物資源の開発を禁止することを提案した。See, e.g,, Greenpeace, "French President calls for a ban on deep sea mining at COP27", 8 November 2022, at, https://www.greenpeace.org/aotearoa/press-release/french-president-calls-for-a-ban-on-deep-sea-mining-at-cop27/ ISA 理事会においても、フランス政府代表は、同様の立場を表明している。Declaration by France to the

海洋環境の保護という二つのバランスを取ることが自身の重要な使命であると認めているが、実際にそのようなバランスはいかにして可能か、今改めて問われているのである[32]。

(2) LTCの透明性の問題

このような鉱物資源開発をめぐる根本的な批判とも関係して、ISA における海洋環境の保護に重要な役割を果たす「法律技術委員会（LTC）」の在り方にも深刻な疑義が呈されている。

ISA は、探査および開発に関する必要な全ての規則および手続き（rules, regulations, and procedures）を採択する任務を負う[33]。ISA は「当該活動により生ずる有害な影響からの海洋環境の効果的な保護を確保するため必要な措置」を取ることになっており、規則等の制定はこのための重要な手段である[34]。特に規則等が対象とする事項は、「海洋環境の汚染その他の危険の防止、軽減及び規制並びに海洋環境の生態学的均衡に対する影響の防止、軽減及び規制」、「深海底の天然資源の保護及び保存並びに海洋環境における植物相及び動物相に対する損害の防止」である[35]。ISA は、これまでに海底熱水鉱床、コバルトリッチクラスト、マンガン団塊の3鉱種それぞれについて「概要探査（prospecting）および探査に関する規則」[36]を採択して

International Seabed Authority, 10 Nov. 2022, at ISA Council.

32) See, e.g., Michael W. Lodge, Kathleen Segerson, and Dale Squires, "Sharing and Preserving the Resources in the Deep Sea: Challenges for the International Seabed Authority," in International Journal of Marine and Coastal Law, Vol 32 (2017), pp. 427-457, p. 456.

33) 国連海洋法条約附属書Ⅲ 17 条参照。また、国連海洋法条約 160 条（2）(f) (ii) および同 162 条 (2)(o)(ii) も併せて参照のこと。

34) 国連海洋法条約 145 条

35) 同上、145 条 ab。国連海洋法条約附属書Ⅲ 17 条 f も参照。

36) マンガン団塊に関する規則は、ISBA/19/C/17 (and ISBA/19/A/9)、また、海底熱水鉱床に関する規則は、ISBA/16/A/12/Rev.1 を、また、コバルトリッチクラストに関す

いる。現在、ISA は、商業的な鉱物の採掘、すなわち開発に関する規則の制定を進めている段階である [37]。

　これらの規則制定および深海底の海洋環境の保護において鍵を握るのがISA の法律技術委員会（LTC）である。ISA は、総会、理事会および事務局からなり、理事会の下には法律技術委員会（LTC）と財政委員会が設置される [38]。LTC の任務には、深海底活動の全ての業務計画を審査し、理事会に勧告を行うこと、深海底活動に関する規則等を策定し、理事会に提出すること、また、海洋環境への深刻な損害を防止するために操業停止などの緊急措置を勧告することが含まれる [39]。理事会は、規則の制定等を含む重要事項について、LTC の勧告を考慮しなければならない [40]。つまり、財政や予算を除けば、実質的な問題のほとんどが、理事会に先立って LTC において検討される [41]。

　LTC の委員は、加盟国が推薦した候補者から、理事会の選挙で選任される [42]。本稿執筆時（2022 年 12 月）には委員数は 30 名である [43]。UNCLOS163 条 2 項は LTC の委員数を 15 名とするが、同時に、理事会が「必要な場合には、経済性及び効率に妥当な考慮を払い各委員会の委員の人数を

る規則について、ISBA/18/A/11 をそれぞれ参照。

37）稲本守、中田達也、鶴哲郎「海底鉱物資源開発をめぐる国際法と国内法——現状と今後の課題」『東京海洋大学研究報告』16 巻（2020 年）19-38 頁、中田達也「国際海底機構の開発規則策定状況と日本の課題」OPRI Perspectives, Vol. 12 (2020) 参照。

38）国連海洋法条約 158 条、163 条参照。

39）同上 165 条 2 項。

40）同上 162 条 2 項 (o)(ii).

41）See, Michael A Lodge, The Deep Seabed, in Donald R Rothwell et al., (eds.), The Oxford Handbook of the Law of the Sea(Oxford University Press, 2015), pp. 235-236.

42）国連海洋法条約 163 条 1 項。

43）021 年 3 月 30 日、ISA 理事会は、2022 年で満了する LTC 委員の任期を、2022 年 12 月 31 日まで延長することを決定した。この理由は、COVID-19 の大流行により、LTC 委員選挙を従来通り行うことが困難になったためである。

増加させることについて決定することができる」とも定める。この点、LTC
の規模は任期度に増大する傾向にある [44]。2017 年から 2022 年の任期につ
いても、「例外的および暫定的」な構成として、委員を 30 名とすることを
決定した [45]。しかし、条約が想定する倍の数である 30 名の委員が選任され
ているにもかかわらず、委員の専門知識・分野および出身国の地域的な偏り
が生じていることが指摘されている [46]。こうした委員数の拡大は、加盟国
から定数を超える委員候補の指名があるたびに、暫定的な対応として、理事
会が委員定数を増やしてきた結果生じている。数多くの国が自国推薦の候補
者を LTC に送り込もうとしている事実こそ、LTC の実質的な影響力の大き
さを示唆していよう。

　LTC は深海底制度上の大きな役割を担うにもかかわらず、その意思決定
の透明性は低い。ISA の理事会および総会では、NGOs 等のオブザーバーが
参加し、かつ、意見を表明する機会が制度上も運用上も広く認められている。
具体的には、ISA の総会および理事会には、認証を得た機関は、オブザーバ
ーとして参加することができ、ここには NGOs も含まれる [47]。総会では、
オブザーバーは、公開会合に参加し、議長が提案し総会で承認されれば、口
頭および書面で意見表明の機会が与えられる [48]。オブザーバーは、理事会
においても、理事会による招待があれば会合に参加すること、および書面で

---

44) UN Doc. ISBA/23/C/2, paras 3-6.

45) Ibid., para. 6.

46) LTC 委員の構成における問題について、Pradeep A. Singh, "Commentary: Latest
developments in the election of members of the LTC", https://dsmobserver.
com/2020/05/commentary-latest-developments-in-the-election-of-members-of-the-
ltc/ , accessed on 17 December 2022.

47) 国連海洋法条約 169 条。さらに、ISA の検討および招待が必要であるが、ほかの
NGO も参加は可能である。Rules of Procedures of the Assembly of the International
Seabed Authority(RoP Assembly), rule 82 (1) (e); Rules of Procedure of the Council
of the International Seabed Authority (RoP Council), Rule 75.

48) ROP Assembly, rule 82 (5), (6)

意見を表明することが認められている[49]。他方で、LTC は、基本的に会合を非公開で開催するが、例外的に、「機密情報を含まず、ISA の加盟国の一般的な利益に関わる問題」を扱う場合には、会合を公開することができる[50]。しかし、実行においては、LTC は機密情報を含む会合であるという理由のために、会合へのオブザーバーの参加をほとんど認めていない。

　機密情報の範囲が LTC によって裁量的に判断されうることも、LTC の不透明な意思決定をより深刻なものにしている。LTC の手続き規則上、機密情報とは、「国連海洋法条約附属書Ⅲ 14 条に従って ISA に送付されたいかなる産業機密、データ、または職務上知り得たその他の機密情報」と定義されている[51]。ただし、LTC には、探査活動等を申請する企業等から提出された情報のうち、何が機密情報かを判断する手続きはない[52]。このために、LTC に探査事業（将来においては開発）を行うために企業等から提出された情報、さらに探査契約を行った契約者から毎年提出される情報は全て機密情報として扱われてきた。この結果、企業等から提出された環境に関わるデータ——これらは、実際に行われている深海底での活動が環境に与える影響を客観的に評価するために不可欠である——は、全て機密情報であるために一般には公開されず、また、これらのデータに基づいた LTC の議論もまた、非公開会合で行われることになる[53]。

---

49) ROP Council, Rule 82 (6).

50) Rules of Procedures of the Legal and Technical Commission (Rop LTC), rule 6.

51) RoP LTC, rule 12(1).

52) Jeff A. Ardon, "Transparency in the Operation of the International Seabed Authority: An initial Assessment," Marine Policy, Vol. 95 (2018), pp. 324-331, at https://doi.org/10.1016/j.marpol.2016.06.027

53) こうした LTC の情報の取り扱いが、国連海洋法条約および探査規則と抵触する、という指摘として See, Nadia Sánchez Castillo-Winckels "How the Sustainable Development Goals Promote a New Conception of Ocean Commons Governance," Duncan French and Louis J. Kotzé (eds), Sustainable Development Goals : Law, Theory and Implementation (Edward Elgar, 2018), p, 144.

こうした LTC の閉鎖性は、その任務の大きさおよび深海底政策に与える実質的な影響力と釣り合っておらず、批判の対象になってきた⁵⁴⁾。COVID-19 の流行以降では、探査契約を結んだ企業から提出された環境影響評価書（EIS）を LTC 内の小委員会がオンラインで審査し、承認したこと⁵⁵⁾、さらにその根拠となる資料が公開されていないこと等が、ISA 理事会で加盟国からも激しく批判されている⁵⁶⁾。

2 LTCの透明性改革

（1）SDGs14への明示的な言及

LTC の透明性の欠如については、ISA の役割を検討する会議でも正式な課題として取り上げられ、改善策が勧告された。本稿の問題関心との関係では、SDGs のゴール 14 が、LTC の在り方を批判する側と、またそれを受け止めた ISA の双方との共通理解として言及されている点に注目する。

まず、SDGs は、国連海洋法条約が定める ISA の再検討プロセスにおいて明示的に言及され、LTC の透明性改善を求める根拠の一つとなった。国連海洋法条約 154 条は、「（ISA の）総会は、この条約の効力発生の後五年ごとに、この条約によって設けられる深海底の国際的な制度の実際の運用につ

---

54) See, e.g., Makoto Seta, "The Legitimacy of the International Seabed Authority and the Way It Accepts the Involvement of Non-State Actors in Governing the Area" in Patrick Chaumette (ed.), Transforming the Ocean Law by Requirement of the Marine Environment Conservation (Marcial Pons Ediciones Jurídicas y Sociales, 2019) pp. 329-342.

55) "ISA Legal and Technical Commission concludes its review of the environmental impact statement submitted by NORI for the testing of a polymetallic nodule collector under its contract for exploration in the Area", at, https://www.isa.org.jm/news/isa-legal-and-technical-commission-concludes-its-review-environmental-impact-statement (accessed on 17 December 2022)

56) See, Statement of Belgium regarding LTC Report on NORI Testing (10 11 2022/HV), ISA Council, https://isa.org.jm/files/files/documents/Belgiam_intervention_NORI.pdf (accessed on 17 December 2022)

いて全般的かつ系統的な再検討を行う。総会は、当該再検討に照らし、この部及びこの部に関連する附属書の規定及び手続きに従って当該制度の運用の改善をもたらすような措置をとることができ、又は他の機関がそのような措置をとるよう勧告することができる」と定める。本条に基づき実施されたISA の定期審査（Periodic Review of the ISA）の最終報告書（2016 年）[57] は、SDGs に言及しながら LTC の改革について次のように指摘している。すなわち、現状で、国連海洋法条約の 169 条「国際機関および非政府機関との協議および協力」の規定に関連して、政府間組織と NGOs との間での協議および協力関係のための努力はなされているものの、これは「さらなる改善がなされうる問題領域」であり、国連の他の機関との間のよりよい対話が必要である。そして、これらの改善に向けた努力は、「持続可能な開発目標のゴール 14…に関連するより広い文脈の議論においても極めて重要である（highly relevant）[58]」。

　同報告書のこれらの記述に基づき、定期審査を行った委員会は、ISA 事務局長に対して次のように勧告している[59]。「LTC が、その任務遂行に際して更なる透明性を確保するために、より多くの公開会合を開催することが推奨される。」[60]。また、海洋環境の保護および保全に関する情報といった、非機密（non-confidential）情報については、「より広範に、かつ容易にアク

---

57) Periodic Review of the International Seabed Authority pursuant to UNCLOS Article 154, Final Report (30 December 2016) (Seascape Consultants Ltd, 2016), at https://www.isa.org.jm/files/documents/EN/Art154/Rep/ISA154-FinalRep-30122016.pdf

58) Ibid., p. 40.

59) Annex to the letter dated 3 February 2017 from the Chair of the Committee established by the Assembly to carry out a periodic review of the international regime of the Area pursuant to article 154 of the United Nations Convention on the Law of the Sea to the Secretary-General of the International Seabed Authority, UN Doc. ISBA/23/A/3.

60) Ibid., Recommendation 16.

セスできるようにすべきである」⁶¹⁾。さらに、予算的な影響を考慮した上で、優先的に事務局に環境政策、管理、計画の分野の専門家を加えること、加えて、「契約者が収集した環境データの共有とアクセスには改善が必要であると思われる」⁶²⁾。

　LTC の改善を求める指摘に対して、ISA の側も、自身が保持する非機密情報および契約者から提出された情報へのアクセスの向上については、積極的な回答を示した。具体的には、環境データの共有の問題は、新しいデータベースの導入によって改善が図られる見込みであるという⁶³⁾。ただし、LTC の会合を公開方式でより多く開催することを求める勧告について、ISA 事務局長は、「留意する」と述べるにとどまった⁶⁴⁾。

　LTC の公開会合について事務局長がやや控えめな回答にとどまったことは、国連海洋条約で定められた ISA 内の諸機関の権限配分を考慮すると、妥当であったものと考えられる。国連海洋法条約上、事務局の長である事務局長の役割は、「総会、理事会および補助機関の全ての会合において首席行政官の資格で行動するものとし、また、これらの機関が委任する他の運営上の任務を遂行する」⁶⁵⁾ ことであり、理事会の補助機関である LTC の会合の開催方式について触れることは、その権限を逸脱する恐れがあるからである⁶⁶⁾。

　他方で、ISA 事務局長は、ISA 内部での機関相互の権限配分を尊重しつつ、透明性改革に着手しているものと考えられる。特に、この際、ISA が自身の任務を SDGs と関連づける形で改めて整理していることは注目に値する。前

61）Ibid., Recommendation 18.
62）Ibid., Recommendation 6.
63）UN Doc. ISBA/23/A/5/Rev.1, paras. 19, 31 respectively.
64）Ibid., para. 29.
65）国連海洋法条約 166 条 2 項。
66）先述の通り、公開するかどうかは、手続き規則上、LTC の決定に委ねられている。
　　RoP LTC, Rule 6.

述の定期審査とそれに基づく勧告がなされた後に採択された ISA の 2019 年
―2023 年の「戦略計画」では、ISA の任務と SDGs の不可分性が明示的に
確認されて、現行法の枠内で対応可能な施策が列挙されている。具体的には、
「戦略計画」では、ISA の任務遂行と SDGs14 が密接に関わることが明記さ
れた [67]。さらに、ISA の「戦略的な方向性（Strategic direction）」の冒頭
には、ISA の活動を、その任務に関わる SDGs を実現するために整合させて
いくことを掲げた [68]。同様に、「戦略的な方向性」として「透明性へのコミ
ットメント」を定め、当該コミットメントの達成度合いを計測するための具
体的な指標を設定している [69]。ここには、LTC の会合の開催方式そのもの
への言及はないものの、ステークホルダーとの間の対話のための具体的な取
り組みの採択および実施、さらに、契約者から提供された非機密情報の一般
公開を促進することが定められている [70]。こうした戦略計画で定められた
取り組みは、「戦略計画の実施に関する ISA 総会の決定」においてさらに詳
細な対応が明記された [71]。

（2）SDGs14の果たす意義

　これらの一連の議論からは、SDGs は LTC の意思決定への広い意味での「参
加」を実質的に確保していくための楳子となっていることが読み取れる。
SDGs は、「誰一人取り残さない」という標語の下に、普遍的な参加や、さ
まざまなアクターのパートナーシップを推進することを目標に掲げる [72]。

---

67) International Seabed Authority, Strategic Plan 2019-2023, UN Doc. ISBA/24/
A/10, Annex, paras. 7, 9, 10.

68) Ibid., para. 26.

69) Ibid., para. 34.

70) Ibid.

71) UN Doc. ISBA/25/A/15, Paras. 41, 42.

72) SDGs ゴール 17 参照。またゴール 16 も、意思決定の透明性や情報へのアクセス等、
関連する目標を掲げる。LTC の透明性改革とゴール 16 の関係については、See,
Castillo-Winckels supra note 53, p, 145.

深海底の鉱物開発を取り扱う ISA も、自らの任務と SDGs（ここでは、ゴール 14 およびゴール 16）を重ねて多様なステークホルダーとの対話および情報公開を推し進めようとしている。

　さらに、LTC の透明性を批判する側と、また、それを受け止める ISA 事務局の双方が、SDGs を共通の前提として、現行法制度のよりよい運用を模索している点が注目される。そこでは、SDGs が、ISA を含む深海底制度の運用を通じて目指すべき状態として共有されていた。この意味で、SDGs は、ISA およびその内部機関たる LTC それぞれの既存の法的権限の枠内で、それぞれの任務遂行の方法に条件を課し、一定の方向に誘導する機能を持っているものと考えられる。このような SDGs の役割を、実定国際法の解釈規則との関係でいかに説明するかは、本稿の射程を超える[73]。だが、ISA における LTC の在り方をめぐる議論は、法に明示された解釈の方法を超えて、ある一つの制度（本稿の文脈では ISA という国際組織）の中で、より自由に、またより柔軟に、法のあるべき姿を論じる根拠として SDGs が機能している

---

[73] SDGs の骨格をなす概念である「持続可能な発展」の規範的な意義について、伊藤は「同概念は、何か特定の結果を要求する規範ではなく、むしろ『物事の決め方』について条件を課すメタ規範であり、それゆえ、条約でも慣習法でも法の一般原則でもなく、人々の政治参加の自由に関わる哲学的・自然法的な理念として捉えるべきである」と指摘する。伊藤一頼「国際経済法における価値調整問題と『持続可能な発展』概念」『世界法年報』38 号（2019 年）47 頁。本稿の検討からは、こうしたメタ規範としての性質は、SDGs においても指摘できるものと考えられる。具体的には、明文規則上の ISA および LTC の権限をどのように行使するかを、SDGs は一定程度条件づける、という趣旨である。また、内記は、SDGs は実施方法が関連アクターに任されていることから、SDGs については、「翻訳規範が生まれやすい環境にある」と指摘する。ここでの「翻訳規範とは、SDGs のような国際規範について、ローカルな現場の言語を使って、国際規範を詳しく説明し理解を促す、下位レベルの『規範的アイディア』（適切な行為の基準や共通了解となることを目的として作られているが、まだそこには至っていない段階のもの）を意味する。」内記香子「持続可能な都市開発に関する規範の発展過程」『国際政治』208 号（2022 年 9 月）、3 頁。本稿の検討からは、LTC の情報公開をめぐる現行法の「翻訳規範」として、SDGs が機能している可能性を指摘できる。

可能性を示しているように思われるのである。

VI おわりに

　SDGs それ自体は、法ではない。しかしこれは、SDGs が法と無関係であることを意味しない。第一に、SDGs は今ある法を前提として成立しているし、同時に、その実現の方法としても法を重視している。海洋プラスチックゴミ問題について、国際社会においては、ゴール 14 の理念を既存のあるいは新条約において受け止め、法制度化する動きが見られる。日本国内でも、SDGs に沿った政策を進めるために必要な法的基盤が整備されている。さらに、第二に、今ある法の枠内でより望ましい解決を目指す際にも、SDGs は一定の役割を果たしている。深海底の鉱物資源開発では、SDGs に照らして、ISA の LTC という機関の透明性の在り方が批判的に評価され、かつ、SDGs に基づいて、より望ましい制度の姿が議論されている現状があった。こうした SDGs と法との相互作用は、SDGs が社会にいかなる影響を及ぼしているかを理解する上で重要な視点であると考えられる。

　なお、SDGs の内容それ自体にも課題がある。例えば、海洋プラスチックゴミ問題に対応する上で、SDGs は、海洋汚染防止に関するターゲット 14.1、指標 14.1.1（b）は「プラスチックごみの密度」を挙げる。これは、海洋プラスチックゴミ問題を直接扱う唯一の指標である。しかし、この指標が特にマイクロプラスチック問題との関係でどの程度有用でありうるか、疑問が残る。こうした観点からは、SDGs が掲げる目標やターゲット、および指標の見直しあるいは精緻化が今後いかに行われるか、注視する必要がある。

　＊謝辞：本研究は、JSPS 科研費 18K12646、19H00567、21K01166 の助成を受けて遂行した成果の一部を含む。

ESGから見た投資者の利益保護
——中国の投資者保護センターを中心に

朱 大明

I はじめに

ESG とは、Environmental（環境）と Social（社会）及び Governance（コーポレートガバナンス[1]）の略語である。ESG の意義について、一言で言えば、企業に対し環境や自然資源を重視して、長期的・持続可能な発展を求めることであると考える。近年、ESG の重要性が社会に認識されつつあり、多くの国において企業が ESG に強調されている環境、社会、コーポレートガバナンスを配慮した企業の行動を行うべきであると提唱されている。

会社法の理論において「企業の社会的責任」（corporate social responsibility、CSR）という ESG に類似する概念が存在する。「企業の社会的責任」は会社の活動が会社の株主以外に債権者、消費者、顧客等を含め

---

1) Governance の訳語について、コーポレートガバナンス以外に、企業統治やガバナンスもある。証券市場法制においてコーポレートガバナンスがよく使われるため、本稿ではコーポレートガバナンスを使用することにする。

て広い範囲の会社利害関係者の利益保護を重要視しなければならないと唱えている[2]。「企業の社会的責任」と比べれば、ESG の内容は極めて広範である。ESG の評価機関となる FTSE Russell[3] の評価体系をみると、ESG には生物多様性、気候変化、汚染と資源、環境サプライチェーン、水資源の安全、消費者責任、健康と安全、人権と地域、労働者基準、社会サプライチェーン、腐敗防止、コーポレートガバナンス、リスク管理、税制透明性、といった14 個の要素が含まれている[4]。簡単に言えば、ESG は、会社の活動に対して、社会的責任の面だけではなく、環境とコーポレートガバナンスも含めて幅広い範囲で、会社の長期的な利益に着目して高い基準を求める一方で、「企業の社会的責任」の本質は、企業は企業利害関係者のため、自らの利益を犠牲にすることである。ESG は「企業の社会的責任」と違って企業の長期的・持続可能な利益を強調する。そのため、ESG の理念のもとに、会社の短期的な利益が減少することになるかもしれない。そして、ESG の理念はどのように会社法制に取り込むか検討する必要がある。

　実は、ESG の理念は会社法の理論に衝突する部分がある。会社法の理論において、会社は株主のものであると解され[5]、会社は株主のために営利活動を行って利益を追求しなければならないものであると解されている[6]。つまり、営利性を有することは会社の最も重要な特徴の一つとなる[7]。ESGに強調されているコーポレートガバナンスは会社法の重要課題になっているが、環境、社会につき会社の営利性と衝突する部分が存在する。

---

2)　中村一彦「企業の社会的責任と会社法」信山社 1996 年、4 頁。

3)　FTSE Russell 詳細について、https://www.ftserussell.com/ja/about-us を参照。

4)　https://research.ftserussell.com/products/downloads/ftse-esg-index-series.pdf

5)　神田秀樹「会社法」（第 23 版）弘文堂 2021 年、26 頁。

6)　神田秀樹「会社法」（第 23 版）弘文堂 2021 年、6 頁。

7)　営利性は会社の最も重要な特徴となることは世界各国の会社法に共通する点になっている。この点について以下の書籍を参照。Rainier Kraakman, John Armour, Paul Davies, Luca Enriques,Henry Hansmann ,Hideki Kanda, The Anatomy of Corporate Law, Oxford Press,2004.

　この問題について、会社法の理論において、会社の本質に関して「会社公民」（corporate citizen）という理論[8]があり、「会社公民」の理論によれば、会社において「株主の利益を超える社会の契約」が存在し、会社はそれを遵守しなければならないと唱えられている。ESGの理念は会社の行動に当てはめるときに、「会社公民」の理論はESGに理論の基礎を提供することができる。これによって、ESGの理念は会社の長期的・持続可能な利益を強調するものとして、会社法の理論に繋がって、会社法に定められる会社の営利性と衝突することがないと考えられる。

　そうは言っても、基本的には、全ての会社はESGの理念に照らして企業活動を行わなければならないというわけではなく、大規模の会社である上場会社のみは企業活動を行う際に、ESGの理念を考慮する必要があると思われている。そして、会社法と証券法を中心として構成される証券市場法制において、どのように環境、社会、コーポレートガバナンスといったESGの要素を上場会社の企業経営上の重要事項として取り扱うのかは、世界各国が現在直面している難問となっている。

　各国の状況からみると、ESGに対する法の対応について、情報開示とコーポレートガバナンスの構築は最も重要な手段となると見られる。その立法のアプローチについて、拘束力があるソフトローと拘束力がないハードローとの二つの立法方式がある。ESGに関しては、ソフトローにより定める部分が多いと考えられる。会社の行動からすれば、ESGの理念を会社が行動するときにどの程度を考慮したかについて、強制法規に違反しない限り、法的な効果がなく、証券市場の監督機関による監督体制は機能しない。これにより、会社の行動に取り込まれたESGの理念に関する具体的な内容を保障・監督する必要があると考える。

　一方で、証券市場法制において、どのようにESGに対応するのかを検討

---

8) See Kent Greenfield, Corporations Are People Too (And They Should Act Like It),New Haven: Yale University Press,2018,p.175.

するときには、投資者の保護を忘れてはならない。投資者の保護は証券法の使命であり、証券市場法制における最も重要な課題でもある。投資者の保護とESGの理念の関係について、上記もしたが、ESGを重視した会社の行動は会社の長期的・持続可能な利益を適うため、会社の所有者である投資者の利益にもなる。その意味で、ESGの実現は投資者の利益保護に有益であると言える。

　中国においては、投資者保護のために、2014年に投資者保護センター[9]が設置された。投資者保護センターが全ての上場会社の株式を保有して、上場会社の株主となる。投資者保護センターは株主権を行使することによって投資者を保護している。このような中国の投資者保護センターは非常に特別な制度となる。ESGに関して、投資者保護センターの設計は株主権を行使するときに、ESGの理念を会社の行動に反映しているかを監督することができるため、投資者保護センターはESGの理念の実現に重要な意義があると考える。

　本稿は、中国の投資者保護センターの制度を巡って、投資者保護センターの制度設計の理論と組織としての機能及び株主権行使の状況を中心に整理・説明する上、ESGの理念から見た投資者保護センターの意義を検討したい。

II ESGに対する法の対応と投資者保護センターの設置

1　中国証券市場におけるESGに対する法の対応

　中国において、ESGが比較的早く重視されている。例えば、ESGと類似する概念である「企業の社会的責任」に関して、2006年5月に中国の深セン証券取引所は「深セン証券取引所上場会社の社会的責任指針」を制定・公布することによって、任意規定として深セン証券取引所に上場している全て

---

9)　投資者保護センターの中国語原文は中証中小投資者保護服務中心となり、分かりやすくするために、本稿は投資者保護センターと略すことにする。

の上場会社に「社会的責任報告書」の開示を求めて、上場会社に社会的責任を履行するよう薦めた（ソフトロー）。2008年5月に上海証券取引所は「上海証券取引所環境に関する情報開示の指針」を制定して、上海証券取引所に上場している会社に任意制度として環境情報の開示を求めた（ソフトロー）。

　2016年8月に中国人民銀行、中国証券監督管理委員会等により「グリーン金融体系を構築する指導意見」を公布した。これによって、環境の情報開示制度の導入が初めて言及された。2017年12月、中国証券監督管理委員会は「公開発行証券の会社情報開示内容と様式準則の第2号——年度報告書の内容と様式」を修正して、環境部門に公布された環境に汚染する重要な上場会社及びその子会社が環境に関する情報を開示しなければならないと定めた（ハードロー）。また、そのほかの上場会社（環境部門に公布された環境に汚染する重要な上場会社でない上場会社）も環境に関する情報を開示しなければならず、開示しなければ開示しない理由を説明しなければならない、いわゆる「遵守か説明」（ソフトロー）を適用すると定めた。

　2018年9月に中国証券監督管理委員会は「上場会社コーポレートガバナンス準則」を改正することによって、全ての上場会社にグリーン発展理念を持ち、生態保護を会社の発展戦略とコーポレートガバナンスの構築に考慮しなければならないと定めた（86条）。また、上場会社に環境汚染、資源節約、公益活動に尽力することを薦めると明文で定められた（86条）。

　2022年1月に上海証券取引所は「上海証券取引所の上場規則」を改正した。改正後の「上海証券取引所の上場規則」においては、上場会社は積極的に持続可能な発展理論を持ち、社会責任を履行し、社会公共利益を保護し、生態環境保護を重視しなければならないと定めた（4章4.1.4）。

　2022年5月に中国証券監督管理委員会が制定した「上場会社投資者関係の管理規則ガイドライン」において、投資者が長期的な投資の理念を堅持することを薦めた（6条）。さらに、上場会社は投資者との対話において、環境、社会、コーポレートガバナンスの構築に関する会社の情報を対話の内容として含めなければならないと明確に定められた（7条）。この規定は中国証券

監督管理員会による規定の中に初めて明確に ESG の理念を定めたものであると考える。

　上記により、中国において、近年から ESG の理念が重要視されつつあることは明らかである。その具体的な手法について、諸外国と類似して、情報開示の規則とコーポレートガバナンスを巡ってソフトローを中心に ESG の理念を会社の行動に取り込んでいると見られる。

2　投資者保護センターの設置

(1)中国証券市場の特徴と投資者保護体制の形成

〈1〉中国証券市場の特徴

　中国の証券市場において、個人の投資者の人数が極めて多いことは重要な特徴となる。2017 年 8 月までに中国の証券市場における投資者の総数は 1.295 億、そのうち、個人投資者は 1.292 億となり、全体の 99.73％を占めている[10]。

〈2〉「一体両翼」の投資者保護体制

　上記したように、中国の証券市場における個人投資者の人数は極めて多い。そのため、中国証券市場法制において投資者の利益保護は非常に重要視されている。2020 年 3 月 1 日より施行された中国の新証券法において、「投資者保護」の章が設けられ、投資者保護は詳細に定められた。

　中国証券市場の投資者保護体制について、「一体両翼」と呼ぶことができる。すなわち、中国の証券市場において、中国証券監督管理委員会の内部部門である投資者保護局と証券投資者保護基金有限会社及び中小投資者保護センターという三つの組織がある。そのうち、「一体」とは、中国証券監督管理委員会の内部部門として投資家保護に関する各制度の実施の協調を担う「投資者保護局」を指す。「両翼」とは、「証券投資者保護基金」と「投資者保護セ

---

10)　梁定邦『中国特色を有する投資者保護の新体制の構築』投資者 1 号、1 頁。

ンター」を指す。その「両翼」について、「証券投資者保護基金」と「投資者保護機構」の機能が異なり、「証券投資者保護基金」は主としてリスクセンサー、特別補償基金管理者又は行政和解基金管理者等の役割を担うとされ、「投資者保護センター」は主として株主を代表して株主権利を行使することにより投資者を保護するという役割を担うとされている。

〈3〉投資者保護体制が形成した過程

　中国の投資者保護体制において、最も大きな特徴として「投資者保護センターが上場会社の株主として株主権を行使する」ということである。実際は、「投資者保護センターが上場会社の株主として株主権を行使する」ことは、最初から計画されたものであるというわけではない。

　中国において、投資者保護体制を設計している過程に、最初、証券、銀行、保険等を含めて全ての金融市場を横断して投資者保護を行う機関を設置したかった。具体的に言うと、今現在、中国の投資者保護体制において重要な一端となる投資者保護局は 2011 年に設置された。投資者保護局は、アメリカの「金融消費者保護局」（Consumer Financial Protection Bureau、CFPB）を参考にして設置されたものであると言われている。しかし、中国においては、金融市場に対して「分業経営・分業監管」という監督体制がとられている。「分業経営・分業監管」とは、一金融機関が一領域しか経営することができないことを意味する。すなわち、中央政府である国務院は、中国銀行業監督管理委員会、中国証券監督管理委員会、中国保険監督管理委員会を設置して、中国銀行業監督管理委員会は銀行業と信託業に対して監督・管理を行い、中国証券監督管理委員会は証券市場に対して監督・管理を行い、中国保険監督管理委員会は保険業に対して監督・管理を行う、ということになる[11]。

　「分業経営・分業監管」の監督体制のもとで、中国証券監督管理員会によ

11）伍巧芳『アメリカ金融監督の改革とその参考の意義』（北京大学出版社、2013 年）、229 頁以下。

り設置された投資者保護局は中国証券監督管理員会の権限を越えて銀行業や保険業を含めて全ての市場を横断して投資者を保護するならば、金融市場全体の監督体制を調整しなければならないことになる。結果からみれば、2018 年頃に中国は金融監督機関に対して調整したものの、「分業経営・分業監管」の監督体制がそのまま維持されている。このような体制の下に、中国証券監督管理委員会は、アメリカの金融消費者保護局を目指して投資者保護局を設置したが、アメリカの金融消費者保護局のように全ての市場を横断して投資者の保護を行うものになるには至っていない。最終的には、投資者保護局は、アメリカの金融消費者保護局と異なって、中国証券監督管理員会の内部部門として証券市場の投資者の保護を行うだけの権限を有するものとなった。

　その後、2014 年に中国証券監督管理委員会は投資者保護センターを設置した。投資者保護センターが設置される前に、中国証券市場においては投資者保護基金が既に存在した。しかし、今から振り返ってみると、投資者保護センターの最も重要な権限となる「上場会社の株主として株主権を行使する」権限を設立された当初に、投資者保護センターは持っていなかった。2016 年頃に投資者保護センターは、台湾証券市場の「証券投資者と先物取引者保護センター」[12] を参考にして [13] 上場会社の株式を取得して「上場会社の株主として株主権を行使する」という投資者保護の方法を試行し始めた [14]。この投資者保護の方法は最終的には中国証券監督管理委員会ないし法令に認められた。それにもかかわらず、現在、「投資者保護センターが上場会社の株主として株主権を行使する」は、中国の投資者保護体制において最も重要

---

12) 台湾における「証券投資者と先物取引者保護センター」は「台湾証券投資者と先物取引者保護法」１９条にしたがって株式会社が台湾証券取引所に上場するときに、その会社の１千株を取得している。

13) 呂成龍、方栄傑「我々がスーパー株主が必要か」師大法学 2021 年 1 号、376 頁。

14) 2016 年 2 月 19 日に投資者保護センターは初めて上場会社の株式を取得した。2016 年 5 月 11 日に投資者保護センターは初めて上場会社の株主として株主権を行使した。

な制度となっている。

(2)投資者保護センターの設置と機能
〈1〉組織の設置とその基本構造

　上記でも言及したが、2014年12月5日に中国証券監督管理委員会は上海に投資者保護センター有限会社を設立した。投資者保護センターの名称の中国語原文は、中証中小投資者服務中心となり、英語の表記はChina Securities Investor Services Center（略語はISC）となる。

　投資者保護センターの組織形態は、上海証券取引所、深セン証券取引所、上海先物取引所、中国金融先物取引所、中国証券登記決済有限会社により出資されて設立された有限会社となるが、中国証券監督管理委員会により管理される、公益組織であると位置づけられている[15]。

　投資者保護センターは有限会社であるため、会社法を遵守しなければならない。そのため、投資者保護センターの権力機関は出資者により構成される株主総会となる。また、会社法に従って取締役会が設置され、取締役会は会社の運営を責任をもって行い、取締役会により任命した総経理が取締役会決議の執行と日常運営を行うこととなっている。

　投資者保護センターの内部部門について、①弁公室、②紀律弁公室、③行政部、④法律事務部、⑤行政事務部、⑥権利保護事務部、⑦調査観察部、⑧投資者教育部、⑨情報科技部、⑩研究部、全部で十部門が設置されている。そのうち、投資者保護センターの投資者保護に関する最も重要な手段である「上場会社の株主として株主権を行使する」について、⑥権利保護事務部は、具体的な担当部門となっている。また、中証資本市場法律服務中心有限会社という100パーセントの子会社が設置された。

---

15) 投資者保護センターの詳細につき投資者保護センターのホームページを参考。http://www.isc.com.cn/

〈2〉投資者保護センターの機能

　中国証券法は 2019 年に大きく改正された。改正後の中国証券法は 2020 年 3 月 1 日より施行された。2019 改正中国証券法において証券市場の投資者保護機構という概念が新設され、しかも、投資者保護機構に多くの権限が与えられた。投資諸保護機構の範囲について、現在、中国証券監督管理員会は「証券投資者保護基金」と「投資者保護センター」を指定した。両者の機能について、「証券投資者保護基金」は損害が発生した後、事後の保護機能を有するのに対して、「投資者保護センター」は上場会社の株主として権利行使をすることにより、上場会社の運営に多くの面から幅広く係り、積極的に投資者保護を行うことができ、事前の保護機能と事後の保護機能の両方あると考えられる。

Ⅲ 投資者保護センターによる株主権行使の状況

1　投資者保護センターによる株主権の行使と株主アクティビズムの理論

　会社法の分野において、株主アクティビズム（Shareholder Activism）の理論がある。株主アクティビズムとは、会社経営を改善するために、株主が積極的に会社の経営に対して提言を行うことをいう。近年、株主アクティビズムの理論において、株主アクティビズムの目的は企業の社会的責任を追及するより多くの利益を得ることに変わったと指摘された [16]。また、自然人株主より、機関投資家の役割が重要視されている。株主アクティビズムの類型について、防止型の株主アクティビズムと攻撃型の株主アクティビズムに分けられる。両者の違いについて、簡単に言えば、積極的に上場会社の経営に株主が介入するかという点にある [17]。

---

16)　See Joel Slawotsky, The Virtues of Shareholder Value Driven Activism: Avoiding Governance Pitfalls, Hastings Business Law Journal,12,p.529 (2016).

17)　Brian R. Cheffins, John Armour, The Past, Present, and Future of Shareholder Activism by Hedge Funds, The Journal of Corporation Law,Vol.37,No.1,2011,pp.51-103.

　一方で、中国において、上記したように、個人投資者の数が極めて多いことは証券市場の最大の特徴である。この状況に関連して、中国は二つの問題に直面している。一つは、如何にして人数が多い個人株主を保護するのか。もう一つは、如何にして中国の上場会社のコーポレートガバナンスを改善するのか。

　株主アクティビズムは後者の問題の解決に関連する理論である。中国において、個人株主には、投機株主が多数存在するため、上場会社に開示される情報に対してあまり関心を持たないことは多いと想定されている。これによって、個人株主が会社との対話に積極的に参与するインセンティブが低いため、株主アクティビズムがあまり期待できないと思われた。

　しかし、中国において、株主アクティビズムの理論に基づき創設された投資者保護センターは「上場会社の株主として株主権を行使する」権限を持ち、攻撃型の株主アクティビズムとして、積極的に株主と会社の対話に参与することを実現して、中国の上場会社のコーポレートガバナンスの改善に働くだけではなく、数多くの中小株主の利益保護にも重要な役割を果たすことができた。この制度の設計は中国国内において評価されている。

2　投資者保護センターの権限

（1）法律の根拠

　投資者保護センターの有する株主権利の法律根拠は主として二つある。一つは会社法である。投資者保護センターは上場会社の株主であるため、原則として会社法に定められた全ての株主権を有する。もう一つは証券法である。2019年改正中国証券法（現行中国証券法）において「投資者保護」の章立てが新設された。その章の条文数は88条から95条まで、全部で8か条となる。投資者保護センターに関連する規定は90条、93条、94条、95条といった4か条である。これらの条文にしたがって、委任状勧誘を行う権利、株主代表訴訟の提訴権、特別の証券集団訴訟の提訴権が投資者保護センターに与えられた。

(2)投資者保護センターの有する株主権

　投資者保護センターは投資者の苦情の相談を受理して関連する上場会社と相談して問題を解決する等の権限もあるが、「上場会社の株主として株主権を行使する」を行うことはその最も重要な権限となる。投資者保護センターの有する株主権に関して、会社法に定められたものが多いが、実際の状況を見れば、投資者保護センターにより行使される株主権はほとんどが中国証券法に定められたものとなる。以下では、中国会社法と中国証券法に定められた株主権を整理する。

〈1〉中国会社法に定められる株主権

　中国会社法においては、株主は多くの権利を有すると定められた。具体的な権利について、会社法の規定に散在している。その主要な権利について、①剰余金分配請求権（186 条 2 款）、②新株の優先的な引受権（34 条）、③株式買取請求権（74 条、142 条）、④株式譲渡権（71 条）、⑤株主名簿の名義変更請求権（73 条）、⑥議決権（42 条、103 条）、⑦提案権（102 条 2 款）、⑧質問権（97 条、150 条 1 款）、⑨会社の情報収集権（33 条 2 款、97 条）、⑩累積投票権（105 条）、⑪会社解散の請求権（182 条）、⑫臨時株主総会招集請求権（39 条、100 条）、⑬臨時株主総会招集権と主宰権（40 条 3 款、101 条 2 款）、⑭株主代表訴訟提訴権（151 条）、⑮株主直接訴訟提訴権（152 条）、⑯株主総会決議の取消の訴え・無効の訴え・不存在の訴えの提訴権（22 条）、⑰取締役会決議の取消の訴え・無効の訴え・不存在の訴えの提訴権（22 条）が挙げられる。

〈2〉中国証券法に定められる株主権
① 委任状勧誘を行う権利

　中国証券法 90 条 1 項において明確に投資者保護センターが委任状勧誘を行う権利を有すると定められた。この規定によれば、投資者保護センターは

勧誘者として自ら又は証券会社又は証券サービス機構に依頼して上場会社の株主に対して委任状の勧誘を行うことができる。しかも、委任の事項について、株主総会の出席と提案権のや議決権の株主権の行使を含めて広範に認められている。

② 株主代表訴訟の提起権

中国の会社法において株主代表訴訟が定められている（中国会社法 151条）。中国会社法における株主代表訴訟の原告に関して適格要件が定められている。すなわち、①持株期間について、連続 180 日以上を有することが必要とされている。②持株比率について、合計又は単独で 1% 以上の株式を有することが必要とされている。①と②の適格要件を満たす株主のみに代表訴訟の提起権を与えるとされている（中国会社法 151 条 1 項）。

中国証券法 94 条 3 項によれば、投資者保護機構により株主代表訴訟を提起する場合は、上記した会社法に定められた適格要件を適用しないとされている。これにより、投資者保護機構は制限なく自由に株主代表訴訟を起こして会社の役員や支配株主の責任を追及することができることになる。

③ 特別の証券集団訴訟の提訴権

2019 年改正中国証券法の 95 条により証券集団訴訟制度が新設された。中国証券法に定められた証券集団訴訟は普通の証券集団訴訟と特別の証券集団訴訟に分けられる [18]。普通の証券集団訴訟とは、投資者が虚偽の記載等の証券に係る民事賠償請求訴訟を提起する場合において、訴訟の目的物が同一の種類であり、かつ当事者の一方の人数が多いときは、法令に従い代表者を選任して、その代表者により提起される損害賠償訴訟をいう。

---

18) 特別の証券集団訴訟の提起について、いきなりに特別の証券集団訴訟を提起することはできないとされている。普通の証券集団訴訟が提起された後、特別の証券集団訴訟の発動要件を満たしたら、既に提起された普通の証券集団訴訟から特別の証券集団訴訟に変更することができるとされている。

　特別の証券集団訴訟とは、投資者保護センターは、50 名以上の投資者の委託を受けて、代表者として提起する損害賠償訴訟をいう。また、注意しなければならないのは、特別の証券集団訴訟はオプトアウト規則（opt-out）を適用するとされている。つまり、投資者保護センターにより特別の証券集団訴訟を提起する時に、投資者が当該訴訟への参加を望まない旨を明確に表明しない限り、訴訟の原告に含まれるということになる[19]。

　上記により、投資者保護センターにより発動する特別の証券集団訴訟は、多くの投資者を容易に集めて巨額の損害賠償金額の訴訟を起こすことができるため、情報開示に違反する上場会社の行為を厳しく抑制する機能がある[20]と考えられる。

(3)株主権の分類

　上記のように、投資者保護センターは広範な株主権を有する。その権利の内容と効果により、以下のように三つの類型に分類することができる。

〈1〉事前相談型の株主権

　中国会社法に従って、投資者保護センターは上場会社の株主として上場会社に対して意見の提出権や質問権を有する。また、実務において投資者保護センターはよく使用している意見の表明権（会社の経営事項に対し自らの意見を表明する権利）や会社により主催される企業再編等の説明会に出席する権利について、会社法に明文で定められていないが、株主の身分に基づいて投資者保護センターがその権利を有すると考えられる。これらの権利は会社の経営事項を決定する前に行使するものであるため、事前相談型の株主権と整理する。

---

19) 特別の証券集団訴訟の詳細について、2020 年 7 月に中国証券監督管理委員会により制定された「証券紛争代表人訴訟に関する若干問題の規定」を参照。

20) その典型的な事件として、2019 年に起きた康美医薬株式会社事件が挙げられる。康美医薬株式会社事件において、

　事前相談型の株主権の特徴について、会社の経営事項の決定に関係しないことである。それもあるため、意見の表明権や会社により主催される説明会の出席権等の事前相談型の株主権に関して、その手続き等が法律にあまり定められていないことが多い。

〈2〉事中参与型の株主権

　事中参与型の株主権とは、会社の経営事項に参与する株主権をいう。その典型的なものとして、株主提案権や臨時株主総会招集請求権が挙げられる。

　事中参与型の株主権の特徴について、単独株主権ではなく、少数株主権となる。したがって、投資者保護センターは最小単位の株式しか持っていないため、その他の株主の支持を得れば、これらの少数株主権を行使することができるということになる。

〈3〉事後提訴型の株主権

　事後提訴型の株主権とは、会社の経営者等に対して損害賠償責任を追及する訴訟の提訴権をいう。その提訴権において、最も重要な権利として、代表訴訟の提訴権と特別の証券集団訴訟の提訴権との二種類になる。そのほかに、株主総会決議を争う訴訟の提訴権や株主直接訴訟等もある。

　提訴権は投資者に対し最後の救済手段となる。その意味で、投資者保護センターとしては、提訴権がその有する株主権の中で最も重要な権利となる。

3　株主権行使の状況

　投資者保護センターのホームページによれば、2021 年 11 月末までに、投資者保護センターは、合計 4634 社の上場企業の株式を保有している（上海証券取引所の科技版に上場している 359 社の会社と北京証券取引所に上場している 78 社を含む）[21]。その時点の中国の上場会社の総数は投資者保

21）http://www.isc.com.cn/html/zxxw/20220104/4293.html

護センターのホームページに公開されていないが、筆者の自ら統計したデータによれば、2021 年 10 月までに、中国の上海証券取引所と深セン証券取引所及び北京証券取引所に上場している会社の総数は 4572 社となった。これによれば、投資者保護センターはほとんどの上場会社の株式を保有することになっていると考えられる。

　投資者保護センターによる株主権の行使について、2021 年 11 月末までに、投資者保護センターは、全部で 3117 回株主権を行使した。また、それと別に、投資者保護センターはオンラインの形で 211 回株主権を行使した。投資者保護センターにより行使された株主権の中に、意見の提出権、質問権、議決権、会計帳簿閲覧権、提訴権、臨時株主総会の招集権等が含まれる。なお、投資者保護センターは 2334 回株主の意見書を提出した。55 回公開に意見を表明した [22]。そのうち、提訴権の行使について、2022 年 2 月 9 日までに、全部で 25 件があった [23]。

　また、投資者保護センターは、全部で 171 回上場会社の株主総会に出席した。304 回組織再編の説明会、投資者説明会、会社業績説明会等の説明会に出席した。

　上記のデータによれば、以下の三つのことが分かった。第一に、投資者保護センターは幅広い範囲で積極的に株主権を行使している。第二に、事前相談型の株主権を行使することは、事中参与型の株主権と事後提訴型の株主権の行使より、圧倒的に多い。第三に、投資者保護センターによる株主権の行使において、会社法や証券法に定められた株主権より、投資者保護センターは法律に定められていない意見の提出権を愛用している。

---

22) http://www.isc.com.cn/html/zxxw/20220104/4293.html
23) 呂成龍、方栄傑「我々がスーパー株主が必要か」師大法学 2021 年 1 号、376 頁。

Ⅳ ESGから見た投資者保護センターの意義とその問題点

1　ESGから見た投資者保護センターの意義

　上記したように、「上場会社の株主として株主権を行使する」は中国の投資者保護センターの最も重要な機能であり、投資者保護センターの最大の特徴でもある。

　ESG から見た「投資者保護センターが上場会社の株主として株主権を行使する」の意義について、①投資者保護センターは証券市場法制に求められるように、情報開示やコーポレートガバナンスの構築に ESG の理念を忠実に反映したかを監督することができる。②投資者保護センターは中国証券監督管理委員会の管理を受ける組織として、法政策とソフトローに勧められていることを執行する意欲と信念は、理論上一般株主より断然強いと考えられる。この点は ESG 理念の実施に重要な意義があると考える。

2　問題点

　「上場会社の株主として株主権を行使する」のは投資者保護センターの最大の特徴であるとともに、問題にもなる。すなわち、「上場会社の株主として株主権を行使する」のに関して、その制度の正当性、権利行使に関する意思決定の方法、権利行使の内容等点に不明確な部分が存在するため、検討する必要がある。

（1）最小株主が大きな権利を有することの正当性

　投資者保護センターは最小単位（100 株）の株式を所有するため、その持株数からすれば、会社の最小株主となる[24]。しかし、投資者保護センターの裏に証券市場の監督機関である証券監督管理員会があるため、最小株主と

24）中国において「特殊の普通株式を有する株主」と呼ばれることもある（鄭国堅等「百株義士：投資者保護センターと中小投資者保護」管理科学学報 2021 年 9 号、40 頁）。

しての投資者保護センターは、自分の持株数に相応しくない大きな権利を有することになる。

　具体的には、法制度の設計において、例えば、提訴権について、投資者保護センターは中国会社法に定められた持株比率と持株期間の適格要件（中国会社法 151 条）による制限を受けず、株主代表訴訟の提訴権を有する（中国証券法 94 条）。また、中国証券法に定められた特別の証券集団訴訟について、投資者保護センターはその訴訟を発動する権利を有する唯一の者となる（中国証券法 95 条）。実務上、最小株主としての投資者保護センターは会社に意見を提出した際に、会社は意見を受領した当日にすぐ返事し、さらに、次回の株主総会において投資者保護センターの意見にしたがって定款を変更したという事件がある [25]。これにより、投資者保護センターは最小株主であるにもかかわらず、法律上の制度設計も事務上も投資者保護センターを最小株主として取り扱っていない。むしろ、投資者保護センターは最小株主ではなく、スーパー株主であると言っても良いかもしれない。

　持株数からして、最小株主である投資者保護センターが実際自分の持株数に相応しくない権利を有することは、果たして正当であるか。それを問うとともに、いかにして最小株主である投資者保護センターの権利行使を厳しく規律すべきであるかを検討する必要があると考える。

(2)投資者保護センターの立場

　投資者保護センターが株主権を行使するときに、「会社のため」あるいは「全ての株主のため」であるか、それとも、「中小株主のため」であるかは投資者保護センターの権利行使に係る重要な問題である。

　投資者保護センターの名称からして、その中国語の原文である「中証中小投資者サービスセンター」の中に「中小投資者」が入っているため、投資者

---

25) 栢中株式会社事件（その詳細は www.isc.com.cn/html/xqdt/20160512/747.html を参照）。

保護センターの株主権行使は中小投資者（中小株主）のためでなければならないように思われる。しかし、実務では、投資者保護センターによる権利行使は、大株主を支持するために行ったこともある。例えば、中国宝安株式会社事件では、宝安株式会社の大株主が定款変更を行いたいときに、最小株主の投資者保護センターは委任状勧誘を行うことにより大株主の行為（定款変更を行う）を支持した。これによって、投資者保護センターの立場は不明確である。この点は株主権の行使に大きな障害をもたらしうるため、明確にする必要があると考える。

(3)株主権行使の内容等の監督
〈1〉投資者保護センターによる株主権行使の内容

　投資者保護センターは「上場会社の株主として株主権を行使する」のを行うときに、その株主権行使の内容は投資者保護センターの判断によるものとなる。しかし、投資者センターの判断は必ずしも正しいとは限らない。例えば、中国宝安株式会社事件において、投資者保護センターは定款に定められた敵対的買収防衛策が適切ではないと判断した。また、投資者保護センターは上場会社の取引、特に関連当事者取引に対して自らの意見を発表したことはよくある[26]。これらの会社の経営事項に対して投資者保護センターにより下された判断が不正確に該当する場合は、会社又は投資者に損害を与えうる。しかし、法律において、どのように投資者保護センターが正しい判断を下すことを確保するのかについて何も定められていない。

　極端に言うと、投資者保護センターの株主権行使は、法律に違反しない限り、いかなる決定を下しても、法律上の責任が生じないと考える。たとえその行為が会社又は会社の投資者に損害を与えたとしても、その責任を追及することは困難となる。例を挙げれば、実務に投資者保護センターによく使わ

---

26) http://lsc.isc.com.cn/html/xqal/20190225/815.html

れている意見の提出権に関して、投資者保護センターにより会社の取引に対して意見を表明した場合、その意見が不正確にもかかわらず、証券市場が影響を受けて、会社の株価が下落したとして、投資者保護センターの責任を追及することは難しいと考える。

　上記のように、実務では、投資者保護センターは事前相談型の株主権をよく行使した。その事前相談型の株主権を行使する場合、投資者保護センターの行為に対し詳細に規律する法令（あるいは規定）が欠くため、会社又は投資者の利益を損なう可能性が潜在していると考える。

〈2〉上場会社に対する救済の手段

　投資者保護センターは株主権を不当に行使する場合、上場会社に大きな影響（損害）を与えうるが、上場会社としては、投資者保護センターの不当行為又は決定に対しどのように自分の利益を救済するかは問題となる。

　投資者保護センターは有限会社である。行政機関ではないため、投資者保護センターの行為と決定に対して、事中であれ事後であれ、上場会社は異なる意見がある場合は、不服申立てないし行政訴訟のような争う手段を法は投資者に提供していない。したがって、その場合、どのように上場会社を救済するかを検討する必要がある。

(3) ESG理念の実施

　ESG に関して、投資者保護センターによる株主権行使の範囲について、ESG の中の「コーポレートガバナンス」の部分に使用されることが多く、「環境」と「社会」の部分に株主権を行使されることは少ない。これにより、投資者保護センターにより株主権を行使するときに、どのように ESG の要素となる「環境」と「社会」を会社の経営事項に取り込むかはまだ問題となる。

　上記もしたが、近年、多くの法令に ESG の理念に触れたが、ソフトローの形で定められたことがほとんどである。今後、多くの上場会社に ESG の理念を徐々に受けることを期待するほかに、法政策及びソフトローは ESG

を重要視しつつあるにつれて、投資者保護センターは、株主権を行使することにより ESG の理念を多くの上場会社の経営に送り込むことが期待できよう。

Ｖ 結びに代えて——投資者保護センターの発展方向

「投資者保護センターが上場会社の株主として株主権を行使する」のは投資者の利益保護及び ESG 理念の実現に重要な役割を果たすと期待できるものの、制度の設計に問題が未だ存在することは否定できない。その最大の問題は、如何にして投資者保護センターの行為と決定を有効に規範するかということである。

投資者保護センターによる株主権行使の類型からすれば、事後提訴型の株主権に関する規定は比較的整備されている。事中参与型の株主権に関して、会社法や証券法に明文で定められる株主権利の行使となり、多くの場合はほかの株主（投資者）と相談しなければならないこともあるため、基本的には権利の根拠となる会社法や証券法に権利行使に関する詳細な規定が存在する。問題は事前相談型の株主権の行使にある。事前相談型の株主権に関して、投資者保護センターが自ら決定できる権利行使がほとんどであり、会社の経営事項の決定に直接に関係しないこともあるため、会社法や証券法において詳細に定められていないことが多い。投資者保護センターは自ら「株主権行使の工作規則」や「特別の証券集団訴訟の業務規定」等を制定したが、上記の問題を有効に解決することはできないため、規定の内容を整備しなければならないと考える。また、これらの規定は投資者保護センターによるものである点からして、その効力は低い。したがって、証券法、少なくとも証券市場の監督機関である中国証券監督管理員会による規定のレベルで、重要な問題を明確に定める必要があると考える。

また、ESG に関して、近年、ESG の重要さが多くの国に認識されつつある。しかし、どのように ESG の理念を実際会社の行動に取り込むかは依然とし

て難しい問題である。中国において、「投資者保護センターが上場会社の株主として株主権を行使する」という特別な制度は投資者利益保護のために設けられた。この制度は投資者の利益保護だけではなく、ESG 理念の実現にも重要な意義があると考える。今後、その制度の発展は注目に値する。

SDGsをめぐる中国法の動向
－生態環境保護に向けた中国法の取組み－

金 安妮

I SDGsと環境問題

　周知のように、SDGs（Sustainable Development Goals、持続可能な開発目標）とは、2015年9月25日開催の国連サミットで採択された「持続可能な開発のための2030アジェンダ」の中核をなすものであり、2030年までに、持続可能でよりよい世界を目指すための国際社会共通の目標である[1]。SDGsは、17の目標と169のターゲット、230の指標から構成されており、17の目標のうち、「気候変動及びその影響を軽減するための緊急対策を講じる」（目標13）、「持続可能な開発のために海洋・海洋資源を保全し、

1）国際連合広報センター「持続可能な開発目標」（https://www.unic.or.jp/activities/economic_social_development/sustainable_development/sustainable_development_goals/）（最終閲覧日：2022年12月21日）、外務省「SDGsとは？」（https://www.mofa.go.jp/mofaj/gaiko/oda/sdgs/about/index.html）（最終閲覧日：2022年12月21日）、環境省「持続可能な開発のための2030アジェンダ/SDGs」（https://www.env.go.jp/earth/sdgs/index.html）（最終閲覧日：2022年12月21日）参照。

持続可能な形で利用する」（目標 14）、「陸域生態系の保護、回復、持続可能な利用の推進、持続可能な森林の経営、砂漠化への対処、並びに土地の劣化の阻止・回復及び生物多様性の損失を阻止する」（目標 15）をはじめとする、少なくとも 13 の目標は、環境に直接的に関連するものであり、残り 4 つの目標も、間接的ではあるものの、いずれも環境に関連するものであるとされている [2]。このように、人間と地球の「やるべきことのリスト [3]」とも称される SDGs は、貧困問題の解決や教育機会の確保、雇用機会の確保といった社会的需要の実現のみならず、気候変動や環境保護といった環境問題の解決をも目指しており、環境問題の解決に取り組むことの重要性を示すものであると考えられる [4]。

II 中国における生態環境保護法制の動向

　現在、日本は、新型コロナウィルス感染症の拡大による危機に加えて、人々の活動による気候変動、資源の大量消費、生物多様性の損失等の危機によって持続可能性が危ぶまれているとして、①脱炭素、②循環経済、③分散・自然共生という多角的な切り口によるアプローチで環境問題の解決に取り組んでいるが [5]、中国もまた、急速な経済発展の副作用ともいえる大気汚染、水質汚染、土壌汚染、砂漠化、都市ごみなどの深刻な環境問題の解決に向けて試行錯誤を重ねており、特に、改革開放以降は、生態環境保護に関する法制度の整備を推進してきた。

　中国では、2012 年の中国共産党第 18 回全国代表大会（以下、「第 18 回

---

2) 環境省・前掲注（1）は、直接的に環境に関連している目標として、目標 2 〜 4、6 〜 9、11 〜 15、17 を挙げている。

3) 国際連合広報センター・前掲注（1）参照。

4) 国際連合広報センター・前掲注（1）参照。

5) 環境省「令和 4 年版 環境・循環型社会・生物多様性白書（PDF 版）」（https://www.env.go.jp/policy/hakusyo/r04/pdf/full.pdf）3 頁参照。

党大会」と称する）において、「生態文明[6)]建設を突出した地位に置き、経済建設、政治建設、文化建設、社会建設の各方面及び全過程と一体化させる[7)]」との方針が打ち出され、「資源の節約及び環境の保護を基本的な国策として堅持する[8)]」ことが強調されたのを機に、生態環境保護に関する立法がより一層重視されるようになったといわれており[9)]、改革開放以降の中国における生態環境保護法制の形成過程は、以下の3つの段階に分けることができる。

1　生態環境保護法制の形成過程－第一段階(1978年～1991年)[10)]

　まず、第一段階は、生態環境保護に関する法制度の構築に着手した1978年～1991年である。中国は、1978年に開催された中国共産党第11期中央委員会第3回全体会議をもって改革開放の時代に突入し、これを受けて、鄧小平が生態環境保護に関する法制度の整備を提言したことで、1979年には、環境保護法（試行）と森林法（試行）が制定されることとなった[11)]。また、1982年の憲法には、「国は、自然資源の合理的な利用を保障し、貴重な動物及び植物を保護する」、「国は、生活環境及び生態環境を保護及び改善し、汚染及びその他の公害を防止する」といった規定内容が盛り込まれ、生態環境保護に関する立法を促進させる契機となった。実際に、環境保護法

---

6)「生态文明」については、「エコ文明」との訳語が用いられることもある。

7)　人民网「胡锦涛在中国共产党第十八次全国代表大会上的报告（2012年11月8日）」（http://cpc.people.com.cn/n/2012/1118/c64094-19612151-8.html）（最終閲覧日：2022年12月21日）。

8)　人民网・前掲注（7）。

9)　中国人大网「改革开放40年生态环境保护立法回顾和体会」（http://www.npc.gov.cn/npc/wgggkf40nlfcjgs/202108/2799dff4ec374bae815c6f49b70182f1.shtml）（最終閲覧日：2022年12月21日）。

10)　中国人大网・前掲注（9）参照。

11)　その後、環境保護法（試行）は、1989年に環境保護法に、森林法（試行）は、1984年に森林法に、それぞれ改正されている。

と森林法のほかにも、海洋環境保護法、水汚染防止法、大気汚染防止法、野生動物保護法、草原法等が制定され、汚染防止と資源保護を中核とする生態環境保護に関する基本的な法制度が構築されることとなった。なお、改革開放初期の中国では、経済発展に伴う環境問題は、それほど深刻化していなかったため、第一段階において形成された生態環境保護法制は、生態環境保護と経済発展の両立を強調していた点で特徴的であったと評されている。

2　生態環境保護法制の形成過程－第二段階（1992年～ 2011年） [12]

　次に、第二段階は、生態環境保護に関する法制度の整備が急速に進められた 1992 年～ 2011 年である。1992 年の鄧小平による南巡講話を受けて社会主義市場経済体制が導入されると、改革開放は新たな段階に突入し、同年の「環境及び発展に関する十大対策」では、発展戦略を転換し、持続可能な発展を推進することが、中国の経済発展を加速させ、環境問題を解決するための正しい選択である旨が明記されることとなった。また、1994 年の「中国 21 世紀アジェンダ－中国 21 世紀人口・環境・発展白書」では、環境と資源の保護に関する法制度を整備することが明示され、翌 1995 年の中国共産党第 14 期中央委員会第 5 回全体会議では、「持続可能な発展戦略」の実施が提言されることとなった。第二段階では、このような発展方針に基づいて、環境影響評価法、固体廃棄物環境汚染防止法、騒音汚染防止法、放射能汚染防止法、省エネ法、再生可能エネルギー法等が制定されたほか、第一段階で制定された海洋環境保護法、水汚染防止法、大気汚染防止法、野生動物保護法、森林法、草原法等の改正が行われ、汚染防止と資源保護、エネルギー管理、循環型経済の促進等を中核とする生態環境保護に関する法制度が形成された。

12）中国人大网・前掲注（9）参照。

3　生態環境保護法制の形成過程－第三段階（2012年～現在）¹³⁾

　そして、第三段階は、生態環境保護に関する法制度の質の向上を目指した 2012 年以降である。前述したように、2012 年の第 18 回党大会をもって、経済建設、政治建設、文化建設、社会建設と並んで生態文明建設を重視する習近平主席の生態文明思想が確立したことによって、習近平主席を中心とする中国共産党中央委員会は、さらに生態環境の保護に関する法制度の整備に注力するようになったとされている。具体的には、土壌汚染防止法、環境保護税法等を制定し、従来の環境保護法、海洋環境保護法、環境影響評価法、水汚染防止法、大気汚染防止法、固体廃棄物環境汚染防止法、野生動物保護法、草原法、漁業法、水法、省エネ法、電力法、循環経済促進法等を改正しただけでなく、2018 年の憲法改正においても、生態文明建設をはじめとする生態環境の保護に関する内容を明文化している¹⁴⁾。

4　生態環境の保護に関する法整備の成果¹⁵⁾

（1）生態環境保護の位置付け、目標、理念の明確化

　第三段階における生態環境の保護に関する一連の法整備の成果としては、まず、生態環境保護の位置付けをはじめ、その目標、理念等を明らかにしたことが挙げられる。例えば、2014 年に改正された環境保護法（以下、「改正環境保護法」と称する）は、生態環境保護の位置付けについて、「環境の

---

13) 中国人大网・前掲注（9）参照。

14) 2018 年の憲法改正は、同年 3 月 11 日に開催された第 13 期中国人民代表大会第 1 回会議で可決された「中華人民共和国憲法改正案」に基づいて行われており、国務院による職権の行使について規定した 89 条において生態文明建設を主導する旨を定めたほか（6 項）、前文の第 7 段においても、「……新たな発展理念を貫き、……物質文明、政治文明、精神文明、社会文明、生態文明の協調発展を推進し、我が国を豊かで強い、文明的な、調和のとれた、美しい社会主義近代化強国に建設し、中華民族の偉大なる復興を実現する」と規定しており、「新たな発展理念」、「生態文明」、「美しい社会主義近代化強国」といった生態環境の保護に関するキーワードを数多く盛り込んでいる。

15) 中国人大网・前掲注（9）参照。

保護は、国の基本的な国策である」(4条1項) と定めており、省エネ法も
また「資源の節約は、我が国の基本的な国策」(4条) であると定めることで、
中国において生態環境保護が重要な位置付けを占めていることを明らかにし
ている。また、改正環境保護法が「地方各級人民政府は、環境保護の目標及
び管理任務に基づき有効な措置を講じ、環境の質を改善させなければならな
い」(28条) と定めており、2015年に改正された大気汚染防止法が「大気
汚染の防止は、大気環境の質の改善を目標とすべき……」(2条) と定めて
いることなどに鑑みると、「生態環境の質の改善」が生態環境保護の主たる
目標とされていることがわかる。そして、2012年以降に制定ないし改正さ
れた生態環境保護法制は、「生態文明 [16]」、「持続可能な発展 [17]」、「新たな発
展理念 [18]」、「人と自然の調和、経済社会発展及び環境保護の協調 [19]」が、
生態環境保護の理念であることを明らかにしている点でも重要な意義を有す
る。

(2)生態環境保護の主軸となる制度の確立[20]

次に、生態環境保護の位置付け、目標、理念等を明らかにしたことのほか、
第18回党大会以降に制定ないし改正された生態環境保護に関する一連の法

---

16) 改正環境保護法が「生態文明」を規定したことを皮切りに、2014年以降に制定ない
し改正された水汚染防止法、大気汚染防止法、土壌汚染防止法、野生動物保護法、環境
保護税法等も、生態文明に関する規定を設けている。

17) 1998年に改正された土地管理法が「持続可能な発展」に関する規定を取り入れたの
に続いて、それ以降に制定ないし改正された環境保護法、海洋環境保護法、環境影響評
価法、水汚染防止法、大気汚染防止法、土壌汚染防止法、固体廃棄物環境汚染防止法、
草原法、水法、再生可能エネルギー法、省エネ法、循環経済促進法等も、持続可能な発
展に関する規定を設けている。

18) 前掲注 (14) で言及したように、2018年に改正された憲法は、前文の第7段におい
て「新たな発展理念」について規定している。

19)「人と自然の調和、経済社会発展及び環境保護の協調」については、改正環境保護法
がこれを生態環境保護の理念として規定している。

20) 中国人大網・前掲注 (9) 参照。

律は、生態環境保護の主軸となる以下の各制度を確立させた点でも重要な意義を有する。

　生態環境保護の主軸となる制度としては、第一に、「環境モニタリング制度」が挙げられる。環境モニタリングは、環境の質を客観的に評価し、環境管理を実施するために必要不可欠な制度であるが、2014年に環境保護法が改正されるまでは、当該制度に関して、関係部門間において環境モニタリング地点が重複している、モニタリング情報の公表ルートが多すぎるといった問題が生じていた。そこで、改正環境保護法は、これらの問題を解決するために、モニタリング地点の設定を統一的に計画する旨を規定するとともに、モニタリングデータの共有メカニズムを確立し、環境の質や重点汚染源に関するモニタリング情報を統一して公表する旨を定めており、2015年改正の大気汚染防止法や2017年改正の水汚染防止法、2018年制定の土壌汚染防止法等においても類似の規定が設けられている。

　第二に、「環境影響評価制度」が挙げられる。環境影響評価もまた、環境管理にとって必要不可欠な制度であり、予防原則を徹底し、無秩序な汚染の拡大を抑制するうえで重要な役割を担っているため、第18回党大会以降、中国は、生態環境保護法制によって当該制度の強化ないし改善を図ってきた。例えば、建設会社が環境影響評価に関する承認を得る前に、建設工事に着手するという違法行為を行った場合、かつては一定の金額で罰金が科されていたが、現行の環境影響評価法は、罰金の金額を「総投資額の1%以上5%以下」に引き上げている。

　第三に、「汚染物質排出許可制度」であり、改正環境保護法は、国が法律に従って汚染物質排出許可制度を実施しなければならない旨を明確に規定している。一般に、汚染物質排出許可制度のもとでは、汚染物質排出者は、汚染物質排出許可証の要請に基づいて汚染物質を排出しなければならず、汚染物質排出許可証を取得していない場合には、汚染物質を排出してはならないとされている。そこで、2015年改正の大気汚染防止法や2017年改正の水汚染防止法等は、汚染物質排出許可の範囲を明確にし、その範囲を拡大させ

るとともに、汚染物質排出許可証の内容に関する規定を増設した。

　第四に、「生態保護レッドライン制度」である。これは、生態保護の中核をなすものであり、生態系の安全を保障するための制度であるため、改正環境保護法では、「国は、重点生態機能地域、生態環境敏感地域及び脆弱地域等の地域において生態保護レッドラインを設定し、厳格な保護を実施する」旨の規定が追加された（29条）。また、2016年改正の海洋環境保護法が海域における生態保護レッドラインの設定に関する規定を設けたことで、生態保護レッドラインの範囲はより明確になり、制度上は、レッドラインによる生態空間のコントロールのみならず、生態機能の低下、生態面積の減少、生態性質の変化の防止に資するものとなっている。

　第五に、「政府責任制度」である。地方政府は、地域経済の発展の担い手であるため、生態環境保護に関する一連の立法もまた、政府の環境保護責任を強化することで、地方政府に対して経済発展と生態環境保護のバランスを図るよう求めている。2014年改正の環境保護法、2015年改正の大気汚染防止法、2017年改正の水汚染防止法、2018年制定の土壌汚染防止法等は、いずれも地方政府に対して、自らの行政区域における生態環境の質について責任を負うよう定めている。そのため、地方各級政府は、環境保護目標等に基づいて、環境の質の向上にとって有効な措置を講じるとともに、環境保護目標を業績評価の重要項目として位置付けるよう求められている。

　第六に、「環境公益訴訟制度」である。環境公益訴訟制度は、環境保護のための重要な手段であるため、改正環境保護法は、所定の要件を具備した社会組織は、環境汚染、生態破壊、社会の公共利益に対して損害を与える行為について、裁判所に訴えを提起することができる旨を定めた（58条）。これは、中国法上、初めて環境公益訴訟の主体、要件、内容について規定した条文であり、環境公益訴訟の実効性を確保するとともに、環境に関する公共の利益を保護するものとして評価されている。なお、2017年には、民事訴訟法と行政訴訟法が改正され、検察機関について生態環境および資源保護等に関する公益訴訟を提起できる旨の規定が新設されたことで、環境公益訴訟の

提起主体の範囲が広がり、民事公益訴訟に加えて行政公益訴訟を提起することも可能となった。

　そして、第七に、「法的責任制度」である。史上最も厳しい環境保護法と称されている改正環境保護法をはじめ、2015年改正の大気汚染防止法、2017年改正の水汚染防止法、2018年制定の土壌汚染防止法等は、汚染者に対して重い法的責任を負わせるなど、環境破壊行為について厳しい罰則を設けている。また、一連の生態環境保護法制のほかにも、刑法は、環境犯罪に関する刑事責任を段階的に加重しており、民法も環境汚染と生態破壊に関する損害賠償責任の規定内容を強化するなどの動きを見せている。なお、中国民法は、諸外国との比較において、生態環境の保護に関する規定を設けている点において特徴的であると考えられるため、以下では、民法の観点から、環境問題の解決に向けた中国法の取組みについて述べることとする。

III 生態環境保護をめぐる中国民法の動向－民法総則の観点から

1　民法総則における「グリーン原則」の導入

　前述したように、環境問題の解決に向けた中国法の取組みは、環境保護法や大気汚染防止法、水汚染防止法、土壌汚染防止法をはじめとする生態環境保護法制の整備のみにとどまらない。とりわけ日本をはじめとする諸外国との対比で特筆すべきは、2017年に成立した「中華人民共和国民法総則」（以下、「民法総則」と称する）が、いわゆる伝統的な五大民事基本原則である平等の原則、自由意思の原則、公平の原則、信義誠実の原則、法律遵守の原則に並ぶ民法の原則規定の一つとして、民事活動における資源の節約と生態環境の保護を定めた「グリーン原則」を導入し、「民事主体が民事活動に従事する場合には、資源の節約、生態環境の保護に寄与しなければならない」との規定を新設した点であろう（9条）。

　なお、中国では、2020年に中国初の「中華人民共和国民法典」が制定されているが、民法典の編纂作業は、まず民法総則を制定したうえで、物権編、

契約編、人格権編、婚姻家庭編、相続編、侵権責任編[21]から構成される各
則編を編纂し、全国人民代表大会常務委員会での審議を経て、民法総則と合
わせて「中華人民共和国民法典（草案）」とする、との方針に基づいて行わ
れたため[22]、2020年の民法典制定に先立って、2017年に民法総則が制定
されている。その後、2017年に制定された民法総則は、上記の方針に従い、
物権編をはじめとする6つの各則編とともに、民法典の草案に組み込まれ
ることとなり、当該草案は、2019年12月開催の第13期全国人民代表大会
常務委員会第15回会議における審議を経て、最終的に、2020年5月28日
開催の第13期全国人民代表大会第3回全体会議において、中国初の民法典
として成立した。このような経緯があることから、2017年制定の民法総則
で導入されたグリーン原則は、現行の中国民法典においても同じく9条に
規定が置かれており、基本原則の一つとして位置付けられている。

2　「グリーン原則」の導入経緯と立法過程における議論[23]

　資源の節約と生態環境の保護に関するグリーン原則を、民法の基本原則と
して位置付けているのは、中国民法の特色の一つであると考えられるため、
以下では、2017年制定の民法総則において、グリーン原則が導入されるこ
ととなった経緯と立法過程における議論について概観しておく。
　中国では、2015年3月から民法総則の制定をはじめとする民法典の編纂

21）中国民法における「侵権責任」（権利侵害責任）とは、日本民法における「不法行為
　　責任」に相当する概念であるが、本稿では、民法典の名称に従い、「侵権責任（法）」と
　　表記する。
22）中国人大网「从民法总则到民法典草案：中国民法制度将迎新时代」(http://www.npc.
　　gov.cn/npc/c30834/202005/ba7b69440f064eda9dffbe90a3f99b19.shtml)（最終閲
　　覧日：2022年12月21日）。
23）以下は、金安妮「中国における民法総則の制定とグリーン原則の導入」片山直也＝北
　　居功＝武川幸嗣＝北澤安紀編『民法と金融法の新時代』（池田眞朗先生古稀記念論文集）
　　（慶應義塾大学出版会、2020年）645頁以下、とりわけ660～664頁の内容を一部加筆、
　　修正したものである。

作業が本格的に開始されたが、2012 年の第 18 回党大会において、中国の特色ある社会主義事業の全体構成が、経済建設、政治建設、文化建設、社会建設の「四位一体」から、生態文明建設を加えた「五位一体」へと拡張され、「資源の枯渇、深刻な環境汚染、生態系の退化という厳しい状況の中で、自然を尊重し、自然に順応し、自然を保護する生態文明理念を形成するとともに、生態文明建設を突出した地位に置き、経済建設、政治建設、文化建設、社会建設の各方面及び全過程と一体化させる[24]」旨の方針が提示されたことから、民法総則の立法過程では、一貫して「どのようにして民法と環境法との接合を図るべきか」が重要な論点の一つとして位置付けられていた。

　中国において、いち早く民法におけるグリーン原則の導入を提唱したのは、厦門大学の徐国栋教授であるとされており、同教授は、2004 年に出版した『グリーン民法典草案』の 9 条において、「当事者は、民事活動の遂行にあたって、資源を節約し、環境を保護し、その他の動物の権利を尊重するという原則を遵守しなければならない」旨の規定を盛り込んでいる[25]。民法総則の起草作業が開始された当初、中国法学会の民法典編纂プロジェクト統括チームと中国民法学研究会は、徐国栋教授による『グリーン民法典草案』の影響を受けて、グリーン原則を基本原則として明文化することを構想し、1 章「一般規定」1 節「基本原則」の 8 条において、「民事主体が民事活動に従事する場合には、資源及びエネルギーを節約し、生態及び環境を保護し、人と自然との調和のとれた発展を促進しなければならない」旨を定めた建議稿を作成した。しかし、2016 年 2 月に公表された意見募集稿は、当該規定の配置を変更し、8 章「民事権利の行使と保護」の 134 条において、「民事主体が民事活動に従事する場合には、環境を保護し、資源を節約し、環境汚染及び生態破壊を防止、軽減しなければならない」旨を定めた。

　この変更に対しては、多くの専門家から、グリーン原則の重要性を低下さ

24）人民網・前掲注（7）。
25）徐国栋『緑色民法典草案』（社会科学文献出版、2004 年）4 頁。

せている、との批判が寄せられたのみならず、2016 年 4 月に環境問題を専門的に扱うための「環境資源審判廷」を開設した最高人民法院からも、基本原則として位置付けるべきである、との意見が示された[26]。そのため、2016 年 6 月と 11 月に、全国人民代表大会常務委員会に上程された一審稿と二審稿は、いずれもグリーン原則を基本原則として位置付けて、7 条において「民事主体が民事活動に従事する場合には、（生態）環境を保護し、資源を節約し、人と自然との調和のとれた発展を促進しなければならない」と定めていた（括弧内は、二審稿で追加された文言である）。ところが、2016 年 12 月に上程された三審稿では、全国人民代表大会常務委員会の一部の委員から反対意見が表明されたことから、グリーン原則は、ふたたび基本原則から削除されることとなった。具体的には、5 章「民事権利」の 133 条において、「民事主体が民事権利を行使する場合には、資源を節約し、生態環境を保護し、かつ、中華の優秀文化を発展させ、社会主義の核心的価値観を実践しなければならない」旨の規定が置かれ、議論を呼んだ。しかし、これに対しては、著名な民法学者の多くが「グリーン原則は、基本原則として規定したほうが中国の国情と現実的需要に符合する」との見解を示した。とりわけ、中国社会科学院の梁慧星教授が、「深刻な自然環境の破壊は、権利主体の権利行使によるものではないため、民事権利の章で定めるのは、論理性に欠ける。また、グリーン原則と価値観規定は、レベルと性質を異にするため、両者を一つの条文にまとめるのは、論理矛盾を生じさせかねない」と指摘したことから、最終的には、基本原則として明文化されることとなった[27] [28]。

26）杨立新『民法总则：条文背后的故事与难题』（法律出版社、2017 年）32 頁。

27）吴喜梅＝张永真＝张杰「一个绿色条款效用何其大？―《民法总则》第 9 条的立法过程及其效用分析」中国生态文明 2018 年 4 期 28 頁以下、29 頁。

28）グリーン原則は、最終的に民法総則の 9 条において基本原則として明文化されるに至るまで、民事権利に関する規定の一つとして位置付けられるなど紆余曲折を経ているが、その背景には、①グリーン原則の導入に賛成する見解、②グリーン原則の導入自体に反

3　グリーン原則の意義と問題点[29]

　前述のように、グリーン原則は、最終的に民法総則の9条において基本原則の一つとして規定されることとなったため、中国の学説では、民事主体が民事活動を遂行し、権利を行使する局面において、以下のような意義を有すると評されている。

　第一に、グリーン原則が基本原則の一つとして位置付けられたことによって、グリーン原則の徹底が求められるため、侵権責任法における環境汚染責任の規定を厳格に適用することで、加害者に制裁を科すことができるだけでなく、加害者の立証責任を加重し、ひいては、懲罰的賠償責任を負担させることにつながる。第二に、物権、債権、知的財産権等の財産権の行使に際して、物の価値を十分に発揮させるとともに、資源の濫用を防止することによって、資源の利用による利益を最大化させることができる。第三に、グリーン原則は、婚姻と相続の局面においても適用されるため、物の価値を最大限に高める方法によって、家庭財産を利用し、相続遺産を分割することを求めることができる[30]。

　このように、中国の学説は、グリーン原則が基本原則の一つとして導入されたことについて上記のような意義があると評価しており、また、民法総則におけるグリーン原則の導入に際しても、立法過程において、多くの学者が肯定的な評価を示していた。しかし、日本の学説は、主として、その裁判規範性に対して疑問を呈しており、「相当程度に行為規範に傾斜した内容となっている。ベトナム民法の人格権規定等にもみられることであるが、中国、ベトナム等では、公法・私法の分化という視点が徹底しておらず、私法とは私人間の権利義務に関する調整をつかさどる裁判規範であるという観念が徹

　対する見解、③グリーン原則を基本原則として導入することに反対する見解の対立があったとされる。詳しくは、金・前掲注（23）662～664頁を参照されたい。

29) 以下は、金・前掲注（23）665～667頁の内容を一部加筆、修正したものである。

30) 楊立新・前掲注（26）32頁。

底していないため、政治的スローガンや行為規範が民法典の中に紛れ込むという現象がみられる[31]」、「政治的、道徳的色彩をもつ規定[32]」であるといった指摘がなされている。

ただし、グリーン原則規定に対して、このような懸念を示しているのは、日本の学説だけではない。たしかに、中国の学説の多くは、民法総則におけるグリーン原則の導入を肯定的に捉えているが、他方で、中国共産党が提唱する「生態文明建設」という政治的スローガンの明文化にとどまってしまうことを強く危惧する見解もあった。そのため、中国の学説は、民法総則においてグリーン原則が基本原則として導入されて以来、民法典の各則編におけるグリーン原則の具体化に向けた理論の構築を試みており[33]、その試みの成果は、Ⅳで後述するように、その後に成立した現行民法典にも現れている。

なお、グリーン原則の具体化に向けた理論の構築を試みた学説としては、主として、侵権責任法の領域でグリーン原則を具体化し、環境不法行為の損害賠償制度を改善すべきである、と主張するものが挙げられる[34]。この学説は、環境汚染行為が行われた場合には、実務では、一般に行政罰による制裁が科されるが、行政罰では、環境汚染の被害者に対して、十分な保障を実現することはできないとの問題意識に基づいて、環境汚染の被害者による損害賠償請求を認めることで、環境汚染の加害者に対して潜在的な圧力を与え

---

31) 加藤雅信「中国の『民法総則』の制定」法律時報 89 巻 5 号（2017 年）65 頁以下、66 頁。

32) 鈴木賢「中国民法史から見た民法総則の位置づけについて」法律時報 89 巻 5 号（2017 年）95 頁以下、98 頁。

33) 呂忠梅「中国民法典的"緑色"需求及功能実現」法律科学（西北政法大学学报）2018 年 6 期 106 頁以下、马洪「緑色原则何以入民法典」学术月刊 49 巻 10 期（2017 年）93 頁以下、秦鹏＝冯林玉「民法典"緑色原则"的建构逻辑与适用出路」大连理工大学学报（社会科学版）39 巻 3 期（2018 年）70 頁以下、詹正发「试论民法的"緑色原则"」汉江师范学院学报 38 巻 1 期（2018 年）111 頁以下、吴喜梅ほか・前掲注（27）。

34) 王利明『中华人民共和国民法总则详解（上册）』（中国法制出版社、2017 年）48～49 頁参照。

るとともに被害者救済を図るべきである、との見解を示すものである。

Ⅳ 生態環境保護をめぐる中国民法の動向－侵権責任法の観点から

1　中国の侵権責任法制－2009年制定の侵権責任法と現行民法典の侵権責任編

　中国民法における「侵権行為」とは、民事権益を侵害する行為をいい、日本民法における「不法行為」に相当する概念である。かつて中国では、2009 年に制定された「中華人民共和国侵権責任法」（以下、「2009 年制定の侵権責任法」と称する）という単行法によって、民事権益を侵害する行為の侵権責任を規律していたが、2020 年に侵権責任編を含む現行民法典が制定されたことで、その前身となる 2009 年制定の侵権責任法は、廃止されることとなった。現行民法典の侵権責任編は、2009 年制定の侵権責任法を基礎として、同法の制定以降における裁判実務の蓄積や最高人民法院の司法解釈 [35] における関連規定などを取り入れて編纂されたものであり、侵権責任制度の拡充と改善を図ったものであると評されている [36]。

　2009 年制定の侵権責任法と比較すると、現行民法典の侵権責任編は、①国民の権利を保障するために、損害賠償に関するルールを見直し、民事権利と合法的利益の保護を拡大かつ強化した点、②社会における公平と正義の実現をさらに促進させるために、行為規範と裁判規範の明確化を図った点、③時代の変化と需要に応えるために、時代の発展に伴って生じた新種の侵権行

35）最高人民法院の司法解釈は、法の適用に関する最高人民法院の解釈を示したものであり、法的拘束力を有するものである。詳しくは、池田真朗＝金安妮「企業再編と事業譲渡・債務引受に関する中国最高人民法院の「規定」（法釈 2003 年 1 号）－わが国の詐害的会社分割や過払金返還請求訴訟への示唆として－」旬刊商事法務 2003 号（2013 年）14 頁以下の第 3 章を参照されたい。

36）中国人大网「民法典侵权责任编的主要制度与创新」（http://www.npc.gov.cn/npc/c30834/202010/daca1384df3e4be7ad0af9ca2d3475d2.shtml）（最終閲覧日：2022年 12 月 21 日）。

為に関する規定を新設した点、④一般市民が関心を寄せている侵権責任領域
における重要かつ困難な問題に関する規定を新設した点において革新的であ
ると考えられている [37]。その中でも、生態環境保護との関連において刮目
すべきは、①国民の権利を保障するために、損害賠償に関するルールを見直
し、民事権利と合法利益の保護を拡大かつ強化したことの表れとして、環境
汚染と生態破壊による侵権行為について懲罰的賠償制度を新設した点、③時
代の変化と需要に対応したことの表れとして、2013 年開催の中国共産党第
18 期中央委員会第 3 回全体会議による「生態環境損害 [38] を生じさせた責任
者に対する厳格な賠償制度を導入する」との要請や、2017 年開催の第 19
回党大会の報告等において示された「生態系の保護を強化する」との理念を
実現するために、生態環境損害に関する懲罰的賠償制度を新設するとともに、
生態環境損害の修復と賠償に関する制度を確立した点であろう。そこで、以
下では、現行民法典の侵権責任編を特色付けているともいえる、7 章の「環
境汚染及び生態破壊責任」に焦点を当てていくこととしたい。

2　現行民法典の侵権責任編における「環境汚染及び生態破壊責任」制度

現行民法典の第 7 編「侵権責任」は、1 章「一般規定」、2 章「損害賠償」、
3 章「責任主体の特殊規定」に続いて、「製品責任」（4 章）、「自動車交通事
故責任」（5 章）、「医療損害責任」（6 章）、「高度危険責任」（8 章）、「飼育動
物損害責任」（9 章）、「建築物及び物件損害責任」（10 章）と並ぶ侵権責任
制度の一つとして、「環境汚染及び生態破壊責任」（7 章）について規定して
おり、以下の 7 つの条文を設けている [39]。

37）中国人大网・前掲注（36）。

38）生態環境損害の定義については、後述の 2（1）を参照されたい。

39）以下における 7 つの条文の和訳に際しては、胡光輝『中華人民共和国民法典〜2021
　　年 1 月施行〜立法経緯・概要・邦訳〜』（2021 年、日本加除出版）261 〜 262 頁を参
　　照した。また、各規定の解釈については、最高人民法院民法典貫徹実施工作領導小组編
　　『中華人民共和国民法典侵权責任編理解与适用』（人民法院出版社、2020 年）501 〜

　（1）1229 条「環境汚染、生態破壊によって他人に損害を加えた場合には、
侵権者は、侵権責任を負担しなければならない。」

　現行民法典の侵権責任編における「環境汚染及び生態破壊責任」制度（以
下、「環境生態侵権責任（制度）」と称する）は、私益損害に対する侵権責任
と、生態環境損害に対する修復責任から構成されており、前者における「私
益損害」とは、侵権者が環境汚染、生態破壊行為をしたことによって他人の
合法的権益に生じた損害をいい、後者における「生態環境損害」とは、侵権
者が国家の規定に違反したことによって生態環境に生じた損害をいう[40]。
同条は、「環境汚染、生態破壊によって他人に損害を加えた場合には」（傍点
は、筆者による）と定めていることからもわかるように、前者の私益損害に
関する侵権責任についての規定であり、侵権者の故意、過失を要件としてい
ないことから、環境生態侵権責任には無過失責任の原則が適用されることを
明らかにした条文である[41]。環境生態侵権責任に対する無過失責任の原則
の適用の有無については、2009 年制定の侵権責任法 65 条（以下、条番号
を表記する場合には、単に「侵権責任法」と称する）も「<u>環境汚染</u>によって
<u>損害を加えた場合</u>には、汚染者は、侵権責任を負担しなければならない」（下
線は、筆者による）と規定しており、無過失責任の原則が適用されるとの立
場を採用していた点で、現行民法典 1229 条と共通する。

　ただし、現行民法典 1229 条とその前身となる侵権責任法 65 条の規定内
容を比較すると、第一に、侵権責任法 65 条は、「環境汚染」のみを侵権行
為として規定していたのに対して、現行民法典 1229 条は、「環境汚染」に
加えて「生態破壊」をも侵権行為として規定しており、侵権行為の範囲を拡

---

　576 頁、杨立新編『中华人民共和国民法典释义与案例评注・侵权责任编』（中国法制出
　　版社、2020 年）349 ～ 379 頁、黄薇編『中华人民共和国民法典侵权责任编释义』（法
　　律出版社、2020 年）174 ～ 206 頁を参照した。
40）黄薇・前掲注（39）174 頁参照。
41）杨立新・前掲注（39）349 頁参照。

大させている。現行民法典が制定されるまで、中国の侵権責任法は、2014
年改正の環境保護法が「環境汚染及び生態破壊によって損害を加えた場合に
は、中華人民共和国侵権責任法の関連規定に従い侵権責任を負担しなければ
ならない」（64条）と定めているにもかかわらず、生態破壊が侵権行為とし
て規定されていないとの問題を抱えていたが、現行民法典1229条が、環境
汚染に加えて生態破壊をも侵権行為として規定したことで、環境保護法64
条との間における矛盾は解消されることとなった[42]。第二に、侵権責任法
65条が「損害を加えた場合」と規定していたのに対し、現行民法典1229
条は、「他人に損害を加えた場合」と規定している。侵権責任法65条は、
単に「損害」とのみ規定していたため、その解釈をめぐって、自然人、法人
または非法人組織の身体、財産に関する私益損害のみを指すのか、それとも
生態環境損害をも含むのかという議論があったが、現行民法典1229条では、
「他人に」との文言が付け加えられていることから、同条は、環境汚染ない
し生態破壊によって他人の身体、財産に私益損害を生じさせる行為の侵権責
任に関する規定であると解されている[43]。

　（2）1230条「環境汚染、生態破壊によって紛争が生じた場合には、行為
者は、法律の規定によって責任を負わないこと又は責任が軽減されること及
びその行為と損害との間に因果関係が存在しないことについて挙証責任を負
担しなければならない。」

　同条は、環境生態侵権行為を行った侵権者の挙証責任に関する規定であり、
同条の規定する挙証責任は、①侵権責任の成立要件としての因果関係に関し
て、それが存在しないことを証明する責任と、②侵権責任の成立要件をすべ
て充足している場合に、法律の規定によって責任を負わないこと、または、
責任が軽減されることを証明する責任の2つに大別される[44]。

42）最高人民法院民法典貫徹実施工作領導小組・前掲注（39）502頁参照。
43）最高人民法院民法典貫徹実施工作領導小組・前掲注（39）506頁参照。

　①については、前記（1）で言及したように、現行民法典 1229 条の規定により、環境汚染ないし生態破壊による侵権行為（以下、「環境生態侵権行為」と称する）には、無過失責任の原則が適用されるため、その成立要件は、環境生態侵権行為の存在、損害の発生、侵権行為と損害との間における因果関係の３つである。民事訴訟における挙証責任については、原則として、民事訴訟法 64 条が「当事者は、自己の提出した主張について、証拠を提供する責任を負う」と規定している。そのため、環境生態侵権行為にも当該規定を適用するのであれば、上記３つの成立要件については、侵権者に対して賠償を請求する被侵権者が挙証責任を負うこととなるが、現行民法典 1229 条は、環境生態侵権行為の特殊性に鑑みて、侵権行為の実施から損害の発生に至るまでの過程が複雑であるとの理由から、因果関係に関する挙証責任を侵権者に転換している[45]。また、②については、侵権責任編の７章「環境汚染及び生態破壊責任」における規定のほか、侵権責任編の１章「一般規定」、総則編の８章「民事責任」、そして環境保護法をはじめとする環境保護に関する各種単行法規における関連規定により、被侵権者の故意・過失、第三者の故意・過失、不可抗力、正当防衛、緊急避難等が、免責事由ないし軽減事由として挙げられる[46]。

　（3）1231 条「二人以上の侵権者が環境を汚染し、生態を破壊した場合には、負担する責任の大小は、汚染物の種類、濃度、排出量、生態破壊の方式、範囲、程度及び損害の結果に対する行為の影響等の要素によって確定する。」
　同条は、環境生態侵権行為について、二人以上の侵権者がいる場合の責任負担について定めた規定であり、複数の当事者が、同一の相対的に集中した時間帯、同一の相対的に集中した地域において、共同して、または、それぞ

44）最高人民法院民法典貫徹実施工作領導小組・前掲注（39）517 頁参照。
45）最高人民法院民法典貫徹実施工作領導小組・前掲注（39）517 頁参照。
46）最高人民法院民法典貫徹実施工作領導小組・前掲注（39）521 頁参照。

れに汚染物質を排出し、生態を破壊したことで、生態環境損害を生じさせた
場合に、同条の規定に従って各侵権者の負担する責任の割合を確定させるこ
ととなる[47]。環境汚染ないし生態破壊による複数人の侵権行為について、
同条の前身となる侵権責任法67条は、「二人以上の汚染者が環境を汚染し
た場合には、汚染者の負担する責任の大小は、汚染物の種類、排出量等の要
素によって確定する」（下線は、筆者による）と規定していたが、両者を比
較すると、現行民法典1231条は、①「汚染者」という文言を「侵権者」に
修正し、②1229条が、環境汚染のみならず生態破壊をも侵権行為として規
定したことを受けて、「生態を破壊」との文言を付け加えただけでなく、③
汚染物の種類・排出量に加えて、汚染物の濃度、生態破壊の方式・範囲・程
度、損害の結果に対する行為の影響という5つの要素を、新たに複数の侵
権者の責任割合を確定させるための判断要素として規定していることがわか
る。責任割合の判断要素に関する改正については、現行民法典の草案（第1
稿）では、汚染物の種類、排出量に加えて、損害の結果に対する行為の影響
のみが新たに規定されていたが、複数人が生態破壊による侵権行為を行った
場合の判断要素が規定されていなかったため、現行民法典では、生態破壊の
方式、範囲、程度という判断要素が付け加えられている[48]。

　また、同条を適用するためには、①環境汚染、生態破壊行為があったこと、
②その環境汚染、生態破壊行為をした侵権者が二人以上であること、③各侵
権者の侵権行為によって同一の損害が生じたこと、④全体として見たときに、
各侵権者の侵権行為と損害との間に因果関係があること、という4つの要
件を充足しなければならないが、環境生態侵権行為については、無過失責任
の原則が妥当するため、各侵権者における故意・過失の有無、意思疎通の有
無は問題とはならない[49]。なお、二人以上の侵権者が環境生態侵権行為を

---

47) 最高人民法院民法典貫徹実施工作領導小组・前揭注（39）524頁参照。
48) 最高人民法院民法典貫徹実施工作領導小组・前揭注（39）525頁参照。
49) 黄薇・前揭注（39）184頁参照。

した場合において、被侵権者に対する各侵権者の責任が連帯責任を構成するかどうかについては、学説上、見解が分かれているが、最高人民法院は、2015 年に公布した「環境侵権責任紛争事件の審理における法律の適用に関する若干問題についての解釈（中国人民法院关于审理环境侵权责任纠纷案件适用法律若干问题的解释）」（法釈〔2015〕12 号）の 2 条において、「二人以上の汚染者が共同して汚染行為を実施し、損害を生じさせた場合において、被侵権者が侵権責任法第 8 条の規定に従い汚染者に対して連帯責任の負担を請求するときは、人民法院はこれを支持する」と規定している[50]。

（4）1232 条「**侵権者が法律の規定に違反して故意に環境を汚染し、生態を破壊したことによって重大な結果を生じさせた場合には、被侵権者は、相応の懲罰的賠償を請求する権利を有する。**」

　同条は、環境生態侵権行為に対する懲罰的賠償責任を規定した条文であり、現行民法典の制定に際して新設されたものである。中国では、現行民法典が制定されるまでは、主として、消費者保護、食品安全、製品責任、知的財産権等の領域において懲罰的賠償責任制度を導入していたが、環境生態侵権行為についても、当該行為によって引き起こされる生態環境損害が、累積性、潜伏性、遅発性、公害性といった特徴を有しているため、懲罰的賠償を適用すべきであるとの意見が多く見られた[51]。実際に、前記 1 で述べたように、中国共産党第 18 期中央委員会第 3 回全体会議では、「生態環境損害を生じさせた責任者に対して厳格な賠償制度を導入する」旨の要請が出されており、第 19 回党大会の報告では、「生態系の保護を強化する」旨の宣言がなされた。2019 年 10 月 31 日には、中国共産党第 19 期中央委員会第 4 回全体会議において、「中国の特色ある社会主義制度の堅持及び改善、国家統治形態及び統治能力の現代化の推進における若干の重大問題に関する中共中央の決定

50）黄薇・前掲注（39）184 ～ 185 頁参照。
51）最高人民法院民法典贯彻实施工作领导小组・前掲注（39）532 ～ 534 頁参照。

(中共中央关于坚持和完善中国特色社会主义制度、推进国家治理体系和治理能力现代化若干重大问题的决定）」が採択され、「重大な違法行為に対する処罰を強化し、懲罰的賠償制度を導入する」との方針が明確に示された。これらを受けて、現行民法典は、総則編の179条に懲罰的賠償の原則規定を設けたうえで、1185条と1207条で、知的財産権侵害と製品責任の懲罰的賠償について規定するとともに、1232条では、環境生態侵権行為に対する懲罰的賠償に関する規定を新設することとなった。現行民法典1232条における懲罰的賠償制度の導入は、環境生態侵権行為の民事責任制度に対する大きな改革であると評されている[52]。

　1232条の定めるところによれば、環境生態侵権行為に対して、懲罰的賠償責任を追及するためには、①侵権者が環境汚染、生態破壊行為をしたこと、②侵権者が、その主観において故意に法律の規定に違反して生態環境に損害を生じさせたこと、③侵権者が故意に、生態環境に損害を生じさせる行為をしたことによって、重大な結果が生じたこと、という３つの要件を充足しなければならないが、③の要件における重大な結果については、被侵権者の死亡または健康上の重大な損害をいう、との見解を示している学説がある[53]。

　（5）1233条「第三者が故意又は過失によって環境を汚染し、生態を破壊した場合には、被侵権者は、侵権者に賠償を請求することができ、第三者にも賠償を請求することができる。侵権者は、賠償をした後、第三者に求償する権利を有する。」

　同条は、第三者の故意または過失によって生態環境損害が生じた場合の責任に関する規定である。ここにいう第三者とは、侵権者と被侵権者以外の者であり、故意または過失によって、侵権者の環境生態侵権行為を引き起こし、

52）最高人民法院民法典貫徹実施工作領導小組・前掲注（39）534頁参照。
53）楊立新・前掲注（39）366頁。

被侵権者に対して損害を加えた者を指す。例えば、Ａの所有するパイプライ
ンの石油をＢが盗もうとしたところ、石油がＣの所有する養殖場に流出し、
養殖場の魚が大量死してしまった場合、Ａが侵権者、Ｂが第三者、Ｃが被侵
権者となる[54]。

　一般的には、第三者の故意または過失によって被侵権者に損害が生じたの
であれば、被侵権者の損害との間に、直接的な因果関係があるのは、故意ま
たは過失による第三者の行為であり、被侵権者に対する賠償責任もまた第三
者が負担すべきであると考えられている。そのため、現行民法典 1175 条は、
「損害が第三者によって加えられた場合には、第三者が侵権責任を負担しな
ければならない」と規定している。ただし、環境生態侵権責任制度において
は、故意または過失による第三者の行為は、侵権者の環境汚染行為ないし生
態破壊行為に寄与しているにすぎず、依然として、侵権者の行為と被侵権者
の損害との間に一定の直接的な因果関係の存在が認められるため、侵権者は、
1175 条を理由に被侵権者による請求を拒むことはできず、1233 条に基づ
いて第三者と不真正連帯責任を負うこととなる[55]。

　(6) 1234 条「国家の規定に違反して生態環境損害を生じさせた場合にお
いて、生態環境を修復することができるときは、国家の規定する機関又は法
律の規定する組織は、侵権者に対し、合理的期間内における修復責任の負担
を請求する権利を有する。権利者が期間内に修復をしないときは、国家の規
定する機関又は法律の規定する組織は、自ら又は他人に委託して修復をする
ことができ、必要な費用は、侵権者が負担する。」

　同条は、生態環境損害の修復責任に関する規定であり、環境生態侵権行為
の行為者による修復責任の負担と、その負担方法を定めている。現行民法典

54）最高人民法院民法典貫徹実施工作領導小組・前掲注（39）540 頁、杨立新・前掲注（39）
　　369 頁参照。
55）杨立新・前掲注（39）370 頁参照。

は、生態環境損害の賠償範囲を定めた 1235 条の前に修復責任の負担に関する規定を置いたことで、生態環境の修復を優先する理念と、生態環境の修復を重視するとの立法目的を体現していると考えられている。また、1234 条について言及しておかなければいけないのは、環境生態侵権行為の修復責任について規定した同条は、下記の 1235 条とあわせて環境生態侵権責任制度の特別規定として位置付けられるものである、という点である。そのため、生態環境の公益損害に対する救済を図る際には、まず、1234 条と 1235 条を適用し、これら 2 つの規定が明確に定めていない事項については、環境生態侵権責任の一般規定である 1229 条〜 1233 条と、侵権責任編 1 章〜 3 章の関連規定を適用することとなる [56]。

また、1234 条については、修復責任の成立要件として位置付けられている生態環境損害の定義が問題となる。法律上、生態環境損害の定義は、必ずしも明確ではないが、2017 年 12 月に中国共産党中央委員会弁公庁と国務院弁公庁が公布した「生態環境損害賠償制度改革案」では、環境汚染、生態破壊によってもたらされる大気、地表水、地下水、土壌、森林等の環境要素と、植物、動物、微生物等の生物要素に対する不利な改変であり、これらの要素によって構成される生態系機能の退化をいう、と定義されている [57]。

なお、一般に、生態環境損害の被侵権者は、個人ではなく、国家または政府であると考えられるため、修復責任の負担を請求する主体もまた、国家の規定する機関または法律の規定する組織と定められている。国家の規定する機関としては、生態環境保護部門などが、法律の規定する組織としては、環境保護公益組織などが挙げられる [58]。

(7) 1235 条「国家の規定に違反して生態環境損害を生じさせた場合には、

---

56)　最高人民法院民法典貫徹実施工作領導小組・前掲注 (39) 548 頁参照。
57)　最高人民法院民法典貫徹実施工作領導小組・前掲注 (39) 549 頁参照。
58)　楊立新・前掲注 (39) 373 頁参照。

国家の規定する機関又は法律の規定する組織は、侵権者に対して次の各号に
掲げる損失及び費用の賠償を請求する権利を有する。

　　（一）生態環境が損害を受けた時から修復が完了するまでの期間における
　　　　　サービス機能の喪失によって生じた損失
　　（二）生態環境機能の永久的損害によって生じた損失
　　（三）生態環境損害の調査、鑑定評価等の費用
　　（四）汚染除去、生態環境修復費用
　　（五）損害の発生及び拡大を防止するために支出した合理的費用」

　同条は、国家の規定する機関または法律の規定する組織が、生態環境損害
の賠償を請求する際の賠償範囲について定めた規定である。前述したように、
環境生態侵権責任は、私人である被侵権者の民事的権益に損害を加えたこと
に対する責任と、国家の生態環境に損害を加えたことに対する責任の２つ
によって構成されている。環境生態侵権責任制度は、侵権者に対し、前者の
責任を負わせることで被侵権者に生じた私益損害の回復を図り、後者の責任
を負わせることで国家に生じた生態環境損害の回復を図ろうとするものであ
る。これら２つの賠償責任は、異なる損害を対象とするものであるため、
侵権者は、被侵権者の私益損害と国家の生態環境損害の両方について賠償責
任を負わなければならない[59]。

　1235条によれば、国家の生態環境損害に対する賠償には、第一に、「生
態環境が損害を受けた時から修復が完了するまでの期間におけるサービス機
能の喪失によって生じた損失」が含まれるため、生態環境が損害を受けたこ
とによってサービス機能が喪失した場合には、損害を受けてから修復が完了
するまでの間において得られたはずの利益が、侵権行為によって生じた損失
であり、賠償の範囲に含まれる。第二に、「生態環境機能の永久的損害によ
って生じた損失」が含まれる。生態環境が侵害を受けたことによって、当該

59）楊立新・前掲注（39）376頁参照。

生態環境の機能が永久的に喪失してしまったのであれば、損失が生じていると具体的に評価された範囲については、侵権者が賠償責任を負うこととなる。第三に、「生態環境損害の調査、鑑定評価等の費用」が含まれる。生態環境を回復させ、賠償責任の範囲を確定させるためには、生態環境損害に関する調査や鑑定評価等の作業が必要不可欠であるため、そのために支出した費用は、当然に侵権者による賠償の対象となる。第四に、「汚染除去、生態環境修復費用」が含まれる。これらもまた、調査費用や鑑定評価費用等と同様に、汚染を除去し、生態環境を修復するために必要不可欠な費用であるため、賠償対象となる。第五に、「損害の発生及び拡大を防止するために支出した合理的費用」も含まれる。生態環境が損害を受けてしまった以上、国家の関連機関ないし関連組織は、損害の発生と拡大を防止するために、一定の費用を支出しなければならないため、当該費用についても侵権者による賠償の範囲に含まれることとなる[60]。

V 生態環境保護をめぐる中国法の動向に関する総括と今後の展望

　本稿では、環境問題の解決に向けた中国法の取組みという観点から、生態環境保護法制と民法における生態環境保護の関連規定を中心に、SDGs をめぐる中国法の動向を概観してきた。

　前述したように、中国では、2018 年の第 18 回党大会において、中国の特色ある社会主義事業の全体構成が、経済建設、政治建設、文化建設、社会建設の「四位一体」から、生態文明建設を加えた「五位一体」へと拡張され、資源の節約と環境の保護も基本的な国策であると強調されたことを契機として、生態環境の保護に向けた法制度の整備がより一層加速することとなった。生態環境保護法制についてみると、中国では、改革開放政策の実施に伴い、

60）楊立新・前掲注（39）376 頁参照。

1970 年代の終わりから生態環境保護法制の構築が始まったが、第 18 回党大会以降は、土壌汚染防止法や環境保護税法等の制定と、従来の環境保護法や海洋環境保護法、水汚染防止法、大気汚染防止法等の改正を通じて、生態環境保護法制の拡充が図られており、2018 年には、憲法改正によって生態文明建設も生態環境保護に関する内容として明文化されることとなった。

　環境問題の解決ないし生態環境の保護に向けた中国法の取組みは、こうした生態環境保護法制の整備のみにとどまらず、諸外国との比較において特筆すべきは、2020 年に制定された現行民法典にも、生態環境の保護に関する規定が置かれていることである。現行民法典における生態環境保護の関連規定として、まず言及すべきは、総則編におけるグリーン原則規定（9 条）である。グリーン原則は、現行民法典の総則編の前身となる 2017 年制定の民法総則において、民法の基本原則の一つとして導入されたものであり、懲罰的賠償責任の法的根拠となる、資源の価値と利益を最大化させることができるといった点において重要な意義があると評された一方で、生態文明建設という政治的スローガンの明文化にとどまってしまう可能性があるため、どのようにして民法典の各則編で裁判規範として具体化させていくべきなのかが問題視された。この問題については、学説から、被害者救済の観点から環境不法行為に関する損害賠償制度の見直しを図り、侵権責任の領域でグリーン原則を具体化すべきである、との見解が有力に主張された。

　また、現行民法典は、2017 年制定の民法総則を踏襲して、第 1 編「総則」でグリーン原則を基本原則の一つとして位置付けただけでなく、第 7 編「侵権責任」では、グリーン原則を裁判規範として具体化させ、生態環境損害に関する厳格な賠償制度を確立させるために、第 7 章で「環境汚染及び生態破壊責任」について定めている。同章における規定の中には、2009 年制定の侵権責任法の関連規定を踏襲したうえで、環境汚染だけでなく生態破壊をも侵権行為の内容に含めるなど、2009 年制定の侵権責任法の関連規定を一部改正した規定もあるが、環境生態侵権行為に関する懲罰的賠償を定めた 1232 条、生態環境損害に関する修復責任について定めた 1234 条、生態環

境損害の賠償範囲を定めた 1235 条は、現行民法典において新設された規定
である。特に、環境生態侵権行為の懲罰的賠償に関する 1232 条は、法律の
規定に違反して、故意に環境生態侵権行為を行い、重大な結果を生じさせた
侵権者に対して、実際に被侵権者に生じた損害の額を超える賠償責任を課す
ことによって、被侵権者に対して十分な法的保護を与えるとともに、新たな
環境生態侵権行為を抑止し、予防することができる点において重要な意義を
有する⁶¹⁾。ただし、実際の裁判において、当該規定を適用するためには、
環境生態侵権行為に関する懲罰的賠償の適用範囲、適用要件、賠償金額の具
体的な算定方法等を明らかにしていく必要がある。当該規定の適用に関して
は、中国最高人民法院が、2022 年 1 月に「生態環境侵権紛争事件における
懲罰的賠償の適用に関する審理についての解釈」を公布しているため、今後
は、当該司法解釈の研究を通して、中国における環境生態侵権行為に関する
懲罰的賠償制度の進展について論じていくこととしたい。

61）中华人民共和国最高人民法院「最高法发布《最高人民法院关于审理生态环境侵权纠纷
案件适用惩罚性赔偿的解释》」(https://www.court.gov.cn/zixun-xiangqing-341621.
html)（最終閲覧日：2022 年 12 月 21 日）参照。

執筆者紹介

● **池田 眞朗**（いけだ・まさお）

武蔵野大学法学研究所長、同大学院法学研究科長・教授、慶應義塾大学名誉教授。慶應義塾大学経済学部卒業、同大学院法学研究科博士課程修了、博士（法学）。専門は民法債権法および金融法。国連国際商取引法委員会 (UNCITRAL) 作業部会日本代表、日本学術会議法学委員長等を歴任。動産債権譲渡特例法、電子記録債権法の立案・立法に関与。主著は『債権譲渡の研究』（全 5 巻、弘文堂、最新刊は第 5 巻『債権譲渡と民法改正』、2022 年）等。

● **本田 圭**（ほんだ・きよし）

弁護士（長島・大野・常松法律事務所 パートナー）、武蔵野大学法学研究科客員教授。慶應義塾大学法学部法律学科卒業、Lewis & Clark Law School 卒 業 (LL. M.)、University College London 卒 業 (LL.M.)。専門は、環境・エネルギー法務及び不動産関連法務。主著(いずれも共著)は、『アドバンス債権法』（商事法務、2023 年）及び『カーボンニュートラル法務』（金融財政事情研究会、2022 年）等。

● **渡邉 啓久**（わたなべ・よしひさ）

弁護士（長島・大野・常松法律事務所 パートナー）。慶應義塾大学法学部政治学科卒業、慶應義塾大学法科大学院修了、University of San Diego School of Law 卒業 (LL.M., Magna Cum Laude)。主な取扱分野は、環境・エネルギー法務及び不動産関連法務。主著（いずれも共著）は、『カーボンニュートラル法務』（金融財政事情研究会、2022 年）及び『不動産証券化ハンドブック 2022』（不動産証券化協会、2022 年）等。

● **藤本 祐太郎**（ふじもと・ゆうたろう）

長島・大野・常松法律事務所 パートナー。京都大学法学部卒業、University of Pennsylvania Law School 卒業 (LL.M.)。電力広域的運営推進機関広域連系系統のマスタープラン及び系統利用ルールの在り方等に関する検討委員会委員。電気・ガス事業、エネルギー取引、規制対応、新規ビジネス等のエネルギー案件一般を主に取り扱う。主著は『カーボンニュートラル法務』（金融財政事情研究会、2022 年）等。

● **上代 庸平** (じょうだい・ようへい)

武蔵野大学法学部教授。慶應義塾大学法学部法律学科卒業、同大学大学院法学研究科後期博士課程修了、博士（法学）。専門は憲法、地方自治法、財政法。主著は『自治体財政の憲法の保障』（慶應義塾大学出版会、2019年）、『アーカイブズ学要論』（編著、尚学社、2014年）『憲法概説〔第二版〕』（共著、成文堂、2020年）等。

● **古谷 英恵** (ふるや・はなえ)

武蔵野大学法学部准教授。明治大学法学部卒業、同大学院法学研究科博士後期課程修了、博士（法学）。専門は、民法および英米法。江東区男女共同参画審議会副会長。主著は、「表明保証条項違反に基づく補償合意に対する錯誤の適用可能性について」池田眞朗先生古稀記念論文集『民法と金融法の新時代』（慶應義塾大学出版会、2020年）393頁、『錯誤とリスク負担』（成文堂、2022年）等。

● **有吉 尚哉** (ありよし・なおや)

武蔵野大学大学院法学研究科特任教授、西村あさひ法律事務所パートナー弁護士。東京大学法学部卒業。専門は金融取引、金融規制、信託等。2010年～2011年金融庁総務企画局企業開示課専門官。現在、金融法委員会委員、金融審議会専門委員、金融法学会理事等を務める。主著は『論点体系金融商品取引法1～3〔第2版〕』（編集協力・共著、第一法規、2022年）、『資産・債権の流動化・証券化〔第4版〕』（共編著、

金融財政事情研究会、2022年）等。

● **粟田口 太郎** (あわたぐち・たろう)

武蔵野大学大学院法学研究科（ビジネス法務専攻）特任教授。アンダーソン・毛利・友常法律事務所外国法共同事業パートナー弁護士。ABL協会理事・運営委員長。専門は、会社法務、金融法務、事業再生・倒産法務。主な論文として「債権譲渡制限特約の未来」『民法と金融法の新時代〔池田眞朗先生古稀記念論文集〕』（慶應義塾大学出版会、2020年）。

● **金尾 悠香** (かなお・ゆか)

武蔵野大学法学部准教授。慶應義塾大学法学部法律学科卒業、同大学大学院法学研究科博士課程単位取得退学。専門は会社法、保険法等。主著は、『逐条解説 保険法』（宮島司編・共著、弘文堂、2019年）、「『第三者のためにする契約』導入経緯と対価関係について」長谷川仁彦ほか『保険金請求権の現代的課題』（保険毎日新聞社、2020年）59頁以下等。

● **杉浦 綾子** (すぎうら・あやこ)

不動産鑑定士、株式会社フロネシス執行役員不動産鑑定部長。慶應義塾大学法学部法律学科卒業、同法学研究科前期博士課程修了。長年、不動産鑑定業務に従事しながら、（公社）日本不動産鑑定士協会連合会副会長、同調査研究委員長、武蔵野大学客員教授、国土交通省土地鑑定委員会専門委員等も務めている。主著は「不

動産評価の基礎」（週刊住宅新聞社、2004年）〔平成 17 年日本不動産学会著作賞（実務部門）受賞〕等。

● **佐俣 紀仁**（さまた・のりひと）

武蔵野大学法学部准教授。東北大学法学部卒業、東北大学大学院法学研究科博士課程修了、博士（法学）。専門は国際公法。主著は『国際環境法講義』（共著、有信堂高文社、第 2 版、2022 年）「世界保健機関（WHO）の権限とアカウンタビリティ——国際保健規則 IHR 緊急委員会の透明性改革の課題」『国際法外交雑誌』120 巻 1・2 号（2021 年）等。

● **朱 大明**（しゅ・だいめい）

東京大学大学院法学政治学研究科特任教授。専門は会社法、証券法、金融法、比較法等。主著は『中国電子商取引法の研究』（共編著、2022 年商事法務）、『商法判例百選』（共著、高等教育出版社 2022 年）、『信託法学』（共著、高等教育出版社 2022 年）、『21 世紀海洋シルクロード沿線国家の投資環境と会社法制』（独著、清華大学出版社 2019 年）、『香港会社法研究』（独著、法律出版社 2015 年）、『支配株主規制の研究』（独著、信山社 2012 年）等。

● **金 安妮**（きん・あんに）

武蔵野大学法学部准教授。慶應義塾大学法学部法律学科卒業、同大学大学院法学研究科後期博士課程単位取得退学。専門は、民法、中国法。主著は、『中国電子商取引法の研究』（共編著、商事法務、2022年）、「中国における民法総則の制定とグリーン原則の導入」片山直也＝北居功＝武川幸嗣＝北澤安紀編『民法と金融法の新時代』（池田眞朗先生古稀記念論文集）（慶應義塾大学出版会、2020 年）645 頁以下等。

〈武蔵野大学法学研究所叢書1〉

SDGs・ESG とビジネス法務学

発行日	2023 年 3 月 31 日 初版第 1 刷
編著者	池田眞朗
発行	武蔵野大学出版会 〒 202-8585 東京都西東京市新町 1-1-20 武蔵野大学構内 Tel. 042-468-3003 Fax. 042-468-3004
印刷	株式会社 ルナテック
装丁・本文デザイン	田中眞一

©Masao Ikeda
2023 Printed in Japan
ISBN 978-4-903281-59-9

武蔵野大学出版会ホームページ
http://mubs.jp/syuppan/